权威·前沿·原创

皮书系列为
"十二五""十三五""十四五"时期国家重点出版物出版专项规划项目

BLUE BOOK

智 库 成 果 出 版 与 传 播 平 台

中共中央党校（国家行政学院）国家高端智库皮书

共同富裕蓝皮书
BLUE BOOK OF COMMON PROSPERITY

中国共同富裕研究报告（2023）

RESEARCH REPORT ON THE COMMON PROSPERITY IN CHINA (2023)

经济高质量发展是实现共同富裕的基础

主　　编／韩保江
执行主编／高惺惟

社会科学文献出版社
SOCIAL SCIENCES ACADEMIC PRESS（CHINA）

图书在版编目（CIP）数据

中国共同富裕研究报告 . 2023：经济高质量发展是
实现共同富裕的基础／韩保江主编；高惺惟执行主编
. —北京：社会科学文献出版社，2023.10
　（共同富裕蓝皮书）
　ISBN 978-7-5228-2480-2

　Ⅰ.①中… 　Ⅱ.①韩… ②高… 　Ⅲ.①共同富裕-研
究报告-中国-2023 　Ⅳ.①F124.7

中国国家版本馆 CIP 数据核字（2023）第 172650 号

共同富裕蓝皮书

中国共同富裕研究报告（2023）
——经济高质量发展是实现共同富裕的基础

主　　编／韩保江
执行主编／高惺惟

出 版 人／冀祥德
责任编辑／岳梦夏
责任印制／王京美

出　　版／社会科学文献出版社 · 政法传媒分社（010）59367126
　　　　　地址：北京市北三环中路甲 29 号院华龙大厦　邮编：100029
　　　　　网址：www. ssap. com. cn
发　　行／社会科学文献出版社（010）59367028
印　　装／天津千鹤文化传播有限公司

规　　格／开　本：787mm×1092mm　1/16
　　　　　印　张：23.5　字　数：351 千字
版　　次／2023 年 10 月第 1 版　2023 年 10 月第 1 次印刷
书　　号／ISBN 978-7-5228-2480-2
定　　价／128.00 元

读者服务电话：4008918866

共同富裕蓝皮书编委会

主　　编　韩保江

执行主编　高惺惟

撰 稿 人　（以文序排列）

韩保江　　高惺惟　　曹高航　　范伟佳　　阎荣舟

崔　琳　　陈江滢　　李　晨　　王　松　　朱慧芳

李　蕾　　古晨光　　陈心宇　　张　杨　　车文辉

徐慧芳　　解　晋　　王　博　　任　婧　　苗　领

孙晓曦　　王　璠　　乔建江　　杜建新　　于　真

涂　强

主要编撰者简介

韩保江 全国政协委员，中共中央党校（国家行政学院）经济学教研部原主任，教授、博士生导师，经济学博士，入选中宣部"四个一批人才"和国家首批"哲学和社会科学领军人才"，享受国务院政府特殊津贴，主要研究方向为社会主义市场经济理论、中国特色社会主义政治经济学和习近平经济思想。先后出版《西方世界的拯救——现代西方收入分配制度变迁与贡献》《全球化时代》《刀尖上的舞者——关于中国职业经理人制度建设的案例研究》《中国奇迹与中国发展模式》《瞭望中国——关于中国发展前途的思考》《新常态下中国经济的难题与出路》《中国特色社会主义经济问题》等专著，主编或编著《国际市场学》《劳动关系概论》《当前中国经济热点18个怎么看》《中国经济体制改革发展史》《中国人怎样干成了小康社会》等著作30多部，策划并主编《中国经济高质量发展报告》系列蓝皮书。在《经济研究》《管理世界》《人民日报》《光明日报》《经济日报》《瞭望》等著名报刊上发表论文200多篇，有多篇被《新华文摘》和中国人民大学复印报刊资料全文转载。

高惺惟 中共中央党校（国家行政学院）经济学教研部教授，经济学博士，硕士生导师，主要研究方向为习近平经济思想与经济金融体制改革。担任中共中央党校（国家行政学院）全体人民共同富裕创新工程项目组首席专家，兼任中国人民大学国际货币研究所研究员。出版《防范金融风险与维护金融稳定》《本领》等专著，参编《推动中国经济高质量发展》《如何构建新发展格局》等著作，在《经济学家》《财经科学》《现代经济探讨》《光明日报》《经济日报》等报刊上发表论文数十篇，主持国家社科基金课题2项、国家高端智库重点研究课题2项。

摘　要

　　共同富裕是全体人民都能公平公正享有经济、政治、文化、社会、生态文明等各方面建设成果和发展福祉的富裕。因此，要实现这样的全体人民"全面富裕"，必须全面准确贯彻创新、协调、绿色、开放、共享的新发展理念，通过高质量发展实现全体人民共同富裕，再依托全体人民共同富裕，不断增强高质量发展后劲。本书分析了中国共同富裕水平，研究推进共同富裕过程中遇到的理论和现实问题。本书的总报告部分编制了中国全体人民共同富裕指数和浙江省的共同富裕指数，动态反映全国包括浙江省的共同富裕程度。总报告设计的共同富裕指数，由经济发展、社会结构、居民收入与财产、公共产品可及性、人民生活质量、收入分配公平度和生命健康7个二级指标以及31个三级指标构成。浙江作为共同富裕示范区，经济发展质量效益明显提高，城乡区域发展差距持续缩小，美丽浙江建设取得新的成效，人民生活更加美好，推动共同富裕的制度体系更加完善。总报告测算了全国及浙江省2013~2021年的共同富裕指数。从共同富裕指数的测算结果来看，中国共同富裕程度近年来得到显著提升，2013~2021年，全国共同富裕指数从19.41增长至46.35，浙江省共同富裕指数从46.35增长至76.61。从浙江省的共同富裕指数来看，浙江省聚焦"小切口、大牵引"的突破性抓手，逐步建立先富带后富、扎实推动共同富裕的目标体系、工作体系和政策体系，为全国扎实推进共同富裕提供省域范例，形成了"可复制、易推广"的经验方案。

　　本书专题篇对推进共同富裕过程中涉及的一些专题问题进行了研究，得

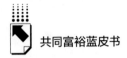
出以下结论。第一，市场经济是实现共同富裕最有效的方式，这就要求构建高水平社会主义市场经济体制，充分发挥市场在资源配置中的决定性作用，更好发挥政府作用。第二，国有企业要以构建新时代国有企业党建工作新格局为基本保证，按照中国式现代化的本质要求进一步深化改革，加快国有经济布局优化和结构调整，为共同富裕奠定重要的物质基础和政治基础。第三，民营经济是经济增长的内生动力，要鼓励民营经济更广泛而深入地参与到共同富裕的事业中，从而更好地实现以民营经济高质量发展助力共同富裕的政策目标。第四，坚持扩大内需这个战略基点，以供给侧结构性改革为主线，并推动二者统筹发展，不仅有利于通过推动高质量发展把"蛋糕"做大，还有助于通过缩小发展差距把"蛋糕"分好，进而促进共同富裕。第五，构建新发展格局是实现共同富裕的重要前提，其不仅能够从增强经济发展动力、提高经济发展效率、优化经济发展结构三个方面推动生产力发展，还能促进缩小区域差距、城乡差距、收入差距等各类发展差距。第六，建设现代产业体系，以实体经济为支撑，切实维护产业安全，发展战略性新兴产业，推动经济高质量发展，是实现共同富裕的重要推动力。第七，构建人才培养体系、促进产业结构升级、营造科技创新环境、完善人才和社会保障体系，更好地实施人才强国战略。人才强国战略通过提供经济基础、人才保障和战略支持三层内在逻辑进而推动共同富裕进程。第八，完善农村基本经营制度，提升农业生产社会化服务水平，培育多元化的农业生产社会化服务主体，提高农业收益。第九，以创新驱动区域协调发展、加大区域协调发展的多层次统筹力度、推动区域全面绿色发展、优化区域开放布局、推动构建区域间共建共享体制机制。第十，创新对外开放的体制机制，削弱更高水平对外开放面临的制度性交易成本，提高对外开放经济效率和经济容量，在对外开放中贯彻创新理念推动共同富裕。第十一，调整与引导高质量金融服务的策略，包括发展创新金融产品、推动数字普惠金融和金融科技、降低金融机构准入门槛、提供个性化金融产品和服务、加强监管和社会责任等，以高质量金融服务促进共同富裕。

本书区域篇介绍了吉林省、河南省、甘肃省推进共同富裕的实践，这些省份在已取得成就的基础上，针对短板和问题，提出了下一步推动共同富裕的具体举措。本书的案例篇介绍了内蒙古鄂尔多斯市、浙江省嘉兴市、赣南苏区推进共同富裕的具体做法：内蒙古鄂尔多斯市注重向农村牧区倾斜，重点围绕如何提高农牧民收入，推进农牧民实现共同富裕；嘉兴市秀洲区城乡融合社区管理模式改革，重塑新型城乡关系，推动城乡资源要素双向流动，加快城乡融合发展，为共同富裕的城乡问题解决提供了新思路；赣南苏区坚持项目支撑和引领，深化各领域改革创新，强化全市各级党组织的执政能力建设，经济实现质的有效提升和量的合理增长。

关键词：　共同富裕　高质量发展　全体人民

导 论
在高质量发展中实现全体人民共同富裕

韩保江[*]

实现全体人民共同富裕是我们党在带领全国各族人民战胜绝对贫困、全面建成小康社会后，开启全面建设社会主义现代化国家新征程要完成的最重要的战略任务。共同富裕是社会主义的本质要求和中国式现代化的重要特征，能否实现共同富裕是关乎民心向背和能否筑牢我们党长期执政基础的政治问题。习近平指出：“共同富裕是社会主义的本质要求，是中国式现代化的重要特征。坚持以人民为中心的发展思想，在高质量发展中促进共同富裕。”[①]

全体人民共同富裕，不是狭义上的物质财富的富裕，而是广义上的物质生活和精神生活都富裕，是都能公平公正享有经济、政治、文化、社会、生态文明等各方面建设成果和发展福祉的富裕。它既包括表现在收入、财产及物质生活条件上“看得见”的显性富裕，又包括表现在社会公平正义和“学有所教、劳有所得、病有所医、老有所养、住有所居”的公共服务与公共产品均等化、生态环境改善和精神文化生活条件上“容易忽视”或“看不见的”隐性富裕。因此，要实现这样的全体人民“全面富裕”，并不只是先“做蛋糕”后“分蛋糕”那样简单，而是必须全面准确贯彻创新、协调、绿色、开放、共享的新发展理念，通过高质量发展实现全体人民共同富裕，

　＊　韩保江，中共中央党校（国家行政学院）经济学教研部教授、博士生导师，经济学博士，主要研究方向为社会主义市场经济理论、中国特色社会主义政治经济学和习近平经济思想。
　①　习近平：《扎实推动共同富裕》，《求是》2021年第20期。

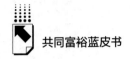

再依托全体人民共同富裕，不断增强高质量发展后劲。对此，习近平还指出："高质量发展需要高素质劳动者，只有促进共同富裕，提高城乡居民收入，提升人力资本，才能提高全要素生产率，夯实高质量发展的动力基础。"①

全体人民共同富裕的问题，不是简单的收入分配问题，而是解放和发展生产力的问题。这是由社会主义本质决定的。早在1957年2月，毛泽东就在《关于正确处理人民内部矛盾的问题》中明确地指出："所谓社会主义生产关系比较旧时代生产关系更能够适合生产力发展的性质，就是指能够容许生产力以旧社会所没有的速度迅速发展，因而生产不断扩大，因而使人民不断增长的需要能够逐步得到满足的这样一种情况。"② 邓小平在总结新中国成立以来社会主义革命和建设的经验和教训时更指出："根据我们自己的经验，讲社会主义，首先就要使生产力发展，才能表明社会主义的优越性。社会主义经济政策对不对，归根到底要看生产力是否发展，人民收入是否增加。这是压倒一切的标准。"③"社会主义的本质，是解放生产力，发展生产力，消灭剥削，消除两极分化，最终达到共同富裕。"④ 习近平针对社会上有人提出"分配应该优先于发展"的观点，更是坚定地指出："社会上有一些人说，目前贫富差距是主要矛盾，因此'分好蛋糕比做大蛋糕更重要'，主张分配优先于发展。这种说法不符合党对社会主义初级阶段和我国社会主要矛盾的判断。党的十八大提出准备进行具有许多新的历史特点的伟大斗争，是为了毫不动摇坚持和发展中国特色社会主义，不是不要发展了，也不是要搞杀富济贫式的再分配。我们提出'五位一体'总体布局和'四个全面'战略布局，就是为了更好推动经济社会发展，为人民群众生活改善不断打下更为雄厚的基础"⑤。因此，考察全体人民共同富裕的物质文明，需

① 习近平：《扎实推动共同富裕》，《求是》2021年第20期。
② 《毛泽东文集》第7卷，人民出版社，1999，第214页。
③ 《邓小平文选》第2卷，人民出版社，1994，第314页。
④ 《邓小平文选》第3卷，人民出版社，1993，第373页。
⑤ 《习近平关于社会主义经济建设论述摘编》，中央文献出版社，2017，第12页。

要重视收入分配"维度"，更应该重视社会和生产力发展"维度"，以及相应的生产资料所有制变革"维度"，从而更加明确地呈现全体人民共同富裕的物质文明的高质量发展过程与所有制结构、资源配置机制等制度创新路径。

同样，全体人民共同富裕也不单纯是经济问题，更是政治问题，需要从政治维度上去认识和考察。"经济离不开政治，政治也离不开经济，这是客观事物发展的必然规律。"① 一方面，经济决定政治。马克思指出："人们在自己生活的社会生产中发生一定的、必然的、不以他们的意志为转移的关系，即同他们的物质生产力的一定发展阶段相适合的生产关系。这些生产关系的总和构成社会的经济结构，即有法律的和政治的上层建筑竖立其上并有一定的社会意识形式与之相适应的现实基础。物质生活的生产方式制约着整个社会生活、政治生活和精神生活的过程。"② 另一方面，政治对经济具有反作用。恩格斯指出，经济和政治"这是两种不相等的力量的交互作用：一方面是经济运动，另一方面是追求尽可能多的独立性并且一经产生也就有了自己的运动的新的政治权力。总的说来，经济运动会替自己开辟道路，但是它也必定要经受它自己所造成的并具有相对独立性的政治运动的反作用，即国家权力的以及和它同时产生的反对派的运动的反作用"③。因此，习近平指出："实现共同富裕不仅是经济问题，而且是关系党的执政基础的重大政治问题"④。如果从政治维度考察共同富裕的物质文明，一方面，要求"我们决不能允许贫富差距越来越大、穷者愈穷富者愈富，决不能在富的人和穷的人之间出现一道不可逾越的鸿沟"⑤。因为如果出现这道"不可逾越的鸿沟"，不仅意味着社会主义制度的失败，而且会动摇我们党长期执

---

① 习近平：《对发展社会主义市场经济的再认识》，《东南学术》2001年第4期。
② 《马克思恩格斯选集》第2卷，人民出版社，2012，第2页。
③ 《马克思恩格斯全集》第37卷，人民出版社，1972，第487页。
④ 习近平：《论把握新发展阶段、贯彻新发展理念、构建新发展格局》，中央文献出版社，2021，第480页。
⑤ 习近平：《论把握新发展阶段、贯彻新发展理念、构建新发展格局》，中央文献出版社，2021，第480页。

政的基础。另一方面，要求我们发挥好"党的集中统一领导"这一中国特色社会主义制度最本质的特征和最大的优势，进而为实现全体人民共同富裕提供强大的政治保障，以更加坚定地落实好党在社会主义初级阶段的基本路线、基本理论、基本方略，确保在高质量发展过程中让最广大人民群众共享经济发展成果，像在全面小康路上"一个都不落下"一样，在全体人民共同富裕路上也"一个都不落下"。

从本质上说，高质量发展，就是满足人民美好生活需要的发展，是体现新发展理念的发展，是创新成为第一动力、协调成为内生特点、绿色成为普遍形态、开放成为必由之路、共享成为根本目的的发展。"从供给看，高质量发展应该实现产业体系比较完整，生产组织方式网络化智能化，创新力、需求捕捉力、品牌影响力、核心竞争力强，产品和服务质量高。从需求看，高质量发展应该不断满足人民群众个性化、多样化、不断升级的需求。这种需求又引领供给体系和结构的变化。供给变革又不断催生新的需求。从投入产出看，高质量发展应该不断提高劳动效率、资本效率、土地效率、资源效率、环境效率，不断提升科技进步贡献率，不断提高全要素生产率。从分配看，高质量发展应该实现投资有回报、企业有利润、员工有收入、政府有税收，并且充分反映各自按市场评价的贡献。从宏观经济循环看，高质量发展应该实现生产、流通、分配、消费循环通畅，国民经济重大比例关系和空间布局比较合理，经济发展比较平稳，不出现大的起落。"①

因此，要在高质量发展中实现全体人民共同富裕，其一，必须用好创新发展这个第一动力。共同富裕是收入分配问题，但根本是发展生产力的问题。不断解放和发展生产力，切实保持中高速增长，继续做大经济规模和扩大中等收入人群，是全体人民共同富裕的根本基础。因此，一方面，必须彻底改变我们更多依靠资源、环境、资本、劳动力等要素投入支撑经济增长和规模扩张的发展方式，加快实现从要素驱动转化为创新驱动，进而不断提高劳动效率、资本效率、土地效率、资源效率、环境效率、科技进步贡献率、

---

① 《习近平谈治国理政》第3卷，外文出版社，2020，第238～239页。

全要素生产率，以更少的投入实现最大化的产出。尤其要通过优化现代产业体系和生产组织方式网络化智能化，增强需求捕捉力、品牌影响力、核心竞争力，同时提高产品和服务质量来最大限度地满足人民群众个性化、多样化和不断升级的美好生活需求。另一方面，必须鼓励和支持大众创业、万众创新，让各种创造财富的源泉充分涌流，让各类社会主体的创新创造活力竞相迸发，从而让人民群众勤劳创新致富，使绝大多数人步入中等收入人群。

其二，必须依靠协调发展这个"内生特点"。协调发展针对解决的是我国存在的区域、城乡、经济和社会、物质文明和精神文明等发展不平衡问题。只有协调和平衡好这些关系，才能做到全体人民共同富裕。推进区域经济协调发展，就要找出区域发展短板，在补齐短板上多用力，通过补齐短板挖掘发展潜力、增强发展后劲。实现全体人民共同富裕，在鼓励东部发达地区发挥先富示范作用的同时，更要强调先富的东部地区带动未富的中西部尤其是革命老区、少数民族地区、边疆地区和刚刚脱贫的落后地区并形成长效机制，尤其要实施区域重大战略和区域协调发展战略，健全转移支付制度，缩小区域人均财政支出差距，加大对欠发达地区的支持力度。推进城乡协调发展，就必须承认实现共同富裕，最艰巨最繁重的任务仍然在农村。因此，既要全面推进乡村振兴，加快农业产业化，盘活农村资产，增加农民财产性收入，使更多农村居民勤劳致富，又要加快形成"以工促农、以城带乡、城乡融合发展"的体制机制，用制度保障城乡人民共同富裕。推进经济和社会协调发展，就是要突出解决"经济这条腿长、社会这条腿短"的问题，加大民生事业投入，提高公共产品和公共服务的可及性。推进物质文明和精神文明协调发展，就是要强化社会主义核心价值观引领，加强爱国主义、集体主义、社会主义教育，发展公共文化事业，完善公共文化服务体系，不断满足人民群众多样化、多层次、多方面的精神文化需求，实现物质生活和精神生活都富裕。

其三，必须借助绿色发展这个"普遍形态"。绿色发展既是满足人民对优美生态环境需求的手段，也是经济发展新增长点和实现一些欠发达地区居民增收的有效途径。欠发达地区大多是限制开发区、生态涵养区和农村地

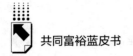

区。这些地区由于工业化水平低，故而碳排放程度低。推动绿色发展，健全生态补偿机制、发展碳汇交易市场，促使生态受益区和高碳排放的发达地区向欠发达地区进行财政补偿和碳排放权付费，从而促进欠发达地区居民增收和实现共同富裕。

其四，必须依托"开放发展"这条必由之路。开放发展旨在解决内外联动和双向开放问题。欠发达地区发展落后以及居民增收缓慢除了自然条件因素外，大多是因为对外开放程度低、不能充分分享改革开放的红利。因此，要实现全体人民共同富裕，"一个都不落下"，必须加大中西部地区和"老少边穷"地区的对外对内双向开放，让更多的产业、资本、技术、知识、数据等生产要素流向这些地区，不断增强它们的发展能力和发展后劲。

其五，必须用好"共享发展"这个"关键一招"。共享发展既是高质量发展的根本目的，也是实现全体人民共同富裕的"关键一招"。因此"要坚持在发展中保障和改善民生，把推动高质量发展放在首位，为人民提高受教育程度、增强发展能力创造更加普惠公平的条件，提升全社会人力资本和专业技能，提高就业创业能力，增强致富本领"[1]。一方面，要明确低收入群体是促进共同富裕的重点帮扶保障人群。要加大普惠性人力资本投入，有效减轻困难家庭教育负担，提高低收入群众子女受教育水平。要完善养老和医疗保障体系，逐步缩小职工与居民、城市与农村的筹资和保障待遇差距，逐步提高城乡居民基本养老金水平。要完善兜底救助体系，加快缩小社会救助的城乡标准差异，逐步提高城乡最低生活保障水平，兜住基本生活底线。另一方面，在依法保护合法收入的同时，要防止两极分化、消除分配不公。要合理调节过高收入，完善个人所得税制度，规范资本性所得管理。要积极稳妥推进房地产税立法和改革，做好试点工作。要加大消费环节税收调节力度，研究扩大消费税征收范围。要加强公益慈善事业规范管理，完善税收优惠政策，鼓励高收入人群和企业更多回报社会。要清理规范不合理收入，加

---

① 习近平：《扎实推动共同富裕》，《求是》2021 年第 20 期。

大对垄断行业和国有企业的收入分配管理，整顿收入分配秩序，清理借改革之名变相增加高管收入等分配乱象。要坚决取缔非法收入，坚决遏制权钱交易，坚决打击内幕交易、操纵股市、财务造假、偷税漏税等获取非法收入行为。①

① 习近平：《扎实推动共同富裕》，《求是》2021 年第 20 期。

目 录 ↖

Ⅰ 总报告

Ⅱ 专题篇

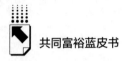
皮书数据库阅读**使用指南**

总 报 告
General Report

B.1

中国全体人民共同富裕的指标体系
与指数测算（2013~2021）

高惺惟　曹高航　范伟佳*

摘　要： 总报告设计的共同富裕指数，由经济发展、社会结构、居民收入与财产、公共产品可及性、人民生活质量、收入分配公平度和生命健康7个二级指标以及31个三级指标构成。浙江作为共同富裕示范区，经济发展质量效益明显提高，城乡区域发展差距持续缩小，美丽浙江建设取得新的成效，人民生活更加美好，推动共同富裕的制度体系更加完善。总报告测算了全国及浙江省2013~2021年的共同富裕指数。从共同富裕指数的测算结果来看，中国共同富裕程度近年来得到显著提升，2013~2021年，全国共同富裕指数从19.41增长至46.35，增长了

---

* 高惺惟，中共中央党校（国家行政学院）经济学教研部教授，经济学博士，主要研究方向为习近平经济思想与经济金融体制改革；曹高航，中共中央党校（国家行政学院）经济学教研部硕士研究生，主要研究方向为政治经济学；范伟佳，中共中央党校（国家行政学院）经济学教研部硕士研究生，主要研究方向为政治经济学。

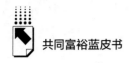

138.8%。2021 年全国 7 个二级指标分别比 2013 年提高了 138.4%、138.1%、138.8%、138.9%、139.1%、139.2%、139.1%，近年来总体保持持续上升趋势。这一期间，浙江省共同富裕指数从 46.35 增长至 76.61，2021 年浙江省 7 个二级指标分别比 2013 年提高了 65.3%、65.4%、65.3%、65.3%、65.4%、65.4%、65.4%。从浙江省的共同富裕指数来看，浙江省聚焦"小切口、大牵引"的突破性抓手，逐步建立先富带后富、扎实推动共同富裕的目标体系、工作体系和政策体系，为全国扎实推进共同富裕提供省域范例，形成了"可复制、易推广"的经验方案。

关键词： 共同富裕　共同富裕指数　共同富裕示范区

一　中国全体人民共同富裕指标体系的内容与含义

全体人民"共同富裕"不但是人心所向、众望所归，更是社会主义最本质的要求。习近平同志强调："既要做大蛋糕，更要分好蛋糕，着力解决公平公正问题。"[①] 这为我们建立"共同富裕"评价指标体系提供了理论参考与科学依据，也是我们实现"共同富裕"的根本遵循。2021 年 3 月十三届全国人大四次会议通过的《中华人民共和国国民经济和社会发展第十四个五年规划和 2035 年远景目标纲要》（以下简称《纲要》）明确指出，展望 2035 年，人民生活更加美好，人的全面发展、全体人民共同富裕取得更为明显的实质性进展。从经济学意义的角度分析，"共同富裕"反映了人民的生活质量、收入水平和财富的拥有程度。共同富裕，不仅指现代货币意义上的收入和财产，还涵盖了经济发展与人民生活质量的双重增长目标，即覆

---

① 《习近平谈治国理政》第 2 卷，外文出版社，2017，第 543 页。

盖了经济、社会、生态、民生等全方位的进步与提升。为此，设计全体人民"共同富裕"的评价指标体系，需要遵循上述目标特别是《纲要》提出的总体目标。在具体操作层面，本报告的"共同富裕"评价指标体系在《中国共同富裕研究报告（2022）》的基础上做了一些调整与补充，旨在为全国以及浙江省全面实现"共同富裕"的程度提供评价依据和理论参考。本报告将从经济发展、社会结构、居民收入与财产、公共产品可及性、人民生活质量、收入分配公平度和生命健康7个方面设计指标体系。

（一）经济发展指标

经济发展是全面实现"共同富裕"的基础。经济发展指标是按照《纲要》中提出的国内生产总值年均增长要保持在合理区间，常住人口城镇化率提高到65%，现代化经济体系建设取得重大进展而设置的。为此，经济发展指标共包括4个三级指标：人均国内生产总值、城镇化率、科技进步贡献率和人均社会消费品零售总额。

（1）人均国内生产总值是反映人均经济实力的重要指标，常用于衡量某一国整体经济水平。共同富裕最关键的问题在于"富裕"，富裕在普遍意义上则意味着社会整体收入水平较高。人均国内生产总值是衡量一个社会是否富裕或者收入水平是否较高的关键指标，若这一指标达到较高水平，达到高收入国家的标准，标志着一个国家在当前阶段进入了富裕社会。高质量发展是对质和量都有要求的发展，共同富裕需要经济发展实现质的有效提升和量的合理增长，人均国内生产总值直接构成了共同富裕的物质基础。

（2）城镇化率是衡量某一国家或地区城市化进程的关键指标，反映了国家或地区由乡村型社会转向非农产业为主的现代城市型社会的进程中，其经济水平、社会结构以及技术水平的转变，可以反映全体人民实现共同富裕的基本过程。以人为中心的城镇化不仅可以促进城乡长久发展，还能缩小城乡居民收入差距，是实现共同富裕的重要途径之一。

（3）科技进步贡献率是衡量某一国家或地区经济高质量发展的重要指标。高质量结构转型意味着科技进步成为经济发展的关键增长点以及产业升级的根本原动力。目前的"新技术、新产业、新业态、新模式"的主要支撑点在于科技革命以及产业革命的联动作用，各类产业创新的协同共促有利于实现产业之间的协同互补、有利于推动区域创新要素流动、有利于解放和发展生产力，是全面小康社会向共同富裕社会转型的原动力。

（4）人均社会消费品零售总额反映了消费对经济发展的贡献，能够代表居民真实的福利变动和生活条件改善等特征。共同富裕需要关注居民个人福利的切实增长，而个人福利提高源自多方面因素的共同作用，其中，商品和服务消费效用的增长是其最基本的表现形式。经济的良性循环意味着生产是为消费服务，而消费又是生产最基础的环节，因此一个健康的经济发展一定是由消费来拉动。因此，实现共同富裕需要增强消费对经济发展的基础性作用。

（二）社会结构指标

根据《纲要》中提出的中等收入群体显著扩大和多层次社会保障体系更加健全的要求，我们设置了社会结构指标。社会结构指标共包括3个三级指标：中等收入群体占比、城市低保人数占城市人口比重和农村低保人数占农村人口比重。

（1）中等收入群体占比能够较为科学地衡量一个国家的社会结构，中等收入群体的质量与规模在一定程度上可以影响一个国家或地区的生产结构以及消费结构。中等收入群体是实现共同富裕的中坚力量，其提质扩容不但有利于扩大内需，还有助于促进企业创新进而推动经济高质量发展。因此，实现共同富裕就要想方设法提升中等收入群体的占比，形成一种"中间大、两头小"的"橄榄型"社会结构。

（2）城市低保人数占城市人口比重是衡量城市低收入群体规模的重要指标。实现共同富裕，扩大中等收入群体规模是关键，但提高低收入群体收入是根本。城市低收入群体是进入中等收入群体的主力军，城市低收入群体的兜底保障工作不仅仅是要维持其最基本的生产生活条件，更是为其实现阶层跃迁作长久准备。只有低收入群体共同享用共同富裕的果实，共同富裕才能真正实现其普惠性。

（3）农村低保人数占农村人口比重是衡量农村低收入群体规模的重要指标。共同富裕的重点难点在农村，农民的"扩中提低"问题更是农村走向共同富裕所要面临的巨大挑战。只有保障好已进入城镇的农民工群体住有所居，谋划好未来新增加的城镇人口居有所盼，落实好剩余农村居民的弱有所扶，稳步缩小农村低收入群体规模，才能逐渐缩小城乡差距进而走向共同富裕。

（三）居民收入与财产指标

根据《纲要》中提出的居民人均可支配收入增长与国内生产总值增长基本同步，分配结构明显改善的要求，我们设置了居民收入与财产指标。居民收入与财产指标共包括4个三级指标：人均可支配收入、人均年末存款总额、人均汽车保有量和人均住房面积。

（1）人均可支配收入是衡量国家或地区居民富裕程度最直接的指标，"口袋鼓起来"是达到富裕水平的根本性要求；人均可支配收入提高不仅意味着社会生产力的进步，还意味着人民生活水平的切实提升，有助于提升消费水平、改善消费结构以及拉动内需从而推动内循环。共同富裕能否实现实质性进展的阶段性目标，关键在于低收入人群和中等收入人群能否具备稳定的可支配收入增长来源，为推动社会向共同富裕稳健前行提供内生动力。

（2）人均年末存款总额指的是一个国家或地区在特定年份内，按照居民平均计算的年末存款数量，是反映居民积累财富水平的重要指标之一。在凯恩斯的经典理论中，高储蓄是高投资的基础，是支撑经济高速增长的重要保障。人均年末存款水平较高一方面有利于促进经济增长，另一方面也有利于促进社会繁荣稳定，可以实现从"先富"向"共富"转移，是实现共同富裕的基础。

（3）人均汽车保有量是指购买以消费为主的各种家用汽车数量，反映居民的财产水平；随着中国经济高质量发展，国民收入和消费支出的增加所带来的庞大消费潜力，将给中国汽车工业提供巨大发展空间。汽车工业的发

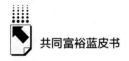
展是共同富裕的具体实践，对国民经济的影响日益重要。人均汽车保有量的提高在一定程度上代表着该国家居民经济条件相对较好，是实现共同富裕的重要支撑。

（4）人均住房面积反映居住条件与财产状况。"安得广厦千万间，大庇天下寒士俱欢颜"，是中国人民一直以来追求美好生活的重要体现。人均住房面积＝住宅建筑面积/居住人口，其中住宅建筑面积本报告以城市建设用地面积中的居住用地面积代替。住房是居民生活中最重要的大型资产，就促进共同富裕而言，解决好住房问题有着保障民生、促进经济健康发展以及在一定程度上可以调节收入差距的作用。因此，支持居民合理拥有住房资产，不仅是房地产需求的支撑，也是促进共同富裕的重要方面。

（四）公共产品可及性指标

根据《纲要》中提出的民生福祉达到新水平，基本公共服务均等化水平明显提高，全民受教育程度不断提升，多层次社会保障体系更加健全，卫生健康体系更加完善的要求，我们设置了公共产品可及性指标。公共产品可及性指标共包括10个三级指标：城镇基本养老保险参保人数占比、城镇职工基本医疗保险参保人数占比、小学生师比、劳动力受教育年限、铁路里程占全国（省）面积比例、生活垃圾无害化处理率、人均公园绿地面积、城市污水日处理能力、主要城市空气质量达到及好于二级的天数、公安机关每万人口受理案件数。

（1）城镇基本养老保险参保人数占比可以用来衡量城镇基本养老保险覆盖程度，即覆盖程度＝（城镇基本养老保险参保人数/城镇劳动力人数）×100%。提高城镇基本养老保险参保人数占比意味着特殊职种人群、灵活就业人员以及相对贫困人口的民生福祉得到保障。通过优化参保结构等方式，更多劳动年龄阶段人员将被纳入职工养老保险，由此可以引导广大人民群众选择高档次缴费、持续性缴费，为实现共同富裕目标提供有力保障。

（2）城镇职工基本医疗保险参保人数占比可以用来衡量城镇基本医疗保险覆盖程度，即覆盖程度＝（城镇基本医疗保险参保人数/城镇劳动力人数）×100%。提高城镇职工基本医疗保险参保人数占比不仅可以解决贫困人口的后顾之忧，还可以从根本上应对因病致贫或是返贫的难题。通过扩大参保覆盖面等方式，可以有效降低贫困人口获取医疗资源的门槛，提升弱势群体对各类重大疾病的应对能力，为实现共同富裕目标提供健康保障。

（3）小学生师比是衡量一个国家或地区教学质量的重要指标，其计算公式为小学生师比=该地区小学学生数/该地区小学专任教师数。小学生师比越低，意味着教师可能为每个学生提供的教育服务就越多，学生的学业成绩就越有可能得到提高。合理的生师比有利于降低教师的教学压力，使其教学质量得以显著提升。同时还有助于实现教育机会的真正均等、缩小代际差异，为实现共同富裕目标提供长效保障。

（4）劳动力受教育年限是指处于劳动年龄范围内的人平均接受学历教育年数，是反映全社会人力资本水平以及劳动力基本素质的综合指标。教育是劳动力再生产的手段，与其他资本要素相比，人力资本之间的差异更容易通过教育进行弥补与缩小。不断提升人力资本水平是有效促进社会阶层流动、扩大中等收入群体、实现共同富裕的有效途径。

（5）铁路里程占全国（省）面积比例是反映铁路等交通运输业便利程度的重要指标，其计算公式为铁路里程占全国（省）面积比例=铁路营业里程/全国（省）国土面积。交通运输是社会发展的基础性产业，是资源要素流动的基本支撑和保障。发挥交通先行作用，可以让相对贫困的地区经济民生因路而兴，有效打通"最后一公里"，有利于提高便民惠民利民水平。因此，改善交通基础设施条件、优化交通基础设施建设是引领全体人民共同富裕的关键一环，也是必经之路。

（6）生活垃圾无害化处理率主要用来衡量城市环境基础设施建设水平，其计算公式为生活垃圾无害化处理率=无害化处理的垃圾/总垃圾。提高生活垃圾无害化处理率，不仅体现了生活垃圾的综合利用能力提升和产业化发展，还反映了生活垃圾综合治理中服务体系的完善和公共治理能力的提升。生活垃圾无害化、减量化是城市迈向共富过程中应有的环境面貌。

（7）城市污水日处理能力指污水处理厂改变污水性质并使其对环境水

域不产生危害而采取措施的能力，主要用来衡量城市水资源循环和处理能力。推进城乡污水治理提档提质，可以有效改善城乡人居环境，有利于进一步保护和改善生态环境，促进我们的经济、社会和环境的可持续发展。

（8）人均公园绿地面积是反映城市居民生活环境和生活质量的重要指标，人均公园绿地面积＝公园绿地面积/城市人口数量。人均公园绿地指标是国家生态园林城市评选和国家生态文明建设示范区创建的重要指标，对保障城市园林绿化的高品质建设具有重要意义。保障人均公园绿地面积，有利于建设人与自然和谐相处共生共荣的共同富裕社会。

（9）主要城市空气质量达到及好于二级的天数是衡量一个国家或地区大气环境质量的重要指标。在蓝天保卫战中，该指标是空气质量监测系统所需要监测的一项关键指标。当前，空气质量恶化是快速城市化、工业化所面临的巨大挑战，城市人居环境改善关键在于环境空气质量的提升。因此，打赢蓝天保卫战，有助于提升人民群众的幸福感，为共同富裕营造和谐美丽的人居环境。

（10）公安机关每万人口受理案件数不仅可以衡量一个国家和地区的治安情况，还可以衡量该地区的执法能力。长治久安的社会是实现共同富裕的基石，较高的执法办案水平是实现共同富裕的有力保障。

（五）人民生活质量指标

根据《纲要》中提出的人民生活更加美好，人的全面发展、全体人民共同富裕取得更为明显的实质性进展的要求，我们设置了人民生活质量指标。人民生活质量指标主要包括 5 个三级指标：城镇登记失业率、商品房价格、恩格尔系数、全国居民人均教育文化娱乐支出和全年国内旅游人次。

（1）城镇登记失业率指的是在城镇登记失业的人数占城镇劳动力人口的比重。它是表征城镇就业市场供求状况的指标之一，能够比较客观地体现失业的真实情况。城镇登记失业率的上升意味着城镇就业市场供求状况的恶化，造成贫困人口的增加，增加社会治安的风险，导致弱化社会的整体经济实力和潜力，这对共同富裕是不利的。因此，就业扩容提质是壮大中等收入群体规模最有效的支点，是推进共同富裕的有效抓手。

（2）商品房价格包含土地费用、前期工程费用、建筑安装工程费用、商品房的经营费用、小区内的配套费、利润和税金等，其明显影响宏观经济稳定，并通过"财富效应""收入效应"对社会投资和居民消费预期产生影响。想要实现共同富裕，房价过高的问题必须解决。健康的经济增长是靠消费来拉动的，不是靠房地产来拉动的。高房价导致居民住房成本过高，居民部门杠杆率不断上升，会严重挤压消费，影响老百姓的获得感和幸福感。因此，稳定房价是治本之策，是实现共同富裕的关键一招。

（3）恩格尔系数即城镇人均居民食品烟酒消费支出与人均消费支出的比值。恩格尔系数是国际上通用的、用以衡量一个国家或地区居民富裕程度的主要指标之一，该系数越小说明用于购买生存性用品支出占比越小，即居民消费重心向更高层次的需求转移，由此可以反映家庭生活更富足、国家更富裕。因此，恩格尔系数是衡量共同富裕推进程度的重要指标。

（4）全国居民人均教育文化娱乐支出即一国家用于教育方面、享受文化和娱乐商品消费方面的全部开支。共同富裕与促进人的全方位发展是高度统一的。在满足人民物质生活需要的基础上，充分满足人民日益增长的精神文化需要，进而实现人的全面自由发展、社会的文明进步，这是追求共同富裕目标的要义所在。

（5）全年国内旅游人次是衡量旅游业接待水平的重要指标。旅游业的发展在扩大中等收入群体、促进社会公共服务均等化、提升居民生活品质和精神富裕等方面发挥着不可忽视的作用，极大地增强了人民群众的获得感、幸福感。在人民群众日常生活需求日益丰富的情况下，旅游促进共同富裕的重要功能应得到更好发挥。因此，发展旅游业是加快人民物质生活、精神生活共同富裕均衡发展的生动实践。

（六）收入分配公平度指标

根据《纲要》中提出的缩小地区、城乡和居民收入差距，让发展成果

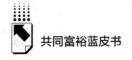

更多更公平惠及全体人民，不断增强人民群众获得感、幸福感、安全感的要求，我们设置了收入分配公平度指标。收入分配公平度指标主要包括2个三级指标：城乡居民收入比和城乡收入泰尔指数。

（1）城乡居民收入比是衡量城乡收入差距的重要指标。城乡居民收入比=城市居民可支配收入/农村居民可支配收入。在二元经济背景下，我国家庭收入差距主要来自城乡收入差距。农村发展不充分是我国社会主要矛盾的集中体现，与城市相比，农村特别是农村贫困地区发展滞后，是制约实现全体人民共同富裕的最大短板。因此，有效提升农村居民收入水平、缩小城乡差距是实现共同富裕的主攻方向和坚中之坚。

（2）城乡收入泰尔指数是衡量地区间收入差距的重要指标。如果区域收入差距过大，则说明一些地区的经济发展水平相对较高，而另一些地区则可能面临着经济困难和发展机会不足的问题。当前我国东部地区、东北地区、中部地区、西部地区的发展差距客观存在，区域协调发展要求经济条件较好的地区为其他地区提供示范，通过先富带后富的方式，促进生产要素流动，从而带动其他地区的发展。因此，区域协调发展对共同富裕有着重要支撑作用。

（七）生命健康指标

根据《纲要》中提出的把保障人民健康放在优先发展的战略位置，坚持预防为主的方针，深入实施健康中国行动，完善国民健康促进政策，织牢国家公共卫生防护网，为人民提供全方位全生命周期健康服务的要求，我们设置了生命健康指标。生命健康指标主要包括3个三级指标：居民人均预期寿命、每千人口卫生技术人员数、每千人口医疗卫生机构床位数。

（1）居民人均预期寿命是反映人类健康水平、死亡水平的综合指标，它的高低是一个国家或区域经济、社会、文化、环境等方面综合作用的结果。同时，居民人均寿命的提高与公共服务水平直接相关联，预期寿命与当地居民更健康的消费行为高度正相关，衡量是否能够实现共同富裕，应当把提高居民人均寿命作为一项重要标准。

（2）每千人口卫生技术人员数=年末卫生人员数/年末常住人口数×1000，这一指标与人民群众的健康保障水平、公共卫生服务水平密切相关。健康是人类全面发展和社会全面进步的基础，共同健康是实现共同富裕的基石。完善中国特色基本医疗卫生制度和建立卫生健康体系需要越来越多的卫生技术人员积极参与。

（3）每千人口医疗卫生机构床位数是医疗服务可达性评价的指标，也是衡量居民具备就近享有优质健康服务能力的重要指标。充足的医疗卫生机构床位数能够为提升突发公共卫生事件应急处理能力提供基础设施，提高具有公共卫生服务需求的人民群众获得医疗照顾的效率，保障人民健康地走向共同富裕。

二　指标及数据来源与处理

（一）指标及数据来源

"共同富裕"评价指标体系研究的指标及数据主要源于《中国统计年鉴》《浙江省统计年鉴》《中国城市统计年鉴》《中国房地产统计年鉴》《中国劳动统计年鉴》《中国城乡建设统计年鉴》《中国人口和就业统计年鉴》以及其他相关机构出版的统计报告（见表1）。

表1　"共同富裕"评价指标的数据来源

指　标	数据来源
人均国内生产总值、城镇化率、人均社会消费品零售总额、人均可支配收入、人均年末存款总额、人均汽车保有量、城镇基本养老保险参保人数占比、城镇职工基本医疗保险参保人数占比、小学生师比、铁路里程占全国(省)面积比例、生活垃圾无害化处理率、城市污水日处理能力、空气质量达到及好于二级的天数(以北京为例)、公安机关每万人口受理案件数、恩格尔系数、全年国内旅游人次、全国居民人均教育文化娱乐支出、城乡居民收入比、每千人口卫生技术人员数、每千人口医疗卫生机构床位数	《中国统计年鉴》《浙江省统计年鉴》

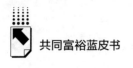
续表

指 标	数据来源
城市低保人数占城市人口比重、农村低保人数占农村人口比重	民政局官网汇总
人均公园绿地面积	《中国城市统计年鉴》
商品房价格	《中国房地产统计年鉴》
劳动力受教育年限	《中国劳动统计年鉴》
人均住房面积	《中国城乡建设统计年鉴》
中等收入群体占比	基于中国家庭追踪调查（CFPS）数据、刘志国和刘慧哲（2021）的数据自行计算
科技进步贡献率	科技部官网汇总
居民人均预期寿命	《中国统计年鉴》《中国人口和就业统计年鉴》

除了上述可以在统计年鉴、公报或文献中直接获取的数据以外，本文也对部分指标进行了数据处理。需要特别指出的是城乡收入泰尔指数。本文通过计算全国各个省份的城乡收入泰尔指数（Tl），来准确衡量我国各地区城乡居民收入比的差异：

$$\mathrm{Tl}_{i,t} = \sum_{j=1}^{2}\left(\frac{p_{ij,t}}{p_{i,t}}\right)\ln\left(\frac{p_{ij,t}}{p_{i,t}}\Big/\frac{z_{ij,t}}{z_{i,t}}\right) \tag{1.1}$$

其中，i 为第 i 个省份，在这里代表全国 31 个省、自治区或直辖市；$j = 1，2$ 分别表示城镇和农村地区，z_{ij} 表示 i 地区城镇或农村人口数量，z_i 表示 i 地区的总人口，p_{ij} 表示 i 地区城镇（$j=1$）或农村（$j=2$）的总收入（用相应的人口和人均收入之积表示），p_i 表示 i 地区的总收入。

"共同富裕"测算指标数据的描述性统计见表 2。

表 2 "共同富裕"测算指标数据的描述性统计

测算指标	单位	观测值	平均数	标准差	最小值	最大值
人均国内生产总值	元	18	73290.67	19527.14	43497	113000
城镇化率	%	18	64.051	5.334	54.49	72.7
科技进步贡献率	%	18	57.411	2.766	53.1	61.5

续表

测算指标	单位	观测值	平均数	标准差	最小值	最大值
人均社会消费品零售总额	万元	18	3.49	1.293	1.697	5.73
城市低保人数占城市人口比重	%	18	0.958	0.852	0.129	2.784
农村低保人数占农村人口比重	%	18	5.27	2.462	2.638	8.701
中等收入群体占比	%	18	25.611	5.793	14.377	32.025
人均可支配收入	元	18	34485.45	11343.57	18310.8	57541
人均年末存款总额	元	18	69368.81	28192.8	31600.92	131000
人均汽车保有量	辆/每百户	18	31.336	14.058	9.948	53.3
人均住房面积	米²/人	18	43.671	7.933	34.09	55.7
城镇基本养老保险参保人数占比	%	18	59.706	12.702	43.453	76.698
城镇职工基本医疗保险参保人数占比	%	18	46.76	9.462	36.972	61.427
小学生师比		18	17.003	0.658	16.22	18.943
劳动力受教育年限	年	18	10.463	0.491	9.739	11.369
单位面积铁路营业里程	公里/公里²	18	194.486	68.693	107.476	317.062
生活垃圾无害化处理率	%	18	98.108	3.177	89.3	100
人均公园绿地面积	公顷/人	18	13.563	0.697	12.44	14.87
城市污水日处理能力	万立方米	18	805.82	277.61	472.677	1338.8
空气质量达到及好于二级的天数（以北京为例）	天	18	247.278	44.39	176	334
公安机关每万人口受理案件数	件	18	76.765	11.716	61.115	97.33
城镇登记失业率	%	18	3.662	0.987	2.52	5.2
商品房价格	元	18	10833.94	3733.615	6237	19722
恩格尔系数		18	30.997	2.65	27.7	39.1
全国居民人均教育文化娱乐支出	元	18	2468.164	655.135	1398	3769
全年国内旅游人次	人/公里²	18	2860.6	2592.1	299.9	6841.7
城乡居民收入比		18	2.372	0.333	1.944	2.807
城乡收入泰尔指数		18	0.068	0.024	0.036	0.11
每千人口卫生技术人员数	人/千人	18	7.269	1.111	5.27	8.9
每千人口医疗卫生机构床位数	张/千人	18	5.316	0.765	3.977	6.7
居民人均预期寿命	年	18	77.989	1.405	75.8	80.612

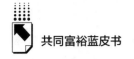

（二）权重设置

1. 标准化处理方法

为消除量纲的影响，需要运用标准化方法对变量进行无量纲化处理。考虑到面板数据口径一致，存在可比性，因此可进行标准化处理。

对于正向指标，采取如下公式处理：

$$\text{st\_x}_{ij} = \frac{x_{ij} - \min\{x_{ij}\}}{\max\{x_{ij}\} - \min\{x_{ij}\}} \times 100, \ \forall i, j \tag{1.2}$$

对于负向指标，采取如下公式处理：

$$\text{st\_x}_{ij} = \frac{\min\{x_{ij}\} - x_{ij}}{\max\{x_{ij}\} - \min\{x_{ij}\}} \times 100, \ \forall i, j \tag{1.3}$$

2. 赋权方法

本文对二级、三级指标采取不同的赋权方法。

二级指标权重根据专家打分法确定，经专家打分并结合共同富裕内涵的综合判断，将经济发展、社会结构、居民收入与财产、公共产品可及性、人民生活质量、收入分配公平度、生命健康的权重分别设置为 20%、10%、10%、20%、15%、15%、10%。

三级指标权重根据 TOPSIS 熵权法确定。首先通过熵权法对各评价指标赋权，其次再利用 TOPSIS 法计算出最优解和最劣解的距离，从而得出最终的综合评价指数。具体步骤如下：

①假设被评价对象有 m 个，每个被评价对象的评价指标有 n 个，构建判断矩阵：

$$X = (x_{ij})_{m \times n}, \text{其中} \ i = 1,2,\cdots,m; j = 1,2,\cdots,n \tag{1.4}$$

②将混合的全国、省级层面数据标准化后，计算第 i 年份第 j 项指标值的比重：

$$Y_{ij} = \frac{st\_X_{ij}}{\sum_{i=1}^{m} st\_X_{ij}} \tag{1.5}$$

③计算变量的信息熵：

$$e_j = -k \times \sum_{i=1}^{m} Y_{ij} * \ln(Y_{ij})，其中\ k = \frac{1}{\ln m} \tag{1.6}$$

④计算信息熵冗余度：

$$d_j = 1 - e_j \tag{1.7}$$

⑤计算指标权重：

$$w_j = \frac{d_j}{\sum_{j=1}^{n} d_j} \tag{1.8}$$

⑥计算加权矩阵：

$$R = (r_{ij})_{m \times n}, r_{ij} = w_j \cdot x_{ij}，其中\ i = 1,2,\cdots,m; j = 1,2,\cdots,n \tag{1.9}$$

⑦确定最优解S_j^+和最劣解S_j^-：

$$S_j^+ = \max(r_{1j}, r_{2j}, \cdots, r_{nj}), S_j^- = \min(r_{1j}, r_{2j}, \cdots, r_{nj}) \tag{1.10}$$

⑧计算各方案与最优解和最劣解的欧式距离：

$$sep_i^+ = \sqrt{\sum_{j=1}^{n} (s_i^+ - r_{ij})^2}, sep_i^- = \sqrt{\sum_{j=1}^{n} (s_i^- - r_{ij})^2} \tag{1.11}$$

⑨计算综合评价指数：

$$C_i = \frac{sep_i^-}{sep_i^+ + sep_i^-}, C_i \in [0,1] \tag{1.12}$$

式中C_i值越大表征评价对象越优。

3. 指标合成

采用加法规则，由三级指标按权重加总得出二级指标，二级指标按权重加总得出一级指标。全国、省域指标具有可比性（见表3）。

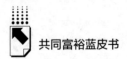

表3　各类指标在指标体系中的权重

一级指标	二级指标	三级指标	指标权重
共同富裕指数			100.00
	经济发展		20.00
		人均国内生产总值	4.95
		城镇化率	3.90
		科技进步贡献率	5.31
		人均社会消费品零售总额	5.83
	社会结构		10.00
		城市低保人数占城市人口比重	2.27
		农村低保人数占农村人口比重	4.86
		中等收入群体占比	2.88
	居民收入与财产		10.00
		人均可支配收入	2.15
		人均年末存款总额	2.33
		人均汽车保有量	2.12
		人均住房面积	3.40
	公共产品可及性		20.00
		城镇基本养老保险参保人数占比	2.54
		城镇职工基本医疗保险参保人数占比	3.94
		小学生师比	0.61
		劳动力受教育年限	1.81
		单位面积铁路营业里程	2.40
		生活垃圾无害化处理率	0.70
		人均公园绿地面积	1.51
		城市污水日处理能力	2.66
		空气质量达到及好于二级的天数（以北京为例）	1.55
		公安机关每万人口受理案件数	2.28
	人民生活质量		15.00
		城镇登记失业率	3.16
		商品房价格	1.36
		恩格尔系数	0.92
		全国居民人均教育文化娱乐支出	2.45
		全年国内旅游人次	7.11
	收入分配公平度		15.00
		城乡居民收入比	4.17
		城乡收入泰尔指数	2.27
	生命健康		10.00
		每千人口卫生技术人员数	3.08
		每千人口医疗卫生机构床位数	3.10
		居民人均预期寿命	3.81

三 全国共同富裕指数及二级指标测算结果

本部分测算了全国 2013～2021 年的共同富裕指数，并对测算结果进行分析。

2013～2021 年，我国共同富裕指数从 19.41 增长至 46.35，增长了 138.8%（见表4）。这充分体现了党的十八大以来，我国扎实推进共同富裕不断取得新进展。一方面，对共同富裕的基本内涵、目标、原则和路径达成一定共识，并提出一系列扎实推进共同富裕的重要举措；另一方面，党中央、国务院选择浙江省作为高质量发展建设共同富裕示范区，为全国共同富裕提供可复制、可推广的经验和方案，并对实现共同富裕的艰巨性、复杂性有充分估计，明确以缩小地区差距、城乡差距、收入差距和公共服务差距为主要方向，在相关领域取得显著成效。图1、图2分别展示了2013～2021年全国和浙江省各二级指数的变化趋势，表5、表7分别展示了全国和浙江省2021年二级指数和三级指数的情况。①

表4 2013～2021 年全国共同富裕指数

年份	总指数	经济发展指数	社会结构指数	居民收入与财产指数	公共产品可及性指数	人民生活质量指数	收入分配公平度指数	生命健康指数
2013	19.41	2.19	1.47	2.76	6.35	2.81	2.27	1.56
2014	23.14	2.61	1.75	3.29	7.57	3.35	2.71	1.86
2015	25.57	2.88	1.93	3.63	8.37	3.70	3.00	2.06
2016	28.28	3.19	2.14	4.02	9.25	4.10	3.31	2.28
2017	30.65	3.45	2.32	4.35	10.03	4.44	3.59	2.47
2018	34.05	3.84	2.57	4.84	11.14	4.93	3.99	2.74
2019	37.39	4.21	2.82	5.31	12.23	5.42	4.38	3.01
2020	42.35	4.77	3.20	6.02	13.86	6.14	4.96	3.41
2021	46.35	5.22	3.50	6.59	15.17	6.72	5.43	3.73

① 本报告没有设置共同富裕的合格线，熵值法测算出来的数是相对数不是绝对数。

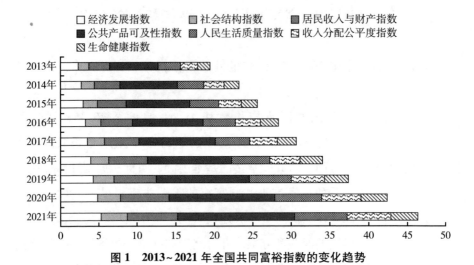

图 1　2013~2021 年全国共同富裕指数的变化趋势

表 5　2021 年全国共同富裕指数

指数类型	得分	指数类型	得分
共同富裕指数	46.35	单位面积铁路营业里程	1.82
经济发展	5.22	生活垃圾无害化处理率	0.53
人均国内生产总值	1.29	人均公园绿地面积	1.14
城镇化率	1.02	城市污水日处理能力	2.02
科技进步贡献率	1.39	空气质量达到及好于二级的天数(以北京为例)	1.17
人均社会消费品零售总额	1.52	公安机关每万人口受理案件数	1.73
社会结构	3.50	人民生活质量	6.72
城市低保人数占城市人口比重	0.79	城镇登记失业率	1.47
农村低保人数占农村人口比重	1.70	商品房价格	0.64
中等收入群体占比	1.01	恩格尔系数	0.43
居民收入与财产	6.59	全国居民人均教育文化娱乐支出	0.86
人均可支配收入	1.42	全年国内旅游人次	3.31
人均年末存款总额	1.53	收入分配公平度	5.43
人均汽车保有量	1.40	城乡居民收入比	1.81
人均住房面积	2.24	城乡收入泰尔指数	0.98
公共产品可及性	15.17	生命健康	3.73
城镇基本养老保险参保人数占比	1.93	每千人口卫生技术人员数	1.44
城镇职工基本医疗保险参保人数占比	2.99	每千人口医疗卫生机构床位数	1.03
小学生师比	0.46	居民人均预期寿命	1.26
劳动力受教育年限	1.37		

第一，经济发展指数从 2013 年的 2.19 上升到 2021 年的 5.22，增长了 138.4%。《中国统计年鉴》显示，我国人均 GDP 从 2013 年的 43497 元增长至 2021 年的 81370 元，增长了 87.1%，人均 GDP 稳步提升。我国始终坚持稳中求进的工作总基调，推动经济在高基数的起点上稳步增长，GDP 总量从 2013 年的 9.57 万亿美元增长到 2021 年的 18 万亿美元，稳居全球第二，平均贡献世界经济增长的 38.6%。城镇化高质量发展是我国经济长期稳定发展的主要引擎，党的十八大以来，我国城镇化率从 2013 年的 54.49% 提升到 2021 年的 64.72%。在新发展阶段，新型城镇化高质量发展意味着城市品质和城镇发展质量得以显著提升，随之而来的产业集聚、规模经济以及知识外溢将进一步带动经济各领域发展。而科技创新能力是我国经济高质量发展的动力源泉，2021 年我国科研经费占 GDP 的比重为 2.44%，科技进步贡献率超过 60%，科创能力稳居中等收入经济体首位。近年来，我国支持基础研究和应用基础研究的力度不断加大，各类支持创新的税收优惠政策有效激发了高校、企业以及科研院所等研发主体的研发热情，新型举国体制强大的资源调配能力不但能够助力科技自立自强，还有望为未来经济发展提供新的增长点。此外，我国国内大循环主体作用增强，2021 年我国全年消费总量达 44 万亿元，居民人均消费支出 24100 元。扩大内需可以有效带动经济的健康发展，2021 年最终消费支出对经济增长的贡献率为 65.4%，拉动经济增长 5.3 个百分点。在此过程中，数字化使平台经济成为消费经济中的重要模式，从多个维度和层面影响和促进经济发展，通过重塑生产模式与产业形态、降低供需双侧交易成本、高效匹配供给与需求等方式为经济高质量发展注入新的生命力，对推进共同富裕、拉动经济增长具有重要意义。

第二，社会结构指数从 2013 年的 1.47 上升到 2021 年的 3.5，增长了 138.1%。据民政局统计，城市低保人数从 2013 年的 2064 万人降至 2021 年的 734 万人，农村低保人数从 2013 年的 5388 万人降至 2021 年的 3474 万人。农村仍是全面推进社会主义现代化国家建设的最具挑战性、最繁重的使命所在，这为脱贫攻坚的具体工作指明了方向，常态化帮扶低收入人口是巩固脱贫攻坚成果、促进乡村振兴、扎实推动共同富裕进程的重要途径。除提高低收入群体的收入外，我国近年来在扩大中等收入群体方面也有着亮眼的成绩。2021年中等收入群体超4亿人，占全国人口比重约为34.3%，中等收入群体绝对规模在全球范围内居于首位。但相较于发达国家将近60%的中等收入群体比重，我国发展潜力仍然十分巨大。当前，在我国经济增速放缓、人口老龄化等因素影响下，中低收入者陷入贫困的可能性进一步提升。实现共同富裕的重要途径之一，是通过扩大中等收入群体的规模来推动消费市场的发展，因为他们是消费的主力军。因此，不断扩大我国中等收入群体规模是推进实现共同富裕的重要手段之一。中等收入群体的扩大已成为各级政府的政策重点，从而持续优化社会结构。

第三，居民收入与财产指数从2013年的2.76上升到2021年的6.59，增长了138.8%。根据《中国统计年鉴》，人均可支配收入由2013年的18311元上升到2021年的35128元，经历一个显著的增长趋势，增长了91.8%，与经济增长基本同步。居民收入增长和经济增长二者基本同步，这为促进共同富裕奠定了坚实基础。此外，与2013年相比，2021年人均年末存款总额、人均汽车拥有量和人均住房面积分别增长了138.4%、203.6%和22.5%。一方面，我国储蓄率的提升是居民预防性动机增强、理财收益走低、消费动力不足等多方因素共同作用的结果，同时也反映了居民在经济形势变化下所做出的应变与调整。另一方面，居民储蓄存款的增长在某种程度上提高了经济的韧性，可以通过一系列行之有效的政策"组合拳"扭转社会预期、提振市场信心，连续积累的超额储蓄也将逐步释放，提升消费复苏弹性。

第四，公共产品可及性指数从2013年的6.35上升到2021年的15.17，增长了138.9%，体现了我国在实现基本公共服务均等化工作上纵深推进，特别是在教育、医疗、养老等人民群众最关心的领域精准提供基本公共服务。根据《中国统计年鉴》，与2013年相比，城镇职工基本医疗保险参保人数2021年增长了138.8%，基本医疗保障的覆盖范围不断扩大，城镇基本养老保险参保人数只增长了 25.5%，上涨并不显著。在基本公共教育服务方面，我国已经建立了从学前教育至高中教育的资助政策体系，但还存在一定的提升空间。目前，我国基本公共教育的质量、公平与效率问题仍然存在，不同地区间教育水平差距较大，教育基础设施配套不完善，教育覆盖范围有待提高。此外，《中国统计年鉴》显示，与 2013 年相比，2021 年公路铁路里程增长了 46.1%，可看出基础设施通达程度比较均衡。2013~2021年，我国主要城市空气质量达到及好于二级的天数（以北京为例），由 176天增长至 288 天，增长了 63.6%，城市污水日处理能力、人均公园绿化面积及生活垃圾无害化处理率等指标都得到了不同程度的提高，这是扎实做好污染防治攻坚工作的阶段性成果。2013~2021 年，公安机关每万人口受理案件数下降 34.1%，充分体现了我国社会治理能力明显提高，进一步推动基本公共服务与社会治理深度融合。

第五，人民生活质量指数从 2013 年的 2.81 上升到 2021 年的 6.72，增长了 139.1%。2013 年以来，我国城镇登记失业率出现了下降趋势，与此同时，就业市场的规模也在不断扩大，通过完善就业制度、提升就业质量，推动劳动者依靠勤劳智慧实现共同富裕，但促进充分就业仍需作出更大的努力。根据《中国房地产统计年鉴》，2013~2021 年，我国房价涨幅将近 63%。住房是家庭财富的重要载体，过高的房价会拉低人们的幸福感，因此稳定房价，推动房地产市场平稳、健康地发展，从财税政策、房地产调控等多方面实现"贫者有其居"是提升人民生活品质的重要途径。我国人民生活日益殷实，恩格尔系数由 2013 年的 31.2 下降至 2021 年的29.8，但中国的恩格尔系数与发达国家和地区相比仍有差距。全国人民在教育、文化、娱乐等方面的支出呈现增长趋势，2013~2021 年涨幅接近86%，这充分体现了我国蕴藏巨大的消费潜力，人民群众既追求物质富裕，又追求精神富裕。

第六，收入分配公平度指数从 2013 年的 2.27 上升到 2021 年的 5.43，增长了 139.2%。根据《中国统计年鉴》，城乡收入比由 2013 年的 2.8 下降到 2021 年的 2.5，城乡收入泰尔指数由 2013 年的 0.11 下降到 2021 年的

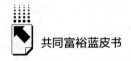

0.07。在乡村振兴战略不断向纵深发展的背景下，农村居民人均可支配收入比城镇居民增长更快。2021 年城镇居民人均可支配收入为 47412 元，较 2012 年增长 96.5%；2021 年农村居民人均可支配收入为 18931 元，较 2012 年增长 125.7%。我国不断优化收入分配制度，聚力在扩大和优化社会资源"蛋糕"的基础上，把"蛋糕"切好分好，按照"提低、扩中、调高"的原则，逐渐组成一个"橄榄式"的分配格局，使收入分配更加合理和有序。共同富裕难在"收入要高，差距要小"，我国的收入分配结构仍有优化空间。

第七，生命健康指数从 2013 年的 1.56 上升到 2021 年的 3.73，增长了 139.1%。根据《中国统计年鉴》，每千人口卫生技术人员数由 2013 年的 5.2 人增加到 2021 年的 7.9 人，每千人口医疗卫生机构床位数由 2013 年的 4.5 张增长到 2021 年的 6.7 张，居民人均预期寿命由 2013 年的 75.7 岁增加到 2021 年的 78.2 岁。党中央、国务院历来高度关注卫生事业，不断完善优化医疗保障相关制度，为民生保障提供基础性支撑。2013~2021 年，我国医疗保障水平的提升实现了跨越式发展，不断提升医疗卫生基础设施条件，提升医疗服务资源的供给和医疗综合服务水平，解决了居民看病难、看病贵的问题，提高了我国医疗体系应对突发公共卫生事件的能力，与医疗相关产业链也将受益。但目前基本医保发展不平衡、保障不充分的问题依然存在，主要体现在制度间、区域间存在较为明显的保障待遇差距。此外，医疗、养老保障服务与人民群众密切相关，是当代中国人口老龄化面临的最突出、最核心问题，加快完善医疗养老服务体系，健全城市、县、乡村衔接的三级养老服务体系是关系民生福祉、生命健康的一项重要工作，仍需社会各方力量共同参与。

相较于 2020 年，2021 年的全国共同富裕指数稳步上升。经济发展指数、社会结构指数、居民收入与财产指数、公共产品可及性指数、人民生活质量指数、收入分配公平度指数以及生命健康指数分别提高了 9.43%、9.37%、9.47%、9.45%、9.45%、9.48%、9.38%。2020 年底，我国消除绝对贫困，全面建成小康社会，向着共同富裕迈入新征程。2021 年 6

月，共同富裕示范区正式落地浙江。2021 年 8 月，习近平总书记正式提出了共同富裕的时间表。2021 年全年，从经济发展上来看，我国深化供给侧结构性改革，不断打通国内大循环、国内国际双循环堵点；从社会结构上看，东西部协作和定点帮扶工作进一步深化，脱贫攻坚成果不断巩固；从居民收入与财产上看，经营净收入快速增长，财产净收入投资渠道拓宽，居民收入稳步增长；从公共产品可及性上看，2021 年我国积极实施教育改革，施行"双减"政策，公共教育政策效果初现；从人民生活质量上看，2021 年多地采取限地价、限房价模式，房价调控次数达 600 余次，有效遏止房价快速增长；从收入分配上看，2021 年国家重拳打击垄断，有效防止资本的无序扩张，此外还通过不断调节高收入、取缔非法收入的税收改革来缩小收入差距；从生命健康上看，我国坚持"人民至上、生命至上"，应急管理能力得到显著提升。

从全国共同富裕指数的测算结果来看，总体上能够得出以下结论。

第一，中国共同富裕程度近年来得到显著提升，并且 2013~2021 年共同富裕程度增速相对稳定。2021 年中国共同富裕指数为 46.35，与 2013 年相比增长了 138.8%。共同富裕指数下的经济发展指数、社会结构指数、居民收入与财产指数、公共产品可及性指数、人民生活质量指数、收入分配公平度指数以及生命健康指数，2021 年分别比 2013 年提高了 138.4%、138.1%、138.8%、138.9%、139.1%、139.2%、139.1%，近年来总体保持持续上升趋势。

第二，公共产品可及性指数明显高于其他指数。从 2021 年中国共同富裕指数的 7 个二级指数来看，公共产品可及性指数明显高于经济发展指数、社会结构指数等其他 6 个指数，表明我国在健全基本公共服务体系、提高公共服务水平方面取得阶段性进展，在基本医疗保障、交通基础设施、污染防治攻坚工作等方面获得丰硕成果，提高了公共服务供给效率，从而提高公共产品均衡性及可及性。而在提高中等收入群体占比、缩小收入分配差距、推动公共卫生事业发展、提高教育和养老的保障标准和服务水平等方面有待进一步加快完善。

第三，社会结构指数低于其他二级指标指数。2021 年，我国社会结构指数为 3.5，相比 2013 年提高了 138.1%，表明我国距离橄榄型分配结构仍有较大差距。目前，我国中等收入人口约有 4 亿人，从规模来看，我国具有全球范围内规模最大的、最具有潜力的中等收入群体；但从比例来看，我国是一个人口大国，拥有 14 亿人口，中等收入人口占比不到 1/3，与发达国家相比有很大差距。在实现第二个百年奋斗目标的进程中，关键任务是扩大中等收入群体的规模、缩小城乡差距。只有不断提高中等收入群体的比例与数量，才能顺利跨越"中等收入陷阱"，从而实现共同富裕的目的。

四　浙江高质量发展建设共同富裕示范区的
主要举措与进展

（一）浙江高质量发展建设共同富裕示范区的主要举措

2013～2021 年，浙江省共同富裕指数从 46.35 增长至 76.61，增长了 65.3%（见表 6）。近年来，浙江省示范区建设的体系架构日益丰满，锚定全方位推动共同富裕的目标，作出了系统、全面的顶层设计，"先行先试"示范举措取得实质性进展。分指标分析，浙江省经济发展指数、社会结构指数、居民收入与财产指数、公共产品可及性指数、人民生活质量指数、收入分配公平度指数及生命健康指数增幅依次为 65.3%、65.4%、65.3%、65.3%、65.4%、65.4%、65.4%，并且在 2013 年浙江共同富裕程度已达到 2021 年全国共同富裕程度。共同富裕没有先例可循，浙江逐步打开"实践、认识、再实践、再认识"螺旋式上升通道，承担起"探路者"的责任，遵循"年年有新突破、五年有大进展、十五年基本建成"的思路，率先进行探索，稳步推动共同富裕示范区建设，在高质量发展中率先走出一条共同富裕道路。2013～2021 年浙江省共同富裕指数的变化趋势见图 2，2021 年浙江省共同富裕指数见表 7。

表6 2013~2021年浙江省共同富裕指数

年份	总指数	经济发展指数	社会结构指数	居民收入与财产指数	公共产品可及性指数	人民生活质量指数	收入分配公平度指数	生命健康指数
2013	46.35	5.22	3.50	6.58	15.17	6.71	5.43	3.73
2014	53.88	6.07	4.07	7.66	17.63	7.81	6.31	4.34
2015	57.74	6.51	4.36	8.20	18.90	8.36	6.76	4.65
2016	61.25	6.90	4.63	8.70	20.04	8.87	7.18	4.93
2017	64.81	7.30	4.90	9.21	21.21	9.39	7.59	5.22
2018	70.51	7.94	5.33	10.02	23.08	10.21	8.26	5.67
2019	74.31	8.37	5.61	10.56	24.32	10.77	8.71	5.98
2020	74.10	8.35	5.60	10.53	24.25	10.73	8.68	5.96
2021	76.61	8.63	5.79	10.88	25.07	11.10	8.98	6.17

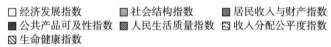

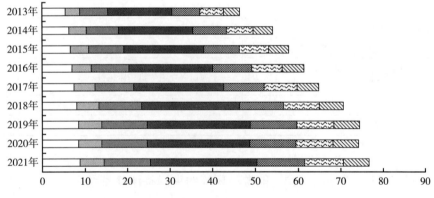

图2 2013~2021年浙江省共同富裕指数的变化趋势

1. 浙江省促进经济发展的主要举措与进展

浙江省经济发展指数从2013年的5.22上升到2021年的8.63，增长了65.3%。透过经济发展指数可以发现，2021年，浙江省经济总量突破7万亿元，人均国内生产总值达到11.3万元，17个传统制造业增加值增长了11.1%，全省进出口总值首次超过4万亿元，城镇化率从2013年的63.2%

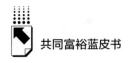
表7　2021年浙江省共同富裕指数

指数类型	得分	指数类型	得分
共同富裕指数	76.61	单位面积铁路营业里程	3.01
经济发展	8.63	生活垃圾无害化处理率	0.88
人均国内生产总值	2.14	人均公园绿地面积	1.89
城镇化率	1.69	城市污水日处理能力	3.34
科技进步贡献率	2.29	空气质量达到及好于二级的天数(以北京为例)	1.94
人均社会消费品零售总额	2.52	公安机关每万人口受理案件数	2.86
社会结构	5.79	人民生活质量	11.10
城市低保人数占城市人口比重	1.31	城镇登记失业率	2.43
农村低保人数占农村人口比重	2.81	商品房价格	1.05
中等收入群体占比	1.67	恩格尔系数	0.71
居民收入与财产	10.88	全国居民人均教育文化娱乐支出	1.42
人均可支配收入	2.35	全年国内旅游人次	5.48
人均年末存款总额	2.53	收入分配公平度	8.98
人均汽车保有量	2.31	城乡居民收入比	3.00
人均住房面积	3.70	城乡收入泰尔指数	1.63
公共产品可及性	25.07	生命健康	6.17
城镇基本养老保险参保人数占比	3.18	每千人口卫生技术人员数	2.38
城镇职工基本医疗保险参保人数占比	4.94	每千人口医疗卫生机构床位数	1.70
小学生师比	0.76	居民人均预期寿命	2.09
劳动力受教育年限	2.27		

提高到72.7%。为解决资源、能源、环境约束困扰浙江省经济发展的难题,
推动资源要素向优质高效领域和企业集聚,浙江省绍兴市开展"亩均论英
雄",先后出台《关于深化"亩均论英雄"改革的指导意见》《关于深化制造
业企业资源要素优化配置改革的若干意见》等,率先探索破解资源环境约束、
转变经济发展方式的有效途径。激发各类市场主体活力,是做大做好"蛋糕"
的重要途径。浙江省接连出台制造业"腾笼换鸟、凤凰涅槃"攻坚行动、做
好碳达峰碳中和、"专精特新"中小企业高质量发展及浙江省制造业高质量发
展等工作的实施意见,以此为促进非公有制经济健康发展锚定新方向。2021

年，浙江在册市场主体总数达 868 万户，同比上年新增 65.2 万户。

浙江省经济高质量发展的增长点源于数字经济系统的建设。2021 年浙江全省生产总值比上年增长了 8.5%，数字经济核心产业增加值达 8348 亿元，比上年增长了 13.3%。浙江数字经济增加值与核心产业增加值从 2016 年开始翻倍增长，到 2022 年，浙江省数字经济增加值在 GDP 中的占比与数字化综合发展水平位居全国第一，其中数字经济增加值占 GDP 比重达 48.6%。从这些数据中可以看出，浙江能够紧抓发展趋势，因地制宜地提出数字经济发展的相应规划，不断强化规划引领构建发展体系。2016 年，浙江提出"最多跑一次"改革，旨在通过数据信息的运用打通政府部门间的数据信息壁垒，从而提高公众与企业办事效率。2017 年，浙江省提出实施数字经济"一号工程"，这是浙江实现高质量发展和巩固共同富裕基础的一个重要引擎。2021 年，浙江进一步推进数字化综合改革，提出加快构建以"产业大脑+未来工厂"为核心内容的数字经济系统体系。

2.浙江省改善社会结构的主要举措与进展

浙江省社会结构指数从 2013 年的 3.50 上升到 2021 年的 5.79，增长了 65.4%。透过社会结构指数可以发现，浙江着力通过"扩中"和"提低"的改革，基本形成了以中等收入群体为主体的橄榄型社会结构。低保作为居民生活的最低保障，直接关系到共同富裕的成色。截至 2021 年底，浙江共有低保对象 59.3 万人，其中，城镇低保对象共计 6.0 万人，农村低保对象共计 53.3 万人。2021 年全年低保资金支出共 70.7 亿元，比上年减少 4.5%。浙江低保标准市域同标制度的实施，意味着同一个设区市内的低保对象可以获得同等标准的最低生活保障补贴，通过缩小地区、城乡、收入三大差距，实现了全省城乡一体化。在浙江共同富裕示范区建设过程中，市域同标有效地体现了公平兜底，而"扩中""提低"作为共同富裕进程中最具标志性的重大建设任务，"低"向"高"看齐，更是体现了对低收入群体的关爱。目前，杭州低保标准最高的为 1216 元/月，最低设区市低保标准也在千元以上，达到 1035 元/月，这充分体现了 11 个设区市地区差距在缩小。

浙江省"扩中""提低"的关键在于聚焦重点人群。浙江省针对包括进城务工人员、低收入农户、困难群体在内的"提低"群体,以及包括产业工人、小微创业者和个体工商户在内的"扩中"群体进行分类施策。例如依托农业"双强"行动,以乡村振兴拓展乡村中低收入群体的就业空间;通过建立农业社会化服务体系,降低低收入农户生产成本;在产业工人方面,加快建立并完善工人工资增长机制。2022年4月,浙江在全省推广"全面覆盖+精准画像"基础数据库,实现了对居民工作、收支等信息的数据覆盖,并将统计监测范围从"平均数"细化至"个体数",从而为"扩中""提低"提供有力可靠的数据支撑,推动更多人迈入中等收入行列。

3.浙江省增加居民收入和财产的主要举措与进展

浙江省居民收入与财产指数从2013年的6.58上升到2021年的10.88,增长了65.3%。透过居民收入与财产指数可以发现,2021年,浙江人均可支配收入为57541元,农村居民人均可支配收入为35247元,浙江农民收入增速比城镇居民高1.2个百分点,低收入农户收入增速比农村居民高4.4个百分点。目前,居民收入的重要影响因素之一在于其劳动所得在国民收入中所占的比例,这一比例高低直接影响着居民收入水平。因此,如何提高劳动所得占比,提升城乡居民收入,已成为当前亟待解决的问题。根据2021年浙江人民生活等相关统计数据公报,全体居民的平均工资收入占据了人均可支配收入的57.0%。促进共同富裕,最艰巨的任务仍然在农村。近年来,浙江通过"共富工坊"建设,已经推行"一村对一企""多村对一企"的"共富工坊"运营模式,构建了一个包含县级中心、乡镇站点、村社服务点的三级服务平台,以提供更全面的服务,成功使农民增收、企业增效、集体增富、百姓增信。目前,浙江全省已建成服务平台(站点)675个,累计提供服务3.2万次,为"共富工坊"项目运行提供支撑服务。力争在2024年底前累计建设"共富工坊"10000个,山区26个县(镇)实现全覆盖、乡村振兴重点村实现全覆盖。

浙江省在增加居民收入和财产的过程中,还关注到残疾人等困难群体。

浙江通过实施"政策扶持+平台搭建+渠道拓展"，构建机关、事业单位带头安排残疾人就业机制、全社会联动帮扶残疾人就业机制以及多跨协同残疾人权益维护机制，完善残疾人就业增收体系，使残疾人家庭人均可支配收入超过3.6万元。在浙江省，通过开展"两进两回"行动，积极推进科技下乡村鼓励资金下乡村以及支持年轻人回农村、组织乡贤回农村，从而使科技、资金、人才资源要素流向农村。为撬动社会资金"上山下乡"，浙江省印发《关于扩大农业农村有效投资高水平推进农业农村现代化"补短板"建设的实施意见》，以此加大对农村农业工作和关键领域工作的支持，预计"十四五"期间将带动1万亿元以上的社会资金投资。

4. 浙江省提升公共产品可及性的主要举措与进展

浙江省公共产品可及性指数从2013年的15.17上升到2021年的25.07，增长了65.3%。透过公共产品可及性指数可以发现，自2013年起，浙江已实现基本公共服务均等化，覆盖率已超过98%，有效提升了民众的幸福感。在全国率先建成覆盖城乡、保障全面、水平较高的现代公共服务体系。在"千万工程"的深入推进下，浙江省孕育了万千美丽乡村，为无数农民群众带来了福祉。为实现"千村精品、万村美丽"的目标，浙江各地区持续完善农村人居环境，浙江湖州关停蓄电池"小散乱"企业，发展旅游业，使产值和效益倍增；金华建立天然森林氧吧吸引四面八方游客；台州将"化工一条江"转化为绿色通道。"千万工程"的推进大大提升了人民的幸福感、获得感。2021年，浙江省农村生活垃圾分类处理行政村覆盖率达85%，资源化利用率达到90%以上，无害化处理率达到100%；全年城市污水排放量41.0亿立方米，污水处理量39.9亿立方米，污水处理率为97.3%；新改造农村公路1.3万公里。以改善农村生态环境、完善农村公共产品服务、提高农村农民生活质量为核心内容的整治建设使乡村人居环境有了质的提升。

浙江省正致力于加强民生保障建设，特别是在教育领域提供精准的基本公共服务，以确保全民享有普惠性、基础性、兜底性的民生保障。浙江努力构建立德树人"一体化课程"，守好培育优秀思政课教师的"育人阵地"，

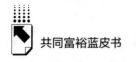
着力解决教育公平问题和教育高质量发展问题。浙江省金华市通过实施四大工程（"一校一品""思想铸魂""实践育人""环境育人"），构建教育立德树人长效机制，全方位推进育人；通过制定《关于加快推进义务教育优质均衡的实施意见》，促进地方优质教育资源共享。2021年，浙江省新增融合型城乡教育共同体结对学校1643家，基本覆盖所有农村学校，进一步推进义务教育优质均衡发展。

5. 浙江省提升人民生活质量的主要举措与进展

浙江省人民生活质量指数从2013年的6.71上升到2021年的11.1，增长了65.4%。透过人民生活质量指数可以发现，浙江围绕解决群众就业、健康、教育等问题，逐步建立为民办实事机制，加快推进"浙有善育""浙里康养""浙里健康"建设。浙江"共富工坊"的建设，有效地吸纳了农村剩余劳动力，使低收入农户能够在家门口就业，累计为27.8万农民解决就业问题；省妇联牵头打造634家巾帼"共富工坊"，帮助2.3万名农村妇女解决就业，人均月增收1800元；省残联依托残疾人之家等阵地开设工坊，累计吸纳2328名残疾人就业，人均月增收1500元。下一步，浙江将持续深化搭建人民群众的"致富路"，在山区26县乡镇重点地区开展帮促行动，推进浙江各地区乡村振兴全面覆盖。

浙江作为"美丽中国先行示范区"率先开启生态文明建设的全新范式。在生态惠民方面，浙江全力构建宜居宜养名城，创建多个新时代美丽乡村示范区，例如，浙江省衢州市柯城区的河长制受到国务院的督查激励，水环境质量持续领先，水质达标率为100%，生态环境满意度连续多年全省名列前茅；柯城区积极探索"生态化"转型通道，在全省开展"一村万树"行动，实现环境效益、经济效益双增长。浙江积极创新生态产品价值转化，接下来将引导山区县率先开展GEP核算应用，逐步健全绿色发展体制机制。

6. 浙江省缩小收入分配差距的主要举措与进展

浙江省的收入分配公平度指数从2013年的5.43上升到2021年的8.98，增长了65.4%。透过收入分配公平度指数可以发现，浙江在促进区域协调发展上取得重大进展，2021年，浙江省城乡居民收入倍差为1.96，远低于全国的平均水平 2.56，是全国唯一所有设区市居民收入都超过全国平均水平的省份，为浙江扎实推进共同富裕提供了物质基础。浙江各个地区都在进行收入制度改革，在台州市推动"双增双收"建设，推动更多技术工人富起来，一线工人薪资水平稳步提升，让技术工人成为"扩中"主力军；在嘉兴桐乡市培育特色精品民宿融入乌镇文化特色，推行"互联网+"文旅融合新模式，开发融入文化元素，创办乌镇国际戏剧节，深化"乌镇模式"，全域旅游带动富民就业增收；在湖州长兴县，兴建产业帮扶基地 68 个，精选优势特色农业产业进行产业帮扶，推行"百社联千户"帮助农民增收，破解"提低"难题；在温州泰顺县，通过吸引"标杆企业"盘活农村闲置资源，引进优质企业，通过创新"企农融合"模式，将农民的"荒地"变"宝地"，创造了一系列新富民产业。

2021 年，浙江省乡村地区的"3 个快于"彰显区域均衡协调发展的底色：低收入农户收入增速快于浙江全省农民的收入增速；农民收入增速快于城镇居民收入增速；山区县农民收入增速快于全省农民收入增速。浙江省居民收入的最高最低倍差由 2013 年的 1.76 下降至 1.61，家庭可支配收入在 20 万~60 万元的群体所占比重为 30.6%。由此可见，浙江城乡区域发展、城乡居民收入与居民生活水平之间的差距在不断缩小。优化支撑共同富裕的经济结构仍需要浙江做出更大努力，力争到 2035 年，浙江初步实现由"发展型"体制到"共富型"体制的过渡，初步实现共同富裕，从而实现人均 GDP、城市和农村的收入达到发达国家相应水平。

7. 浙江省重视生命健康的主要举措与进展

浙江省的生命健康指数从 2013 年的 3.73 上升到 2021 年的 6.17，增长了 65.4%。透过生命健康指数可以发现，浙江省把医药卫生服务系统扩大到为"全民全程健康服务体系"，提出了在创建共同富裕示范区的高质量发展过程中，进一步提高全民健康水平的总体方案。2021 年，浙江全省卫生机构共 3.44 万个，相比 2013 年增长 14%；医疗卫生机构床位数 36.1 万张，相比 2013 年增长 83.2%；全省卫生技术人员 54.8 万人，相比 2013 年增长 66.57%；全省县域内就诊率达到 89.2%，为实现"共同健康"提供了坚实

的保障。"全民全程健康服务体系"是浙江"共富示范区"十项重要成就之一，其目标是坚持以人为本，以全人口为对象，提供公平、连续、高效、涵盖全生命周期的卫生服务，使人人享有便捷、智能、有温度的卫生健康服务，从而促进全省县域内就诊率进一步提高。

2017年以来，浙江深入推进县域医疗共同体建设，通过统一医疗机构、医疗资源和医保医药举措，整合城乡医疗服务体系，优化医疗资源配置。在优化医院岗位设置方面，结合各医院单位工作量，通过增岗、定岗、聘岗等岗位管理方式，提高医疗技术人员使用效率；在夯实基层医疗基础方面，医共体聚焦山区海岛县精准提升技术水平和医疗质量；在开展全周期健康管理方面，对医共体的牵头医院和成员单位的职能进行明确界定，聚焦"大健康"建立"小病慢病不出村，群众健康有管家"的慢病分级诊疗服务体系。深入实施健康浙江行动仍是实现共同富裕目标的重中之重，接下来，浙江还需加速构建强有力的公共卫生服务系统，大力发展"医+""养+""健+""智+"等卫生与健康产业，深化县域医共体和城市医联体建设，以适应不断增加的多层次、多元化的医疗服务需求，从而实现"共同健康"全方位发展。

（二）浙江高质量发展建设共同富裕示范区的经验

浙江省作为共同富裕示范区，出台了《浙江高质量发展建设共同富裕示范区实施方案（2021—2025年）》，聚焦"小切口、大牵引"的突破性抓手，逐步建立先富带后富、扎实推动共同富裕的目标体系、工作体系和政策体系，为全国扎实推进共同富裕提供省域范例，形成了"可复制、易推广"的经验方案。

第一，加强党的领导，贯彻落实"政治引富"，为共同富裕举旗定向。一方面，各级党组织要坚定扛起抓党建促共同富裕的政治责任和使命担当。党中央和国务院的高度重视，是浙江省迈向共同富裕的坚强组织保障。省委、省政府在区域经济和社会发展的领导统筹作用，可以有效避免区域同质化可能产生恶性竞争造成的市场供需失衡。基层党组织在乡村振兴和共同富裕具体实践方面发挥基层堡垒作用，可以因势利导从而实现靶向施策。另一方面，农村基层党组织能否持续有效推进乡村振兴和共同富裕很大程度上取决于是否有得力的"领头雁"。浙江省着力培养共富型"领头雁"，各县委把村书记培训作为一项重要的战略工程放到全县工作大局中去谋划和推进，全力打造"在党为党，懂农爱农"的村支部书记队伍，切实提升基层党组织推动发展、服务群众以及凝聚人心的能力。

第二，突出主导产业，有效促进"产业造富"，夯实共同富裕的物质基础。一方面，浙江省以"一县一策"的思路发挥各地资源优势。各级政府以打造区域特色品牌、协调全产业链共同发力、完善多渠道产业融合服务等举措切实提高了产业的竞争力与附加值，将山水林田湖草等资源优势有效转化为产业优势，依托完备的产业体系吸收创造高质量就业从而营造人才优势，高效落实做大产业扩大税源行动和提升居民收入富民行动。另一方面，浙江省的山海协作工程为产业融合、区域协调发展提供了新思路。山海协作工程把山区县的资源、生态等优势与沿海地区的资金和人才等优势深度结合，通过产业园区建设升级、产业飞地模式完善、飞地抱团模式深化等方式，助力相对贫困地区的"低保户"实现从"被动输血"到"造血"再到"活血"的成功飞跃，有效解决产业薄弱、集体经济疲软、村镇收入难以提高的难题。

第三，建设橄榄型社会，着力实现"均衡增富"，筑牢共同富裕的公平根基。一方面，浙江省积极探索稳定和扩大中等收入群体的新机制。各级政府注重培育大规模市场，通过巩固商贸设施夯实市场主体基础、优化准入制度加强市场主体培育、开展电商业务引导商贸业态转型等系列措施，提升与扩大中小微企业主、个体经营户等市场主体的数量与规模。另一方面，浙江省积极探索完善收入分配调节机制。各级政府注重构建创新要素参与分配机制，通过深化薪酬制度改革、深化股权激励改革、深化进阶管理改革等方式，鼓励上市公司和优质民营企业开展股权奖励、项目分红等试点工作，进一步加快科技人才和中低收入员工等群体迈入中等收入群体行列。同时，重点加强社会保障体系建设，不断完善财政转移支付制度体系和引导企业转移支付，以新型慈善体系赋能低收入人群，保质保量完成居民收入和中等收入群体双

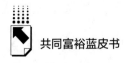

倍增计划。

第四，重视文化建设，不断促进"精神共富"，厚植共同富裕的精神理念。一方面，浙江省培育了具有新时代特征和红色印记的共同富裕精神文化。各级政府秉承红船精神，以"立党为公，忠诚为民"的奉献精神融入城市发展的基因与血脉，以浙商敢为天下先的"四千万精神"融入经济发展的根枝与脉络。植根于"文"、着眼于"城"、立足于"人"、用心于"治"，独具红色印记的新时代文明生活城市建设为共同富裕建设奠定了坚实的精神基础。另一方面，浙江省紧密衔接了精神文化活动与群众美好生活需求。各级政府加快推进城乡区域基本公共服务，让发展成果更多更公平地惠及普罗大众，以看得见、摸得着的形式解决群众"急难愁盼"的问题，使群众在受惠中如沐春风、在获益时潜移默化，最终形成全省上下齐心共推共同富裕的精神合力。

第五，数字经济赋能，有效推动"数字促富"，抓牢共同富裕的驱动力量。一方面，浙江省深入推进数字技术与产业融合应用。在农业农村方面，通过构建农业大数据中心、农产品价格监测等乡村产业大脑服务农产品生产过程，通过搭建网上平台、线上展览等电子商务推进农产品销售过程，各乡镇以高标准差异化的方式探索未来乡村建设道路。在城市化工业化方面，通过培育智能物联、数字健康、数字制造等产业，各产业园区逐步迈入"集约性、高新化"的发展阶段。另一方面，浙江省以数字化改革为突破口进一步搭建精准科学的服务链。从"源头"到"末端"，浙江省推出的"浙里办"数字服务平台多步并联、一步到位的高效办理，为优质公共服务提供高质量保障。从"碎片"到"融合"，浙江省打造的多部门数据共享平台高效实现信息归集和数据利用，为基层公共服务提供可视化、易操作的思路。

五　推动共同富裕要求经济实现质的有效
提升和量的合理增长

当期，中国的发展已经进入了战略机遇和风险挑战并存、不确定性和不可预测因素增加的时期。从国际环境来看，百年未有之大变局正加速演变，大国博弈和地缘冲突加剧全球风险，贸易保护主义、单边主义、逆全球化思潮不断涌现，世界进入了一个新的动荡变革期。从国内环境的角度来看，需求收缩、供给冲击、预期转弱三重压力依然较大，总量性、结构性、周期性矛盾同时存在，居民收入提升压力增加，科技创新能力不强，产业链以及供应链堵点较多。党的二十大要求"坚持以推动高质量发展为主题"，"推动经济实现质的有效提升和量的合理增长"①。

经济高质量发展要求实现质的有效提升和量的合理增长，要求做到质和量的有机统一。一方面，质的有效提升是高质量发展的题中应有之义。中国特色社会主义进入新时代，中国经济发展进入新常态和新发展阶段。中国社会的主要矛盾，已从"人民日益增长的物质文化需要和落后的社会生产之间的矛盾"转变为"人民日益增长的美好生活需要和不平衡不充分的发展之间的矛盾"，这充分体现出我们对经济发展质量提出了更高要求。另一方面，量的合理增长是高质量发展的重要基础。当今世界面临着百年未有的巨大变化，中国的发展进入新机遇和新挑战二者并存的关键时期，需要保持量的合理增长，才能维护社会大局稳定，进而为质的有效提升打下基础。

（一）实现共同富裕需要坚实的物质技术基础

作为共同富裕物质基础的直接构成，GDP 就是生产出来所有商品的价值和提供所有服务的价值总和。共同富裕包含两个层面，分别是物质的富裕与精神的富裕，其中，物质富裕是前提条件。发展是推动共同富裕的永久动力，它为我国政治、文化、社会、生态文明建设持续蓄力。只有以经济建设为中心、把发展作为党执政兴国的首要任务，才能为扎实推进共同富裕奠定坚实的基础。

1. 以经济建设为中心是实现共同富裕的基础

以经济建设为中心是兴国之道。只有坚持以经济建设为中心，才会收获

---

① 习近平：《高举中国特色社会主义伟大旗帜　为全面建设社会主义现代化国家而团结奋斗——在中国共产党第二十次全国代表大会上的报告》，人民出版社，2022，第28~29页。

丰厚发展成果，使人民生活得到改善，才更有充分理由阐释社会主义制度的优越性，才能夯实实现共同富裕的基础并真正实现共同富裕，否则，一切都是空谈。经济建设目前依然是我国的中心任务，只有在经济发展的基础上才能推动社会、文化、生态各方面的全面进步。中国必须一心一意搞建设，只有加大力度发展生产力，持续提高人民生活水平，才能够充分体现出社会主义制度的优越性。党的十一届三中全会把全党的工作重点转移到经济建设上，这是一个重要的转折点。在我国这样一个人口多、发展不平衡、长期处在社会主义初级阶段的国家，要持续加强和巩固中国共产党的领导，真正体现出社会主义制度的优越性，必须坚持发展才是硬道理这一战略思想，通过经济发展给老百姓带来实实在在的实惠和好处。目前，我国发展面临严峻的形势和风云变幻的外部环境，要充分发挥主观能动性，注重解决问题始终不能偏离经济建设这一中心。其他各项工作都应服从、服务于经济建设这个中心，这是立足国情、顺应趋势、深得民心的。

改革开放以来我国坚持以经济建设为中心，中国已成为世界第二大经济体、制造业第一大国和货物贸易第一大国。近年来，中国对世界经济的贡献率已经超过1/3。1978～2022年，居民人均收入由171元增长至3.69万元，中等收入群体不断增加，基本养老保险覆盖10亿余人，医疗保险覆盖超过13亿人，基础设施不断完善。2020年底历史性地解决绝对贫困问题，我国如期实现了全面建成小康社会的目标，人民群众的生活水平显著提高，我国综合国力、经济实力以及科技实力跃上新台阶。这些成就的取得都为扎实推进共同富裕奠定了坚实基础。改革开放40多年的实践给予我们深刻的启示：社会主义的本质要求和根本任务是解放和发展社会生产力，增强社会主义国家的综合国力。只有把握经济建设这个中心，坚定不移地坚持发展是硬道理、发展应该是科学发展和高质量发展的战略思想，坚持和发展中国特色社会主义，才能促进经济社会可持续健康发展，全面推动我国的综合国力、经济实力、科技实力、国防实力增强，为实现中华民族伟大复兴奠定坚实物质基础。

习近平总书记指出："从根本上说，没有扎扎实实的发展成果，没有人民生活不断改善，空谈理想信念，空谈党的领导，空谈社会主义制度优越性，空谈思想道德建设，最终意识形态工作也难以取得好的成效。只要国内外大势没有发生根本变化，坚持以经济建设为中心就不能也不应该改变。"①今天我们站在世界第二大经济体、制造业第一大国、货物贸易第一大国的成就上，站在全面打赢脱贫攻坚战、在我们这样一个14亿人口大国全面建成小康社会的成就上，我们才更有充分的理由谈论社会主义制度的优越性。以经济建设为中心是兴国之本，这是坚持党的基本路线一百年不动摇的根本要求，也是解决当代中国一切问题的根本要求。改革开放以来，我们通过集中精力建设、全心全意谋发展，取得了显著成就。在全面建设社会主义现代化国家的进程中，我们依旧要把发展作为首要任务，着力使发展上升到新水平，坚定不移地坚持发展是硬道理的战略思想。发展是基础，经济不发展，一切将无从谈起。只有促进经济可持续健康发展，才能巩固和筑牢国家繁荣富强、人民幸福安康、社会和谐稳定的物质基础。

2. 经济工作要始终坚持"生产力标准"

历史唯物主义的基本原理之一是认为生产力发展是社会发展的最终决定力量。正是生产力的发展才会引起生产关系及其他一切关系的变革。这一原理适用于所有的社会形态，包含社会主义社会在内。马克思和恩格斯指出："生产力的这种发展……之所以是绝对必需的实际前提，还因为如果没有这种发展，那就只会有贫穷、极端贫困的普遍化；而在极端贫困的情况下，全部陈腐污浊的东西又要死灰复燃。"②毛泽东同志指出："社会主义革命的目的是解放生产力。"③邓小平同志指出："讲社会主义，首先就要使生产力发展，这是主要的。只有这样，才能表明社会主义的优越性。社会主义经济政策对不对，归根到底要看生产力是否发展，人民收入是否增加。这是压倒一切的标准。空讲社会主义不行，人民不相信。"④邓小平同志还指出："社会

---

① 《习近平关于社会主义经济建设论述摘编》，中央文献出版社，2017，第5页。
② 《马克思恩格斯选集》第1卷，人民出版社，2012，第166页。
③ 《毛泽东文集》第7卷，人民出版社，1999，第1页。
④ 《邓小平文选》第2卷，人民出版社，1994，第314页。

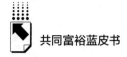

主义时期的主要任务是发展生产力，使社会物质财富不断增长，人民生活一天天好起来，为进入共产主义创造物质条件。不能有穷的共产主义，同样也不能有穷的社会主义。"① 江泽民同志指出："我们党要始终代表中国先进生产力的发展要求，就是党的理论、路线、纲领、方针、政策和各项工作，必须努力符合生产力发展的规律，体现不断推动社会生产力的解放和发展的要求，尤其要体现推动先进生产力发展的要求，通过发展生产力不断提高人民群众的生活水平。"② 胡锦涛同志指出："生产力是人类社会发展的根本动力。我们党是以中国先进生产力的代表登上历史舞台的。党的一切奋斗，归根到底都是为了解放和发展社会生产力，不断改善人民生活。"③ 习近平同志指出："我们要坚持以经济建设为中心、以科学发展为主题、以造福人民为根本目的，不断解放和发展社会生产力，全面推进经济建设、政治建设、文化建设、社会建设、生态文明建设，不断开拓生产发展、生活富裕、生态良好的文明发展道路，为实现全体人民共同富裕而不懈努力。"④

说到社会主义制度的优越性，首先要发展生产力，归根结底就体现在它的生产力发展水平要比资本主义更高一些，其发展的速度比资本主义更快。社会主义国家应该使经济发展速度不断提高，人民生活逐步改善，国家更加强大。社会主义国家应千方百计地发展生产力，因为只有在发展生产力的基础上，才能使人民的收入逐步增长。归根到底，社会主义经济政策对与否取决于生产力发展与否、人民收入增加与否。这是压倒其他一切的标准。只空谈社会主义不行，人民会不相信。因此，从第一个五年计划到第十四个五年规划，一贯的主题始终是坚持"发展是硬道理"，把中国建设成为一个社会主义现代化国家，从而实现全体人民共同富裕。

（二）统筹好经济发展质和量的关系是党领导经济工作的重要经验

坚持发展生产力是马克思主义理论的基本观点。在发展生产力这一问题

---

① 《邓小平文选》第 3 卷，人民出版社，1993，第 171~172 页。
② 《江泽民文选》第 3 卷，人民出版社，2006，第 272~273 页。
③ 《胡锦涛文选》第 3 卷，人民出版社，2016，第 536 页。
④ 《习近平关于社会主义经济建设论述摘编》，中央文献出版社，2017，第 7 页。

上，中国共产党人始终认为发展是党执政兴国的首要任务。同时，发展也强调质和量辩证统一的关系。辩证认识、科学统筹质和量的关系，是中国共产党领导经济工作的重要经验。党的八大通过了"鼓足干劲、力争上游、多快好省地建设社会主义"①的总路线。毛泽东指出："过去搞过十大关系，就是两条腿走路，多快好省也是两条腿，现在可以说是没有执行，或者说是没有很好地执行。"②党的八大提出的总路线，是一种波浪式地前进，是缓和急的对立统一，也是质和量的对立统一。1990年，邓小平同志指出："如果经济发展老是停留在低速度，生活水平就很难提高。人民现在为什么拥护我们？就是这十年有发展，发展很明显。假设我们有五年不发展，或者是低速度发展，例如百分之四、百分之五，甚至百分之二、百分之三，会发生什么影响？这不只是经济问题，实际上是个政治问题"③。世界上一些国家发生问题，从根本上说就是因为经济上不去，老百姓生活长期得不到改善，甚至普遍出现没有饭吃、没有衣穿的现象，最终引发了社会问题。经济增长应当体现在人民生活水平上，人民群众最关心的就是日子过得怎么样，有没有一天更比一天好，这是需要实实在在的发展成果作为保障的。因此，邓小平同志还指出："加强思想政治工作，讲艰苦奋斗，都很必要，但只靠这些也还是不够。最根本的因素，还是经济增长速度，而且要体现在人民的生活逐步地好起来。人民看到稳定带来的实在的好处，看到现行制度、政策的好处，这样才能真正稳定下来。不论国际大气候怎样变化，只要我们争得了这一条，就稳如泰山"④。"经济能不能避免滑坡，翻两番能不能实现，是个大问题。使我们真正睡不着觉的，恐怕长期是这个问题，至少十年。中国能不能顶住霸权主义、强权政治的压力，坚持我们的社会主义制度，关键就看能不能争得较快的增长速度，实现我们的发展战略。"⑤邓小平同志在强调经

---

① 《建国以来重要文献选编》第11册，中央文献出版社，1995，第292页。
② 《毛泽东文集》第8卷，人民出版社，1999，第78页。
③ 《邓小平文选》第3卷，人民出版社，1993，第354页。
④ 《邓小平文选》第3卷，人民出版社，1993，第355页。
⑤ 《邓小平文选》第3卷，人民出版社，1993，第355~356页。

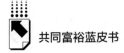
济增长速度的重要性的同时，也强调发展质量的重要性，指出："一定要首先抓好管理和质量，讲求经济效益和总的社会效益，这样的速度才过得硬"[1]。

党的十四大指出："我国经济能不能加快发展，不仅是重大的经济问题，而且是重大的政治问题"，"九十年代我国经济的发展速度，原定为国民生产总值平均每年增长百分之六，现在从国际国内形势的发展情况来看，可以更快一些"，"走出一条既有较高速度又有较好效益的国民经济发展路子"。[2] 加快发展就是抓住有利的机遇。如果有条件能快，发展就应该更快一些，只要是质量高、效益好、适应国内外市场需求的，就应当鼓励发展。

党的十七大对科学发展观作了深刻阐述，明确提出要"促进国民经济又好又快发展"[3]，并指出："要牢牢扭住经济建设这个中心，坚持聚精会神搞建设、一心一意谋发展，不断解放和发展社会生产力。更好实施科教兴国战略、人才强国战略、可持续发展战略，着力把握发展规律、创新发展理念、转变发展方式、破解发展难题，提高发展质量和效益，实现又好又快发展，为发展中国特色社会主义打下坚实基础"[4]。科学发展观的第一要义是发展，它的核心是以人为本，它的基本要求是全面、协调、可持续，它的根本方法是统筹兼顾。"发展"是解决中国所有问题的"总钥匙"，没有发展，科学发展观就是无源之水、无本之木；没有发展，不可能实现各项事业的有机统一，不可能实现社会成员的团结和谐，不可能实现全面、协调、可持续。要想更好、更快地发展，就要改变经济发展模式，把握好质量与速度的关系，把握好质量第一的原则；坚持以科学发展观为指导，以创新为导向，从而形成一种新的发展模式。所谓又好又快地发展，是指要将落实全面协调可持续的要求贯彻下去，做到让生产发展、生活富裕、生态良好，全面建成

① 《邓小平文选》第3卷，人民出版社，1993，第143页。
② 《十四大以来重要文献选编》（上），中央文献出版社，1995，第16~17页。
③ 《十七大以来重要文献选编》（上），中央文献出版社，2009，第17页。
④ 《十七大以来重要文献选编》（上），中央文献出版社，2009，第12页。

资源节约型、环境友好型社会，既要在速度上达到平衡，同时又要在结构上、质量上、效益上达到平衡，使经济社会得到永续发展，让广大人民共享改革发展成果。

在实践中，曾普遍存在只是一味地追求经济的增长速度而忽视了经济发展的质量及效益的问题，甚至只以 GDP 论英雄，导致经济社会中一部分行业出现产能过剩、结构扭曲、资源浪费等问题。党的十八大以来，我国经济发展更加重视质和量的统筹，在质和量上都取得了显著成就。目前，我国正处于从富起来迈向强起来的新征程中，同样，这也是我国的经济从高速增长转向高质量发展的过程。2012~2022 年，我国的经济实力、综合国力和人民生活水平都得到了大幅度的提升。2012~2022 年，我国国内生产总值从 53.9 万亿元增加到 121 万亿元，占世界经济比重近 18%，与 2012 年相比提升了 6.7 个百分点；我国人均国内生产总值由 6300 美元增加至 1.27 万美元，这一水平逐渐接近高收入国家门槛；创新能力进一步增强，研发投入占国内生产总值的比重由 2012 年的 1.91% 增加至 2022 年的 2.55%，我国全球创新指数排名由第 34 位上升至第 11 位；城乡人均可支配收入比值由 2.88 降至 2.45；城镇化率由 53.1% 上升到 65.22%；此外，我国近一亿农村贫困人口全部实现了脱贫，这代表中国历史性地解决了绝对贫困问题，从而全面建成小康社会；居民人均预期寿命由 74.8 岁（2010 年）提高到 78.3 岁；中等收入群体占比不断提升。生态环境有了根本性改变，雾霾天气数逐步减少，优美环境、绿水青山越来越多。目前的中国已经不再是短缺经济，要深刻认识到单纯的数量扩张以及低水平的重复建设已经没有意义。新时代中国需要高质量发展，这需要统筹好质的有效提升和量的合理增长，才能实现中国经济持续健康发展。

（三）有质有量的高质量发展是实现共同富裕的基础

伴随着我国社会主要矛盾的转化，我国长期所处的短缺经济以及供给不足的状况已经发生根本性的改变，人民对美好生活的追求向往已经从"有

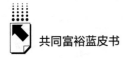

没有"转向"好不好",呈现多方面、多样化、多层次的特点。现阶段人民群众要求变高了,因此我们对这些需求问题的认识和工作水平也要相应提高。

1. 高质量发展是全面建设社会主义现代化国家的首要任务

发展是党执政兴国的首要任务。这里所说的发展,是有质量、有效益、可持续的发展,是以较高的全要素生产率作为支撑的发展。今天我们在坚持以经济建设为中心的同时,还要坚持以新发展理念为"指挥棒",加快推动转变经济发展方式,持续优化经济结构,注重提升经济发展的质量和效益,使新型工业化、信息化、城镇化、农业现代化同步协调发展,从而进一步促进我国向经济创新内驱动力更强、经济结构更合理、效率更高的阶段演进。

从国内看,我国继续发展具有较多的优势,也面临不少的挑战,需要用全面、辩证、长远的眼光看问题。第一,要深刻理解我国的社会主要矛盾变化。这个主要矛盾,主要就是供求矛盾。近年来,我国经济发展不断出现新的问题,归根结底就是发展不平衡、不充分。这里的不平衡主要是指各个领域存在失衡现象,不利于经济发展水平的整体提升。这里的不充分,主要指我国当前的供给质量不高,供给结构对需求结构的适配性不强,供给体系很难满足老百姓对美好生活的需求,中国与全面实现现代化还有一定距离,仍然面临发展这一艰巨任务。中国长期所处的短缺经济和供给不足的状况已经发生根本性改变,今天老百姓需要的不一样了,过去是有没有,今天是好不好;过去是求生存,今天是要生活;过去是求温饱,今天是要环保。推动高质量发展是解决我国社会主要矛盾的根本途径。我们要同时重视量的发展和解决质的问题,实现质的大幅提升和量的有效增长协调发展。第二,要明确高质量发展的大逻辑是适应把握引领中国经济新常态。做好经济工作要求我们科学认识当前形势并准确研判未来走势。目前,我国已经进入新常态的经济发展阶段,这是经济发展到一定阶段必然会出现的客观状态。这就要求我们要把握好贯穿发展全局和全过程的大逻辑,即在推动经济工作中要适应新常态、把握新常态、引领新常态。新常态出现的一系列新变化是中国经济向形态更高级、结构更合理、分工更优化的新阶段演变的必经之路，是我国经济由大变强的必经阶段，更是我国全面推进现代化经济体系建设、实现高质量发展的机遇。第三，要深入理解新发展阶段的机遇与挑战。在一个危机并存、危中有机、危可转机的新阶段，机遇变得更具有可塑性、战略性，挑战变得更具有复杂性、全局性。只有应对好前所未有的挑战，才会有前所未有的机遇。关键是要准确把握决定世界百年未有之大变局走向的关键因素，以辩证思维看待新发展阶段的新机遇、新挑战，深刻理解百年未有之大变局的内涵。

2. 准确把握质的有效提升和量的合理增长的科学内涵

要想推动我国经济实现质的有效提升和量的合理增长，目标是要做到协同并进，关键是准确、完整并全面贯彻新发展理念。党的十八大以来，习近平总书记针对经济社会发展提出的许多重大理论和理念中，最重要、最主要的是新发展理念。作为管全局、管根本、管方向、管长远的理念，创新、协调、绿色、开放、共享五大发展理念是党和国家发展思路、方向和着力点的集中体现。理念很重要，是行动先导，有什么样的理念才会有什么样的行动。如果理念错了，行动一定是错的。第一，五大发展理念是在深刻总结国内外发展经验教训后针对我国发展中遇到的矛盾和问题而提出的。要实现高质量发展，关键是要提高全要素生产率。每一次产业革命都为新兴大国追赶守成大国提供了最难得的机遇，关键就看新兴大国能否引领这一次的产业革命，能否站在这一次产业革命的风口浪尖上。第二，协调发展理念的目的是要解决发展不平衡问题。不平衡包括区域之间和城乡之间的不平衡。如果不平衡的问题解决不好，就会出现"木桶效应"，局部的不平衡会影响整体的发展水平。第三，绿色发展理念是解决人与自然和谐问题。人类社会的发展活动必须尊重、顺应、保护自然，否则会遭到大自然的报复，这是谁都无法抗拒的规律。保护环境的目的是更可持续地发展生产力，坚持绿色发展是为了实现可持续发展。第四，开放发展理念的目的是解决发展内外联动问题。中国会在更大范围、更宽领域、更深层次上提高开放型经济水平，其目的就是构建人类命运共同体，实现共赢。第五，共享发展理念是要解决社会

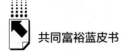

公平正义问题。这里的共享包括全民、全面、共建和渐进共享。作为新时代我国发展壮大的必由之路，坚持创新发展、协调发展、绿色发展、开放发展、共享发展是关系我国发展全局的一场深刻变革。必须全面同步贯彻这五个理念，哪一个发展理念贯彻不到位，都会影响全面建设社会主义现代化国家的进程。

新发展理念是对马克思主义基本立场、基本观点、基本方法的继承。创新发展理念是对马克思主义生产力理论的继承，也是对它的发展，它强调生产力在人类社会发展中起决定性作用，而创新就是生产力，它是推动经济高质量发展的动力。如果不能很好地解决这个问题，就很难实现经济持续健康发展。抓住创新就抓住了推动生产力发展的"牛鼻子"。协调发展理念是对马克思主义辩证法的继承和发展。马克思主义辩证法强调事物之间的普遍联系性和整体性，协调发展理念结合了两点论与重点论，它既强调破解难题和补齐短板的发展思路，同时考虑巩固和发挥原有优势。强调协调发展不是搞平均主义，而是更注重发展机会的公平性、更注重资源配置的均衡性。绿色发展理念既是对马克思主义生态文明理论的继承，也是对其的发展。马克思主义强调人类发展活动应当尊重自然、顺应自然、保护自然，否则会受到自然的报复，这是一条无可抗拒的规律。恩格斯深刻地指出："我们不要过分陶醉于我们人类对自然界的胜利。对于每一次这样的胜利，自然界都对我们进行报复。每一次胜利，起初确实取得了我们预期的结果，但是往后和再往后却发生完全不同的、出乎预料的影响，常常把最初的结果又消除了。"[1]推动绿色发展，就是为了实现经济的持续健康发展，让人民群众真切感受到经济发展所带来的环境效益。开放发展理念是对马克思主义世界市场论的继承和发展。马克思和恩格斯指出："资产阶级，由于开拓了世界市场，使一切国家的生产和消费都成为世界性的了。"[2] 实践告诉我们，要发展壮大，必须主动顺应经济全球化潮流，坚持对外开放。共享发展理念是在继承和拓

---

① 《马克思恩格斯选集》第 3 卷，人民出版社，2012，第 998 页。
② 《马克思恩格斯选集》第 1 卷，人民出版社，2012，第 404 页。

展马克思主义"发展为了人民"的根本立场上产生的。马克思、恩格斯明确指出："无产阶级的运动是绝大多数人的、为绝大多数人谋利益的独立的运动"①，在未来社会"生产将以所有的人富裕为目的"②。坚持以人民为中心的发展思想就是共享发展理念的实质。

新发展理念是一个完整系统的理论体系，解答了关于发展的目的、动力、方式、路径等一系列的理论与实践问题，明确了我们党在发展方面的政治立场、价值导向、发展模式、发展道路等重要政治问题。首先，贯彻新发展理念必须始终坚持系统的观点。五大发展理念相互贯通、相互推动，是一个具有内在联系的整体，在全面贯彻新发展理念的过程中，要把握好其整体性和关联性，进行系统设计、齐头并进、统一贯彻，不能单打独斗、偏执一方、畸轻畸重、相互替代、相互割裂。其次，运用辩证法是贯彻新发展理念的关键。我们应同时坚持两点论和重点论的统一，善于明晰主要矛盾与次要矛盾、矛盾的主要方面与次要方面，辨明轻重缓急，既考虑整体又紧紧扭住主要矛盾和矛盾的主要方面，通过突破重点来推动整个发展进程，实现整体推进中的重点突破。再次，要将新发展理念当作指挥棒和红绿灯。所有的行动都要统一到新发展理念上来，对不符合新发展理念的行动要立即制止，对不符合新发展理念的认识要立即调整。最后，贯彻全面深化改革和新发展理念是相互贯通的。贯彻落实新发展理念需要进行一系列思维、行为和工作方式的变革，同时也需要进行利益关系的调整。改革是关键，其核心是要使市场在资源配置中起到决定性的作用，更好发挥政府作用。

3. 质的有效提升和量的合理增长是以高质量发展推动共同富裕的内在要求

党的二十大报告提出了"推动经济实现质的有效提升和量的合理增长"③的重要思想，为未来经济发展指明了道路。经济发展的关键在于实现

---

① 《马克思恩格斯选集》第1卷，人民出版社，1995，第283页。
② 《马克思恩格斯选集》第2卷，人民出版社，2012，第787页。
③ 习近平：《高举中国特色社会主义伟大旗帜 为全面建设社会主义现代化国家而团结奋斗——在中国共产党第二十次全国代表大会上的报告》，人民出版社，2022，第28~29页。

质和量的有机统一。"质"常常通过结构和效益来衡量,"量"通常用规模和速度来衡量。质量和速度是经济发展的一体两面,你中有我、我中有你。质量是速度的根本,没有质量的速度毫无价值,只会变成冷冰冰的数字,对经济持续健康发展有害无利;速度是质量的载体,没有速度的质量不可持续,只会逐渐失去动力,质量提升的目标无法实现。换言之,质的不断提升能够持续推动量的增长,量的增长也为质的提升提供了基础,质变的实现离不开量变这个过程。量变积累到一定程度会引起质变,质变能够推动形成新的量变,新的量变又会催生新的质变。

高质量发展是对质和量都有要求的发展。质的有效提升和量的合理增长具有辩证统一的关系,二者不是对立的,并不是说只有速度足够低才能实现质的有效提升,速度上去了质量就一定会降下来,质和量并不是"跷跷板"的关系。实现经济发展质的有效提升和量的合理增长,关键在于全面、准确地贯彻新发展理念。我们需要量的合理增长来支撑质的有效提升,并通过质的有效提升引领量的合理增长。通过这种方式,实现更高质量、更有效率、更可持续、更加安全的发展。

对我国这样一个大型经济体而言,保持宏观经济平稳运行至关重要。只有做到经济平稳增长,才能更好地解决民生和就业领域中遇到的各种问题。只有不断做大蛋糕,才能更有效地进行蛋糕分配。在实现共同富裕的过程中,必须全面贯彻新发展理念,确保经济运行保持在合理区间。根据"十四五"规划纲要,到 2035 年要达到中等发达国家水平,这个定性目标的背后蕴含定量要求。只有做到经济持续健康发展,才能进一步做大、做好蛋糕,提高人民生活水平和发展水平。只有确保市场机制的有效运作,促使微观主体充满活力,实行适度的宏观调控,加强宏观政策的逆周期调节,充分释放市场活力,才能确保主要经济指标保持在合理范围,避免经济出现剧烈波动。一要建设高水平社会主义市场经济体制,这是高质量发展的发动机。要使我国经济充满活力和具有效率,关键是要充分发挥市场机制的作用,这是改革开放以来积累的经验。同时,需要加快市场体系的建设和发展,进一步放宽市场调节的范围,激发经济活力,由企业按市场需求自主决策和投资。二要着力扩大内需。我国有全球最大的单体市场，内需是我国经济发展的主要推动力。扩大内需是确保经济保持在合理区间运行的重要措施，也是稳定经济增长的关键之一。使消费在经济发展中的基础性作用不断增强，关键是要千方百计增加居民收入。三要切实落实"两个毫不动摇"。党的二十大再次强调了"两个毫不动摇"的坚定立场，为完善社会主义基本经济制度提供了基本遵循。国有企业作为中国特色社会主义的重要实体基础和政治基石，与公有制主体地位的巩固、党的执政地位和治理能力密切相关，与我国社会主义制度息息相通。我国基本经济制度写入了宪法、党章，即以公有制为主体，多种所有制经济共同发展，这一点是坚定不移的、不可动摇的。所有民营企业及民营企业家完全可以吃下定心丸、安心谋发展。

专 题 篇
Special Reports

B.2
构建高水平社会主义市场经济体制是
实现共同富裕最有效的方式

高惺惟 *

摘　要： 只有不断完善社会主义市场经济体制，才能充分调动人民群众的积极性、主动性、创造性，给每一个奋斗者以公平的机会，极大促进生产力发展，使更多普通劳动者通过自身努力进入中等收入群体。通过市场机制千方百计增加居民收入，就一定能筑牢共同富裕的基础。在共同富裕视阈下，高水平社会主义市场经济体制的核心要义是要让市场经济与党的领导结合、与社会主义融合、与公有制兼容，同时要让政府和市场"两只手"相配合以及促进经济与政治的辩证统一。因此，为构建高水平社会主义市场经济体制推进共同富裕，需要坚持和完善社会主义基本经济制度、深化"放管服"改革、增强消费对经济发展的基础性作用以及

---

* 高惺惟，中共中央党校（国家行政学院）经济学教研部教授，经济学博士，主要研究方向为习近平经济思想与经济金融体制改革。

建立现代财政金融体制。

关键词： 高水平社会主义市场经济体制 共同富裕 基本经济制度

构建高水平社会主义市场经济体制，是实现全体人民共同富裕的迫切需求。党的二十大明确要求："构建高水平社会主义市场经济体制。坚持和完善社会主义基本经济制度，毫不动摇巩固和发展公有制经济，毫不动摇鼓励、支持、引导非公有制经济发展，充分发挥市场在资源配置中的决定性作用，更好发挥政府作用。"① 坚持社会主义市场经济改革方向，是经济体制改革的基本遵循，也是全面深化改革的重要依托。站在新的历史起点上，推动高质量发展、建设现代化经济体系的蓝图已经绘就，因此必须加快建设社会主义市场经济体制。"共同富裕是社会主义的本质要求，是中国式现代化的重要特征。"② 只有坚持以经济建设为中心、不断推进社会主义市场经济体制建设、将发展作为党执政兴国的首要任务，才能为实现共同富裕奠定坚实基础。只有不断完善社会主义市场经济体制，才能充分调动人民群众的积极性、主动性和创造性，给每一个奋斗者以公平的机会，极大促进生产力发展，使更多的普通劳动者通过个人努力成为中等收入群体。通过市场机制千方百计增加居民收入，就一定能筑牢共同富裕的基础。

一 坚持以社会主义市场经济改革促进共同富裕的基本逻辑

从 1978 年开始，党的十一届三中全会开启了改革开放的壮丽征程，给予中国社会生产力极大的解放和发展，特别是经济体制的改革，为中国特色社

---

① 习近平：《高举中国特色社会主义伟大旗帜 为全面建设社会主义现代化国家而团结奋斗——在中国共产党第二十次全国代表大会上的报告》，人民出版社，2022，第 29 页。
② 《习近平谈治国理政》第 4 卷，外文出版社，2022，第 142 页。

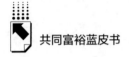

会主义注入强大的生机活力。从历史逻辑、理论逻辑以及现实逻辑出发，只有坚定不移地推进社会主义市场经济改革，方能促进共同富裕进程行稳致远。

（一）历史逻辑

计划经济由于在很长一段时期内使商业流通不畅，国民经济的重大比例关系严重失调，人民的物质生活长期得不到改善。为此，我国在计划经济的基础上进行了扬弃，逐步转向市场经济。毛泽东在 1958 年就指出："现在，我们有些人大有要消灭商品生产之势。他们向往共产主义，一提商品生产就发愁，觉得这是资本主义的东西，没有分清社会主义商品生产和资本主义商品生产的区别，不懂得在社会主义条件下利用商品生产的作用的重要性。这是不承认客观法则的表现"，"商品生产不能与资本主义混为一谈"①。党的十二大指出："贯彻计划经济为主、市场调节为辅的原则，是经济体制改革中的一个根本性问题。"② 党的十三大指出："社会主义有计划商品经济的体制，应该是计划与市场内在统一的体制。"③ 在社会主义经济体制之下，社会主义商品经济为在全社会自觉保持国民经济的协调发展提供了可能，为了实现这一目标，我们需要灵活运用"有形"与"无形"之手，完成将这种可能转化为现实的任务。"社会主义商品经济的发展离不开市场的发育和完善，利用市场调节决不等于搞资本主义。④"邓小平同志指出："计划和市场都是方法嘛。只要对发展生产力有好处，就可以利用。它为社会主义服务，就是社会主义的；为资本主义服务，就是资本主义的。"⑤ 1991 年江泽民主持召开 11 次座谈会，在会议上研讨社会主义市场经济问题。特别是 1992 年 6 月 9 日在中共中央党校发表的讲话，针对学术界和理论界对建立新经济体制的一些新的提法，提出"我个人的看法，比较倾向于使用'社会主义市

① 《毛泽东文集》第 7 卷，人民出版社，1999，第 437、439 页。
② 《十二大以来重要文献选编》（上），人民出版社，1986，第 23 页。
③ 《十三大以来重要文献选编》（上），人民出版社，1991，第 26 页。
④ 《十三大以来重要文献选编》（上），人民出版社，1991，第 27 页。
⑤ 《邓小平文选》第 3 卷，人民出版社，1993，第 203 页。

场经济体制'这个提法"①。党的十四大明确了构建社会主义市场经济的重要性，从此确定了改革的方向与目标，具体而言，就是使市场在国家宏观调控下发挥关键作用，以适应资源配置中的供求关系变化，并让经济活动遵循价值规律。为了实现这一目标，需要运用价格杠杆和竞争机制，将资源配置到产生较好效益的领域中。党的十五大指出："充分发挥市场机制作用，进一步发挥市场对资源配置的基础性作用。"② 进入 21 世纪，胡锦涛指出："要深化对社会主义市场经济规律的认识，从制度上更好发挥市场在资源配置中的基础性作用。"③

党的十八大以来，中国特色社会主义上升到新的高度。习近平总书记指出："在社会主义条件下发展市场经济，是我们党的一个伟大创举。我国经济发展获得巨大成功的一个关键因素，就是我们既发挥了市场经济的长处，又发挥了社会主义制度的优越性。"④ 党的十八届三中全会指出，经济体制改革是全面深化改革的重点，核心问题是处理好政府和市场的关系，使市场在资源配置中起决定性作用和更好发挥政府作用。⑤ 党的十九大进一步强调："使市场在资源配置中起决定性作用，更好发挥政府作用。"⑥ 党的二十大指出：构建高水平社会主义市场经济体制，充分发挥市场在资源配置中的决定性作用，更好发挥政府作用。⑦ 可见，从"基础性"转向"决定性"，两字之改对市场作用作出了全新的定位，是党的十八届三中全会的理论亮点，是我国社会主义市场经济内涵"质"的提升。1992 年以来，对政府和市场的关系虽然在表述上有所调整，但主要是对市场作用"量"的调整、程度的加强，没有质的变化。这次改为"决定性"作用，这意味着其他力

① 《江泽民文选》第 1 卷，人民出版社，2006，第 202 页。
② 《十五大以来重要文献选编》（上），人民出版社，2000，第 25 页。
③ 《十七大以来重要文献选编》（上），中央文献出版社，2009，第 17 页。
④ 《习近平关于社会主义经济建设论述摘编》，中央文献出版社，2017，第 64 页。
⑤ 《十八大以来重要文献选编》（上），中央文献出版社，2014，第 513 页。
⑥ 《十九大以来重要文献选编》（上），中央文献出版社，2019，第 15 页。
⑦ 习近平：《高举中国特色社会主义伟大旗帜　为全面建设社会主义现代化国家而团结奋斗——在中国共产党第二十次全国代表大会上的报告》，人民出版社，2022，第 29 页。

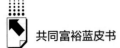

量可以对资源配置产生影响或者进行引导，但最终的决策者只能是市场。只要是市场能配置的资源，都让市场去配置，这样经济就会充满活力。放眼全球，我们可以看到全球经济正在深度调整，各行各业竞争变得更为激烈。虽然各领域竞争表面看是产品、技术、产业之间的竞争，但实质上背后则是体制机制间的竞争。只有建立和完善更高效、更有活力的市场经济体制，我们才能在竞争中占据主动、赢得优势。对市场作用定位的"升级"，充分体现出我们党在推进市场化改革方面壮士断腕的决心以及发展社会主义市场经济体制坚定不移的信心，不会动摇、不会后退、不会停止，并且要有新突破、要上新台阶。

（二）理论逻辑

资本主义的生产方式及其相适应的生产关系和交换关系是《资本论》的研究对象。但是《资本论》中所揭示的原理和规律具有普遍性，既适用于资本主义生产，也适用于社会主义生产；既适用于私有制市场经济，也适用于以公有制为主体的市场经济。这些原理和规律包括劳动二重性原理、社会生产两大部类原理、供求原理、利润最大化原理及生产关系要适应生产力发展的原理等，也包括价值规律、竞争规律、积累规律和经济危机理论等。因此，《资本论》所揭示的科学原理在现代仍然适用。随着社会主义市场经济的发展，越来越需要学习、掌握《资本论》所阐述的科学原理，并运用这些原理指导社会主义市场经济的实践。

历史唯物主义认为生产力是决定社会发展的最终力量，生产关系以及其他一切关系的变革归因于生产力的发展。这个原理适用于包括社会主义社会在内的一切社会形态。马克思和恩格斯指出："生产力的这种发展之所以是绝对必需的实际前提，还因为如果没有这种发展，那就只会有贫穷、极端贫困的普遍化；而在极端贫困的情况下，必须重新开始争取必需品的斗争，全部陈腐污浊的东西又要死灰复燃。"① 共产主义社会是一个生产力高度发达的

---

① 《马克思恩格斯选集》第 1 卷，人民出版社，2012，第 166 页。

社会，要实现这个理想，就要坚持社会主义市场经济改革方向，从而持续推动生产力发展。生产力发展的直接表现就是经济增长、财富积累和生活富裕。

经济学通常被视为是研究利益的，即人类行为受利益因素影响，每个个体追求自身的利益。"物质利益原则"是建立社会主义市场经济体制的支点。计划经济的最大弊端是人的积极性不能发挥出来。市场经济的优势在于激发了个体和经济实体的活力，他们在追求自身利益最大化的过程中推动了经济社会的发展。各种社会活动与物质利益或经济利益密切相关。马克思指出："人们为之奋斗的一切，都同他们的利益有关"①，"现实的人只有以利己的个体形式出现才可予以承认"②，"'思想'一旦离开'利益'，就一定会使自己出丑"③。邓小平同志指出："不讲多劳多得，不重视物质利益，对少数先进分子可以，对广大群众不行，一段时间可以，长期不行，革命精神是非常宝贵的，没有革命精神就没有革命行动。但是，革命是在物质利益的基础上产生的，如果只讲牺牲精神，不讲物质利益，那就是唯心论。"④ 人类活动的内在动力在于对物质利益的追求，人们对物质利益的追求是社会经济发展的根本动力。只有充分重视人们对物质利益的需求，才能激发他们的主动性、积极性和创造性，从而促进生产力的迅速提升。

市场具有神奇的力量：它需要从人的自利性中获取用之不竭的动力，利己行为会无意识、卓有成效地实现利他的目的。作为"看不见的手"，市场将每个人的"利己之心"转化为"利人之行"。市场的逻辑就是，要想实现自身的利益，首先要给别人创造价值，给消费者创造价值，给客户创造价值，即"要想自己好，先得让别人好"。在市场经济中，每个人的生产是为了交换，通过交换才能实现价值。如果一个人无法为其他人创造价值，那么他将无法获得任何收入。企业要想有利润，就得不断发现别人需要什么，不断创造出别人愿意支付货币的东西，产品要一直被市场认可。

---

① 《马克思恩格斯全集》第 1 卷，人民出版社，1995，第 187 页。
② 《马克思恩格斯文集》第 1 卷，人民出版社，2009，第 46 页。
③ 《马克思恩格斯文集》第 1 卷，人民出版社，2009，第 286 页。
④ 《邓小平文选》第 2 卷，人民出版社，1994，第 146 页。

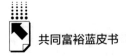
如果把市场经济比作一艘"船"，那么供给和需求可视作这艘船的"两支桨"。习近平总书记指出："供给和需求是市场经济内在关系的两个基本方面，是既对立又统一的辩证关系，二者你离不开我、我离不开你，相互依存、互为条件。没有需求，供给就无从实现，新的需求可以催生新的供给；没有供给，需求就无法满足，新的供给可以创造新的需求。"① 供需关系是连接"微观与宏观"的桥梁，在现代经济运行中具有重要地位。它不仅是现代市场经济理论的重要内容，也是习近平经济思想的主要研究范畴和"枢纽"。同时，供需关系是理解以人民为中心的发展思想、新发展理念、高质量发展、建设现代化经济体系、构建新发展格局、统筹发展和安全等一系列理论问题的"钥匙"。价格波动背后的机制即为供需的变动。从股票到房地产乃至土地，几乎每一个市场都遵循这一规律，供给和需求的变动必然会引发产出和价格的变动。只要理解供需变动的规律，就能更深刻地领悟到为何要在市场经济机制上下功夫。

（三）现实逻辑

进入新时代，我国经济发展也踏入了一个全新的阶段，已由高速增长阶段转向高质量发展阶段。在确定阶段性核心任务和制定路线方针的过程中，我们需要正确地认识目前所处的历史方位和发展阶段。构建高水平社会主义市场经济体制，是结合现阶段所遇到的机遇和挑战，有利于推动中国经济实现高质量发展的有效手段。首先，这是为适应新常态的需要做出的必要调整。经济发展新常态，背后隐含着新时代中国经济发展的"大逻辑"，反映了新时代中国经济发展的大趋势和基本演进轨迹。中国经济进入新常态后，经济增长动力发生了转变，其中的一个转换就是从政府驱动型转向市场导向型。

其次，这是推动供给侧结构性改革的迫切需求。供给侧结构性改革最终需要将人们更高的需求逐一满足，那么这就意味着供给端应该要有着更高质

---

① 《习近平谈治国理政》第2卷，外文出版社，2017，第252页。

量的产品与服务，这就需要依靠深化改革这一根本途径来实现。就深化改革而言，需要完善市场的决定性作用，特别是在资源配置过程中，要确保价格机制能够及时、稳定地发挥作用，从而引导资源的合理配置，进而提升全要素生产率。而这就需要在行政管理体制改革上下"狠功夫"，彻底破除垄断产生的负外部性，不断健全完善要素市场。同时需要注意到，"决定性作用"并非意味着全面主导，当然政府亦不能过度干预或缺位。科学的宏观调控是矫正市场失灵的有效手段，有效的政府治理是充分发挥市场作用的必要保障，更好发挥政府的作用意味着需要将二者紧密结合。政府需要在效率中兼顾公平，以弥补市场失灵带来的危害，主要体现在保障公平竞争、推动可持续发展、促进共同富裕等方面。如近年来在市场监管和食品药品质量监督等问题上，政府需要勇担责任，积极主动行动，充分发挥自身的作用，履行自己的职责。为了推进有为政府的建设，党的十八届三中全会提出了改革市场监管体系，实行统一的市场监管。党的十九届三中全会决定深化党和国家机构改革，各地整合了原工商局、质监局、食药监局三家单位的市场监管执法职能，成立了市场监督管理局，形成了一个"全过程、一体化、广覆盖、无缝隙"的监管体系，以解决"铁路警察、各管一段"带来的弊端，更好地保障了人民群众"舌尖上的安全"。

最后，这是提升自主创新能力的需要。增强自主创新能力要求完善社会主义市场经济条件下的新型举国体制。新型举国体制需要充分地发挥市场的"决定性"作用，调动一切积极因素，激发中央、地方和各方面的积极性，注重坚持向改革要活力，注重激发各类市场主体的活跃性，这就要求发挥好企业和企业家的作用。企业作为创新的主体，是推动创新创造的生力军。正如恩格斯所说："社会一旦有技术上的需要，这种需要就会比十所大学更能把科学推向前进。"[1] 科技创新要着重强化企业创新的主体地位，并推动各类创新要素向企业集聚。科技创新还要善用企业家，他们是推动创新的重要动力，也是创新的组织者和推动者。企业家具备敏锐的市

---

[1] 《马克思恩格斯选集》第4卷，人民出版社，2012，第648页。

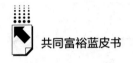

场感觉和冒险精神。企业家是经济发展的真正动力阶层，他们通过新的组织形式和制度，将新的思想和技术投入市场，并不断开拓市场，从而推动经济的发展。同时，激发人才创新活力离不开市场机制。我们中国历来不缺乏人才和天才，缺乏的是发现人才和天才的眼睛，以及培养、扶持、保护他们的机制。为了确保我国在科技创新方面的领先地位，我们要培养世界科技大师、领军人才、尖子人才和高水平的创新团队。这意味着我们要不断发现、培养和举荐人才，为那些具有创新潜能的顶尖人才提供更好的机会和支持，为拔尖创新人才脱颖而出铺路搭桥。政府要在基础研究领域加大支持力度。基础研究承担着"打地基"的功能，"基础不牢，地动山摇"。要布局建设基础学科研究中心，通过合理的保障机制引导科研人员摒弃浮夸、祛除浮躁，坐住坐稳"冷板凳"。加速科研院所改革，拓展科研自主权。加强知识产权保护，显著提升科技成果转移转化的效果成效。增加研发投入，完善政府主导和社会多元投资的机制，加强对基础前沿研究的支持。

二 共同富裕视阈下高水平社会主义市场经济体制的核心要义

"社会主义"和"市场经济"二者的结合，迸发了无限活力，这无疑是空前未有的伟大创举。社会主义市场经济与传统的计划经济和自由市场经济都截然不同。发展社会主义市场经济的目的是将党的领导与市场经济有机结合，将社会主义和市场经济相互融合，使公有制和市场经济兼容，让市场和政府"两只手"配合起来，坚持经济与政治的辩证统一，开拓人类社会发展的新道路。

（一）党的领导与市场经济的结合

社会主义市场经济的本质是党领导下的市场经济。我们必须同时坚持党对经济工作的全面领导和遵循市场经济的一般规律。党政军民学、东西南北中，党是领导一切的。在中国，办好国家大事的关键在于党的领导。中国共产党长期执政于一个拥有十四亿多人口的大国，是中国特色社会主义事业的坚强领导核心。中国共产党的领导是中国特色社会主义最本质的特征，是中国特色社会主义制度的优势，也是坚持和发展中国特色社会主义的根本。经济建设是党的中心工作，因此，党的领导在工作中必须得到充分体现。有人曾担心，既要坚持党的领导，又要坚持市场机制，这二者之间会不会有矛盾？这二者之间是不矛盾的。在经济工作中坚持党的领导，旨在充分发挥社会主义制度的优势，是为了保障中国经济巨轮沿着正确的方向航行，这个方向就是共同富裕，坚决不能"跑偏"；坚持市场机制，并赋予市场在资源配置中的决策权，是为了让中国的经济巨轮跑得更快一些，解决的是动力系统的问题。所以，前者是"道"这个层面的问题，后者是"术"这个层面的问题，要同时用好"党的领导"的"道"和"市场机制"的"术"。

（二）社会主义与市场经济的融合

揭示社会主义和市场经济间的客观联系，是邓小平理论的一大贡献。社会主义和市场经济间既存在共同点，又存在矛盾冲突，是一个矛盾的统一体。邓小平同志提出"两个不等于"论断，即"计划经济不等于社会主义，资本主义也有计划；市场经济不等于资本主义，社会主义也有市场"[1]。实现社会主义与市场经济的有机融合关键需要把握好三个关键环节。[2]

一是要充分发挥社会主义基本制度的优势，将其与市场经济体制的长处有机结合起来，以最大限度地扬长避短、趋利避害。只有社会主义，才能拯救中国、发展中国。邓小平同志指出："过去行之有效的东西，我们必须坚持，特别是根本制度，社会主义制度，社会主义公有制，那是

---

① 《邓小平文选》第 3 卷，人民出版社，1993，第 373 页。

② 习近平：《对发展社会主义市场经济的再认识》，《东南学术》2001 年第 4 期。

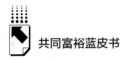

不能动摇的。"① 对市场经济，不能将其优点和弊端照单全收搞"一锅烩"。对市场经济中自主经营、运用灵敏的经济信号及时对生产和需求进行协调等优点要积极"扬"，对盲目性、投机性、短期性等弱点要主动"避"，应将社会主义基本经济制度的优越性与市场经济体制的优越性有机地结合在一起，使之在推动社会生产力方面发挥巨大的"合力"作用。

二是要使社会主义市场经济始终保持正确的发展方向，防止顾此失彼、以偏概全的倾向。在建立和发展社会主义市场经济的过程中，要认识到存在对社会主义和市场经济的关系处理不当的问题。有的拘泥于姓"资"姓"社"的争论，导致在市场经济发展上放不开手脚；有的则过分强调市场经济，忽略了社会主义，导致出现重市场经济、轻社会主义的偏向。顾此失彼、以偏概全的片面思维在一定程度上阻碍了社会主义市场经济的良性发展。

三是要纠正、防止新旧体制"劣势组合"的偏向，确保社会主义市场经济体制成为"强强组合"。在从计划经济体制向社会主义市场经济体制转型的过程中，部分部门和单位也出现了另一种偏向：把直接关系部门利益的、"有用的"权力保留下来，并与市场经济中的消极因素结合起来，这背离了构建社会主义市场经济体制的初衷。因此，完善社会主义市场经济体制既要摒弃计划经济中政府过多干预市场的弊端，也要消除市场经济体制中的消极因素，将社会主义在宏观调控方面的优势与市场经济体制高效配置资源、公平竞争、市场调节供求的优势结合起来。

（三）公有制与市场经济的兼容

个别国家以中国经济成分中由公有制占据主体地位为理由否认中国的市场经济地位。也有学者认为，财产私有是市场经济和商品交换的前提，公有制与市场经济不能兼容。这种观点是不准确的。首先，市场经济与商品交换

① 《邓小平文选》第2卷，人民出版社，1994，第133页。

的前提是产品私有，而不是生产资料私有。马克思指出："商品不能自己到市场去，不能自己去交换。因此，我们必须找寻它的监护人，商品占有者"，"商品是物，为了使这些物作为商品彼此发生关系，他们必须彼此承认对方是私有者。"① 显然，马克思所指的"私有"是产品私有，而不是生产资料私有，这两者是不同的。产品能否交换与产品是否私有有关，与生产资料是否私有无关。其次，生产资料公有的情形下可以做到产品私有。这是因为所有权的概念不同于产权的概念。前者指的是财产的法定归属权，后者指的是财产的使用权、收益权和转让权。这两者是可以分离的，所有权公有的前提下可以实现产权的私有，而产权的最终体现就是产品的处置权。以国有企业为例，国企的土地、厂房等生产资料归国家所有，但同时国家将产权委托给企业，因此企业就拥有了产品的处置权。综上所述，只要明确界定产权，公有制与市场经济就可以相互兼容。

（四）政府和市场"两只手"的配合

充分发挥市场在资源配置中的决定性作用，更好发挥政府作用，既是一个重大理论命题，又是一个重大实践命题。习近平总书记指出："经济发展就是要提高资源尤其是稀缺资源的配置效率，以尽可能少的资源投入生产尽可能多的产品、获得尽可能大的效益。"② 资源配置有两只手，一只是看不见的市场无形之手；另一只是看得见的政府有形之手。市场取向的深化改革，关键在于平衡好政府与市场的相互作用，即需要处理好"看得见的手"与"看不见的手"间的关系，做到"有效市场"和"有为政府"的结合。党的十八届三中全会总结历史经验并明确提出"使市场在资源配置中起决定性作用和更好发挥政府作用"③ 的科学论断。这一论断是我们党对中国特色社会主义规律认识的新突破，表明社会主义市场经济的发展进入了一个新阶段。一方面，让市场自由配置资源符合市场经济的基本原

---

①《马克思恩格斯全集》第 44 卷，人民出版社，2001，第 103 页。

②《习近平谈治国理政》，外文出版社，2014，第 77 页。

③《十八大以来重要文献选编》（上），中央文献出版社，2014，第 513 页。

则。从理论和实践来看，市场是配置资源最高效的方式，从本质上讲，市场经济是由市场决定资源配置的经济体系。党的十八届三中全会将市场在资源配置中的"基础性作用"修改为"决定性作用"，这既是一脉相承、前后衔接的，也有继承发展、巨大飞跃。为了更加突出市场的作用，将通过市场机制有效地调节经济活动，将政府不应干涉的事交给市场，使企业和个人可以更加有活力和拥有更大的空间去发展经济和创造财富。另一方面，政府要为自身"定好位"，做到不越位、不缺位、不错位。为了更好地发挥政府的作用，需要切实有效地转变政府的职能，并深化行政体制改革，创新行政管理方式，进一步实现共同富裕的目标。改革的关键是解决市场体系不完善、政府干预过多及监管不到位的问题。更好发挥政府作用并不意味着加大政府干预，而是要确保市场能够发挥决定性作用，有效管理那些市场无法管控或管理不善的事情。总之一句话：该放的一定放到位，该管的一定管好。

（五）经济与政治的辩证统一

政治与经济相互依存、不可分割是客观事物发展的必然规律。经济政治化和政治经济化是经济和政治辩证统一关系和谐发展的主要体现。① 在现代社会中，经济和政治是两个密切相关的重要领域，而社会主义市场经济的建立和发展需要充分发挥经济和政治两方面的优势，使二者相互促进。恩格斯深刻阐述了经济与政治之间的作用与反作用的关系，指出："这是两种不相等的力量的相互作用：一方面是经济运动，另一方面是追求尽可能大的独立性并且一经确立也就有了自己的运动的新的政治权力。总地说来，经济运动会为自己开辟道路，但是它也必定要经受它自己所确立的并且具有相对独立性的政治运动的反作用，即国家权力的以及和它同时产生的反对派的运动的反作用"②。经济与政治相辅相成，经济是政治的基础，

---

① 习近平：《对发展社会主义市场经济的再认识》，《东南学术》2001 年第 4 期。
② 《马克思恩格斯选集》第 4 卷，人民出版社，2012，第 609~610 页。

政治是经济的集中体现。经济决定政治，政治也会反作用于经济，二者互相依存、互相促进、互相对立、互相制约。在社会主义市场经济中，政治和经济能够实现有机统一，为政治经济化和经济政治化提供有利条件。要推动社会主义市场经济的健康发展，单纯靠经济或政治的"单打"是不行的，要发挥好两个方面的最大优势。

三　构建高水平社会主义市场经济体制
推进共同富裕的制度安排

推动高水平社会主义市场经济体制的构建，必须要始终坚持正确的改革方向，并在此基础上不断坚持和完善社会主义基本经济制度，深化"放管服"改革，增强消费对经济发展的基础性作用，同时要建立现代财政金融体制，从而进一步激发各类市场主体活力，解放和发展社会生产力。

（一）坚持和完善社会主义基本经济制度

社会主义市场经济体制，即"充分发挥市场在资源配置中的决定性作用，更好发挥政府作用"，并不是孤立存在的，它需要有具备"公有制为主体，多种所有制经济共同发展"的所有制结构来支撑。党的二十大指出："坚持和完善社会主义基本经济制度，毫不动摇巩固和发展公有制经济，毫不动摇鼓励、支持、引导非公有制经济发展。"[1] 国有企业为新中国建立完整和独立的工业体系做出了巨大贡献，也为改革开放打下了坚实的基础。国有企业改革经历了不断探索和深化，现代企业制度是从放权让利开始初现雏形、在承包经营中孕育而起，国有经济布局战略性调整是从破产关闭开始刮骨疗毒、在重组并购中涅槃而生。数载的改革使国

---

[1]　习近平：《高举中国特色社会主义伟大旗帜　为全面建设社会主义现代化国家而团结奋斗——在中国共产党第二十次全国代表大会上的报告》，人民出版社，2022，第29页。

有企业得以脱困，以"做强做优做大"为目标，向世界一流企业进发。国有企业的改革历程，在具有中国特色的现代化道路上写下了浓墨重彩的一笔。

除国有企业的柱石作用外，民营经济作为社会主义市场经济发展的重要成果，无论是对于高水平社会主义市场经济体制建设还是对于共同富裕社会建设，都起着不可磨灭的作用，特别体现在推进供给侧结构性改革、现代化经济体系建设等方面。非公有制经济展现出的巨大活力和生命力，是实现中国梦的重要力量，更是我们党长期执政的有力保障。截至2023年初，将近1.7亿个市场主体活跃于我国各行各业，一批批优秀的民营企业、一群群坚忍不拔的个体户，成为推动经济复苏、拉动经济发展的活力源泉。改革开放为民营企业的崛起吹响了冲锋号，全面深化改革为民营企业的进一步发展提供了良好的土壤环境。营商环境的净化，使得市场准入负面清单不再掣肘民营经济的发展，清单以外的领域得以有更为广阔的空间。"玻璃门""弹簧门"逐一被敲碎和拆除，民营企业的合法财产有了坚实的保障，民营经济服下"定心丸"得以义无反顾地谋求发展，从而释放民营企业以及民营企业家的无限想象力和创造力。

（二）深化"放管服"改革

过去，前往政府部门办理事务，经常会出现"打不完的电话，盖不完的公章；跑不完的腿，磨不完的嘴……"人民群众常抱怨"部门一句话，群众跑断腿"。但是现在，老百姓们去政府部门办事已轻松许多，人不再难找，门不再难进，办事效率大幅度提升；话不再难听、脸不再难看，办事热情进一步体现。"放管服"改革如火如荼，政府的服务性职能进一步彰显，简政放权不断深化、审批事项不断削减，"奇葩"证明不复存在，"最后一公里"不再遥远，真正做到了"一窗受理、集成服务"。全面深化改革各项措施如群星灿烂，简政放权最为璀璨夺目。"放管服"改革牵动全面深化改革的方方面面，从经济社会到民主法制，各个领域紧密联动造就了"放管服"改革的纵深推进。以企业"最多跑一次"为例，"多证合一"举措背后涵盖着商事制度改革，"一照一码走天下"为企业投资经营免去了众多烦琐步骤，"多评合一、多审合一、多测合一"为企业投资项目开工创造了极为便利的条件，而这些都是各部门共同努力的结果。

（三）增强消费对经济发展的基础性作用

恢复和扩大消费是扩大内需的首要任务，而提升消费能力便是重中之重。要"增强消费对经济发展的基础性作用"[①]。以"节俭悖论"为例，过分的节俭而不消费并不利于经济增长，这是因为公众的节俭将会对社会的投资和生产造成负反馈，从而影响社会总收入。具体而言，消费者的节俭会造成商品的供大于求，从而迫使生产者减少生产投入，即削减生产设备以及减少劳动力雇佣成本，这就会导致工人的工资性收入减少，进一步地削弱工人的消费能力，从而陷入"节俭悖论"的泥潭，不利于经济增长。由此可见，消费的基础性作用，可以畅通国内经济循环，释放市场活力，拉动经济增长。因此，要打通老百姓的消费堵点，无非就是使之"能挣钱"和"敢花钱"。"能挣钱"的关键在于"稳就业"和"保就业"，最终实现中等收入人群规模的提升，而"敢花钱"的关键在于解决老百姓的后顾之忧，即养老和医疗等公共服务实质性的提升，唯有如此，居民消费市场潜力才能得到真正释放。

（四）建立现代财政金融体制

党的二十大指出："建设现代中央银行制度，加强和完善现代金融监管，强化金融稳定保障体系，依法将各类金融活动全部纳入监管，守住不发生系统性风险底线。健全资本市场功能，提高直接融资比重。"[②] 中央银行有其特殊性，央行的目标和政府的目标并不是完全一致的。政府的目标可以是多元的，包括保持经济平稳增长、推动经济结构调整以及完善基础设施建

---

① 《十九大以来重要文献选编》（上），中央文献出版社，2019，第24页。
② 习近平：《高举中国特色社会主义伟大旗帜　为全面建设社会主义现代化国家而团结奋斗——在中国共产党第二十次全国代表大会上的报告》，人民出版社，2022，第29~30页。

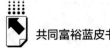

设。然而，央行的首要任务是保持货币的稳定，在此基础上推动经济增长。所以，管好货币是央行的首要责任。在保持金融稳定这件事情上，千招万招，都需要管住货币这一招。因此，要继续实施积极的财政政策和稳健的货币政策。为了防止财政赤字货币化，必须建立一个独立的中央银行财务预算管理制度，并在财政和中央银行两个"钱袋子"间搭建"防火墙"。

B.3
国有企业高质量发展是实现
共同富裕的重要基础

阎荣舟*

摘 要： 中国式现代化是全体人民共同富裕的现代化，实现全体人民共同
富裕是推进中国式现代化的本质要求。国有企业是中国特色社会
主义的重要物质基础和政治基础，是统筹发展和安全、实现共同
富裕的重要主体。新时代新征程上，国有企业要从世界百年未有
之大变局和中华民族伟大复兴的战略全局的现实要求出发，在党
的全面领导下，围绕党的中心任务，以构建新时代国有企业党建
工作新格局为基本保证，按照中国式现代化的本质要求进一步深
化改革，加快国有经济布局优化和结构调整，完善中国特色现代
企业制度，弘扬企业家精神，持续提升企业核心竞争力、增强核
心功能，加快打造世界一流企业，着力推动高质量发展，为全面
建设社会主义现代化国家、实现中华民族伟大复兴的中国梦奠定
重要的物质基础和政治基础。

关键词： 国有企业 共同富裕 核心竞争力

党的二十大强调指出，加快构建新发展格局、着力推动高质量发展必须
构建高水平社会主义市场经济体制，为此要"坚持和完善社会主义基本经

---

* 阎荣舟，中共中央党校（国家行政学院）经济学教研部副教授，经济学博士，主要研究方向
为政治经济学、经济发展战略、企业经济与管理等。

济制度，毫不动摇巩固和发展公有制经济……国有企业高质量发展，加快国有经济布局优化和结构调整，推动国有资本和国有企业做强做优做大，提升企业核心竞争力……完善中国特色现代企业制度，弘扬企业家精神，加快建设世界一流企业"[①]。这宣示了中国式现代化中国资国企肩负的使命任务和其功能定位，为当前国资国企改革和高质量发展提供了基本遵循。中国式现代化是全体人民共同富裕的现代化，国有企业要围绕党的中心任务，按照中国式现代化的本质要求进一步深化改革，加快国有经济布局优化和结构调整，完善中国特色现代企业制度，弘扬企业家精神，加快建设现代新型国有企业，提升企业核心竞争力，打造世界一流企业，为全面建设社会主义现代化国家、实现中华民族伟大复兴的中国梦奠定重要的物质基础和政治基础。

一 国有企业高质量发展是中国式现代化的本质要求

党的二十大概括提出并深入阐述了中国式现代化理论，明确宣示新时代新征程的中心任务就是"以中国式现代化全面推进中华民族伟大复兴"[②]，这是重大的理论创新，是科学社会主义的最新重大成果。推进中国式现代化是一个系统工程，是探索性事业，是开创性事业，要毫不动摇地坚持中国式现代化的中国特色、本质要求、重大原则，确保中国式现代化的正确方向，正确处理好顶层设计与实践探索、战略与策略、守正与创新、效率与公平、活力与秩序、自立自强与对外开放等一系列重大关系，着眼于重大理论与实践问题，大力推进改革创新，构建高水平社会主义市场经济体制，充分激发全社会创造活力，推动加快构建新发展格局，着力推动高质量发展，创造比资本主义更高的效率，更有效地维护社会公平，全面建设社会主义现代化强国。

---

① 习近平：《高举中国特色社会主义伟大旗帜 为全面建设社会主义现代化国家而团结奋斗——在中国共产党第二十次全国代表大会上的报告》，人民出版社，2022，第29页。

② 习近平：《高举中国特色社会主义伟大旗帜 为全面建设社会主义现代化国家而团结奋斗——在中国共产党第二十次全国代表大会上的报告》，人民出版社，2022，第21页。

国有企业高质量发展是践行"毫不动摇巩固和发展公有制经济，毫不动摇鼓励、支持、引导非公有制经济发展"方针，坚持和完善社会主义经济制度的必由之路，是确保"公有制为主体、多种所有制经济共同发展"的必然要求。中国式现代化是人口规模巨大、全体人民共同富裕的现代化，必须坚持把实现人民对美好生活的向往作为现代化建设的出发点和落脚点，着力维护和促进社会公平正义，坚决防止两极分化。这就需要在中国共产党的领导下，坚持中国特色社会主义道路，以经济建设为中心，不断完善社会主义市场经济体系，创造更为丰富强大的物质基础。国资国企作为我国公有制经济的实现主体，蕴含着社会主义市场经济演化发展的性质与方向，体现着推动生产力系统优化提升的可能性边界，是社会主义市场经济的主导力量。毫不动摇地巩固和发展公有制经济，就是要构建顶层统筹、权责明确、运行高效、监管有力的国有经济管理体系，在完善国有经济安全责任、质量结构、资产和企业管理的基础上，深化国有企业改革，做强做优做大国有资本和国有企业，提升国企核心竞争力，促进国有资产保值增值，发挥国有经济的主导作用和战略支撑作用，进一步夯实中国特色社会主义的物质基础和政治基础。

国有企业高质量发展是构建高水平社会主义市场经济体制，服务构建新发展格局、推动高质量发展、促进共同富裕、维护国家安全的关键环节。高质量发展是全面建设社会主义现代化国家的首要任务，是体现中国式现代化本质要求、推动实现物质文明与精神文明相协调的关键路径。为此，必须坚持加快构建以国内大循环为主体、国内国际双循环相互促进的新发展格局，把实施扩大内需战略同深化供给侧结构性改革有机结合起来，增强国内大循环内生动力、提升其可靠性，提升国际循环质量和水平，加快建设现代化经济体系，着力提高全要素生产率，着力提升产业链供应链的韧性和安全水平，着力推进城乡融合和区域协调发展，推动经济实现质的有效提升和量的合理增长。为此，必须进一步明晰国有企业的发展使命，推动其成为现代化经济体系的主力军，在不断完善中国特色现代企业制度基础上，以建设创新引领、协调发展的现代化产业体系为主要着力点，推进实体经济和制造业高

质量发展，加快建设制造强国、质量强国、航天强国、交通强国、网络强国、数字中国，加快发展先进制造业和战略性新兴产业，推进产业基础高级化、产业链现代化，推进全面乡村振兴和区域协调发展。

国有企业高质量发展是健全社会主义市场经济条件下关键核心技术攻关新型举国体制，是实施科教兴国战略、实现高水平科技自立自强的重要途径。中国式现代化展现了不同于西方现代化模式的新图景，是一种全新的人类文明形态。推进中国式现代化是一个探索性事业，要把创新摆在国家发展全局的突出位置。党的二十大强调指出："教育、科技、人才是全面建设社会主义现代化国家的基础性、战略性支撑。"① 因此，在推进中国式现代化进程中，必须坚持科技是第一生产力、人才是第一资源、创新是第一动力，深入实施科教兴国战略、人才强国战略、创新驱动发展战略，完善科技创新体系，开辟发展新领域新赛道，不断塑造发展新动能新优势。一直以来，国有企业都承担着重大基础设施、公共服务工程和工业技术装备重大项目研究建设的任务，突破和掌握了大量关键核心技术，累积了大批研究型和工匠型人才，制造出了一系列高附加值的尖端产品，在载人航天、探月工程、深海探测、高速铁路、商用飞机、特高压输变电、移动通信等领域取得了一批具有世界先进水平、标志性的重大科技创新成果，基础性研发制造实力雄厚。新时代新征程中，国有企业高质量发展就是要进一步强化国有企业创新主体地位，充分发挥其创新策源地功能，进行原创性引领性科技攻关，并通过建立产业链，提供技术装备、人才服务等方式，引导各类创新要素资源在不同产业、地区和行业之间更加合理地流动，带动相关企业，尤其是上下游中小微企业形成创新联合体，推动创新链产业链资金链人才链深度融合，打赢关键核心技术攻坚战，确保大国产业安全。

国有企业高质量发展是积极稳妥推进碳达峰碳中和、推动人与自然和谐共生的重要战略举措。中国式现代化是人与自然和谐共生的现代化。推进中

---

① 习近平：《高举中国特色社会主义伟大旗帜　为全面建设社会主义现代化国家而团结奋斗——在中国共产党第二十次全国代表大会上的报告》，人民出版社，2022，第33页。

国式现代化必须强化人与自然的生命共同体意识，尊重自然、顺应自然、保护自然，牢固树立和践行绿水青山就是金山银山的理念，坚持可持续发展，坚持节约优先、保护优先、自然恢复为主的方针，站在人与自然和谐共生的高度谋划发展。为此，必须强化高质量发展的低碳化要求，加快推动产业结构、能源结构、交通运输结构等调整优化，推进各类资源节约集约利用，加快构建废弃物循环利用体系，发展绿色低碳产业，健全资源环境要素市场化配置体系，加快节能降碳先进技术研发和推广应用，倡导绿色消费，推动形成绿色低碳的生产方式和生活方式。国有企业作为我国在关系国家安全与国民经济命脉的重要行业和关键领域的重要事件主体，是我国碳排放的重点单位，必须通过深化改革在积极稳妥推进碳达峰碳中和战略中发挥示范引领作用，深入推进能源革命，在加强能源产供储销体系建设、健全碳排放权市场交易制度等领域不断创新，推动能源供给侧结构转型，全面服务能源消费方式变革，推动能源利用效能提升，服务构建低碳新模式、新业态，实现绿色生产推动绿色生活。

国有企业高质量发展是践行全人类共同价值、构建人类命运共同体、维护世界和平发展的使命自觉。中国式现代化是走和平发展道路的现代化。习近平总书记指出，中国式现代化，打破了"现代化＝西方化"的迷思，展现了现代化的另一幅图景，拓展了发展中国家走向现代化的路径选择，为人类对更好社会制度的探索提供了中国方案。① 自党的十八大首次提出"人类命运共同体"、2013年提出"一带一路"倡议以来，中国通过合作构建中国—东盟命运共同体、中拉命运共同体、中国—非洲命运共同体、中国—南亚命运共同体、中国—中亚命运共同体、中阿命运共同体、中国—中东欧国家命运共同体、中国—太平洋岛国命运共同体、上合组织命运共同体等方式，使"命运共同体"意识成为覆盖全球80%区域与人口的共同追求，也使中国与拉美、非洲、南亚、阿拉伯世界等广大发展中国家的双多边关系有

---

① 《习近平在学习贯彻党的二十大精神研讨班开班式上发表重要讲话强调正确理解和大力推进中国式现代化》，《人民日报》2023年2月8日，第1版。

了更宽广的努力目标。同时，以国有企业为主体全面推动实施了中老铁路、比雷埃夫斯港、蒙内铁路、匈塞铁路、雅万高铁等一大批标志性项目，为世界和平发展、共享繁荣做出了巨大贡献。在新时代新征程中，百年未有之大变局深刻演化，国资国企参与"一带一路"建设面临着复杂局势，政治和地缘政治风险、市场财务风险和法律风险较高，行业标准差别较大。同时，适应于国际化经营发展，国有企业在国际化经营能力、人才保障、同行竞争以及舆情应对等方面还存有不少短板。为此，国有企业高质量发展，必须做好风险预防顶层设计，优化海外核心利益保护手段，大力推进中国标准"走出去"，对标世界一流跨国经营企业的做法，苦练内功，完善境外投资管理考核机制，积极培育国际化人才，加强同行业协调与监管，推进规则标准互联互通，强化法律规制保障，通过项目合作、知识合作、人文交流合作、媒体合作，在国际社会讲好中国国企参与和平发展、共建人类命运共同体的故事。

二 国有企业高质量发展必须以提高核心竞争力和增强核心功能为重点

作为贯彻落实习近平总书记关于国有企业改革发展和党的建设系列重要论述的生动实践、近年来党和国家着力推动的标志性重大工作，国企改革三年行动落地收官，取得了一系列重大成果，推动国资国企领域发生了全局性根本性转折性变化：中国特色现代企业制度更加成熟定型，国有经济布局结构实现整体性优化，国有企业科技创新体制机制不断完善，市场化经营机制取得大范围深层次突破，以管资本为主的国资监管体制更加健全，改革抓落实工作机制扎实有效。①

当前，世界百年未有之大变局加速演进，新一轮科技革命和产业变革深

---

① 翁杰明：《国企改革三年行动推动国资国企领域发生深刻变革》，《学习时报》2023 年 2 月 10 日。

入发展，国际力量对比深刻调整，逆全球化思潮抬头，单边主义、保护主义明显上升，世界经济复苏乏力，局部冲突和动荡频发，全球性问题加剧，世界进入新的动荡变革期。我国改革发展稳定面临不少深层次矛盾躲不开、绕不过。在国资国企领域，更好地贯彻中国式现代化的本质要求、推动高质量发展还面临着不少挑战。尤其是我国经营性国有资产规模大，一些企业资产收益率不高、创新能力不足，同国有资本和国有企业做强做优做大、发挥国有经济战略支撑作用的要求不相适应。① 因此，新时代新征程上，要在巩固已有改革成果基础上，谋划新一轮深化国资国企改革行动，不断优化完善国有经济布局，坚持分类改革方向，健全以管资本为主的国资管理体制，发挥国有资本投资运营公司作用，以市场化方式推进国企整合重组，打造一批创新型国有企业，推动国有资本进一步向重要行业和关键领域集中。以提高核心竞争力和增强核心功能为重点，加快建设产品卓越、品牌卓著、创新领先、治理现代的世界一流企业，服务构建新发展格局，打造战略科技力量，加快建设现代化产业体系，提升产业链供应链韧性和安全水平，以中国式现代化全面推进中华民族伟大复兴这个中心任务的实现。

深入总结和运用好新时代国企改革的宝贵经验。党的十八大以来，以习近平新时代中国特色社会主义思想为指导，形成了关于国资国企改革的系统逻辑和方法论，推动国资国企进行了历史性、系统性、整体性改革，取得了历史性成就，积累了宝贵经验，使得国有企业在经济高质量发展中发挥了顶梁柱作用，在保障党和国家重大战略落地上发挥了主力军作用，在推进高水平科技自立自强上发挥了国家队作用，在更好满足人民对美好生活的向往上发挥了先锋队作用。在新时代新征程上，继续推动国有企业高质量发展要充分吸收这些经验并不断拓展，不断提升改革的系统性、效率性、持续性和公平性。一是把牢指导思想。要全面贯彻习近平新时代中国特色社会主义思想，把握其中蕴含的世界观和方法论，坚持好、运用好贯穿其中的立场观点

① 习近平：《当前经济工作的几个重大问题》，《求是》2023 年第 4 期。

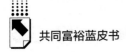

方法，必须坚持人民至上，必须坚持自信自立，必须坚持守正创新，必须坚持问题导向，必须坚持系统观念，必须坚持胸怀天下，以习近平总书记关于国资国企工作的重要论述统领国企改革。二是把牢重大原则，把党的领导贯穿国企改革全过程各方面。党的领导是全面的、系统的、整体的，必须全面、系统、整体加以落实。坚持和加强党对国有企业的全面领导，要坚决防止以深化改革为名弱化党的领导，坚决反对借口同国际接轨把党的领导和党建工作同生产经营对立起来、弱化甚至否定党的领导和党建工作的错误做法，推动企业党的建设与企业改革发展深度融合，为做强做优做大国资国企提供坚强政治保证。三是把牢使命任务，始终站位党和国家事业大局谋划推进改革。要从全面建设社会主义现代化国家的战略全局出发，聚焦战略安全、产业引领、国计民生、公共服务等功能，谋划和推进各项改革任务，使改革更好对接发展所需、民心所向，为建设现代化产业体系、加快构建新发展格局，维护我国经济安全、产业安全、国家安全提供坚实支撑。四是把牢正确改革方向，推动国有经济与市场经济更好地融合。要站在国家治理体系和治理能力现代化的高度深刻认识国有经济与国有企业的战略地位，坚持和完善社会主义基本经济制度，坚持公有制主体地位和国有经济主导作用不动摇，以经济建设为中心，遵循市场经济规律和企业发展规律深化改革，不断强化提升国有企业独立市场主体地位。五是把牢深化改革方法论，强化改革的系统性、整体性、协同性。树立系统观念，构建强有力的组织推进体系和务实高效的工作推进机制，紧盯重点难点攻坚突破，推动改革系统集成、协同高效。

适应新时代新征程要求不断完善国有经济布局。国有经济是公有制经济的重要组成部分，其基本存在形式是国有资本，主要载体是国有企业。《国务院关于 2021 年度国有资产管理情况的综合报告》显示，到 2021 年 12 月底，全国非金融企业国有资产总额 308.3 万亿元，负债总额 197.9 万亿元，国有资本权益 86.9 万亿元；金融企业国有资产总额 352.4 万亿元，负债总额 313.7 万亿元，形成国有资产 25.3 万亿元。全部企业国有资产总计为 112.2 万亿元。此外，全国行政事业性国有资产净资产 42.9 万亿元。三者合计为 155.1 万亿元。① 历史上，国有资产主要分布在关系国家安全、国计民生、基础设施领域及推动经济增长的竞争性领域。全面建设社会主义现代化国家新征程的开启，对我国国有经济的功能与作用提出了新要求。新时代新征程上，要围绕更好发挥科技创新引领作用、更好保障与改善民生、统筹发展与安全、共享发展成果助力共同富裕等新使命新任务，推动国有企业高质量发展，成为国家安全、经济安全、产业安全的中流砥柱。一是更好地推动现代化产业体系建设，增强产业引领力，强化在产业链循环畅通中的支撑带动作用。国资国企要下更大气力布局前瞻性战略性新兴产业，加大新一代信息技术、人工智能、新能源、新材料、生物技术、绿色环保等产业投资力度，在集成电路、工业母机、农业育种等领域加快补短板强弱项，持续推动基础固链、技术补链、优化塑链、融合强链。围绕产业链部署创新链，加快在重要领域和节点实现自主可控，增强国内大循环内生动力和可靠性，增强资本、技术、人才等各类要素全球化配置能力，提升国际循环质量和水平。二是强化科技创新主体地位，提升科技创新力，有效发挥在新型举国体制中的关键主体作用。加快原创性引领性科技攻关，尽快取得更多"从 0 到 1"的突破，提升基础研究和应用基础研究能力。大力提高投入产出效率。构建以实效为导向的科技创新工作体系，牵头建设更多高效协同的创新联合体，打通产业应用"最后一公里"。三是强化重要基础设施建设，提高安全支撑力，增强大国发展的托底作用。要提升能源和粮食等初级产品供应保障能力，坚决守住不发生重大风险的底线。四是充分发挥市场在资源配置中的决定性作用，更好发挥政府作用，营造公平竞争市场环境深化改革，更大力度促进各类所有制企业共同发展。健全国资监管体制，放大专业化体系化法治化优势，提升监管信息化水平，更好发挥国有资本投资运营公司功能作用。积极稳妥深化混合所有制改革，更好发挥积极股东作用，提升国有控股上市公司质量，鼓励国有企业与其他所有制企业加强各领域合作，在更深层次更

---

① 《国务院关于 2021 年度国有资产管理情况的综合报告》，中国人大网，http://www.npc.gov.cn/npc/c30834/202211/cfd355237e82403ca9bbaba62beb7365.shtml。

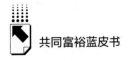
高水平实现优势互补、互利共赢。

以提高核心竞争力和增强核心功能为重点加快世界一流企业建设。在深化国企改革三年行动的基础上，国有经济布局更加合理、国有企业发展质量不断提升，混合所有制深入发展。在此基础上，新时代新征程国资国企改革必须以提高核心竞争力和增强核心功能为重点，全面构建中国特色现代企业制度下的新型经营责任制，提升国有企业公司治理现代化水平，打造现代新国企。一是要把党的领导贯穿公司治理全过程，动态优化国有企业党委（党组）前置研究讨论重大经营管理事项清单。分层分类落实董事会职权，强化外部董事规范管理和履职支撑，完善董事会向经理层授权制度。二是探索建立完善企业内部人才市场，结合实际探索创新更多灵活的激励方式，真正按市场化机制运营，完善具有市场竞争优势的核心关键人才薪酬制度。三是要坚持稳字当头、稳中求进，坚持效益效率相统一，推动国有企业生产经营实现"一增一稳四提升"。"一增"即确保利润总额增速高于全国 GDP 增速，力争取得更好业绩，增大国资国企稳定宏观经济大盘的分量；"一稳"即资产负债率总体保持稳定；"四提升"即净资产收益率、研发经费投入强度、全员劳动生产率、营业现金比率 4 个指标进一步提升。通过"一增一稳四提升"，引导企业更加注重经营成果的真实性和"含金量"，更加注重提升价值创造能力，努力实现投资有回报、企业有利润、员工有收入、国家有税收的高质量发展，全力为保持经济运行在合理区间、促进国民经济持续健康发展提供有力支撑。四是强化对标提升和分类施策，分行业建立可量化可操作的世界一流企业评价体系，深化创建示范、管理提升、价值创造、品牌引领"四个专项行动"，建设一批主导全球产业链供应链价值链的龙头企业，培育一批"专精特新""小巨人"和单项冠军企业，在不同领域形成百家以上不同层级的典型示范企业。

三 国有企业高质量发展必须坚持党的全面领导，构建新时代国有企业党建工作新格局

做强做优做大国有资本和国有企业，推动国有企业高质量发展，要全面

贯彻党的二十大关于全面从严治党的战略部署，始终坚持党对国资国企的全面领导，深入贯彻落实习近平总书记在全国国有企业党的建设工作会议上的重要讲话精神，抓实组织、抓实队伍、抓实全面从严治党、抓实责任、抓实宣传思想，加快构建新时代国有企业党建工作新格局，坚持与中国特色现代企业制度相衔接、与企业改革发展中心任务相适应，推动党建工作与生产经营更加深度融合，以高质量党建引领保障国资国企高质量发展，为国资国企奋进新时代新征程提供坚强保证。

深刻认识新时代新征程上国有企业党的建设面临的新形势新要求。党的二十大强调："全面建设社会主义现代化国家、全面推进中华民族伟大复兴，关键在党。"[①] 新时代新征程，国有企业的改革发展必须从完善中国特色社会主义制度、提升国家治理能力现代化的高度出发，确立与深化国有企业改革高度契合的前瞻性发展理念和发展范式，以时代条件和高质量发展的内在需求为基本约束，实施全方位变革，打破"惯性枷锁"，建立高质量发展模式，打造高自我驱动型、高站位前瞻型、高价值集约型、高层次创新型、高品质活力型、高认同共益型企业。与此相适应，新时代国有企业党的建设工作必须以政治建设为核心，全面推进政治建设、思想建设、组织建设、作风建设、纪律建设，把制度建设贯穿其中，深入推进反腐败斗争，不断提高党的建设质量。在坚持党的领导、加强党的建设中，进一步筑牢国有企业的"根"和"魂"，为国有企业的全面深化改革和基础管理提供精神引领、领导力建设和队伍保障。为此，国有企业党建要以新时代党的建设总要求为基本参照，从企业经营管理的现实条件出发，确立起党建工作的系统方法论，形成明确的党建新思路，打造系统科学的党建运行体系，形成符合企业战略实践需要的党建新模式。

新时代国有企业党的建设工作的具体要求，体现在党的十九大、二十大精神中，体现在习近平总书记在全国国有企业党的建设工作会议上的重要讲

---

① 习近平：《高举中国特色社会主义伟大旗帜　为全面建设社会主义现代化国家而团结奋斗——在中国共产党第二十次全国代表大会上的报告》，人民出版社，2022，第 63 页。

话精神中，具体安排在中共中央办公厅印发的《关于在深化国有企业改革中坚持党的领导加强党的建设的若干意见》，中共中央组织部、国务院国资委党委联合印发的《贯彻全国国有企业党的建设工作会议精神重点任务》等文件中。其核心就是围绕建设中国特色现代国有企业制度，一以贯之地坚持党对国有企业的领导和建立现代企业制度，秉持实现有利于国有资产保值增值、有利于提高国有经济竞争力、有利于放大国有资本功能的价值准则，通过"四同步""四对接"实现"四个作用"。"四同步"就是：党的建设和国有企业改革同步谋划、党的组织及工作机构同步设置、党组织负责人及党务工作人员同步配备、党的工作同步开展。"四对接"就是：实现体制对接、机制对接、制度对接和工作对接。"四个作用"就是：充分发挥党组领导核心作用、党委政治核心作用、基层党组织战斗堡垒作用和党员先锋模范作用。

党的二十大明确要求：坚持和加强党的全面领导，坚持不懈用新时代中国特色社会主义思想凝心铸魂，完善党的自我革命制度规范体系，建设堪当民族复兴重任的高素质干部队伍，增强党组织政治功能和组织功能，坚持以严的基调强化正风肃纪，坚决打赢反腐败斗争攻坚战持久战。[①] 以加强党的长期执政能力建设、先进性和纯洁性建设为主线，以党的政治建设为统领，以坚定理想信念宗旨为根基，以调动全党积极性、主动性、创造性为着力点，全面推进党的政治建设、思想建设、组织建设、作风建设、纪律建设，把制度建设贯穿其中，深入推进反腐败斗争，不断提高党的建设质量，把党建设成为始终走在时代前列、人民衷心拥护、勇于自我革命、经得起各种风浪考验、朝气蓬勃的马克思主义执政党。国有企业党建也要在这一要求下，从发展实际出发，形成明确的党建思路，构建现代国有企业党建新格局。

以"六化"推动构建新时代国有企业党建新格局。在新时代新征程上，要坚持不懈用习近平新时代中国特色社会主义思想凝心铸魂。深入学习宣传

---

① 习近平：《高举中国特色社会主义伟大旗帜　为全面建设社会主义现代化国家而团结奋斗——在中国共产党第二十次全国代表大会上的报告》，人民出版社，2022，第26、65～69页。

贯彻党的二十大精神，按照党中央部署开展好主题教育，推动加强党的领导与完善公司治理相统一，巩固国有企业党组织在公司治理结构中的领导核心和政治核心地位，构建确保党组织充分发挥领导核心与政治核心作用的公司治理结构和运行机制，这是中国特色现代企业制度的鲜明特征和本质要求，也是全面从严治党的具体体现。加强党的领导与完善公司治理相统一，主要包括以下"五个统一"：党组织参与重大问题决策与公司治理依法决策相统一，党管干部、党管人才与公司治理依法选人用人相统一，职工民主管理与企业经营者依法行使管理相统一，党的宣传思想工作与企业文化建设相统一，党的反腐倡廉工作与企业透明公开、合规廉洁相统一。为此，必须推动实现国有企业党建工作的"六化"，推动构建新时代国有企业党建新格局。一是实现党建工作系统化。用系统的理论和方法重新梳理国有企业的党建工作系统，落实中央关于党建工作经费、党建工作部门人员编制和待遇等方面的有关规定，做好"四对接"，使党建工作这个子系统与企业的其他子系统相匹配。要解决党建工作子系统内部的协同问题，构建大党建工作格局，建立国有企业党纪工团、人力资源和企业文化等部门工作的协调机制，提高党建工作的整体水平和效率。二是实现党建工作的制度化。确保党建工作进入公司章程后，按照党的十九大党建工作的新要求与国有企业党建工作的实际，重新整合党建工作制度，使党建工作规范化、标准化、流程化。构建体现党的十九大精神的，符合新党章和党内有关法规要求的，适应企业特点的，能促进企业发展和党建工作创新的，与企业其他系统管理制度相衔接的党建工作制度体系。三是党建工作精细化。用精细化的管理理论和方法做好国有企业党建工作，做到党建活动事前精心调查研究和评估，活动精细设计策划和实施，过程精细控制，事后认真考评，并纳入绩效管理。有效防止党建工作的粗放式、拍脑袋式等经验型做法。四是党建工作品牌化。要按照品牌建设规律和要求，打造国有企业党建工作在各个层级、各类活动中的党建工作品牌，提高党建工作质量，展示党建工作形象，彰显党建工作价值，提高党建工作影响力。五是党建工作信息化。用信息化、大数据、人工智能技术改进国有企业党建工作，建立党建工作信息化的管理平台、学习交流平台、成果展示平台、数据分析平台、活动创新平台、党建工作考核平台和党建工作信息安全平台，实现线上线下相结合。打造党组织领导工作管控系统和政治建设、思想建设、组织建设、作风建设、纪律建设、制度建设、反腐败斗争、群众工作等方面的管控系统，提高党建工作的效率，使党建工作与时俱进、方便快捷，受党员干部职工群众的欢迎，增强党建工作的吸引力。六是党建工作动力长效化。要建立一套科学实用的党建工作责任体系和考核体系，进一步改进和完善党委的主体责任、纪委的监督责任、领导人员的"一岗双责"、分管书记的专职责任等制度，制定促进党建工作创新、党建工作融入企业管理的责任清单，改进党建工作述职方式，完善党建工作考核评价体系。构建党建工作激励机制，调动各级组织、党员、干部做党建工作的积极性。把责任机制、考核机制和激励机制结合起来，实现党建工作动力长效化。

B.4
民营经济高质量发展是实现
共同富裕的重要力量

崔　琳[*]

摘　要： 民营经济高质量发展是实现共同富裕的重要力量。在理论依据
上，促进共同富裕必须坚持基本经济制度，民营经济是内生于我
国基本经济制度的重要成分，在夯实共同富裕的物质基础与完善
面向共同富裕的分配原则方面发挥重要作用；在具体路径上，民
营经济是经济增长的内生动力，扩大就业的支撑力量，推动创新
的经济实体，活跃市场的积极因素，社会责任的履行主体，进而
助力实现共同富裕；在实践逻辑上，面对民营经济高质量发展的
困境与新领域、新业态中存在的平台垄断等潜在隐患，应切实贯
彻"两个毫不动摇"，加快构建高水平社会主义市场经济体制，
鼓励民营经济更广泛而深入地参与到共同富裕的事业中，从而更
好地以民营经济高质量发展助力共同富裕政策目标的实现。

关键词： 民营经济　高质量发展　共同富裕

民营经济是我们党长期执政、团结带领全国人民实现"两个一百年"
奋斗目标和中华民族伟大复兴中国梦的重要力量。[①] 新时代以来的十年，我
国民营企业数量翻了两番，截至 2023 年 3 月底，民营企业数量超过 4900 万

---

* 崔琳，中共中央党校（国家行政学院）经济学教研部讲师，经济学博士，主要研究方向为
习近平经济思想与战略规划理论。

① 习近平：《正确引导民营经济健康发展高质量发展》，《人民日报》2023 年 3 月 7 日，第 1 版。

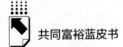

户，在企业总量中的占比达到 92.3%。① 作为社会主义市场经济的重要组成部分，民营经济具有"56789"的特征——对税收的贡献率超过 50%，对国内生产总值的贡献率超过 60%，对技术创新成果的贡献率超过 70%，对城镇劳动就业贡献率超过 80%，占企业数量比重超过 90%。改革开放以来，民营经济在稳增长、促创新、扩就业、惠民生等方面发挥了不可或缺的作用，是推动高质量发展的重要力量。因此，明晰民营经济助力共同富裕的理论逻辑和具体路径，探究民营经济推动共同富裕的现实挑战，并提出推动民营经济高质量发展以促进共同富裕的政策指向具有重要意义。

一 民营经济助力共同富裕的理论依据

共同富裕是社会主义的本质要求，是中国式现代化的鲜明特征。建设社会主义现代化国家过程中的重要目标之一就是在高质量发展的过程中扎实推动共同富裕。民营经济助力实现共同富裕具有以下三点理论依据。首先，从社会主义基本经济制度上来看，促进共同富裕应牢固坚持公有制为主体、多种所有制经济共同发展的原则，作为经济制度的内在要素，民营经济因此也成为推动共同富裕的重要力量；其次，从生产力的视角来看，民营经济高质量发展能够帮助做大共同富裕的蛋糕，不断解放和发展生产力，夯实共同富裕的物质基础；最后，从分配的视角来看，民营经济在初次分配、再分配和第三次分配中均对促进共同富裕发挥积极有为的作用。

（一）坚持基本经济制度是促进共同富裕的基本原则

坚持基本经济制度是促进共同富裕的内在要求与基本原则。习近平总书记强调："要坚持公有制为主体、多种所有制经济共同发展，大力发挥公有制经济在促进共同富裕中的重要作用，同时要促进非公有制经济健康发展、

---

① 《一季度全国新设民营企业 203.9 万户　同比增长 10.7%》，中国政府网，https：//www.gov.cn/lianbo/2023-04-27/content_ 5753448.htm。

非公有制经济人士健康成长。"① 我国的基本经济制度是中国特色社会主义制度的重要组成部分，坚持公有制为主体保证了社会主义制度的优越性，促进多种所有制经济共同发展适应了我国现阶段的生产力水平，是马克思主义基本原理同我国实际相结合的制度创新。

共同富裕是社会主义的本质要求。社会主义社会区别于资本主义社会的重要特征就是"生产将以所有的人富裕为目的"②，避免出现资本主义社会中"在一极是财富的积累，同时在另一极，即在把自己的产品作为资本来生产的阶级方面，是贫困、劳动折磨、受奴役、无知、粗野和道德堕落的积累"③ 的现象。为此，首先需要保证社会生产力的发展，没有物质基础保障，共同富裕就难以实现。邓小平提出："社会主义的优越性归根到底要体现在它的生产力比资本主义发展得更快一些、更高一些，并且在发展生产力的基础上不断改善人民的物质文化生活。"④ 因此，要在制度上充分调动社会各界创业干事的积极性，促使各类生产要素得以有效配置，不断解放并发展生产力。其次，需要坚持以生产资料公有制为主体，充分发挥社会主义制度的优越性，防止出现严重的贫富两极分化，这是实现共同富裕的重要制度基础。

公有制和非公有制经济分工互补、合作共生，构成了我国独特的"所有制生态"⑤，二者都是推动经济发展、促进共同富裕的重要力量。其中，非公有制经济中的民营经济是我国经济制度的内在要素，在经济建设过程中做出了不可或缺的积极贡献。从历史上看，我国民营经济的发展得益于改革开放以来的各项支持性政策。1978 年，我国个体工商户数量只有 15 万户，改革开放以来，随着制约民营企业发展的政策与观念障碍的不断清除，到 2023 年 3 月民营企业数量超过 4900 万户，民营经济逐渐成为我国经济成分

---

① 《习近平谈治国理政》第 4 卷，外文出版社，2022，第 143 页。
② 《马克思恩格斯选集》第 2 卷，人民出版社，2012，第 787 页。
③ 《马克思恩格斯文集》第 5 卷，人民出版社，2009，第 743~744 页。
④ 《邓小平文选》第 3 卷，人民出版社，1993，第 63 页。
⑤ 韩保江：《民营经济是我国经济制度的内在要素》，《光明日报》2018 年 11 月 7 日，第 13 版。

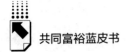

中合法合理、不可或缺的因素。历史的经验充分证明坚持社会主义基本经济制度的正确性和必要性，进一步促进民营经济高质量发展应成为继续坚持基本经济制度以促进共同富裕的题中应有之义。

（二）民营经济高质量发展有助于夯实共同富裕的物质基础

习近平总书记深刻指出："中国要实现共同富裕，但不是搞平均主义，而是要先把'蛋糕'做大，然后通过合理的制度安排把'蛋糕'分好，水涨船高、各得其所，让发展成果更多更公平惠及全体人民。"① 不断做大蛋糕，坚持以经济建设为中心，努力实现生产力的跃升与社会财富的积累是实现共同富裕的前提和基础。改革开放以来，民营经济对经济发展发挥了积极作用，已成为居民就业的主要场域、科技创新的关键力量、政府赋税的重要贡献者，是助力做大共同富裕蛋糕的重要支撑。

民营经济的发展肇始于改革开放初期对于发展生产力的内在要求，与社会主义市场经济体制改革的进程相呼应。在计划经济时期，国民经济主要包括全民所有制和集体所有制两类成分，企业是政府经济功能的延伸，负责按照国家统一拟订、统一调配的生产计划组织工业品和生活必需品的生产。在缺乏有效市场和经济激励的背景下，企业的自主性难以被激发，因此国有企业活力不足、效率低下也成为改革开放初期我国亟须解决的重要问题。发展生产力的内在需要呼唤有助于焕发企业生机、建构竞争性市场的深层次制度改革，党的十四大确立建立社会主义市场经济体制的改革目标，基本经济制度在党的十五大得以确立。在经济体制改革过程中，民营经济不断发展壮大，实现了由"公有制的必要补充"到"社会主义市场经济的重要组成部分"再到"我国经济制度的内在要素"的多次重要的定位转变，这充分折射出民营经济对于解放和发展生产力的重要意义，也是对民营经济所做贡献的认可。

---

① 习近平：《坚定信心　勇毅前行　共创后疫情时代美好世界——在 2022 年世界经济论坛视频会议的演讲（2022 年 1 月 17 日）》，人民出版社，2022，第 9 页。

民营经济具有先天的"亲市场"性，习近平总书记指出："市场决定资源配置是市场经济的一般规律，市场经济本质上就是市场决定资源配置的经济"①。民营经济之所以能够夯实共同富裕的物质基础，根本逻辑在于其生存与发展遵循市场决定资源配置这一基本规律，企业决策受供求、价格、竞争、利益等市场机制的支配，从而有助于优化要素资源配置、不断提高全要素生产率，有力推动生产力的发展。促进民营经济发展壮大有助于实现我国经济发展的质量变革、动力变革和效率变革，提高市场配置资源的效率，为高质量发展提供有力支撑。

（三）民营经济高质量发展有助于完善面向共同富裕的分配原则

党的二十大报告指出："分配制度是促进共同富裕的基础性制度。坚持按劳分配为主体、多种分配方式并存，构建初次分配、再分配、第三次分配协调配套的制度体系。"② 民营经济的高质量发展不仅有助于做大共同富裕的蛋糕，因其所涉生产要素的多样性与所从事生产经营活动的广泛性，在分好蛋糕方面也能够发挥重要作用。促进民营经济发展壮大既是对社会主义市场经济基本分配制度的践行，也有助于完善以共同富裕为指向的分配规则。

实现共同富裕离不开"以按劳分配为主体，多种分配方式并存"这一基本分配制度的保障。初次分配主要由市场力量主导，以效率为原则，目的是为要素所有者提供稳定预期，促使各类生产要素在最大限度上转化为生产力，通过合理地分好蛋糕达到激励社会各界共同做大蛋糕的作用。民营经济高质量发展离不开劳动、资本、土地、知识、技术、数据等各类要素的协调配合，在初次分配中，各类要素依据其对产出的边际贡献获得要素收入是民营企业得以发展壮大的前提。这体现了鼓励勤劳创新致富的共同富裕原则，

---

① 习近平：《论把握新发展阶段、贯彻新发展理念、构建新发展格局》，中央文献出版社，2021，第 26 页。

② 习近平：《高举中国特色社会主义伟大旗帜　为全面建设社会主义现代化国家而团结奋斗——在中国共产党第二十次全国代表大会上的报告》，人民出版社，2022，第 46~47 页。

有助于提高劳动报酬在初次分配中的比重，同时落实了按要素分配的政策要求，有利于多途径增加居民收入。再分配以政府为主体、以公平为原则，民营经济是政府税收的重要贡献者，是再分配强有力的支撑。以浙江为例，2022 年省内民营经济增加值占全省生产总值的比重为 67%，民营经济创造的税收占全省税收收入的 71.7%①，为建设浙江共同富裕示范区提供了税收基础。第三次分配以社会力量为主导、以自愿为原则，党的二十大报告强调"引导、支持有意愿有能力的企业、社会组织和个人积极参与公益慈善事业"②。民营经济投入公益慈善事业是先富带动后富的生动体现，也是企业承担社会责任、获得良好社会声誉的重要途径，在合理的政策激励与引导下，民营经济在第三次分配中有望发挥更为积极的作用。

二　民营经济助力共同富裕的具体路径

在经济社会发展实践中，民营经济助力共同富裕主要有以下五大路径，即经济增长的内生动力，扩大就业的支撑力量，推动创新的经济实体，活跃市场的积极因素，社会责任的履行主体。

（一）民营经济是经济增长的内生动力

民营经济对国内生产总值、固定资产投资与对外直接投资的贡献率均超过 60%③，是稳增长、促增长的内生动力，能够有效夯实共同富裕的物质基础。党的十八大以来，在国家政策的支持下，我国民营经济保持良好发展势头。2012 年全国民营企业数量为 1085.7 户，2023 年 3 月增长至 4900 万户，年均增长 16% 以上，占全国企业总量比重超过 92.3%，成为支撑经济恢复

---

① 《2022 年浙江省国民经济和社会发展统计公报》，浙江省统计局，http：//tjj.zj.gov.cn/art/2023/3/16/art_ 1229129205_ 5080307.html？eqid=f3b86cdb000943bb00000004644b7f66。

② 习近平：《高举中国特色社会主义伟大旗帜　为全面建设社会主义现代化国家而团结奋斗——在中国共产党第二十次全国代表大会上的报告》，人民出版社，2022，第47页。

③ 《经济结构不断升级　发展协调性显著增强——新中国成立 70 周年经济社会发展成就系列报告之二》，国家统计局，http：//www.stats.gov.cn/sj/zxfb/202302/t20230203_ 1900357.html。

的重要力量。① 根据市场监管总局的统计，2012～2021 年民营经济数量占比情况如图 1 所示。

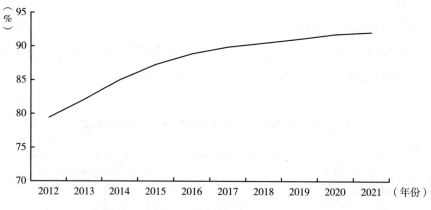

图 1　民营企业在企业总量中的占比情况（2012～2021 年）

资料来源：《从 2012 年 1085.7 万户增长到 2021 年 4457.5 万户　民营企业数量 10 年翻两番》，国家市场监督管理总局，https：//www. samr. gov. cn/xw/mtjj/art/2023/art_ 86359f996e3f46328bab4252d08ec2d9. html。

在实体经济领域，2012～2021 年规模以上私营工业企业增加值增速为 8%，高于全部规模以上工业企业整体水平 1.2 个百分点②，民营工业企业利润总额占国民经济利润总额比重达到 61%③，充分说明民营经济显著拉动了实体经济的快速发展。从区域经济发展来看，促进民营经济发展壮大已成为各地发展经济的重点，而民营经济发展相对较好的地区，其经济社会发展也往往更具活力与潜力。浙江省民营经济发展势头强劲，2021 年所拥有的民营经济 500 强企业数量连续 23 年位居全国第一，对 GDP 的贡献率达到 67%。分行业来看，民营经济增加值占金属制品业、纺织业、电气机械和器

① 《一季度全国新设民营企业 203.9 万户　同比增长 10.7%》，中国政府网，https：//www. gov. cn/lianbo/2023-04/27/content_ 5753448. htm。
② 《工业实力持续增强　转型升级成效明显——党的十八大以来经济社会发展成就系列报告之三》，国家统计局，http：//www. stats. gov. cn/sj/sjjd/202302/t20230202_ 1896673. html。
③ 唐任伍、马志栋：《民营经济助推实现共同富裕的实践逻辑、理论依据与路径选择》，《理论与现代化》2023 年第 3 期。

材制造业等比重均达到80%以上（见表1）。与此同时，中西部地区民营企业发展速度加快，截至2023年一季度，中部地区新设民营企业51.9万户，同比增长20.8%；西部地区新设民营企业44.1万户，同比增长30.2%。[①]各地纷纷出台支持性政策，优化民营经济营商环境，助力民营企业发展壮大。由此可见，民营经济已经成为推动经济稳定增长不可或缺的内生动力，也将为实现经济高质量发展和共同富裕做出更大的贡献。

表1　浙江省2021年民营企业增加值占工业行业比重

单位：%

工业行业	民营企业增加值占比
金属制品业	87
纺织业	86.8
电气机械和器材制造业	84.9
通用设备制造业	81.9
非金属矿物制品业	82.7
橡胶和塑料制品业	88.1

资料来源：《浙江省第十四次党代会以来经济社会发展成就之民营经济篇》，浙江省统计局，http：//tjj.zj.gov.cn/art/2022/5/5/art_ 1229129214_ 4920185. html。

（二）民营经济是扩大就业的支撑力量

就业是最基本的民生，更为充分、更为公平、更高质量的就业是促进共同富裕的重要保障。习近平总书记指出："幸福生活都是奋斗出来的，共同富裕要靠勤劳智慧来创造。"[②] 共同富裕的实现应建立在全社会劳动者共建共享的基础上，而不是要"养懒汉"，这就需要为社会成员提供就业创业的有效渠道，形成人人参与、机会平等的社会环境，为勤劳创业者营造依靠自身努力即可获得正向财富反馈和上升通道的良好就业氛围。在这一过程中，

---

① 《一季度全国新设民营企业203.9万户　同比增长10.7%》，中国政府网，https：//www.gov.cn/lianbo/2023-04/27/content_ 5753448. htm。
② 《习近平谈治国理政》第4卷，外文出版社，2022，第142页。

民营企业发挥了重要作用，成为我国就业的主要承载主体，推动民营企业高质量发展有助于提高社会整体就业创业能力，创造更多就业机会，为勤劳创新致富提供更为广阔的空间。

改革开放以来，我国新增城市就业和农村就业大部分来自民营经济。[①] 据统计，民营经济吸纳了超过80%的城镇劳动就业人数，其中民营企业和个体工商户总数占市场主体总量的95%以上，截至2023年1月，全国个体工商户达到1.14亿户，占市场主体总量比重接近70%，直接带动3亿余人的就业。[②] 在实体经济领域，私营工业企业2021年吸纳就业人数达到3582万人，占全国规模以上工业企业就业总人数的48.1%。[③] 促进民营企业发展壮大以稳定就业对于扩大我国中等收入群体也具有非常重要的意义。扩大中等收入群体的关键是提高低收入群体收入，最直接的渠道就是提升就业质量。民营经济的高质量发展有助于完善劳动、土地、知识、资本、数据、管理各类生产要素参与分配的机制，在提高要素回报率的同时也有利于多渠道增加中低收入群体的要素收入和财产性收入，扩大中等收入群体规模。

（三）民营经济是推动创新的经济实体

实现经济高质量发展离不开发展动能的转换，即由要素驱动转为创新驱动，而企业是创新的核心主体，其中民营经济贡献了超过70%的技术创新和超过80%的新产品研发，是创新的支撑力量。民营经济的创新动机首先源于激烈的市场竞争，只有通过创新降低生产成本、不断提高全要素生产率，才能够实现可持续发展。其次，民营企业家往往具备鲜明的企业家精神，勇于承担风险、追求创新、迎接挑战，这是民营经济不断实现创新与突

---

① 周文、司婧雯：《民营经济发展与共同富裕》，《财经问题研究》2022年第10期。

② 《我国市场主体达1.7亿户 其中个体工商户1.14亿户约占总量三分之二》，中国政府网，2https：//www.gov.cn/xinwen/2023-02/14/content_ 5741497. htm。

③ 《工业实力持续增强 转型升级成效明显——党的十八大以来经济社会发展成就系列报告之三》，国家统计局，http：//www.stats.gov.cn/sj/sjjd/202302/t20230202_ 1896673. html。

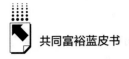

破的重要内驱力。

我国民营经济在创新发展方面取得了一系列重要进展，已成为最活跃的市场创新主体。根据《2022研发投入前1000家民营企业创新状况报告》，当前我国80%的专精特新"小巨人"企业和90%的高新技术企业都是民营企业。民营企业500强中，80%的企业实现关键核心技术自主研发并实现企业的数字化转型。① 在"四新"领域（即新技术、新产业、新业态、新模式），民营经济依托物联网、大数据、云计算、人工智能技术进一步实现转型升级。浙江省在促进民营企业数字化转型以实现高质量发展方面走在前列。据统计，2021年浙江民营企业200强中，79%的企业都已制定数字化转型战略，民营经济在数字经济相关领域如信息传输、软件和信息技术服务业等表现亮眼，有力推动了全省数字经济发展。②

（四）民营经济是活跃市场的积极因素

民营经济的快速发展得益于我国社会主义市场经济体制改革的不断深化，因此民营经济天然具有亲市场性。作为我国市场主体的主要组成部分，民营经济的高质量发展能够进一步活跃市场、提升竞争质量，为实现共同富裕构建良好的体制基础。供给和需求是决定市场经济内在平衡的两个重要因素，对应着马克思主义政治经济学中的生产和消费，能否有效协调供给和需求的关系直接影响市场发育程度。在计划经济时期，我国一度处于供给不足的短缺经济状态，改革开放以来，市场逐步构建并完善，民营经济的快速发展充实了市场主体，扩大了市场交易范围，扭转了曾经的短缺经济状态，成为活跃市场的积极因素。

民营经济活跃市场的积极作用在供给侧和需求侧均有体现。从供给侧来看，民营经济所涉经营领域涵盖工业和服务业，覆盖产业链的重要环节，是

---

① 《全国工商联公布2022民营企业研发排名：互联网企业研发投入攀升明显》，中国经济新闻网，https://www.cet.com.cn/dfpd/jzz/ad/ad/3238631.shtml。
② 《"凤凰涅槃"式改革 探索数字化民营经济发展新路径》，新华网，http://city.news.cn/20230329/1cce584bf2bd41e7acd940da2b916278/c.html。

我国构建现代化产业体系的重要一环。产业的微观基础是企业，民营经济规模占我国企业总量比重已超过 90%，因此民营企业的创新活动不仅有助于企业自身发展壮大，对于提升产业链整体创新水平、提高我国产业竞争力，从而加快构建新发展格局都具有重要意义。从需求侧来看，国有经济所涉行业一般是关系国计民生的重要领域，如能源、交通、工业生产的产业链上游环节等，难以直接满足人民群众日益增长且多样化的美好生活需要。民营经济的生产决策则具备鲜明的市场导向，所生产的产品和提供的服务涵盖人们生活衣食住行的各个方面，因为只有快速捕捉市场需求才能够在激烈的市场竞争中脱颖而出。这种出色的需求捕捉力决定了民营经济具备活跃市场的天然属性，同时也意味着民营经济可以通过自主创新、开发新产品新技术，不断引领市场需求。民营经济高质量发展在提升市场供给效率以满足并引领市场需求的过程中，有助于促进供给和需求的高水平动态平衡。

（五）民营经济是社会责任的履行主体

民营经济在创造社会财富的同时，也是积极履行社会责任的主体，推动实现共同富裕为新时代民营企业履行社会责任提供了方向指引。企业社会责任的内涵随时代演变而不断丰富拓展，主要包括经济责任、法律责任、伦理责任和慈善责任。[1] 经济责任从属于企业追求盈利的内生属性，法律责任要求企业经营活动符合法律要求，伦理责任是指企业经营活动需要符合公序良俗，而慈善责任是企业自愿承担的、超出以上范畴的，主要满足社会期望的责任。正如习近平总书记 2020 年在企业家座谈会上的讲话中指出："企业既有经济责任、法律责任，也有社会责任、道德责任。任何企业存在于社会之中，都是社会的企业。社会是企业家施展才华的舞台。只有真诚回报社会、切实履行社会责任的企业家，才能真正得到社会认可，才是符合时代要求的企业家。"[2]

---

① Carroll A. B. "A Three-Dimensional Conceptual Model of Corporate Performance," *The Academy of Management Review*, 1979, 4（4）: 479-505.

② 习近平:《在企业家座谈会上的讲话》，人民出版社，2020，第 8 页。

党的十八大以来，民营经济在履行社会责任方面积极作为，在脱贫攻坚战中，"万企兴万村"活动动员了一大批富有社会责任感的民营企业通过产业帮扶、公益捐赠、新型农民培训等形式参与到乡村振兴的事业中。仅2021年，就有4611家民营企业参与到"万企兴万村"活动中，其中1/3的企业专门设有乡村振兴部门，全面投入到农业技能培训与传播、农村基础设施建设、农村富余劳动力吸纳与转移等领域。① 在抗击疫情的过程中，民营企业也做出了重要的贡献，如积极捐款捐物、提供志愿服务。2021年参与捐款的民营企业达到11万家，累计捐款172亿元，捐物价值119亿元。② 同时，民营经济在促进绿色发展方面也积极承担着企业责任。一方面民营经济乐于投身绿色技术创新，降低生产经营活动的生态环境成本，另一方面在我国民营企业污染物排放量约占工业源排放总量的80%，民营经济也因此成为污染物减排的主要贡献者。

三 民营经济助力共同富裕面临的现实挑战与政策指向

当前，民营经济助力共同富裕面临一定的现实挑战，首先是民营经济高质量发展的有效路径仍待探索，其次是民营经济在数字经济等新领域、新业态的发展需要合理引导，以避免出现平台垄断等不利于社会福利公平分配的现象。为解决以上问题，在政策指向上，一是要坚持基本经济制度，坚持两个毫不动摇，在政策上将对民营经济的鼓励和支持落到实处，二是要加快构建高水平社会主义市场经济体制，不断优化营商环境，促进民营经济高质量发展，三是要积极引导、鼓励民营经济参与到促进共同富裕的伟大事业中，依法规范和引导资本健康发展。

---

① 《中国民营企业社会责任报告（2022）》，中国新闻网，http：//www.chinanews.com.cn/cj/2023/02-21/9957810.shtml。

② 《中国民营企业社会责任报告（2022）》，中国新闻网，http：//www.chinanews.com.cn/cj/2023/02-21/9957810.shtml。

（一）现实挑战

1. 民营经济高质量发展路径有待探索

我国已进入高质量发展阶段，作为主要市场主体的民营经济要适应经济发展阶段的转变，必须立足自身提高企业高质量发展的能力。当前，民营经济高质量发展面临一定困难，习近平总书记曾将其总结为"三座大山"，即市场的冰山、融资的高山、转型的火山。① 在市场层面，我国仍处于深化经济体制改革的进程中，市场机制存在诸多不完善之处，如要素市场化程度较低，行政力量对市场的不当干预导致价格难以真实反映资源的稀缺程度，从而无法引导民营企业做出最具经济效率的生产决策。同时，加快构建新发展格局必须建立在国内经济循环畅通无阻的基础上，体现为供给和需求的优化适配，这也对民营经济的市场需求捕捉力、创新性供给能力提出了新要求，客观地说，只有更准确地把握市场脉搏，深度参与国内、国际市场竞争，民营经济才能实现高质量发展。在融资方面，民营经济中的中小微企业融资成本高始终是制约企业高质量发展的重要因素。我国企业直接融资比重较低，从银行贷款仍是企业的主要选择，而相较于资金流稳定、规模较大的国有企业，民营企业的盈利能力和抗风险能力都略逊一筹，因此造成了民营经济融资成本较高、融资困难的问题。从民营经济自身发展的层面，民营企业在规模和实力上差异较大，不同区域民营经济的发育程度也存在差异，这就决定了民营经济的高质量转型不可能一蹴而就、同步实现。相较于从事新业态的民营企业，大部分从事传统行业的民营企业在创新驱动转型升级方面仍存在一定困难，尤其是劳动密集型、资源消耗型企业往往面临更为紧迫的转型升级要求，亟须探寻高质量发展的有效路径。

2. 民营经济在新领域、新业态的发展需要合理引导

近年来，数字经济等新领域、新业态加速发展，密集的技术变革引发市

---

① 习近平：《在民营企业座谈会上的讲话》，人民出版社，2018，第7页。

场变革，涌现出众多具有科技创新实力的民营企业，成为行业领军者。然而，在这一过程中，也存在不利于实现共同富裕的潜在隐患，其中较为典型的就是伴随平台经济发展而产生的诸如平台垄断等一系列问题。平台经济联通了供给侧和需求侧的市场主体，通过聚集大量生产者和销售者不断提高供给能力，同时采取价格优势、品牌效应等手段提升平台消费者数量，实现平台规模的自我扩张。在这一过程中，平台企业的边际成本近乎为零，能够实现边际报酬递增，而这种双边垄断的市场结构在促进交易、改善社会总福利的同时，也将制定交易规则、提供交易信息、确定交易价格等权力全部或部分地移交给平台企业。借助这些权力，平台企业可以按照利润最大化的原则，最大限度地攫取生产者剩余和消费者剩余，不利于社会福利的公平分配。除此之外，平台企业之间的算法合谋相较于传统企业的价格、产量合谋更为隐蔽，难以有效规制，如果不能正确引导"科技向善"，平台经济的发展将产生更多新的分配难题。在再分配领域，一个亟待解决的问题就是平台经济的税收征管问题，平台经济虚拟化、信息化、注册地和消费地高度分散的经营特征提升了税收征管难度，容易造成隐蔽税源的现象，加剧税源税收相背离的程度。

（二）政策指向

1. 坚持基本经济制度，坚持两个毫不动摇，落实支持性政策

为促进民营经济高质量发展以助力共同富裕，首先需要明确民营经济在基本经济制度中的定位和重要意义，切实贯彻基本经济制度与基本分配制度对于促进民营经济高质量发展提出的内在要求，将国家对于民营经济的一系列支持性政策落到实处，稳定民营企业的预期。正如习近平总书记指出："民营经济是我国经济制度的内在要素，民营企业和民营企业家是我们自己人……在全面建成小康社会、进而全面建设社会主义现代化国家的新征程中，我国民营经济只能壮大、不能弱化，不仅不能'离场'，而且要走向更加广阔的舞台。"①

---

① 习近平：《在民营企业座谈会上的讲话》，人民出版社，2018，第 7 页。

2. 加快构建高水平社会主义市场经济体制，营造良好营商环境

民营经济的高质量发展与市场化程度密切相关，应加快构建高水平社会主义市场经济体制，以良好的营商环境促进民营经济高质量发展。一是要构建高标准市场体系，设定并维护更为公平合理的竞争规则，完善产权保护等基础性制度，保障民营企业合法权益不受侵犯，进而激发民营企业家创新创业的干劲；二是要着力构建全国统一大市场，打破地方行政性垄断和市场分割，及时清理限制商品、要素、服务在区域间自由流动的体制机制障碍，打通国内经济循环的堵点，畅通生产、流通、交换、消费四大环节，从而进一步优化民营经济的发展环境，降低物流成本、交易成本和制度性成本；三是要客观对待政府与市场在促进经济发展中的共生关系，同时发挥有效市场和有为政府的积极作用。政府应发挥扶持之手的作用，在宏观经济治理过程中，要尊重市场规律，促进产业政策由选择性向普惠性和功能性转型，进一步简政放权、优化政府服务，为民营企业解难题、办实事，着力构建亲清政商关系。

3. 鼓励民营经济参与到共同富裕的事业中，依法规范引导资本健康发展

在政策上积极探索激励民营经济助力共同富裕的多样化方式。在初次分配中，引导民营经济关注就业问题，完善工资分配制度，促进员工工资合理增长，健全现代企业制度，为各类要素所有者提供合理报酬，以企业经营业绩的提高带动劳动者收入与财富的增长；在再分配领域，民营企业应坚持合法合规经营，积极承担依法纳税的义务，为政府更好履行再分配调节功能提供稳定的税源支撑；在第三次分配领域，民营企业应增强社会责任意识，主动将自身发展同区域协调发展战略、乡村振兴战略相衔接，量力而行、积极投身于慈善事业与志愿服务，提高民营企业真诚回馈社会的主动性与能力。政府应注意规范引导资本健康发展，加强反垄断治理，合理引导平台经济发展，防止出现新业态下资本的过度集中，使民营经济高质量发展始终服务于全体人民共同富裕的根本目标。

B.5
统筹扩大内需和供给侧结构性
改革助推共同富裕

陈江滢*

摘　要： 实现共同富裕是中国式现代化的本质要求，关键在于做大"蛋糕"和分好"蛋糕"。坚持扩大内需这个战略基点，以供给侧结构性改革为主线，并推动二者统筹发展，既能通过高质量发展做大"蛋糕"，又能通过缩小发展差距分好"蛋糕"，进而促进共同富裕。改革开放以来市场和资源"两头在外"的发展模式推动了我国经济的快速增长，但也产生了群体、产业、区域和城乡收入差距拉大等问题，不利于推动扩大内需和供给侧结构性改革及其统筹发展，并对共同富裕构成阻碍。对此，需要加强宏观经济调控、扩大消费投资需求，着力发展实体经济、推动金融供给侧改革，消除城乡二元结构、促进区域协调发展，完善市场经济体制、构建全国统一大市场，形成需求牵引供给、供给创造需求的更高水平动态平衡。

关键词： 共同富裕　扩大内需　供给侧结构性改革

推动高质量发展，为实现共同富裕目标夯实基础。习近平总书记强调，促进共同富裕，要"把推动高质量发展放在首位""在高质量发展中促进共

---

* 陈江滢，中共中央党校（国家行政学院）经济学教研部讲师，经济学博士，主要研究方向为高水平对外开放与产业链供应链安全。

同富裕"。① 党的二十大报告强调："我们要坚持以推动高质量发展为主题，把实施扩大内需战略同深化供给侧结构性改革有机结合起来"②，这是党中央基于国内外形势变化和新时代新征程使命任务提出的重大战略举措。统筹扩大内需和供给侧结构性改革，是在高质量发展中推进共同富裕的必由之路。

一　以统筹扩大内需和供给侧结构性改革做大"蛋糕"

实现共同富裕的目标，首先要通过高质量发展做大"蛋糕"。需求和供给是推动高质量发展的重要抓手，要牢牢把握扩大内需这一战略基点，深化供给侧结构性改革，并推进二者统筹协调，是推动高质量发展并以此促进共同富裕的必然选择。

（一）高质量发展面临的供需形势

近年来我国经济面临三重压力。一是需求收缩。在消费方面，居民可支配收入增长放缓以及收入差距较大，导致消费复苏动能较弱，2022年社会消费品零售总额同比下降0.2%。在投资方面，地方隐性债务监管趋严、地方财政紧张、对房地产企业的限制增加，导致基建投资低迷以及房地产投资下行，投资增长持续乏力。二是供给冲击。在要素成本方面，全球能源等大宗商品价格上涨，推动我国原材料价格上升。2021年全国工业生产者出厂价格指数（PPI）上涨8.1%，得益于我国采取的一系列保供稳价措施，2022年PPI上涨4.1%③，但受国内外经济形势影响仍面临上涨风险，提高了我国制造业生产成本。在要素结构方面，我国生产要素结构深刻调整变化，传统的廉价要素优势弱化，资源环境约束趋紧，科技创新水平较低，供

---

① 习近平：《扎实推动共同富裕》，《求是》2021年第21期。
② 习近平：《高举中国特色社会主义伟大旗帜　为全面建设社会主义现代化国家而团结奋斗——在中国共产党第二十次全国代表大会上的报告》，人民出版社，2022，第28页。
③ 《透视2022年全年CPI和PPI数据：物价保持平稳运行》，中国政府网，https：//www.gov.cn/xinwen/2023-01/13/content_ 5736571. htm。

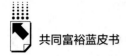

给侧动能转换受到制约。三是预期转弱。市场主体对近期的经济增长态势、物价走势、政策趋势等呈不乐观的判断，包括企业对经济发展信心转弱，投资意愿下降；居民信心不足、储蓄意愿提升、消费动力不足等状况。预期也是影响总需求和总供给的重要因素，预期越悲观，则消费和投资都会更谨慎，从而对供给形成制约。

（二）扩大内需和供给侧结构性改革是重要抓手

实施扩大内需战略，是推动高质量发展的战略基点。在改革开放初期，我国通过吸引外资并发展出口贸易，破解了我国内需中投资和消费不足的困境，推动了经济的快速增长，但是也导致经济对外依赖度较高，容易受到国际经济波动的冲击。扩大内需是应对外部冲击、稳定经济运行的有效途径。1998年，亚洲金融危机发生后国际需求大幅收缩，对我国经济发展造成较大冲击，1998年末召开的中央经济工作会议明确提出，扩大国内需求，是我国经济发展的基本立足点和长期战略方针，并通过宏观经济调控稳定了经济增长。2008年国际金融危机导致外部需求大幅下降，造成我国出口下滑，工业生产大幅回落。党中央提出"把扩大内需作为保增长的根本途径"①，大规模增加政府投资，启动了大量可持续稳投资的基础设施项目建设，稳定了市场预期，使经济迅速触底反弹。这次金融危机的冲击，使我国内需与外需不平衡等矛盾更加凸显。在此背景下，2010年10月召开的党的十七届五中全会提出，要"构建扩大内需长效机制，促进经济增长向依靠消费、投资、出口协调拉动转变"②，反映出我国经济开始向内需主导转变。2018年以来，关税增加使我国出口的竞争优势减弱、不确定性和风险上升，从而进一步削弱了出口和外需对我国经济的支撑作用。特别是2020年以来，疫情对全球经济造成严重冲击，外需急剧收缩，习近平总书记指出"建立起扩大内需的有效制度，释放内需潜力，加快培育完整内需体系"③，我国通过

① 《十七大以来重要文献选编》（上），中央文献出版社，2009，第783页。
② 《十七大以来重要文献选编》（中），中央文献出版社，2011，第975页。
③ 《习近平谈治国理政》第4卷，外文出版社，2022，第177页。

积极稳定居民消费和企业投资，稳定了经济发展。

深化供给侧结构性改革，是实现高质量发展的治本之策。党的十八大以来，我国经济进入新常态，经济主要矛盾从总需求不足转变为供给结构不适应需求。随着经济主要矛盾的转变，单纯依靠需求管理，难以解决产能过剩等供给侧结构性矛盾，优化供给结构成为重点。2015 年，党中央提出实施供给侧结构性改革。供给侧结构性改革明确了"去产能、去库存、去杠杆、降成本、补短板"这五大重点任务，通过大力推动"破、立、降"①，矫正了供给和需求的结构失衡，提振了我国经济增长。2018 年，党中央进一步提出深化供给侧结构性改革的"巩固、增强、提升、畅通"八字方针，着力增强微观主体活力，提高全要素生产率和经济潜在增长率，提升产业链水平，推动金融和实体经济、房地产和实体经济等深层次关系调整优化，推动经济发展实现质量变革、效率变革、动力变革，使经济发展质量不断提高。

（三）统筹扩大内需和供给侧结构性改革是必然选择

2020 年以来党中央提出要加快构建以国内大循环为主体、国内国际双循环相互促进的新发展格局。2020 年 10 月，《中共中央关于制定国民经济和社会发展第十四个五年规划和二〇三五年远景目标的建议》提出构建新发展格局，要"坚持扩大内需这个战略基点，加快培育完整内需体系，把实施扩大内需战略同深化供给侧结构性改革有机结合起来，以创新驱动、高质量供给引领和创造新需求"②。构建新发展格局，要求统筹供给和需求，促进供需良性互动。

一方面，以优质供给满足需求并创造潜在需求。供给结构和供给质量难以适应需求的矛盾越来越突出，所以关键在于提升供给质量，以优质供给满足现有需求，并以高质量供给引领和创造新需求。另一方面，要以有效需求牵引供给。有效需求扩大和需求结构升级，为供给提质量和优结构提供基础和方

---

① 破、立、降是指破除无效供给、培育新动能、降低实体经济成本。
② 《全面建成小康社会重要文献选编》（下），人民出版社、新华出版社，2022，第 1221 页。

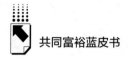
向。所以，充分发挥超大规模市场优势，合理有效增加国内有购买力的需求，推动投资结构优化以及消费结构升级，对供给侧结构性改革发挥牵引作用。

二 以统筹扩大内需和供给侧结构性改革"分好蛋糕"

实现共同富裕，不仅要通过高质量发展做大"蛋糕"，还要分好"蛋糕"。扩大内需、供给侧结构性改革及二者的统筹，有利于缩小发展差距，进而促进共同富裕。

（一）以扩大内需促进共同富裕

扩大内需的重点在于增加消费和促进投资，二者均有利于促进共同富裕。

从消费的角度看，促进消费的举措和结果都与共同富裕高度契合。在促进消费的举措方面，关键在于提高居民收入和缩小收入差距。收入是决定居民消费的关键因素，要创造更多就业岗位，提高居民可支配收入、扩大中等收入群体；收入水平不同的群体消费倾向存在差异，低收入群体的边际消费倾向往往较高，因此还要完善分配格局，加大税收、社会保障、转移支付等调节力度，缩小收入差距。在促进消费的结果方面，通过积极采取促进就业、完善分配格局、健全社会保障体系等一系列措施，有利于提高居民收入、提升居民消费水平，这与共同富裕发展的目标要求高度一致。

从投资的角度看，企业投资和政府投资在促进共同富裕方面均发挥着重要作用。一方面，企业投资为创造和增加就业奠定基础。国有企业是促进就业的重要力量，承担着促进高校毕业生就业等经济社会责任，在稳定就业中具有重要作用。民营企业是吸纳就业的主力军，"贡献了50%以上的税收，60%以上的国内生产总值，70%以上的技术创新成果，80%以上的城镇劳动就业，90%以上的企业数量"[1]，在促进实现共同富裕中发挥着不可或缺的

---

① 习近平：《在民营企业座谈会上的讲话》，人民出版社，2018，第4~5页。

作用。另一方面，政府投资是促进基本公共服务均等化的重要来源。社会公共服务、公共基础设施、生态环境保护等领域，是政府投资的重点。其中，教育、医疗、养老、住房是政府投资的重中之重。教育领域的政府投资将减轻低收入群众教育负担，医疗和养老投资将提高城乡居民基本养老金水平，住房投资有助于扩大保障性租赁住房供给。这些投资旨在解决好人民群众急难愁盼问题，提高公共服务水平，从而推动共同富裕。此外，在公共文化事业领域的政府投资，有利于不断满足人民群众多样化、多层次、多方面的精神文化需求，促进人民精神生活共同富裕。

（二）以供给侧改革促进共同富裕

供给侧结构性改革将以人民为中心作为根本出发点，坚决贯彻新发展理念这一价值理念，对于促进共同富裕具有重要意义。

从根本出发点看，供给侧结构性改革以人民为中心，根本目的是满足人民群众的需要。供给侧结构性改革的关键目的之一是解决供给和需求之间的失衡问题，即大部分产能只能满足中低端需求，不能满足多样化、个性化的高端需求。面对供求不匹配的情况，习近平总书记强调："供给侧结构性改革的根本，是使我国供给能力更好满足广大人民日益增长、不断升级和个性化的物质文化和生态环境需要，从而实现社会主义生产目的"[1]。推进供给侧结构性改革，正是积极回应人民群众诉求、着力满足人民群众需求，推动人民群众物质生活和精神生活的富裕。

从价值理念看，供给侧结构性改革作为经济发展和经济工作的主线，必须坚决贯彻创新、协调、绿色、开放、共享的新发展理念。[2]

供给侧结构性改革坚持创新引领，有助于提高居民收入、缩小收入差距。习近平总书记指出："推进供给侧改革，必须牢固树立创新发展理念，推动新技术、新产业、新业态蓬勃发展，为经济持续健康发展提供源源不断

---

① 《习近平谈治国理政》第 2 卷，外文出版社，2017，第 252 页。

② 韩保江：《"供给侧结构性改革"的政治经济学释义——习近平新时代中国特色社会主义经济思想研究》，《经济社会体制比较》2018 年第 1 期。

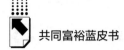

的内生动力。"① 新技术、新产业和新业态的发展，有利于增加创业机会和就业岗位，从而提高居民收入。同时，关键领域自主创新能力的提升，有利于推动经济发展由要素驱动和投资驱动向创新驱动转变，破解我国"低端锁定"困境，提升自主创新能力和全要素生产率，创造更多高收入就业岗位并持续提高工资水平，从而提高居民收入，并缩小劳动力所有者和资本所有者之间的收入差距。

供给侧结构性改革坚持协调引领，有助于缩小区域和城乡差距。习近平总书记指出："注重发展的整体效能，否则'木桶效应'就会愈加显现，一系列社会矛盾会不断加深。"② 供给侧结构性改革"要增加社会急需的公共产品和公共服务供给，缩小城乡、地区公共服务水平差距，加大脱贫攻坚力度"③，进而推动中西部和东北地区、农村地区的发展，缩小与东部沿海、城市地区的发展差距。

供给侧结构性改革坚持绿色引领，有助于促进人民群众物质生活和精神生活都富裕。习近平总书记在党的十九大报告中指出："我们要建设的现代化是人与自然和谐共生的现代化，既要创造更多物质财富和精神财富以满足人民日益增长的美好生活需要，也要提供更多优质生态产品以满足人民日益增长的优美生态环境需要。"④ 供给侧结构性改革有助于优化能源结构、促进绿色技术进步，从而推动绿色低碳发展，增加民生福祉。

供给侧结构性改革坚持开放引领，通过高水平开放缩小区域发展差距。在新发展格局下，还要推进高水平对外开放，优化区域开放布局。党的二十大报告强调："推动共建'一带一路'高质量发展。优化区域开放布局，巩

---

① 习近平：《论把握新发展阶段、贯彻新发展理念、构建新发展格局》，中央文献出版社，2021，第 103 页。

② 习近平：《论把握新发展阶段、贯彻新发展理念、构建新发展格局》，中央文献出版社，2021，第 40 页。

③ 习近平：《论把握新发展阶段、贯彻新发展理念、构建新发展格局》，中央文献出版社，2021，第 162 页。

④ 习近平：《决胜全面建成小康社会　夺取新时代中国特色社会主义伟大胜利——在中国共产党第十九次全国代表大会上的报告》，人民出版社，2017，第 50 页。

固东部沿海地区开放先导地位，提高中西部和东北地区开放水平。加快建设西部陆海新通道。"① 更大范围的对外开放有助于使中西部和内陆地区充分发挥比较优势、参与国际分工、拓宽全球市场，为其经济发展注入新动力，从而缩小与东部沿海地区的发展差距。

供给侧结构性改革坚持共享引领，符合最广大人民的根本利益。供给侧结构性改革的目的和归宿是实现人民幸福，倡导发展过程人人参与、发展成果人人享有。习近平总书记指出："落实共享发展理念，'十三五'时期的任务和措施有很多，归结起来就是两个层面的事。一是充分调动人民群众的积极性、主动性、创造性，举全民之力推进中国特色社会主义事业，不断把'蛋糕'做大。二是把不断做大的'蛋糕'分好，让社会主义制度的优越性得到更充分体现，让人民群众有更多获得感。"②

（三）以统筹扩大内需和供给侧结构性改革促进共同富裕

统筹扩大内需和供给侧结构性改革，要求合理的分配和流通环节。国民经济循环是生产、分配、流通、消费这四个环节相互联系、同时并存、依次转化、周而复始的运动过程。其中，生产对应供给，包括生产资料、生活资料等物质产品的生产与供给，以及服务、知识、科学技术等非物质产品的生产与供给；消费对应需求，包括生活性消费需求和生产性消费需求或者说投资需求。生产和消费是社会经济活动中最基本的方面，分配和流通则是连接生产与消费即供给与需求的中间环节。没有分配和流通环节，生产出来的产品就不可能到达消费者手中。因此，统筹扩大内需和供给侧结构性改革，合理有效的分配和流通环节是重中之重。

分配环节公平合理和流通环节畅通高效，有利于推动共同富裕。在分配环节上，不合理的分配会导致供需错配。收入差距过大、贫富两极分化会造成有购买力的需求不足，导致生产过剩。公平合理的分配有利于增加居民可

---

① 习近平：《高举中国特色社会主义伟大旗帜　为全面建设社会主义现代化国家而团结奋斗——在中国共产党第二十次全国代表大会上的报告》，人民出版社，2022，第33页。
② 《习近平谈治国理政》第2卷，外文出版社，2017，第216页。

支配收入、扩大中等收入群体、缩小收入差距，进而促进有效需求的增长，促进供需良性循环，并推动共同富裕。在流通环节上，流通环节受阻会阻碍供需匹配。流通环节过多、流通成本过高、流通渠道不通畅，会使得供需脱节，无法实现供给和需求的良性循环。相比，商品自由流通，有助于化解区域性市场中供给和需求的结构性矛盾；要素的自由流动，特别是劳动力的自由迁移，有利于推动劳动力由农村向城市、由落后地区向发达地区的迁移，以获取更多就业机会并提高收入，缩小城乡间、地区间的收入差距，从而促进共同富裕。

三　统筹扩大内需和供给侧结构性改革的现实困境

改革开放以来出口导向型经济发展模式，推动了我国经济的快速增长，但也造成了群体、产业、区域和城乡收入差距的拉大，以及供需不匹配的结构性矛盾。

（一）实体经济与虚拟经济失衡

由于资本的逐利性和制造业部门的低利润率，大量制造业资本流入房地产或金融等高利润行业，导致了金融和房地产行业的快速增长和急剧膨胀，抑制了内需中的消费和投资需求。

一方面，住房消费及按揭贷款挤占了居民消费的资金，抑制了消费规模扩大和消费结构升级。在居民消费支出上，2022 年，全国居民人均消费支出 2.45 万元，其中人均居住消费支出为 0.58 万元，占人均消费支出的 24%。[①] 在居民家庭负债上，房贷是主要构成，在有负债的居民家庭中，76.8%的家庭有住房贷款，户均家庭住房贷款余额为 38.9 万元，占家庭总负债的比重为 75.9%。[②]

---

① 数据来源：国家统计局：《中华人民共和国 2022 年国民经济和社会发展统计公报》。
② 数据来源：《2019 年中国城镇居民家庭资产负债情况调查》。

另一方面，金融脱实向虚使实体经济面临融资难、融资贵问题，抑制了制造业的投资。金融业的快速扩张引发资金"脱实向虚"，部分金融机构通过同业业务、表内外资产腾挪等手段，使资金在金融体系内自我循环，并且对房地产贷款存在偏向，严重影响资金服务实体经济的效率，使制造业投资特别是创新投资的融资成本不断上升[1]，不利于推动经济高质量发展。与此同时，实体经济与虚拟经济的失衡，也拉大了金融行业和制造业从业人员的收入差距。城镇金融行业与制造业就业人员平均工资比值由 2003 年的 1.64 快速上涨到 2010 年的峰值 2.27，2021 年下降至 1.63。[2] 金融业工资水平明显更高，因而吸引了大量人才，对制造业吸引人才构成竞争。在这种情况下，经济陷入"制造业低端锁定和低利润→资金从制造业转入房地产和金融业→挤占居民消费、抑制制造业创新投资→行业间收入差距拉大→抢占制造业人才→加剧制造业低端锁定"的不良循环。

（二）区域和城乡发展差距较大

在出口导向型经济发展模式的推动下，东部沿海地区和城镇化加速发展，但也拉大了区域和城乡之间的发展差距。

在区域差距方面，东部沿海地区由于在出口上具有明显的区位优势，走在了发展外贸的前沿，实现了经济的快速增长。中西部地区、东北地区在区位条件、工业基础、交通设施等方面相对落后，出口贸易发展相对滞后，因而与东部地区之间的经济发展差距有所拉大。近年来，我国中西部和东北地区积极承接东部沿海地区的产业转移，使这些地区更好地发挥劳动力、土地和自然资源等方面的优势，推动经济增长。但由于承接的多是劳动密集型产业或者高技术产业中的低附加值环节，对就业人员工资收入的提升有限，因此面临与东部地区收入差距拉大的风险。

在城乡差距层面，城乡收入差距问题仍然比较突出。城镇化的快速发展

① 张杰、杨连星、新夫：《房地产阻碍了中国创新么？——基于金融体系贷款期限结构的解释》，《管理世界》2016 年第 5 期。
② 数据来源：根据国家统计局数据计算得出。

吸引了大量农村人口进城务工，在一定程度上提高了农村居民的收入，但农村劳动力受教育水平较低、职业技能比较匮乏，工资水平较低且上涨空间有限。同时，工业化和城市化进程造成的耕地破坏、水污染和环境恶化，阻碍了农业的可持续发展，"三农"发展较为滞后，制约了农民收入的增长。从人均可支配收入数据来看，城镇与农村居民人均可支配收入的比值从1985年的1.86增长至2007年的3.14，之后缓慢下降至2022年的2.45①，但差距仍然较大。农村居民收入较低，制约了消费的增长和内需的扩大。2022年，乡村人口占总人口的比重为34.8%，但乡村消费品零售额占全国的比重仅为13.5%。②

（三）内需升级与供需不匹配

在消费升级的背景下，供需不匹配的矛盾进一步凸显，突出了我国推进供给侧结构性改革的必要性和紧迫性。

从需求侧来看，我国消费结构升级趋势明显。随着中国经济的快速增长，居民收入大幅提高，中等收入群体明显增加。中国宽裕小康及以上人口的占比由2010年的8%增长至2018年的49%。③ 其中，2010年宽裕小康、大众富裕和富裕阶层分别仅有3400万、1000万和300万户；2018年分别大幅增长到3.1亿、6300万和1000万户。④ 随着中等收入群体和富裕群体的增加，我国消费结构升级趋势十分明显，我国居民消费支出呈现从注重量的满足向追求质的提升转变。

从供给侧来看，当前的供给难以满足日益升级的需求。长期以来"两头在外"的发展模式，使我国企业习惯于以出口加工贸易方式来满足国外

---

① 数据来源：根据国家统计局数据计算得出。
② 数据来源：国家统计局：《中华人民共和国2022年国民经济和社会发展统计公报》。
③ 按照2018年人民币实际价值衡量的家庭年可支配收入由低到高分为7个层次：温饱（<4.9万元）、新晋小康（4.9万~7.9万元）、小康（7.9万~13.8万元）、宽裕小康（13.8万~19.7万元）、大众富裕（19.7万~29.7万元）、富裕（29.7万~39万元）和全球富裕（>39万元）。
④ 资料来源：麦肯锡全球研究院。

需求，并以低价格、低质量的产品来满足国内需求，导致我国高质量供给明显不足，难以满足当前广大人民日益增长、不断升级和个性化的需要，特别是高收入群体的中高端产品与服务需求，致使国内大量中高端商品和新兴服务消费需求外流，出境购物、海淘购物大幅增加。

四 统筹扩大内需和供给侧结构性改革助推共同富裕的实现路径

共同富裕是一个长远目标，不可能一蹴而就，要持续推动统筹扩大内需和供给侧结构性改革，在高质量发展中促进共同富裕。

（一）加强宏观经济调控，扩大消费投资需求

加强财政政策和货币政策协调配合，增强消费对经济发展的基础性作用和投资对优化供给结构的关键作用。

积极的财政政策要加力提效。一方面，完善税费支持政策。优化个人所得税，调整税率大小和累进区间，增加劳动报酬在收入分配中的份额，降低中低收入群体的纳税负担，提高低收入群体收入，壮大中等收入群体，使居民有稳定收入能消费；探索减税降费的规范化和常态化机制，突出对中小微企业、个体工商户以及特困行业的支持。另一方面，保证财政支出强度。发挥政府投资的关键牵引作用，加大对重点领域的支持力度，包括关键核心技术攻坚战、产业链供应链优化升级、乡村振兴、污染防治和生态环境保护等；适度超前开展基础设施投资，特别是新型基础设施领域，如5G、人工智能、云计算等，推动投资增长和供给侧效率提升；增加以民生和公共福利为导向的政府支出，加快建设覆盖全体人民和全生命周期的公共服务和社会保障体系，在教育、医疗、养老、住房等人民群众最关心的领域促进基本公共服务均等化，使居民没有后顾之忧敢消费。

稳健的货币政策要精准有力。在规模上，保持货币信贷总量稳定增长。保持流动性合理充裕，支持金融机构满足实体经济有效融资需求，提

升信贷总量增长的稳定性和持续性，为扩大内需提供资金保障。在结构上，推动信贷结构稳步优化。创新和运用好结构性货币政策工具，促进资金在家庭、企业和政府各部门间合理配置，满足家庭消费和购房的合理资金需求，缓解民营企业、中小企业面临的融资难题，为扩大消费和投资提供支撑。

（二）着力发展实体经济，推动金融供给侧改革

面对经济"脱实向虚"的结构性失衡问题，要着力推动实体经济发展，推进金融、房地产与实体经济的协调发展。金融是实体经济的血脉，要对金融体系进行结构性改革，把握金融服务实体经济的战略定位，重点支持新供给创造和新需求引领。

在实体经济发展上，以深化供给侧结构性改革为主线。一是实现科技高水平自立自强，推动经济由要素驱动向创新驱动转变，促进价值链攀升。发挥创新第一动力作用，强化国家战略科技力量和企业科技创新主体地位，支持专精特新企业发展，推动基础软件、核心硬件、基础原材料等关键领域核心技术攻关，解决"卡脖子"问题，推动我国在全球价值链中由低附加值环节向高附加值环节攀升，创造更多高收入就业岗位。二是适应新一轮科技革命和产业变革大趋势，壮大战略性新兴产业，发展新一代信息技术、新能源、新材料、高端装备等产业，提升产业链供应链现代化水平。三是提高供给质量。针对消费者的需求，尽快优化供给结构，提供更多高质量的产品、多样化的生活性服务和高端生产性服务，以自主可控、优质有效的供给满足和创造需求。

深化金融供给侧结构性改革，加大对供给侧结构性改革和扩大内需的支持力度。一方面，引导金融机构加大对实体经济和供给侧结构性改革的支持力度，缓解制造业融资难融资贵问题。扩大制造业中长期贷款、信用贷款的规模，推动金融、房地产和实体经济协调发展，缩小行业收入差距。另一方面，做好金融支持民生工作，挖掘国内市场潜力。引导金融机构开发多样化金融产品和服务，为居民提供更多财产性收入增长的渠道。建设完善养老保

险体系三支柱框架，鼓励金融机构积极开发多样化养老金融产品，创新发展养老地产、医养结合、智慧养老等服务模式。

（三）消除城乡二元结构，促进区域协调发展

在推进现代化建设过程中，要促进区域和城乡协调发展，这是释放巨大需求、创造巨大供给的过程。

在消除城乡二元结构上，一方面，深入实施新型城镇化战略。要推进以人为核心的新型城镇化，加快农业转移人口市民化，保障农民工群体能够享受城市户籍带来的各种福利，推进基本社会保障、养老保险、医疗教育、公共设施等基本公共服务的均等化进程，满足广大城市居民包括农业转移人口对美好生活的需要，提升基本公共服务供给能力，增加城市基本公共服务设施容量。另一方面，坚持农业农村优先发展，全面推进乡村振兴。促进共同富裕，最艰巨最繁重的任务仍然在农村，要确保不发生规模性返贫和新的致贫。完善乡村基础设施和公共服务布局，拓宽农民增收致富渠道。

在促进区域协调发展上，一是深入实施区域协调发展战略。推动西部大开发、东北全面振兴，促进中部地区崛起、东部地区现代化、革命老区民族地区发展、边疆地区建设。二是深入实施区域重大战略。推进京津冀协同发展、长江经济带发展、长三角一体化发展、黄河流域生态保护和高质量发展，推动雄安新区、成渝地区双城经济圈、粤港澳大湾区建设，支持香港、澳门更好融入国家发展大局。三是深入实施主体功能区战略。支持城市地区、农产品生产区、生态功能区根据自身功能定位推动发展。

（四）完善市场经济体制，构建全国统一大市场

完善的市场体系有利于提升资源配置的效益和效率，高效的流通体系能够在更大范围更深程度上将生产和消费联系起来。要推动形成全国统一大市场，加快健全市场体系基础制度，促进供给与需求紧密结合。

深化要素市场化改革，建设高标准市场体系。一是提升要素市场化配置

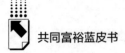

水平，营造公平就业环境，推进劳动力要素有序流动，推动公共资源按实际服务管理人口规模进行配置。二是完善市场经济基础制度，打造市场化法治化国际化营商环境。三是加强消费者权益保护，建立健全适应消费新业态新模式发展特点的新型监管机制。

破除市场分割，构建全国统一大市场。构建国内统一大市场是大国内部市场整合和优化区域分工的关键，对于释放内需潜力、推动供给侧结构性改革和促进供需高水平动态平衡具有重要意义。要推动市场基础制度规则统一，推进现代流通网络、市场信息交互渠道、交易平台等市场设施高标准联通，打造统一的土地、劳动力、资本、技术和数据等要素和资源市场，以破除地方保护和市场分割，破除妨碍生产要素市场化配置和商品服务流通的体制机制障碍，建设高效规范、公平竞争的国内统一大市场，降低全社会交易成本。

B.6
构建新发展格局是实现
共同富裕的必然要求

李　晨[*]

摘　要： 共同富裕是社会主义的本质要求，也是新阶段我国构建新发展格局的根本目标。构建新发展格局不仅能够从增强经济发展动力、提高经济发展效率、优化经济发展结构三个方面推动生产力发展，还能促进缩小区域差距、城乡差距、收入差距等。当前，在构建新发展格局的过程中还有供给与需求结构性失衡、科技创新水平有待提高、产业链供应链韧性不足、要素高效流动存在障碍等问题。为了更好地应对挑战、把握机遇，以新发展格局引领高质量发展，从而推动实现共同富裕，必须更好统筹扩大内需和深化供给侧结构性改革、深入实施创新驱动发展战略、加快建设现代化产业体系、全面推进区域协调发展。

关键词： 新发展格局　共同富裕　高质量发展　供需平衡

实现共同富裕，是中华民族千百年来孜孜以求的美好梦想，是中国共产党矢志不渝的奋斗目标，更是中国特色社会主义的本质要求。党的十九届五中全会将"人民生活更加美好，人的全面发展、全体人民共同富裕取得更为明显的实质性进展"[①] 作为到 2035 年基本实现社会主义现代化远景目标

---

[*] 李晨，中共中央党校（国家行政学院）经济学教研部讲师，经济学博士，主要研究方向为区域协调发展。

[①] 《十九大以来重要文献选编》（中），中央文献出版社，2021，第 790 页。

的重要内容之一，并提出要"扎实推动共同富裕"。① 当前我国共同富裕进程面临着国内外双重压力。一方面，世界百年未有之大变局和疫情交织演进，经济全球化遭遇逆流，我国面临的国际形势日趋复杂。另一方面，我国现已迈入高质量发展阶段，解决发展的不平衡不充分问题将成为未来一段时期我国经济发展面临的主要问题。鉴于此，党的十九届六中全会指出中国特色社会主义新时代是"逐步实现全体人民共同富裕的时代"，必须"立足新发展阶段、贯彻新发展理念、构建新发展格局、推动高质量发展，全面深化改革，促进共同富裕"②。党的二十大报告进一步强调要"加快构建以国内大循环为主体、国内国际双循环相互促进的新发展格局"，"着力推动高质量发展"③。可以说，加快构建双循环新发展格局，是事关新时代中国经济发展全局的重要战略谋划，也是实现共同富裕目标的必要举措。因此，厘清新发展格局的内涵与特征，把握构建新发展格局对实现共同富裕的重大意义，明确构建新发展格局中存在的关键问题并提出实现路径具有重要的战略意义和现实作用。

一　新发展格局的内涵与特征

新发展格局是在以习近平同志为核心的党中央深刻分析国内外发展形势，准确把握新时代我国社会的主要矛盾和中心任务的基础上提出的，体现了习近平总书记长期以来对我国经济社会发展全局的战略思考和战略谋划。构建新发展格局首先需要深刻理解和把握其科学内涵和基本特征。

① 《中共中央关于制定国民经济和社会发展第十四个五年规划和二〇三五年远景目标的建议》，人民出版社，2020，第1~75页。
② 《中共中央关于党的百年奋斗重大成就和历史经验的决议》，《人民日报》2021年11月17日，第1版。
③ 习近平：《高举中国特色社会主义伟大旗帜　为全面建设社会主义现代化国家而团结奋斗——在中国共产党的第二十次全国代表大会上的报告》，人民出版社，2022，第28页。

（一）新发展格局的科学内涵

自新发展格局提出以来，习近平总书记在不同场合多次对这一概念进行深入阐述，不断丰富了新发展格局的概念内涵、基本逻辑和目标任务，为加快形成新发展格局指明方向。具体来看，新发展格局内涵的丰富和完善大体经历了初步提出和系统阐释两个时期。首先，党的十九届五中全会召开之前是党中央初步提出构建新发展格局概念的时期。2020 年 4 月，习近平总书记在中央财经委员会第七次会议上首次提出了构建以国内大循环为主体、国内国际双循环相互促进的新发展格局。① 2020 年 5 月，中央政治局常委会会议提出要"深化供给侧结构性改革，充分发挥我国超大规模市场优势和内需潜力，构建国内国际双循环相互促进的新发展格局"②。此后，习近平总书记在多个场合对此进行阐述和强调。例如，2020 年 7 月，习近平总书记在主持召开的企业家座谈会上强调要逐步形成新发展格局；③ 2020 年 8 月，习近平总书记在经济社会领域专家座谈会上强调要推动形成新发展格局；④ 2020 年 9 月，习近平总书记在中央深改委第十五次会议上强调加快形成新发展格局"是事关全局的系统性深层次变革"⑤；等等。

其次，自党的十九届五中全会起，新发展格局的内涵进入系统阐释时期，理论发展趋于清晰完善。2020 年 10 月，党的十九届五中全会提出了"十四五"规划和 2035 年远景目标的建议，将构建双循环新发展格局写进规划并独立成篇。之后，习近平总书记在党的十九届五中全会第二次全体会

---

① 习近平：《论把握新发展阶段、贯彻新发展理念、构建新发展格局》，中央文献出版社，2021，第 342~350 页。

② 《中共中央政治局常务委员会召开会议 习近平主持》，新华网，2020 年 5 月 14 日，http://www.xinhuanet.com/politics/leaders/2020-05/14/c_ 1125986000. htm。

③ 习近平：《论把握新发展阶段、贯彻新发展理念、构建新发展格局》，中央文献出版社，2021，第 356~363 页。

④ 习近平：《论把握新发展阶段、贯彻新发展理念、构建新发展格局》，中央文献出版社，2021，第 370~378 页。

⑤ 习近平：《论把握新发展阶段、贯彻新发展理念、构建新发展格局》，中央文献出版社，2021，第 379~380 页。

议上的讲话详细阐述了构建新发展格局的背景、原因、意义以及主要着力点，指出构建新发展格局是根据我国发展阶段、环境、条件变化，特别是基于我国比较优势变化，审时度势作出的重大决策，是事关全局的系统性、深层次变革，是立足当前、着眼长远的战略谋划，需以加快培育完整内需体系、加快科技自立自强、推动产业链供应链优化升级、推进农业农村现代化、提高人民生活品质、牢牢守住安全发展底线为主要着力点。① 2021 年 1 月，习近平总书记在省部级主要领导干部学习贯彻党的十九届五中全会精神专题研讨班上进一步提出了在构建新发展格局的实践中需要注意防范的八个认识误区，强调构建新发展格局的关键在于经济循环的畅通无阻，其最本质的特征是实现高水平的自立自强，指出构建新发展格局是"应对新发展阶段机遇和挑战、贯彻新发展理念的战略选择"②。2022 年 10 月，党的二十大报告进一步就"加快构建新发展格局，着力推动高质量发展"作了深入阐述，明确指出需要从"构建高水平社会主义市场经济体制""建设现代化产业体系""全面推进乡村振兴""促进区域协调发展""推进高水平对外开放"五个方面构建新发展格局。③ 可以说，新发展格局的内涵经过不断丰富和深化，当前已经形成了较为全面科学系统的理论框架，对新时代我国经济发展具有极其重要的指导意义。

（二）新发展格局的重要特征

第一，新发展格局的关键是国民经济循环畅通。新发展格局是具有全局性的国家经济发展格局，它以经济发展中各环节、各层面、各领域的互联互通为前提，通过国内国际双循环互促联动，实现整个国民经济"大循

---

① 习近平：《论把握新发展阶段、贯彻新发展理念、构建新发展格局》，中央文献出版社，2021，第 13~17 页。
② 习近平：《论把握新发展阶段、贯彻新发展理念、构建新发展格局》，中央文献出版社，2021，第 469~489 页。
③ 习近平：《高举中国特色社会主义伟大旗帜　为全面建设社会主义现代化国家而团结奋斗——在中国共产党的第二十次全国代表大会上的报告》，人民出版社，2022，第 28~33 页。

环"的畅通无阻。一方面，在纵向维度上，新发展格局是生产、分配、流通、消费各环节有机统一的整体大循环。生产是构建新发展格局的根本出发点，各类生产要素的组合只有通过在生产、分配、流通、消费各环节有机衔接，才能实现循环流转，从而促进物质财富累积，推动经济发展。以国内大循环为主体，不仅包括生产循环在国内的运行，还包括产品在国内市场上的流通，以及国内需求与供给的匹配。[①]另一方面，在横向维度上，新发展格局是区域、产业间要素流动畅通的经济大循环。新发展格局是关系国家发展全局的战略决策，发展国内大循环是要促进各个区域、各个产业之间形成分工明确、优势互补的协同发展格局，实现各类生产要素的自由流动和高效配置。

第二，新发展格局的重要支撑是科技自立自强。科技自立自强既是我国打通生产、分配、流通、消费各环节中的断点、堵点和痛点以及畅通国内大循环的关键，也是我国打破关键核心技术"卡脖子"的困境和塑造经济发展新优势、推动国内国际双循环相互促进的关键。以科技自立自强推动构建新发展格局需要不断提高我国自主创新水平、增强原始创新能力。一方面，随着改革开放以来我国经济迅猛发展，我国的科技水平与世界前沿技术的差距不断缩小，未来想要继续通过引进、消化和吸收的方式实现更前沿领域的技术突破的难度不断增加，只有不断提高自主创新能力才能实现更高水平的技术进步。另一方面，只有通过提升自主创新能力，掌握关键核心技术，才能建立起不受制于人的产业链供应链，才能更好地保障我国在参与国际大循环中的经济安全。

第三，新发展格局的战略基点是扩大内需。内需是新发展格局的坚实基础，扩大内需既是我国经济发展的内生动力，也是更好满足人民群众对美好生活向往的关键举措。一方面，我国拥有超大规模的市场优势和内需潜力，对全球优质资源要素具有强大吸引力，能够最大限度发挥经济发展的集聚效应和规模效应。另一方面，面对近年来国际经济形势的复杂深刻变化，扩大

---

① 周文、何雨晴：《新发展格局的政治经济学要义》，《齐鲁学刊》2022 年第 2 期。

内需也是我国应对国际市场萎缩的重要措施。在构建新发展格局中扭住扩大内需这一战略基点，就是要以满足国内需求作为发展的出发点和落脚点，使从生产到消费各环节更多依托国内市场，统筹推进供给侧结构性改革，不断提升供给体系对国内需求的适配性，不仅实现总量层面上的供求平衡，更形成需求牵引供给、供给创造需求的更高水平动态平衡。

第四，新发展格局的重要举措是对外开放。大国经济的重要特征，就是必须实现内部可循环，提供巨大国内市场、提高供给能力，支撑并且带动外循环。① 在当前复杂的国际经济形势下，以国内大循环为主体，充分激发内需潜力，有利于我国牢牢把握发展的主动权。但与此同时，也要坚持对外开放，因为构建新发展格局绝不是搞自给自足的封闭循环，而是要形成开放的国内国际双循环。在经济全球化背景下，各国经济发展都不可能脱离世界封闭运行，国际经济大循环必然会与各国的经济循环相互依存。我国更是早已深度融入经济全球化和国际分工格局，国内经济发展无法脱离国际经济竞争与合作。因此，构建新发展格局就是要从畅通国民经济循环出发，通过发挥内需潜力更好联通国内国外两个市场，使国内经济循环在更高水平上融入国际经济循环，形成以国内大循环牵引国际大循环、以国际大循环促进国内大循环的开放的国内国际双循环。

二　实现共同富裕需着力构建新发展格局

新时代我国实现共同富裕需要化解的主要障碍是发展不平衡不充分的问题。对此，构建新发展格局可以通过形成更高水平的供需动态平衡推动经济高质量发展，进而促进实现全体人民共同富裕。一方面，构建新发展格局能够从增强经济发展动力、提高经济发展效率、优化经济发展结构三个方面提升社会生产力发展水平，不断做大"蛋糕"；另一方面，构建新发展格局能

---

① 刘鹤：《加快构建以国内大循环为主体、国内国际双循环相互促进的新发展格局》，《人民日报》2020年11月25日，第6版。

够促进缩小区域差距、城乡差距、收入差距等各类发展差距，实现经济均衡发展，切实分好"蛋糕"。

（一）构建新发展格局有利于推动生产力发展

作为世界最大的发展中国家，我国仍处在社会主义初级阶段，解放和发展生产力始终是我国经济发展的首要任务。构建新发展格局源于我国基本国情和经济发展实践经验，在本质上也遵循推动生产力发展这一根本要求。

1. 构建新发展格局助推经济发展动力增强

一方面，构建新发展格局能够激发创新动力。创新是引领发展的第一动力。习近平总书记指出："抓住了创新，就抓住了牵动经济社会发展全局的'牛鼻子'"[①]，"谁牵住了科技创新这个'牛鼻子'，谁走好了科技创新这步先手棋，谁就能占领先机、赢得优势"[②]。在构建新发展格局的过程中，科技创新的驱动作用不可或缺。因为新发展格局是统筹经济发展与安全的发展格局，科技自立自强是其重要特征之一，只有通过不断提高科技创新的自主性，才能不断实现更高水平的技术突破，有效解决关键核心技术"卡脖子"问题，实现高水平自立自强，赢得发展的主动权和话语权。

另一方面，构建新发展格局能够激发内需潜力。内需是中国经济增长的基本动力。构建新发展格局强调扩大内需，就是要把满足国内需求放在首要位置上，使社会再生产的各个环节更多依靠国内市场，提高供给对需求的适配性，形成更高水平的供求平衡，不断满足人民对美好生活的向往。要在构建新发展格局中适应我国消费市场巨大、消费结构升级、新型消费不断增加的情况，优化商品结构，增加优质服务供给，扩大海外优质商品进口，稳步提高居民收入水平，健全社会保障体系，不断释放国内消费需求潜力。与此同时，还要在构建新发展格局中发挥投资对优化供给结构的关键性作用，用好积极的财政政策，扩大有效投资，优化投资结构，提高投资效率，加快新

① 《习近平谈治国理政》第 2 卷，外文出版社，2017，第 201 页。
② 《习近平关于科技创新论述摘编》，中央文献出版社，2016，第 26 页。

型基础设施建设步伐，加大产业转型升级投入力度，不断释放国内投资需求潜力。

2. 构建新发展格局助推经济发展效率提升

一方面，构建新发展格局能够激发市场主体活力。市场主体是经济发展的重要微观基础，高效健康发展的市场主体是社会主义市场经济的重要基础。截至2023年1月，我国市场主体已经达到1.7亿户①，是我国经济蓬勃发展的主要参与者，为保障就业规模和质量、推动技术进步做出了重要贡献。构建新发展格局能够有效激发市场主体的活力，从而为我国整体经济实力的提升奠定坚实的物质基础。首先，畅通的国内大循环要求清理废除妨碍营造良好的营商环境的各类规章制度，以期为各类市场主体提供更公平合理的发展环境。其次，新发展格局强调全局性整体性，能够促进各类要素在各区域、各产业、各市场主体之间自由流动，优化资源配置，有利于市场主体充分利用各类资源实现更好地发展。

另一方面，构建新发展格局能够提高产业分工水平。产业分工发展能够达到的水平在一定程度上可由市场的大小决定，巨大的市场能为专业化分工的产生提供更多可能性，而专业化分工又有利于产业体系的内部发展与自我强化。② 我国是超大规模经济体，具有超大规模的市场优势，容纳了全世界最完整的产业体系。构建新发展格局能够进一步强化我国不同产业之间和产业内部各环节之间的分工与合作，提高产业分工水平，畅通产业大循环，促进产业融合、协同发展。同时，开放的新发展格局还能够助推市场经济主体深度参与全球产业分工与合作，通过国内和国际两个市场的联通循环，促进国内产业与国外产业优势互补，形成国内外产业融合发展格局。

3. 构建新发展格局助推经济发展结构优化

构建新发展格局的重点任务之一是打通国民经济各个环节的堵点、断点

---

① 《我国市场主体达1.7亿户 其中个体工商户1.14亿户约占总量三分之二》，新华网，http://www.news.cn/fortune/2023-02/14/c_1129364274.htm。

② 周文、白佶：《论新发展格局与高质量发展》，《兰州大学学报》（社会科学版）2023年第1期。

与痛点，畅通国民经济大循环。这就意味着，构建新发展格局必然要以深化供给侧结构性改革作为主要战略方向。国民经济大循环的畅通本质上就是社会生产和再生产各环节的畅通，这就要求实现社会总需求和总供给之间的高效匹配和良性互动，形成以需求牵引供给、以供给创造需求的供需动态平衡，从而提升整体经济发展效能。虽然党的十八大以来，我国产业结构调整不断取得新进展，需求结构得到持续改善，但是当前我国经济还存在供求失衡问题，主要表现为无效供给得不到消化和有效需求得不到满足，问题的重点就在于供给侧结构性失衡。因此，构建新发展格局必须以解决供给侧结构性矛盾为重要战略任务，着力破除体制机制壁垒，化解产能过剩痼疾，促进有效投资，创造有效供给，推动供需有效对接，优化经济发展结构。

（二）构建新发展格局有利于缩小各类差距

高质量发展不仅是生产力水平更高的发展，更是协调的发展、共享的发展。除推动生产力水平提升之外，构建新发展格局是实现共同富裕的必由之路还体现在其有助于缩小我国经济社会发展中存在的区域差距、城乡差距和收入差距。

1. 构建新发展格局促进缩小区域差距

区域发展不平衡不充分是当前制约我国共同富裕的重要因素。在构建新发展格局的过程中可以通过建设全国统一大市场推动区域平衡充分发展，促进缩小区域差距。构建新发展格局势必要建设高效规范、公平竞争、充分开放的全国统一大市场。建设全国统一大市场有利于促进劳动力、资金、技术等生产要素和商品在更大的范围内畅通流动，提高经济的资源配置效率，提升市场潜能，优化产业体系和产业需求，增强经济发展韧性，为新发展格局的构建提供强有力的支撑。

新发展格局以国内大循环为主体是针对全国而言的，这意味着要将整个国家作为经济循环的空间载体，各地不能只顾本地区发展，搞区域内部的小循环。这就要求在建设全国统一大市场的实践过程中要防范各自为政、画地为牢的认识误区，各地区不能只考虑建设本区域、只搞自己的小循环，也不能以内循环的名义搞地区封锁，而是要立足自身的比较优势和特殊优势在国民经济大循环中找准自己的位置，深入实施区域协调发展战略、区域重大战略、主体功能区战略、自贸区提升战略等区域政策与战略，形成优势互补、高质量发展的区域经济布局。这在客观上有助于破除地方保护和行业垄断，打破市场分割和区域壁垒，促进各类生产要素在空间上合理有序充分流动，推动区域经济一体化发展，从而促进缩小区域差距。

2. 构建新发展格局促进缩小城乡差距

我国长期存在的城乡二元经济结构严重制约了生产力的发展，导致我国城乡发展在很长一段时间里都存在要素配置不合理、基本公共服务不均等、农村经济发展不充分、农民收入增长态势不稳固等问题。虽然党的十八大以来，以习近平同志为核心的党中央为打破城乡二元结构的制度藩篱采取了一系列重要举措，城乡二元结构已经逐步松动，但是解决我国城乡发展不平衡不充分的问题仍然是新时代我国推进共同富裕过程中面临的最为繁重、艰巨的任务。而构建"双循环"发展格局，最关键的就是要打通各类经济循环。城乡经济循环是我国经济大循环的重要组成部分，构建新发展格局必然要打通城乡间经济循环的堵点，构建城乡一体化发展的大市场。这就要求推动实现城乡融合发展，以城乡融合发展打通城乡间生产要素双向流动的通道，扩大要素的流动范围和规模，加强城乡间的产业关联，促进城市制造业和现代服务业向农业渗透，推动一二三产业融合发展，推动农产品供给与城市消费需求有效对接，提升农业产品供给对城市需求的适配性，等等。通过城乡融合发展，消除城乡对立，打通城乡经济循环，促进缩小城乡差距，进而实现共同富裕。

3. 构建新发展格局促进缩小收入差距

促进共同富裕，一方面需要不断提高社会生产力水平，另一方面也应实现财富的合理分配，这其中最重要的一个方面就是合理的收入分配。收入分配是民生之源，是实现发展成果由人民共享的最直接最重要的方式，是实现"全民共富"的关键环节。当前我国存在的收入分配格局失衡、收入差距较大等问题是新时代我国实现共同富裕的重要桎梏。新发展格局是生产、分配、流通、消费四个环节的有机结合，畅通的国内大循环意味着这四个环节之间衔接顺畅、协调统一。因此，新发展格局不仅突出生产，也重视分配的作用，解决好分配环节存在的各种问题是构建新发展格局的题中应有之义。在构建新发展格局的过程中，可以通过深化收入分配制度改革提高居民可支配收入、扩大中等收入群体、健全完善再分配机制，从而优化收入分配结构，形成合理有序的收入分配格局，缩小收入分配差距，促进共同富裕。与此同时，在不断优化收入分配结构的过程中，还会进一步激发有效需求，扩大消费、促进生产，助力构建新发展格局。最终形成在做大蛋糕的基础上分好蛋糕、通过分好蛋糕进一步做大蛋糕的良性循环，不断推进共同富裕。

三 以新发展格局促进共同富裕的现实挑战与实现路径

共同富裕不是同步同时富裕，而是有序渐进富裕。经过改革开放 40 多年的发展，我国共同富裕已经从量的积累转向质的突破的发展阶段。构建新发展格局是新发展阶段下我国立足国情世情为更好地顺应共同富裕发展阶段的历史性变化而提出的重要战略决策。以构建新发展格局推动共同富裕是一项艰巨复杂的系统性工程，当前还存在一些问题与挑战，需要在统筹中谋划全局、协调推进。

（一）构建新发展格局中面临的主要挑战

构建新发展格局需要充分发挥我国超大市场规模优势，激发经济发展的内生动力，畅通经济发展循环，推动经济高质量发展。然而，当前构建新发展格局中还面临着一些突出的问题与挑战，成为制约实现共同富裕的重要因素。

第一，供给与需求结构性失衡。供给和需求是推动市场运行的基础力量，供给和需求不平衡是市场经济发展的主要矛盾。当前我国供给侧存在无效供给、低端供给过剩而有效供给、中高端供给产能不足的问题，产品和服务的质量升级赶不上需求的升级，当前的供给体系难以适配人民群众日益增长的多样化、品质化需求。而在需求侧，我国经济发展长期存在内需不足的问题，即便目前人民的物质生活水平不断提高、消费结构不断升级，但是有购买力的需求依旧不足，难以发挥消费对经济发展的基础性作用。在这两方面因素的共同作用下，我国出现了供给过剩与需求不足并存的结构性失衡局面，导致国民经济循环出现梗阻，阻碍经济高质量发展。

第二，科技创新水平有待提高。科技创新是推动经济发展质量提升的关键。在新一轮科技革命和产业变革中，科技创新能力已经成为一个国家综合竞争力的决定性因素。21 世纪以来，虽然我国科技事业已经取得了历史性突破、发生了格局性变化，并且在一些前沿领域走在了世界前列，但是从整体上看，我国科技创新综合实力与欧美发达国家仍存在较大差距。这主要表现在我国基础科学研究薄弱，原始创新能力不强。基础研究是科技创新的基石，基础研究薄弱，就难以支撑颠覆性技术、关键核心技术的突破，难以形成重大原创性成果，难以实现我国从科技创新"追随者"向"引领者"的转变。一旦外部环境发生变化，我国在关键领域被"卡脖子"的风险就会凸显，威胁我国经济的循环畅通和安全发展。

第三，产业链供应链韧性不足。产业链供应链韧性主要指产业链供应链在受到外部冲击后能否恢复甚至达到更好状态的能力，是产业链供应链抗风险能力的直观反映。虽然我国是国际上少数几个具有完整产业体系的国家之一，但是出于自主创新能力不强、关键核心技术受制于人、产业发展融合度低等原因，我国的产业链供应链的韧性还不够强。在此背景下，当面对外部冲击和极端情况时，我国产业链供应链难以确保能够维持有效运转，也难以在关键时刻反制外部势力的封锁断供打压。

第四，要素高效流动存在障碍。构建新发展格局的关键是国民经济循环的畅通无阻，其中很重要的一个方面就是生产要素循环流转的畅通无阻。改革开放 40 多年来，我国商品市场发展迅猛，但是要素市场的建设却相对滞后，要素市场化配置范围较为有限。一方面，对于传统生产要素而言，存在土地要素管理灵活性差、劳动力要素受户籍制度影响难以充分流动、资本要素市场分割等问题。另一方面，对于新型生产要素而言，存在技术要素市场产权制度不完善、数据要素流通缺乏统一的监管机制等市场建设滞后问题。这些问题导致我国当前各类生产要素难以高效流通，制约我国经济的高质量发展。

（二）以新发展格局促进共同富裕的实现路径

构建新发展格局是我国实现共同富裕的重要前提。当前存在的问题与挑战说明我国全面建成新发展格局实现共同富裕的目标还任重道远。为加快构建新发展格局，推动实现共同富裕，未来可从推动供需更高水平动态平衡、提升科技创新水平、增强产业链供应链韧性、促进区域协调发展等方面入手，积极探索有效路径。

1. 更好统筹扩大内需和深化供给侧结构性改革

扩大内需和供给侧结构性改革都是我国为积极应对国内外发展环境变化、增强发展的主动性而提出的重要战略举措，统筹好这两者之间的关系需要把握好两个方面。一是要牢牢把握深化供给侧结构性改革这条主线。切实发挥创新是引领经济发展的第一动力的作用，抓住新一轮产业革命和科技变革的机遇，不断推动科技创新、产业创新、制度创新等各类创新，加快补短板强弱项，努力击破供给体系存在的卡点堵点，同时不断推动产业升级，提高供给体系的品质，在提升供需匹配性的同时以新供给创造新需求，不断推动经济向前发展。

二是要着力扩大国内有效需求。一方面，积极促进恢复和扩大消费。着力提高城乡居民收入水平，增强居民消费能力，让居民"能消费"。不断促进居民就业、完善社会保障体系，打消居民消费顾虑，让居民"敢消费"。顺应消费升级趋势，不断完善消费环境、创新消费场景、增加适销对路的新产品供给，提高居民的消费意愿，让居民"愿消费"。另一方面，有效释放投资潜力。不断加快5G、大数据、物联网、人工智能等新型基础设施建设，以新基建带动其他制造业和服务业的发展。与此同时，始终坚持"两个毫不动摇"，加大支持民间投资的力度，优化民营经济的发展环境，充分调动

社会投资的积极性。

2. 深入实施创新驱动发展战略

创新是一个国家兴旺发达的不竭动力。深入实施创新驱动发展战略，需要把握好以下四个方面。一是加强基础研究和原始创新。通过以国家战略需求和科技前沿为导向聚焦基础研究战略重点、以构建国家创新体系为指引建设一批高水平科研基地和科研平台、以"高精尖缺"为目标打造一支高水平科技人才队伍等举措提升基础研究水平，推动原始创新。二是提高关键核心技术创新能力。一方面，突出重点、找准定位，针对当前产业链供应链"卡脖子"问题集中力量进行科技攻关。另一方面，瞄准未来科学技术发展的前沿领域和产业变革的制高点，未雨绸缪，降低未来被"卡脖子"的风险。三是大力激发企业创新活力。企业是经济发展的重要微观主体，其具有以科技创新促进实现利润最大化的强大内在动力，在研发决策、研发经费和人员投入、打造研发组织、促进成果转化等科技创新的各个环节都起着重要的主导作用。需加快建设以企业为主体、市场为导向、产学研深度融合的科技创新体系，不断完善企业技术创新政策，切实推动企业创新。四是着力破除阻碍创新驱动发展的制度障碍。不断完善国家战略科技任务的组织实施机制，不断健全基础研究投入支持机制，不断优化科研评价制度，不断深化科技创新合作，为实施创新驱动发展战略提供有力的制度保障。

3. 加快建设现代化产业体系

现代化产业体系是现代化国家的物质技术基础，构建新发展格局需着力推动现代化产业体系建设。首先，坚持将经济发展的着力点放在实体经济上。实体经济是国家经济的立身之本，是财富创造的根本源泉。只有打牢实体经济根基，我国才能在国际竞争中赢得主动。一方面，聚焦制造业的发展，不断提高制造业的创新能力；另一方面，构建优质高效的服务业新体系，提升服务业整体效率。其次，持续培育壮大战略性新兴产业。瞄准世界产业变革前沿，谋划发展一批具有广阔前景的战略性新兴产业，同时把握其所具备的先导性和区域性特点，推动战略性新兴产业融合集群发展，引领关键领域科技创新。再次，大力促进传统产业改造升级。切实引导和支持传统优势产业，加大技术改造和设备投入力度，用新技术新业态赋能改造传统产业链供应链，努力提高产品附加值，推动传统产业向智能化、高端化、绿色化的方向迈进，不断增强传统产业的竞争力。最后，积极推进三次产业融合发展。三次产业融合发展是现代化产业体系的重要特征，能够促进不同产业间的互联互通，提高资源要素在产业间的配置效率，增强产业体系的整体竞争力。要通过促进要素自由流动、企业深度关联、产业优势互补、区域协同合作等举措推动三次产业深度融合发展。

4. 全面推进区域协调发展

区域协调发展是构建新发展格局的重要路径，其本质就是通过深化改革打破资源流动壁垒，促进劳动力、资本、技术等要素在空间上的有序流动和高效集聚，为建成新发展格局提供最基础的国土资源支撑。全面推进区域协调发展需要把握两个方面。

一是深入实施区域协调发展战略，全面落实区域重大战略，推动形成优势互补、高质量发展的区域经济布局。一方面，进一步完善区域发展总体战略体系，推动西部大开发形成新格局，推动东北振兴取得新突破，促进中部地区加快崛起，鼓励东部地区加快推进现代化。另一方面，持续深入实施区域重大战略，推动京津冀协同发展、长江经济带发展、长三角一体化发展、粤港澳大湾区、黄河流域生态保护和高质量发展等区域重大战略取得新突破。

二是全面推进乡村振兴，促进城乡融合发展。一方面，促进城乡之间要素自由流通。要加强城乡之间的基础设施建设，推进城镇基础设施向农村延伸。要破除阻碍要素在城乡之间合理自由流动的体制机制障碍，如深化户籍制度和土地制度改革，推动要素在城乡之间平等双向流动。要推动城乡产业融合发展，以产业融合促进城市产业链向农村延伸，通过产业发展促进城乡之间各类要素流动。另一方面，推动城乡基本公共服务一体化发展。在乡村振兴和新型城镇化建设的进程中，将城市优质的教育、医疗等公共服务资源引入乡村，促进城乡公共服务资源均衡配置、标准统一，不断缩小城乡基本公共服务差距。

B.7
建设现代产业体系助推共同富裕

王 松 朱慧芳*

摘 要： 中国式现代化是全体人民共同富裕的现代化，建设现代化产业
体系是实现共同富裕的重要推动力。在推进产业升级的过程
中，促进全体人民更加高质量的就业，提高收入水平，可以夯
实共同富裕的物质基础。产业结构合理化，提升低附加值产业
就业人员收入，在整体提升劳动力收入水平的基础上缩小收入
差距，逐步实现共同富裕。产业有序链接、循环高效畅通，能
够保障劳动力收入稳定可持续。通过建设现代化产业体系，以
实体经济为支撑，切实维护产业安全，发展战略性新兴产业，
推动经济高质量发展，不断提高整体收入水平，缩小收入差
距，助推共同富裕。

关键词： 现代化产业体系 产业升级 产业安全 共同富裕

立足新发展阶段，中国经济在转向高质量发展的道路上阔步前行。经济
高质量发展更加注重质的有效提升问题，要求生产、交换、分配、消费等环
节高效畅通循环，生产能够决定交换、分配和消费，主要是决定了后三个环
节的内容、方式和份额。建设现代化产业体系，着力提升生产效能和供给体
系质量，将推动高质量发展，促进合理分配，实现共同富裕。因此，建设现

---

* 王松，中共中央党校（国家行政学院）经济学教研部讲师，经济学博士，主要研究方向为产
业转型发展；朱慧芳，中共中央党校（国家行政学院）经济学教研部博士研究生，主要研究
方向为产业转型发展。

代化产业体系，不仅有助于促进经济增长、夯实共同富裕的物质基础，还能发挥分配效应，更好地使经济社会的发展成果为人民所共享。

一 建设现代化产业体系是共同富裕的必然要求

产业是经济之本、发展之基。加快建设现代化产业体系、优化资源配置、提升经济质量和核心竞争力，是推进共同富裕的题中应有之义。

加快建设现代化产业体系，才能为共同富裕奠定坚实的物质技术基础。"共同富裕"反映的是经济社会发展水平，在生产力意义上表现为产业体系的现代化水平。当前正处于提高人民生活水平、扎实推进共同富裕的历史阶段，我们要通过加快构建现代化产业体系，在改革发展中夯实共同富裕的物质技术基础，促进物的极大丰富和人的全面发展。我国的现代化产业体系以完整的工业体系为支撑。目前，我国拥有41个工业大类、207个工业中类、666个工业小类，形成了独立完整的现代工业体系，是全世界唯一拥有联合国产业分类中全部工业门类的国家。① 在此基础上，发展壮大工业规模，以完善的工业门类和不断升级的产业体系支撑我国经济持续快速发展。

根据世界银行数据（见表1），2013～2021年，我国经济年平均增速为6.6%，同期世界平均增速仅2.6%。同发展中经济体相比，我国经济增速也保持领先水平，稳居世界主要经济体前列。这也成为我国应对外部风险冲击挑战的"稳定器"和"压舱石"。2020年，面对疫情冲击，依靠完善的工业门类和高效能的制造业生产能力，我国快速实现经济增长的V形反转，全年经济增速达2.2%，也成为全球唯一实现正增长的经济体。

立足我国国情，共同富裕仍受到发展不平衡不充分的限制，要在把握平衡、综合施策中，构建优势互补的产业发展格局。通过比较优势，建设产业结构更加合理的现代化产业体系，通过创造更多、更优的就业机会，提高劳

---

① 《党的十八大以来经济社会发展成就系列报告之十三》，国家统计局网站，http：//www. stats. gov. cn/zt_ 18555/zthd/lhfw/2023/fjxsd/202302/t20230227_ 1918910. html。

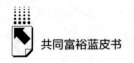
表 1　世界主要国家经济增长率

单位：%

国家	经济增长率		
	2013 年	2021 年	2013~2021 年平均增速
中国	7. 8	8. 1	6. 6
美国	1. 8	5. 7	2. 0
日本	2. 0	1. 6	0. 4
德国	0. 4	2. 9	1. 0
英国	1. 9	7. 4	1. 4
印度	6. 4	8. 9	5. 4
法国	0. 6	7. 0	0. 9
意大利	−1. 8	6. 6	0. 0
加拿大	2. 3	4. 6	1. 5
韩国	3. 2	4. 0	2. 6

资料来源：世界银行 WDI 数据库。

动者收入中工资收入比重，在提高收入水平的基础上不断缩小收入差距，进而推动共同富裕实现质的有效提升和量的合理增长，以全体人民共同富裕的现代化为中国人民谋幸福、为中华民族谋复兴。

　　加快建设现代化产业体系，才能积极应对国际竞争和把握主导权。当今世界，在逆全球化思潮影响下，贸易保护主义抬头，关税壁垒高筑，美西方国家针对我国关键技术领域的打压力度不断加大。虽然我国已经形成了独立完整的工业体系，但是产业链供应链仍是全而不精、大而不强，高端技术突破面临较大难题，"卡脖子""断供""脱钩断链"等威胁时刻存在。建设现代化产业体系，一方面加固我国的产业链条，保障实体经济稳定运行，实现经济高质量发展；另一方面，是关系未来发展和国际竞争中赢得战略主动、把握主导权的关键抓手。根据《中国研发经费报告（2022）》，中国研发经费投入达 30870 亿元，首次突破 3 万亿元大关，比上年增长 10.4%，已连续 7 年保持两位数增长。[①] 研发投入比例代表了国

---

① 《党的十八大以来经济社会发展成就系列报告之九》，国家统计局网站，http：//www.
　　stats. gov. cn/sj/sjjd/202302/t20230202_ 1896684. html。

家创新能力。相较于国际主要经济体的研发投入，我国研发投入是增速最快的，转化的经济效益明显。2022 年，我国高端技术制造业和装备制造业增加值分别增长 7.4%、5.6%，超出规模以上工业接近 3.8 个和 2 个百分点。在科学技术领域不断深耕，持续推进科技自立自强，逐步掌握关键核心技术，增强国际竞争力，把握发展主动权，为推动共同富裕提供坚实的技术支撑。

加快建设现代化产业体系，才能培育经济增长新动能，防止落入"中等收入陷阱"。纵观世界发展历史，许多发展中国家经历经济高速增长，从低收入阶段进入中等收入阶段后，经济发展陷入长期停滞，面临落入"中等收入陷阱"的危险。在这一时期，如果一国经济数十年增长缓慢，人均收入水平徘徊不前，国民收入差距甚至会不断扩大。实际上，顺利跨越"中等收入陷阱"，成功进入发达国家行列的发展中国家只是少数。世界银行的一项调查显示，1960~2008 年，全球 101 个中等收入国家和地区中，只有 13 个成功步入高收入经济体。[1]

当前，我国经济发展已经进入新常态，经济增速不再一味追求高速增长，而是追求更高质量的发展。全面建成小康社会的伟大胜利，14 亿人口彻底摆脱绝对贫困，证明社会主义能够创造出更高水平生产力。2022 年，我国人均 GDP 达到 12741 美元，连续两年保持在 1.2 万美元以上。虽然摆脱了绝对贫困，进入中等收入国家行列，但是收入差距仍然较大。在跨越"中等收入陷阱"的过程中，必须培育和释放新的经济增长动能。突破现有经济发展状态，实现动力转换，其重要途径是产业转型升级。只有通过实现技术创新和产业升级，建设现代化产业体系，提高劳动生产率水平，才能不断释放经济增长动能，提升居民收入水平。从而更多释放居民消费潜力，实现"收入—消费—供给"的良性循环，实现高水平、高质量的经济循环，推动经济发展迈上新台阶，促进经济增长，缩小收入差距，避免落入"中等收入陷阱"。

---

① 张占斌：《全面建成小康社会的制度优势与世界意义》，《前线》2020 年第 12 期。

综上所述，推动共同富裕在于不断做大"蛋糕"，实现共同富裕在于分好"蛋糕"。要在物质日益丰富的基础上，实现更加公平的分配。建设现代化产业体系，不断释放我国经济发展动能，促进物质财富积累，夯实推动共同富裕的物质基础。在建设现代化产业体系的过程中，不断实现科技自立自强，突破关键核心技术，把握国际竞争主动权。以产业升级带动技术创新，以技术创新推动产业升级，促进居民收入增长和不断缩小收入差距。从而在做大"蛋糕"的基础上，实现分好"蛋糕"。因此，加快建设现代化产业体系是共同富裕的必然要求。

二 建设现代化产业体系推进共同富裕的机制

共同富裕是社会主义的本质要求，是人民群众的共同期盼。经济社会发展的根本目的，是要实现全体人民共同富裕。建设现代化产业体系是促进物质财富积累、增加人民收入的重要支撑。现代化产业体系能够从三个方面推动实现共同富裕：从总量上提升整体收入，从结构上缩小收入差距，从健康循环上保障就业和收入稳定。

（一）产业体系升级推动收入提高

改革开放初期，我国是世界上最贫穷的国家之一。按照世界银行的指标，1978 年，我国人均 GDP 只有 156 美元，不及世界上最贫穷的撒哈拉以南非洲国家平均数 495 美元的 1/3。那时，中国 81% 的人口生活在农村，84% 的人口在一天 1.25 美元的国际贫困线之下维持生活。改革开放 40 多年来，随着我国 GDP 总量持续提升，带动人均 GDP 大幅跃升。到 2021 年，国内生产总值迈上 110 万亿元的新台阶，人均 GDP 达到 80976 元，按年平均汇率折算达 12551 美元，超过世界人均 GDP 水平。[①]

---

① 龚六堂：《缩小居民收入差距　扎实推进共同富裕》，《国家现代化建设研究》2022 年第 1 期。

产业体系优化升级是推动我国经济总量不断增长的根本动力，是促进居民收入水平提高的现实基础。[①] 从图 1 可以看出，疫情前我国三次产业对 GDP 的贡献率变化情况，三次产业对经济的拉动作用在不断地发生变化和调整。从三次产业总体来看，第一产业在波动不大的前提下比重不断下降，总体上一直维持在较低水平，符合产业体系不断优化的趋势。第二产业和第三产业发生了较大幅度的优化调整。2003～2019 年第三产业 GDP 增长贡献率从 39%稳定上升到 63.5%，同期第二产业贡献率从 57.9%下降到 32.6%。这说明我国三次产业体系正在不断优化升级。从产业内部结构看，第三产业涵盖了"信息传输、计算机服务和软件业""科学研究和技术服务业"等科技含量高并且能够促进一二产业数字化发展的产业部门。信息传输、计算机服务和软件业增加值占第三产业增加值的比重，从 2013 年的 4.9%上升至 2020 年的 6.9%。第二产业贡献率虽然在下降，但其中高端制造业产值却不断增加。2013～2018 年，高端制造业和装备制造业增加值分别年均增长 11.7%和 9.5%。制造业优化升级趋势日益显著，从传统制造业逐步迈向高端制造业，不断提高产业附加值，推动劳动者的整体收入水平提升。

在疫情期间，三次产业对整体经济的贡献作用发生逆转：第三产业贡献率从 2019 年的 63.5%下降到 2020 年的 46.3%，2021 年该指标回升到 54.9%，然而到 2022 年又下降到 41.8%。第二产业贡献率则从 2019 年的 32.6%提升到 2020 年的 43.3%，该指标 2021 年回落到 38.9%，2022 年又大幅增加到 47.7%，超过当年的三产贡献率。因此，在疫情冲击和国际经济政治形势复杂多变的大背景下，我国要加快建设现代化产业体系的步伐，发挥产业体系优化升级对经济总量和居民收入的带动作用。

（二）产业结构合理缩小收入差距

不同产业对居民就业和收入提高的推动作用是有巨大差异的。劳动密集

[①] 干春晖、郑若谷、余典范：《中国产业结构变迁对经济增长和波动的影响》，《经济研究》2011 年第 5 期。

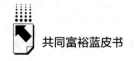
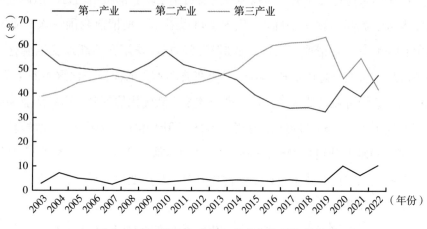

图1　2003~2022年我国三次产业的经济贡献率

资料来源：国家统计局。

产业对劳动力吸纳能力强，就业容量大，且对劳动力技术要求偏低，能够吸纳大量的文化水平、技能水平较低的劳动力。[①] 劳动密集型产业涉及行业范围非常广泛，不只是食品加工业、采掘业、制造业和餐饮、住宿等服务业，还包括金融服务、物流运输等产业。劳动密集型产业在促进就业、增加低技能劳动者收入等方面具备充分优势。资本密集型产业则能够吸纳高技能劳动者，其收入水平较高。截至2021年底，我国技能型劳动者总量超过2亿人，占就业人员的26%；高技能人才超过6000万人，占技能型劳动者的30%。但从整个经济发展需求看，技能型人才总量仍然不足，还存在结构不匹配的矛盾。

产业结构是否合理、是否适应经济发展对劳动者的需求结构至关重要。[②] 合理的产业结构能够促进劳动力资源优化配置，更多地吸纳劳动者就

① 吴万宗、刘玉博、徐琳：《产业结构变迁与收入不平等——来自中国的微观证据》，《管理世界》2018年第2期。

② 代金辉、许月：《城乡居民收入差距影响研究——基于产业结构升级与劳动力流动》，《山东工商学院学报》2023年第2期。

业，推动劳动者收入提高，有利于缩小收入差距。① 产业结构分布越是合理，越是促使劳动者能力提升，不仅保证了劳动力市场的供需平衡，也保证了劳动力就业的稳定性和自身收入的增加，进而缩小收入差距。根据国家统计局数据，我国各行业人均名义增加值逐年上升。其中，工业部门的人均名义增加值增速最快。与此同时，劳动者工资水平不断上升。

图 2 为以五年期为截面，2012 年、2017 年、2021 年三个年度的分行业城镇就业人员的平均工资情况。可以看出，"信息传输、计算机服务和软件业""金融业""科学研究、技术服务和地质勘查业"等资本和技能密集型产业就业人员的平均工资更高，而"农、林、牧、渔业""住宿和餐饮业""居民服务和其他服务业"等劳动密集型产业就业人员的平均工资水平明显

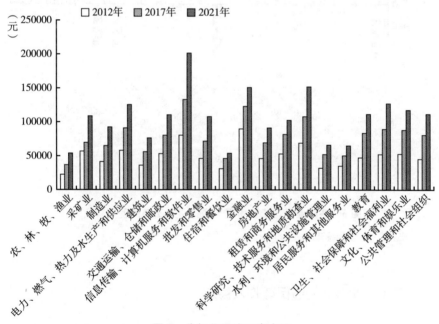

图 2　分行业平均工资水平

资料来源：国家统计局。

---

① 王勇、蒋扬天：《产业升级与共同富裕的互动机制和实现路径》，《国家现代化建设研究》2023 年第 2 期。

较低。不同行业间工资收入差距较大，偏离城镇就业人员总体工资平均水平的程度也各不相同。如图3所示，不同行业由于附加值差异，工资水平差别较大。工资高于平均水平的行业随着经济发展工资也持续走高，而低于平均水平的行业近年来工资收入水平改善并不明显。可见，产业结构性差异会带来收入差距，这需要通过产业升级，以更加合理的产业结构来缩小收入差距。

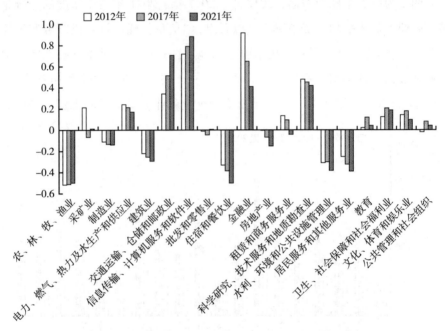

图3　各行业平均工资水平与城镇平均工资的差异程度

资料来源：国家统计局。

（三）产业循环畅通保证收入稳定

建设现代化产业体系，要实现有序链接、高效畅通的产业循环。供应链产业链循环畅通是经济系统高效运转的基础，能够保证劳动力收入持续稳定，推动实现共同富裕。

当前国际政治经济环境不稳定，要构建以国内大循环为主体、国内国际双循环相互促进的新发展格局，必然要以现代化产业体系为基础。以国内大循环为主体，首先要实现我国现代化产业体系的循环畅通。这必然要求各产业有序链接、高效畅通。以产业循环的高效畅通保证劳动力就业安全可持续、保障收入稳定。产业链环环相扣，任何一个环节阻滞，上下游企业都无法正常运转。产业体系建设和布局，应当坚持全国一盘棋，维护统一大市场，促进上下游产供销、大中小企业整体配套，切实提高供应链产业链的整体效益和水平。通过建设现代化产业体系，优化生产力布局，推动重点产业在区域间、国内外进行有序承接转移，推动产业结构优化升级，促进产业循环顺畅，上下游企业高效运转。这能够创造出稳定的就业岗位，持续地吸纳就业，保证劳动者收入稳定。

各产业的有序链接、高效畅通，不仅要以大型企业为重点，还要保护好中小微企业市场主体。大企业是产业体系的"大动脉"，中小微企业是产业体系的"毛细血管"，是保证中低收入群体就业的核心力量。近年来，我国城镇新增就业人口每年都超过 1300 万人，绝大多数是靠中小微市场主体吸纳的。中小微企业是吸纳就业的主力，在稳定增长、促进创新、增加就业、改善民生等方面发挥了重要的作用。给劳动力创造良好的就业市场环境，是保证收入稳定的根本性载体。这就要激发中小微市场主体的发展活力。稳定产业链供应链，形成大中小微企业融通发展的产业生态，离不开产业链各环节的共同努力。促进产业循环畅通，要求为中小微企业创造良好的产业生态环境。

综上所述，通过建设现代化产业体系推动实现共同富裕，主要有三条路径。一是通过产业体系升级推动收入提高。产业升级将整体促进我国经济社会长期稳定发展。宏观经济形势的稳健良好态势，能够带动居民收入保持平稳增长。二是通过产业结构合理化缩小收入差距。产业结构合理化要依据我国资源禀赋、劳动力技能水平的现实情况，统筹推进结构匹配。加快建设现代化产业体系，应当推动我国产业结构合理化发展。在这个过程中，促进产业结构匹配、劳动技能匹配，实现劳动力供需平衡。在此基础上，不断提升劳动者收入水平，缩小收入差距。三是通过有序链接、高效畅通的产业循环，保障产业发展对劳动力的吸纳能力。在产业链循环过程中，营造中小微市场主体的良好发展环境，保证中低收入群体的就业稳定，促进劳动者收入稳步提高。总的来看，三条路径是从总量、结构和循环上，提升总体收入水平，缩小不同产业间就业人员的收入差距，从而在提高收入水平的基础上保持收入稳定可持续地增长。建设现代化产业体系，可以通过这三条路径的作用机制，全方位推动实现共同富裕。

三 建设现代化产业体系的原则和方向

当前，中国正处于缩小收入差距和优化产业结构的重要窗口期[①]，亟待构建现代产业体系，推动经济体系优化升级。习近平总书记在党的二十大报告中指出："没有坚实的物质技术基础，就不可能全面建成社会主义现代化强国。"[②] 建设现代化产业体系，是推动实现共同富裕的重要抓手，要准确把握这一战略部署的原则要求。

（一）坚持以实体经济为支撑

建设现代化产业体系必须坚持以实体经济为支撑。实体经济是创造国民物质财富的基础，把着力点放在实体经济上，才能推动经济高质量发展。一方面，经济强国必定拥有实力雄厚的实体经济作为强有力的发展支撑。立足于新发展阶段，推动经济高质量发展，以现代化的产业体系助推共同富裕，必然需要以实体经济为支撑，防止脱实向虚。另一方面，以实体经济为支撑才能夯实共同富裕的物质和技术基础。在发展实体经济的过程中，加快技术领域的创新突破，拥有强有力的实体经济，才能保障我国经济增长的坚实动力，保持我国在世界经济发展格局中的竞争力，掌握我国在世界经济发展格局中的话语权。

引导资源要素向实体经济聚集发力。推动产业发展从数量扩张向质量提升转变，尤其是推动资源要素向制造业转移，大力发展先进制造业，推进高

---

① 林淑君、郭凯明、龚六堂：《产业结构调整、要素收入分配与共同富裕》，《经济研究》2022 年第 7 期。

② 习近平：《高举中国特色社会主义伟大旗帜 为全面建设社会主义现代化国家而团结奋斗——在中国共产党第二十次代表大会上的报告》，人民出版社，2022，第 28 页。

端制造，建设制造强国。制造业是产业转型升级的重要枢纽。我国自改革开放以来承接了国际制造业分工的基础加工环节，吸纳了大量的劳动力就业，是增加城乡居民收入的重要途径。

如图4所示，2013年以来，制造业、建筑业的就业人数总量有所下降，但仍然是吸纳就业人口的中流砥柱。作为制造大国，我国的制造业集中在劳动密集型产业及低端加工制造环节，对收入的提升作用具有局限性。在全面推进共同富裕的新征程上，提升居民收入迫在眉睫。建设现代化产业体系，聚焦实体经济，从制造业发力，提高就业劳动力的工资性收入，缩小收入差距，推动实现共同富裕。正确处理好政府和市场关系，加大传统制造业优化升级力度，传统制造业向先进制造业、高端制造业不断转型升级。在产业体系升级的过程中，应在稳步扩大就业需求的基础上，推动产业转型升级。产业结构性需求与劳动力供给相匹配，才能创造良好的就业环境，持续稳定提高劳动力工资收入水平。我国长期从事传统制造业及劳动密集型产业，非技能型劳动力数量庞大。随着我国九年义务教育、大学本科教育和职业培训等人力资源投资力度加大，中高端人才供给体量明显提升。在推动产业转化升级的过程中，要注重与就业需求的匹配问题。注意做好传统产业与新兴产业的有效衔接，防止过快减少非技能型和劳动密集型的制造业，有序推进产业升级和技术替代，实现劳动力供给结构与产业结构升级协调推进。

（二）把维护产业安全作为重中之重

安全是发展的保障，发展是安全的目的。安全和发展是一体之两翼、驱动之双轮，要更好统筹安全与发展。当今世界正经历百年未有之大变局，全球产业竞争格局深度调整，发展安全形势日益复杂严峻。2022年中央经济工作会议提出："产业政策要发展和安全并举，科技政策要聚焦自立自强。"① 这是党中央依据当前国际经济环境变化，结合我国产业发展实际，

---

① 《2022年中央经济工作会议侧记："为全面建设社会主义现代化国家开好局起好步"》，中国政府网，https：//www.gov.cn/xinwen/2022-12/18/content_5732562.htm。

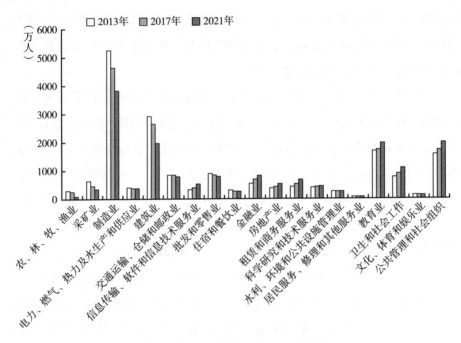

图4　各行业城镇单位就业人员数量

资料来源：国家统计局。

作出的产业发展战略重要部署。

　　维护产业安全是应对复杂的国际形势的需要。近年来，国际贸易保护、单边主义盛行，一些西方国家利用自己的先发优势，对我国进行技术封锁，企图掐断关键核心技术供应链、围堵我国科技进步，最终目的是遏制我国产业升级、阻止我国经济发展。面对美西方国家的技术封锁和贸易保护，我国产业发展要保持韧性和弹性。这就要求我们注重产业发展安全，有力抵御国际环境复杂多变所带来的不稳定因素。另外，产业安全是我国高质量发展的重要保障。当前，正是我国经济从高速增长向高质量发展转化的换挡期，要着力推动制造业高端化、智能化、绿色化发展。产业发展安全是推动产业转型升级的保障，而产业转型升级是维护产业发展安全的实力。只有夯实安全之基，产业体系优化升级才能平稳有序顺利推进。只有实现产业升级，产业发展安全才会更加有力。要统筹协调发展和安全，推动我国经济高质量发展。

维护产业安全要依靠科技支撑。当前，产业安全的薄弱点在于美西方国家的核心技术封锁。防范化解科技封锁带来的产业安全风险，关键在于突破"卡脖子"环节，掌握核心技术。科技是制造业等产业从中低端向高端产业转化的关键。要加强关键核心技术攻关和战略性资源支撑，针对"卡脖子"问题和技术短板，加强原创性、引领性研究，注重基础科学的突破性创新。基础研究的重大创新，能够带来"0"到"1"的科技突破，科技成果转化实现"1"到"100"的创新裂变和实用价值。这将从根本上激发创新活力，增强科技竞争的话语权，保障产业发展安全。突破关键核心技术，转化为产业化科技成果，才能提升产业链竞争力。要以企业为主体，引导企业注重科技研发和加大研发投入，加强企业自主创新能力。注重对高端科技人才的引进和培养，提供良好的科研环境。打造科技成果转化基地，支持企业投入基础研究，推进原始创新技术研发。着眼传统产业转型升级和未来科技竞争前沿，把握新一代数字技术革命和产业变革，以高新科技赋能产业高质量发展，抢占未来产业发展的主导权，突破西方国家的封锁垄断，维护我国产业发展安全。

（三）大力发展战略性新兴产业

战略性新兴产业代表新一轮科技革命和产业变革的方向，是培育发展新动能、获取未来竞争新优势的关键领域。战略性新兴产业是科技含量最为集中的产业，代表高端制造业、现代服务业的风向标。战略性新兴产业的企业对研发投入更大，拥有较高的劳动生产率和产业增加值。根据国家发改委数据，我国战略性新兴产业的发展规模实现了持续快速的提升。2021年我国战略性新兴产业增加值为15.3万亿元，占GDP比重为13.4%，比2014年提高5.8个百分点，高技术制造业占规模以上工业增加值比重从2012年的9.4%提高到2021年的15.1%。A股上市公司中，截至2021年底，战略性新兴产业相关的企业共有2067家，较2012年底增加1083家。其中，营收规模达到百亿元以上的企业数量在2012年只有47家，到2021年增加到216

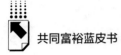
家，占战略性新兴产业上市企业总数的比重由 4.8% 提升到 10.4%，头部企业引领带动作用进一步凸显。

战略性新兴产业在产业转型升级、优化经济结构、突破核心技术等方面作用明显。加快构建现代化产业体系，推动全体人民共同富裕，迫切需要大力发展战略性新兴产业，培育壮大新的发展动能。建设现代化产业体系要求不断对传统产业进行优化升级，由低端制造迈向中高端台阶，由制造大国向制造强国转变。过去，基于人口众多的资源禀赋条件，粗放发展劳动密集型产业，释放了人口红利，取得了巨大发展成就。同时，解决了大量人口的就业问题，实现了我国居民收入增长。但由于处在产业链中低端，产品附加值低，高耗能、高污染问题严重，关键核心技术依赖国外引进，商品主要面向国际市场，造成能源、资源、技术、市场对外依存度过高，存在受制于人的发展安全问题。产业转型升级迫在眉睫，必须大力发展战略性新兴产业。发展战略性新兴产业也是我国培育国际竞争新优势的必然选择。战略性新兴产业代表未来产业发展方向，是科技创新聚焦的重点产业。建设现代化产业体系，要实现产业从低端加工制造业向高端制造的顺利转型，也要保障产业发展安全，在未来科技竞争和产业竞争中率先发力，抢得先机。发展战略性新兴产业，就是打造科技进步的摇篮，也是面对新的国际竞争形势所做出的必然选择，将引领建设现代化产业体系。

B.8
人才强国战略助推共同富裕的
内在逻辑和实践路径

李　蕾　古晨光*

摘　要： 在推动共同富裕的进程中，人才的作用愈发重要。作为国家发展的重要战略，人才的培养对于国家实现产业升级和经济高质量发展至关重要。本文通过回顾人才强国战略的发展历程，从人才规模、人才投入和人才效率三个维度分析我国人才强国战略实施情况。人才强国战略通过提供经济基础、人才保障和战略支持三层内在逻辑进而推动共同富裕进程。为了更好地实施人才强国战略，需要从构建人才培养体系、促进产业结构升级、营造科技创新环境以及完善人才和社会保障体系四个方面着手。

关键词： 人才强国　产业升级　共同富裕

随着全球竞争日益激烈，人才对于国家发展的重要性日益提升，逐渐成为国家竞争力和可持续发展的核心要素。在推动共同富裕的进程中，人才起到了至关重要的作用。共同富裕不仅是物质上的富裕，更是精神上的富裕，新时代背景下的共同富裕既需要把"蛋糕"做大，也需要把"蛋糕"做好，这一切都需要人才作为基础。实施人才强国战略是为了确保国家具备足够的人才资源来应对挑战并推动创新、发展和繁荣。这一战略的核心是培养人

* 李蕾，中共中央党校（国家行政学院）经济学教研部教授，经济学博士，主要研究方向为创新管理、战略管理；古晨光，中共中央党校（国家行政学院）经济学教研部博士研究生，主要研究方向为区域创新。

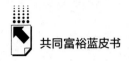
才、吸引人才和保留人才。在科技创新发展过程中科研人才是主力军，是第一战略资源，没有人才就没有创新，就没有未来。[①] 因此，实施人才强国战略不仅是国家发展的需要，也是推动共同富裕进程的关键因素。

一　人才强国战略的发展历程和发展现状

（一）人才强国战略的发展历程

人才强国战略在 2002 年首次提出，但是人才强国战略上升为国家战略层面并不是一蹴而就的，而是经历了从人才战略阶段向人才强国战略阶段的转变，其发展历程大致经历了以下四个阶段。

酝酿阶段（1978~1992 年）。党的十一届三中全会提出了改革开放的伟大决策。在改革开放初期，我国面临着经济转型和现代化建设的巨大挑战，此时以邓小平同志为核心的第二代党中央领导集体作出了"科学技术是第一生产力"的重要论断。为了适应市场经济的需要，政府开始推行人才引进政策，吸引国内外优秀人才。

确立阶段（1993~2002 年）。随着改革的深入和经济的高速增长，我国对人才的需求日益增加。为了推动科技创新和产业升级，此时以江泽民同志为核心的第三代党中央领导集体开始实施科技创新人才战略，加大对科研人才的培养和引进力度。同时，政府还加大对高等教育的投入，推动高等教育体制改革，提高人才培养质量。1995 年 5 月，中共中央、国务院发布《关于加速科技进步的决定》，明确提出要实施科教兴国战略，把科学和教育放在重要位置[②]，科教兴国上升至国家战略层面。同年 5 月 26 日在北京召开的全国科学技术大会，再次指出实施科教兴国战略的重要性和紧迫性。1996

---

① 李蕾、古晨光：《把科技创新作为经济发展第一动力——党领导科技创新工作的历史经验》，《中国领导科学》2022 年第 4 期。

② 《中共中央、国务院关于加速科学技术进步的决定》，中国科学技术部网站，https：//www.safea.gov.cn/ztzl/jqzzcx/zzcxcxzzo/zzcxcxzz/zzcxgncxzz/200512/t20051230_27321.html。

年 5 月，中国科协第五次大会的召开再次强调了人才工作在科技创新和社会发展中的关键地位。2000 年 11 月中央经济工作会议首次提出"要制定和实施人才战略。"① 2001 年出台的"十五"规划首次将实施人才战略纳入国家战略规划中。为了培养和引进大量高素质、高技能的人才，为中国的现代化建设提供坚实的人才支撑，2002 年中共中央、国务院下发《2002~2005 年全国人才队伍建设规划纲要》，首次明确提出要"实施人才强国战略"。②

快速发展阶段（2003~2012 年）。进入 21 世纪，我国经济发展进入新的阶段，对人才的需求更加多样化和复杂化，政府明确将人才作为国家发展的战略资源。这一阶段，党中央提出要加大对创新人才和创业人才的培养和引进力度，鼓励科技创新和创业创新，推动经济的转型升级。2003 年 12 月，中共中央首次召开中央人才工作会议，下发了《中共中央、国务院关于进一步加强人才工作的决定》，文件明确指出人才工作是国家的基础性、全局性工作，具有战略地位。这为人才工作在国家发展战略中的地位提供了明确的指引，再次强调了人才工作对国家发展的重要性。2007 年，人才强国战略正式被写进党的十七大报告中。2010 年 5 月，全国人才工作会议明确提出，人才是第一资源，人才优先发展是国家战略。这一定位明确了人才在国家发展中的重要地位和作用，为中国人才发展提供了强大的政策支持和战略引领。2010 年，发布了《国家中长期科技人才发展规划（2010~2020 年）》，规划明确指出，当前和今后一段时期，我国人才发展的指导方针是：服务发展、人才优先、以用为本、创新机制、高端引领、整体开发。③ 中长期人才规划的提出，为当前和今后的人才工作奠定了基调。

新时代阶段（党的十八大以来）。党的十八大以来，以习近平同志为核心的党中央高度重视人才工作，陆续发布了一系列文件，召开了相关会议，

---

① 《十五大以来重要文献选编》（中），人民出版社，2001，第 1473 页。
② 《2002~2005 年全国人才队伍建设规划纲要》，中国科学技术部网站，https://www.most.gov.cn/ztzl/qgkjgzhy/2007/2007kjrc/2007kjrczc/200701/t20070126_40009.html。
③ 《国家中长期科技人才发展规划（2010~2020 年）》，科学技术文献出版社，2011，第 6 页。

以加强人才工作、促进人才队伍建设。2013 年 11 月发布的《中共中央关于全面深化改革若干重大问题的决定》明确指出，建立集聚人才体制机制，择天下英才而用之。这是加快确立人才优先发展战略布局、推动我国由人才大国迈向人才强国的体制保证，有利于为全面深化改革提供有力的人才支撑。① 2015 年，中共中央发布《关于进一步加强党管人才工作的意见》，指出要"紧紧围绕党和国家工作大局，创新党管人才领导体制机制，改进党管人才方式方法，不断提高人才工作科学化水平，为更好地实施人才强国战略提供坚强的政治和组织保证"②。2016 年中共中央印发了《关于深化人才发展体制机制改革的意见》，该意见着眼于破除束缚人才发展的思想观念和体制机制障碍，解放和增强人才活力，形成具有国际竞争力的人才制度优势。③ 2017 年党的十九大再次强调坚定实施科教兴国战略、人才强国战略、创新驱动发展战略。2018 年中共中央、国务院印发了《关于分类推进人才评价机制改革的指导意见》，明确指出"人才评价是人才发展体制机制的重要组成部分，是人才资源开发管理和使用的前提。建立科学的人才分类评价机制，对于树立正确用人导向、激励引导人才职业发展、调动人才创新创业积极性、加快建设人才强国具有重要作用"④。2020 年"十四五"规划中明确指出要"坚持创新在我国现代化建设全局中的核心地位，把科技自立自强作为国家发展的战略支撑，面向世界科技前沿、面向经济主战场、面向国家重大需求、面向人民生命健康，深入实施科教兴国战略、人才强国战略、创新驱动发展战略，完善国家创新体系，加快建设科技强国。"⑤ 2021 年 9 月，习近平总书记在中央人才工作会议上强调："要深入实施新时代人才强

---

① 《〈中共中央关于全面深化改革若干重大问题的决定〉辅导读本》，人民出版社，2013，第 342 页。
② 《关于进一步加强党管人才工作的意见》，人民出版社，2012，第 3~4 页。
③ 《中共中央印发〈关于深化人才发展体制机制改革的意见〉》，中国政府网，http://www.gov.cn/xinwen/2016-03/21/content_ 5056113.htm。
④ 《中共中央办公厅 国务院办公厅印发〈关于分类推进人才评价机制改革的指导意见〉》，中国政府网，http://www.gov.cn/zhengce/2018-02/26/content_ 5268965.htm。
⑤ 《中共中央关于制定国民经济和社会发展第十四个五年规划和二〇三五年远景目标的建议》，人民出版社，2020，第 9~10 页。

国战略，加快建设世界重要人才基地和创新高地，为 2035 年基本实现社会主义现代化提供人才支撑，为 2050 年全面建成社会主义现代化强国打好人才基础。"[1] 2022 年 4 月，中央政治局召开会议研究审议《国家"十四五"期间人才发展规划》，会议指出，编制《国家"十四五"期间人才发展规划》是党中央部署的一项重要工作，是落实中央人才工作会议精神的具体举措，也是国家"十四五"规划的一项重要专项规划。要全面加强党对人才工作的领导，牢固确立人才引领发展的战略地位，全方位培养引进用好人才。[2]

（二）中国人才发展现状

人才发展对于国家和地区的经济社会发展具有重要的推动作用，人才规模的扩大、人才投入的增加和人才效率的提高，都能够为创新、竞争力和可持续发展注入强大的动力。人才强国战略自提出以来，我国人才发展实现了快速提升。尤其是党的十八大以来，新时代背景下从人才规模、人才投入和人才效率三个层面都实现了质的飞跃。

1. 我国人才规模现状

人才规模指的是国家或地区内拥有的高素质人才的数量和质量。中国作为世界上人口最多的国家之一，拥有庞大的人力资源潜力。人才规模对于促进经济发展至关重要，大规模的人才资源可以满足不同领域的用人需求，推动产业结构优化和经济转型升级。通过培养和吸引更多的高素质人才，能够更好地满足经济发展的需求，推动技术创新、工业升级和产业链优化，提高整体经济效益和竞争力。人才规模的增长也会带动就业机会的增加，促进消费和内需的扩大，推动经济持续健康发展。

对于我国的人才规模发展，可以从高等教育人数和研发人员数量来看。

---

[1] 习近平：《深入实施新时代人才强国战略　加快建设世界重要人才中心和创新高地》，《求是》2021 年第 24 期。

[2] 《中共中央政治局召开会议　分析研究当前经济形势和经济工作　审议〈国家"十四五"期间人才发展规划〉》，共产党员网，https：//www. 12371. cn/2022/04/29/ARTI1651208988308723. shtml。

图1显示，2012年我国每十万人中受过高等教育的人数为2335人，经历了十年的快速发展，2021年已经提升至3301人，实现了41.4%的涨幅。受到过高等教育的人通常具备更广泛的知识储备、更强专业技能和创新能力，他们更具竞争力，能够适应技术进步和市场需求的变化，提高生产效率和创新能力。

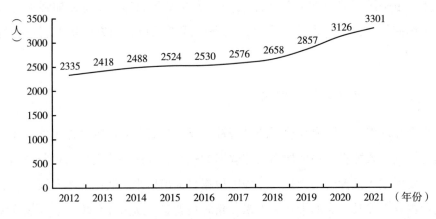

图1　2012~2021年我国每十万人口中高等教育人数

资料来源：国家统计局。

根据图2可知，我国研发人员数量从2012年的4617120人大幅提升至2021年的8580860人，涨幅达到了85.8%。研发人员是技术创新的关键推动者，他们通过研究和实验，为社会带来新的技术、产品和解决方案。随着研发人员总量的增加，创新活动也会增加，极大地推动了技术进步和经济增长，提高了产品质量和生产效率。

2.我国人才投入现状

人才投入是指政府、企业和社会各方面对人才培养和发展的资源投入。我国高度重视人才投入，通过加大教育投资、建设高水平科研机构、设立人才培养计划等方式，为培养和吸引高素质人才提供了坚实的基础和条件。通过加大人才投入，也可以提供更好的教育资源、科研设施和创新环境，为人才的成长提供有力支持。

图 2　2012~2021 年我国研发人员数

资料来源：《中国科技统计年鉴》。

对于我国的人才投入，可以从研发经费支出和教育经费支出两个方面来看。根据图 3，我国的研发经费支出从 2012 年的 10298.4 亿元大幅提升至 2021 年的 27956.3 亿元，涨幅达到了 171.5%。研发经费支出是推动科技创新和技术进步的关键，研发经费支出一方面可以帮助企业和机构进行技术研究和开发，推动知识产权的创造和保护，鼓励创新者进行更多的技术创新和商业化转化，形成更多的知识产权和创新成果，为国家创造更多的经济价值。另一方面还可以促进技术与产业的融合，推动新产品和新技术的研发和应用，通过支持产业研发，培育新兴产业和高技术产业，提高产业的附加值和竞争力。这将促进经济结构的优化和产业的可持续发展。

图 4 显示，我国的教育经费支出从 2012 年的 28655.3 亿元提升至 2021 年的 57873.7 亿元，10 年来涨幅达到了 102.1%。教育经费投入也是培养高素质人才的重要手段之一，通过增加教育经费投入，可以提供更好的教育资源和条件，提高教育质量，扩大覆盖面。无论是通过改善学校设施、教育器材的建设，还是从提高教师的待遇和加强培训，推动教育内容和教学方法的创新等方面来看，教育经费的充分投入可以确保广大学生接受优质的教育，

图 3　2012~2021 年我国研发经费支出

资料来源：《中国科技统计年鉴》。

培养他们的综合素质和创新能力。这将为国家提供丰富的人才储备，推动人才强国战略的实施。

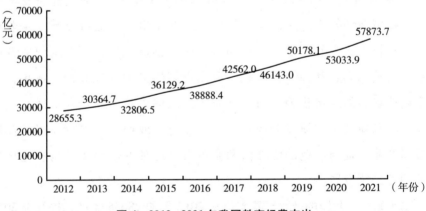

图 4　2012~2021 年我国教育经费支出

资料来源：国家统计局。

3. 我国人才效率现状

人才效率直接关系到国家或地区的创新能力和经济发展水平。优秀的人才产出意味着更多的创新成果、科技突破和高质量的产品和服务，这些创新成果和科技突破可以推动科学技术进步，提高产业竞争力，促进经济增长和可持续发展。

对于人才效率的衡量可以从专利申请授权数和技术市场成交额两个方面来看，根据图5的数据，我国的专利申请授权数从2012年的1255138项大幅提升至2021年的4601457项，10年来授权量大约翻了4倍，专利授权量的增加反映了一个国家知识产权的价值和影响力，拥有大量的专利授权可以提升国家在全球知识产权体系中的地位和话语权。这将吸引更多的国际合作和技术引进，促进国家的科技创新和技术交流。

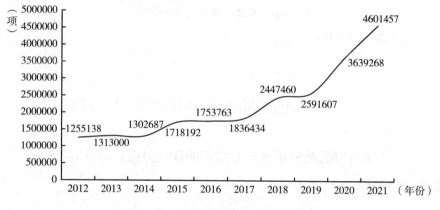

图5　2012~2021年我国专利申请授权数

资料来源：国家统计局。

图6的数据显示，我国的技术市场成交额从2012年的6437.1亿元大幅提升至2021年的37294.3亿元。技术市场成交额的增加一方面可以反映一个国家将科技创新转化为实际应用的能力，一个国家拥有强大的技术转化能力可以将科研成果快速应用于生产和市场，加快产业升级和创新发展。另一方面还可以带来更多的创业和就业机会，技术转化过程中涉及企业的创立和发展，这将促进创新创业活动，吸纳更多人才，为经济增长和社会发展提供动力。

图 6　2012~2021 年我国技术市场成交额

资料来源：国家统计局。

二　人才强国战略和共同富裕的内在逻辑

（一）人才强国战略促进产业结构的优化升级，为共同富裕提供坚实的经济基础

人才强国战略作为一个以培养和吸引高素质人才为核心的战略，旨在推动国家的产业结构优化升级，为实现共同富裕提供坚实的经济基础。第一，从人才培养和产业结构的关系方面来看，人才是推动产业结构优化升级的核心要素。人才强国战略十分注重培养创新型人才和高技能人才，提高人才的创新能力和专业素质。可以通过加强基础教育、高等教育和职业教育的改革，提高人才培养的质量和水平。此外，人才强国战略注重加强科研机构和高等院校的科研能力建设，从而提升科技创新水平，推动科技成果转化为实际生产力。物质上的富裕是实现共同富裕的必要保障，产业结构的优化升级所带来的高附加值大幅度提升了经济发展水平，而基础教育和职业化教育可以为产业结构的优化升级提供源源不断的高素质人才支持。第二，从创新创业和产业结构的关系方面来看，人才强国战略鼓励创业创新，从而促进产业

转型升级。人才强国战略通过建立创新创业生态系统，提供优惠政策和支持措施，吸引和激励创新创业人才，这将推动新兴产业的发展，培育战略性新兴产业和高端制造业，逐步优化和升级传统产业。高素质人才的创新能力和创业精神将推动技术进步和产业结构的升级，为实现共同富裕提供经济基础。第三，从区域协同发展和产业结构的关系方面来看，人才强国战略倡导区域协同发展和产业进行布局优化。通过促进不同地区之间的协作和合作，优化资源配置和产业布局，推动全国范围内的均衡发展。产业的优化布局需要战略性引进和集聚人才，以此提升区域创新能力和产业发展水平。这将促进产业的集群化发展，形成产业链、价值链的完整闭环，实现产业结构的优化和升级。同时，区域协同发展也可以提供更多的就业机会，提高人民群众的收入水平，为共同富裕打下坚实的经济基础。

（二）人才强国战略促进人才资源的合理配置，为共同富裕提供充足的人才保障

创新是引领发展的第一动力，而人才是创新的主要驱动力。人才强国战略旨在促进人才资源的合理配置，减少人才流失和人才浪费，促进各个行业和地区的均衡发展，并为实现共同富裕提供充足的人才保障。首先，从人才的培养与选拔层面来说，人才强国战略注重培养和选拔各领域的高素质人才，通过加强教育体制改革、推动创新创业教育，培养出更多具备专业知识和实践能力的人才。同时，人才强国战略旨在建立公平、公正的选拔机制，使得人才能够根据自身实力和潜力得到合理的机会。这样做有助于优化人才的配置，使得各行各业都能拥有充足的高素质人才，推动全社会的共同富裕。其次，从人才的流动与分配层面来说，人才强国战略鼓励人才的流动和分配，以更好地满足不同地区和行业的发展需求。通过建立开放的人才市场，减少行政限制和地域壁垒，吸引优秀人才流动到发展潜力更大的地区和行业。同时，加强人才自由流动的支持机制，提供良好的职业发展环境和公平的待遇，使得人才能够在各个领域充分发挥自己的才能。这样的流动和分配机制有助于优化人才的配置，使得各地区和行业都能够享有充足的人才支

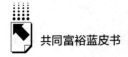
持，为共同富裕提供人才保障。最后，从创新与创业的层面来说，人才强国战略积极推动创新与创业，为人才提供良好的创新创业环境和支持政策。通过加大科技研发投入、建立知识产权保护机制，吸引和鼓励人才从事创新活动。同时，提供创业培训、风险投资和创业孵化等支持措施，帮助人才实现创新成果的商业化。这样的创新与创业支持能够吸引更多人才从事创新创业活动，为社会经济发展提供源源不断的动力，从而为共同富裕提供充足的人才支持。人才强国战略通过人才培养与选拔、人才流动与分配，以及创新与创业支持等方面的举措，有效促进了人才资源的合理配置。这不仅提供了充足的人才保障，也为实现共同富裕提供了坚实的人才基础，推动了社会的持续发展和进步。

（三）人才强国战略促进机会均等和社会公平，为共同富裕提供充足的战略支持

人才强国战略十分注重公平机会的提供，通过改革人才选拔和晋升机制，提供公平竞争的环境，激发社会创新活力，使更多的人才有机会实现自身潜力和发展。第一，从教育公平和人才选拔机制层面来看，人才强国战略致力于推动教育公平，为所有人提供平等的教育机会。通过改革教育体制，建立和完善公平的教育评估和选拔机制，努力消除教育资源的地区和社会差异。这意味着要为贫困地区和农村地区提供优质教育资源，确保每个人都能获得受教育的权利和机会。此外，人才强国战略还注重培养多样化的人才，包括理工科、人文社科、艺术等领域，以满足不同人才需求和促进社会多元发展。第二，从职业发展和社会保障层面来看，人才强国战略关注劳动者的职业发展和社会保障，以提供更好的工作条件和保障措施，确保他们能够分享经济发展的成果。其中包括通过改善劳动法律法规，保障劳动者权益；提供培训和技能提升机会，提高劳动者的就业竞争力；建立完善的社会保障体系，包括养老保险、医疗保险、失业保险等，从而保障劳动者的基本生活和福利。这些举措有助于消除贫困和社会不公，为每个人提供平等的机会和基本的生活保障，推动共同富裕的实现。第三，从创新创业和企业环境层面来

看，人才强国战略致力于创新创业的推动，为人才提供充分的创业机会和良好的创新环境。政府通过出台支持创新创业的政策，包括提供创业基金、科技孵化器、知识产权保护等方面的支持，为人才创业提供必要的资源和保障。此外，政府还积极改善营商环境，简化行政审批程序，降低创业成本，鼓励人才从事创新性和高附加值的工作。这些举措都有助于激发创新活力，促进经济发展和就业增长，为共同富裕提供更多的机会和支持。人才强国战略通过教育公平、职业发展和社会保障、创新创业和企业环境等方面的推动，为共同富裕提供了充足的战略支持。这些举措有助于实现机会均等和社会公平，为每个人提供发展的机会和保障，推动全体人民共享经济发展成果，实现共同富裕的目标。

三 以人才强国战略助推共同富裕的实践路径

（一）以构建人才培养体系推动共同富裕进程

在推动共同富裕的进程中，构建独立自主的人才培养体系是至关重要的策略之一，人才培养体系的构建需要从以下几个发力点入手。第一，要提高教育质量、完善人才培养体系。加强人才培养的第一步是提高教育质量和完善人才培养体系。这包括教育内容和教学方法，强化实践能力培养，提高教师素质和教育资源配置。通过加大教育投入、优化课程设置、培养创新思维和实践能力等措施，培养具备全面素质和创新能力的人才。第二，要注重培养适应经济社会发展需要的技能人才，提供多样化的职业教育和技能培训，以满足产业升级和创新发展的需求。第三，要加强人才引进和留住政策。为了弥补国内人才供给的不足，加强人才引进成为重要途径之一。这包括吸引海外高层次人才和留学人才回国，可通过提供良好的工作和生活环境、创业支持和优厚的待遇等方法。同时，要加大对优秀人才的引进和引领，通过人才引进项目和计划，吸引国内外顶尖人才来华工作和创业。此外，还要加强人才留住政策，为其提供良好的职业发展和晋升机会，激励人才留在国内为国家的发展做出贡献。第四，要促进技术创新和产学研的融合发展。通过建立产学研合作机制、加强产业与高校、科研机构的合作，实现人才培养和技术创新的有机结合。这有助于加快科技成果转化和应用，推动创新型人才的培养和产业发展的协同推进。同时，要鼓励和支持企业开展自主创新和研发，提供良好的创新创业环境和政策支持，吸引更多人才投身建立多层次、多领域的人才培养体系。第五，要建立多层次、多领域的人才培养体系，以满足不同层次和领域的人才需求。这其中包括继续推进高等教育改革，培养高级专业人才和创新型人才；加强职业教育和技能培训，培养技术工人和实用型人才；注重农村教育和乡村人才培养，促进农村地区的发展；加强基础教育和素质教育，培养全面发展的优秀青少年人才。通过建立全方位、多层次的人才培养体系，确保人才能够在各个领域和层次得到充分培养和发展的机会，进一步推动共同富裕的实现。

（二）以促进产业结构升级推动共同富裕的进程

实现共同富裕首先是物质上的富裕，而产业结构的优化升级是高质量发展下物质富裕实现的关键。因此，推动产业结构的科技化和创新化就成为题中应有之义。第一，要加强对科技创新产业的科研投入和基础研究。加强科研投入和基础研究是推动科技创新和产业结构升级的基础，因此政府应加大科研经费的投入，支持高水平科研机构和科研项目的开展。同时也要鼓励企业增加研发投入，加强与高校、科研机构的合作，通过加强基础研究和开发，掌握核心技术和前沿科学知识，为产业创新提供有力支撑。第二，要充分发挥创新要素的集聚效应、规模效应和溢出效应。政府可以通过建设科技创新园区和产业集聚区，吸引企业和创新人才聚集，形成创新生态系统和创新链条，从而推动不同产业和地区之间的优势互补与合作创新，推动产业和区域之间的协同发展。此外，政府还可以提供相应的政策支持和公共服务，打造良好的创新创业环境，推动科技创新和产业升级的跨区域合作，加快共同富裕的进程。同时，政府要支持战略性新兴产业的发展，并加大对传统产业的转型升级支持力度，并且鼓励企业进行技术创新和管理创新，提升竞争力和附加值，促进产业链条的延伸和完善。第三，要加强产学研合作体系。加强产学研合作是推动科技创新和产业结构升级的重要途径。政府应加大对产学研合作的支持和投入，建立产学研合作机制，加强科研机构和高校与企业的合作。通过合作研发、技术转移和人才共享，促进科技成果的快速转化和产业化。同时，加强人才培养，培养具备创新能力和实践能力的高素质人才。加强产学研合作和人才培养，有助于将科技创新成果迅速应用于产业实践，推动产业结构升级和经济增长。第四，要加强科技创新和技术转移。技术的转移和转化是将科技成果应用于实际生产和市场的重要环节。一方面，可以加强技术转移机构的建设，提供专业的技术转移服务，帮助科研机构和企业之间进行技术交流、合作和转移。另一方面，还可以推动建立技术创新和转移转化的平台，促进技术需求方和供应方的对接，推动科技成果的转化和应用。此外，政府还可以通过财政补贴、税收优惠等措施，激励企业对技术创新和转移转化进行投资，提高和扩大技术转化的效率和规模。

（三）以营造科技创新环境推动共同富裕的进程

人才强国战略的顺利实施意味着科技创新人才的集聚，这就需要一个良好的科技创新环境，从而为推动共同富裕进程提供充足的人才保障。第一，要加强对知识产权的保护。为了加强科技创新发展和人才创新环境，保护知识产权是非常重要的。政府应加强知识产权法律法规的制定和执行，加大对知识产权的保护力度。其中包括加强知识产权的登记和监管机制，打击知识产权侵权行为，提供知识产权纠纷解决机制，为科技创新者提供合法权益的保护。同时，政府可以建立知识产权宣传和培训机制，提高企业和个人对知识产权的认识和重视程度，鼓励科技创新者申请专利、商标和版权等知识产权，促进科技成果转化和商业化。第二，要加大对科技创新的政策和资金支持的力度。政府应制定创新政策和投资计划，为科技创新提供有力支持。一方面，政府可以增加研发经费投入、提升研发资金使用效率、设立创新基金和风险投资基金，鼓励企业加大研发投入。另一方面，政府还可以通过税收激励措施，如研发税收优惠和创新型企业所得税减免，促进企业加大创新投入。此外，政府还应加强对科技创新的监测和评估，及时调整政策和投资方向，从而确保为科技创新营造一个良好的政策环境。第三，要加强开放合作和交流。这对于推动科技创新发展和人才创新环境至关重要。政府应积极推动国内和国际的科技合作项目，与其他国家和地区共享科技创新成果和资源，可以通过合作研究项目、科技交流和人才培训计划等方式推动合作与交流。此外，政府还可以鼓励国内企业和机构参与国际科技竞争和合作，吸引外国高层次人才和优秀科研团队来华创新创业，从而促进国内科技创新水平和能力的提升。

（四）以完善人才和社会保障体系推动共同富裕的进程

人才是第一资源，推动共同富裕进程需要强大的人才支持，而人才和社会保障体系则是重中之重。首先，要建立健全人才评价和激励机制。建立科学、公正的人才评价机制，包括绩效评估、职称评定等，确保人才的价值被充分认可。通过建立差异化的薪酬制度和职业发展通道，激发人才的创造力和积极性。同时，加强人才培养和职业发展指导，为人才提供广阔的发展空间和机会。其次，要加强人才流动和就业保障，为人才提供更广泛的就业机会和流动渠道，打破地域和行业的壁垒。通过开展人才引进、人才流动和人才交流计划，吸引和留住优秀人才。同时，加强职业培训和再就业服务，帮助失业人员重新就业，建立健全就业保障制度，提供失业保险、职业培训补贴等福利，保障人才的就业权益。再次，要提高收入分配的公平性。一方面，政府应加大收入分配的调节力度，通过税收政策和财政支出的调控，推动收入的合理分配，加大对低收入群体和劳动者的保护力度，提高基本工资水平和最低工资标准，防止收入差距过大。同时，鼓励和支持创新创业，提高创造性工作和知识经济的收入水平，实现收入分配的公平和合理。另一方面，加强贫困地区和弱势群体的人才保障。对于贫困地区和弱势群体的人才保障问题，应该采取针对性的政策和措施。同时，要加强教育资源的均衡配置，提供优质的教育机会，为贫困地区和弱势群体的人才培养提供支持。最后，要提升社会保险和福利的可持续性。提升社会保险和福利的可持续性是确保人才保障和社会保障体系有效运行的关键。因此政府应加强财政支持，确保人才保障和社会保险基金的可持续性和充足性。同时，推进社会保险制度的改革和完善，提高保险制度的适应性和灵活性，确保社会保障制度与经济发展相适应。此外，加强与企业和社会组织的合作，共同承担人才保障和社会保障责任，形成多方共同参与的机制，为完善人才保障体系提供支持。

B.9
全面推进乡村振兴助推共同富裕

陈心宇　张　杨*

摘　要： 全面推进乡村振兴，实现农村共同富裕，是中国特色社会主义本质的规定。建设农业强国与推动农业农村现代化相辅相成、相互支撑，有利于推动农村发展、增加农民收入、实现农民生产生活富裕。乡村振兴既要带动中国2亿多小农户产业兴旺，又要促进农业经营体系与经营方式转型升级，实现共同富裕的目标。应完善农村基本经营制度，提升农业生产社会化服务水平，培育多元化的农业生产社会化服务主体，提高农业比较收益，让广大农民享受到农业现代化的成果。全面推进乡村振兴，集中力量把返乡创业人员与农村能人作为重要抓手，集中资源把农业产业链做长做强做大，制定务实管用的支持政策，鼓励支持新型农业经营主体提高经营水平和能力，带动小农户产业链上合作经营，实现农业增收，先富带后富，共同致富。推进农业生产社会化服务促进行动，降低小农户耕种收割的机械化作业成本，增加农民收入。推进农业农村的全面振兴，实现共同富裕，就必须通过"五大振兴"来实现。

关键词： 农业现代化　乡村振兴　共同富裕

---

* 陈心宇，中共陕西省委党校（陕西行政学院）管理学教研部副教授，管理学博士，主要研究方向为乡村振兴；张杨，中共陕西省委党校（陕西行政学院）经济学教研部副教授，主要研究方向为收入分配与共同富裕。

实现共同富裕是中国共产党的初心使命和一以贯之的奋斗目标。邓小平同志指出："社会主义的本质，是解放生产力，发展生产力，消灭剥削，消除两极分化，最终达到共同富裕。"① 伴随着我国脱贫攻坚和全面建成小康社会伟大任务的完成，习近平总书记从历史和现实、理论和实践、国际和国内的结合上，深刻透彻地阐明了促进共同富裕的一系列根本性、方向性问题，提出"现在已经到了扎实推动共同富裕的历史阶段"②。2022 年，我国城乡居民收入比降低到 2.45，农民人均可支配收入第一次超过 2 万元。2023 年中央"一号文件"的重点任务之一是农民增收致富，全面实施产业振兴计划，集中有限资源把要素禀赋优势的产业链做长做强。从增收致富的角度制定人才支持政策，调动返乡入乡创业人员的积极性，吸纳大学毕业生、农村的能人等创业致富，尤其是工商企业投资乡村产业，如电商企业等。农民在家门口就业增收，拉动当地的经济发展。鼓励新型农业经营主体适度规模化经营，吸纳或带动小农户发展形成集聚效应、共同实现增收。推进农业生产社会化服务促进行动，降低小农户耕种收割的机械化作业成本，增加农民收入。习近平总书记对农村地区的共同富裕特别强调："促进共同富裕，最艰巨最繁重的任务仍然在农村。农村共同富裕工作要抓紧，但不宜像脱贫攻坚那样提出统一的量化指标。"③

一　农业强国富民，扎实推动农村共同富裕

建设农业强国，反映的是农业综合生产能力和全球竞争力，必须从我们"大国小农"的客观实际情况出发强国富农民。在实施农业农村现代化工作的过程中，既要照顾我国 2 亿多小农户的增收致富，又要兼顾市场经济背景下农业经营体系建设与农业产业转型优化升级。实现农民增收致富的路径主要有：发挥农民的积极性，创造更多的物质财富和精神财富。稳定完善农村基本经

① 《邓小平文选》第 3 卷，人民出版社，1993，第 373 页。
② 习近平：《扎实推动共同富裕》，《求是》2021 年第 20 期。
③ 《习近平谈治国理政》第 4 卷，外文出版社，2022，第 146 页。

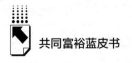

营制度，改善农业生产社会化服务方式，发展更多的农业生产社会化服务经营者，提高农业产业比较收益，让广大农民享受到农业现代化的成果。

（一）勤劳致富提升农村居民收入水平

新时期城乡居民人均可支配收入每年呈现递增趋势，城乡之间的收入差距逐渐缩小。2022 年全国居民人均可支配收入达到 36883 元，农村居民人均可支配收入达 20133 元，二者之间相差 16750 元。在城乡一体化背景下，城镇代表较高的收入。农村居民人均可支配收入中位数是 17734 元，农村内部农民之间收入差距较大，这是由于我国幅员辽阔，各地要素禀赋具有价格差异。一个特殊的群体，进城务工的农民工人均月收入为 4615 元，比大学毕业生略高。从以上数据来看，全国农村居民的收入普遍在增长，群众走在小康的大道上，他们的富裕水平在稳步提高。

（二）稳步提高农村基本公共服务满足村民需要

农村的基本公共服务是农民实现共同富裕的基石，是城乡一体化的桥梁，是农民感受社会主义公有制优越性的体现。农村公共服务不仅包含水、路、电等生产生活设施，还包括养老、医疗、教育等基本生活保障。我们要实现共同富裕，就包括农村的共同富裕，农村公共服务是提高农村收入、提高居民生活水平的重要手段。

农村道路基础设施水平不断提高。截至 2019 年，我国乡镇和建制村道路硬化率达 100%。资金源于中央与地方政府共同筹款，建立多渠道的投融资机制，优化农村地区公共基础设施建设。畅通农村道路为各种带动农村发展的"资源进乡、产业进村"活动提供了先决条件、打下了坚实的基础，有利于让农村的各种资源实现自身价值。

农村地区供水保障工程。截止到 2019 年，全国集中供水的行政村已达到 78.3%，建成省级以上水利部门在用的各类信息采集点达 43.57 万处。我国严格要求各流域管理机构加强对饮用水源地的保护与检测，改进水源工程建设与实施规模化供水工程建设。地方政府对于基础条件较好的地区持续推进城乡区域供水一体化，对于供水条件较弱地区综合采用工程措施，保障农村用水的便利与安全。

数字乡村建设成效显著。中央财政和电信企业支持了全国13万个行政村光纤建设与3.6万个卫星基站。截至"十三五"末，全国98%的行政村通宽带，农村互联网发展带动农村电商及产业发展。如山东曹县，利用社会资源建设农村末端服务网络，广开合作模式，快递服务进村入户，曹县的产品行销全国。同时，邮政的电商服务上了新台阶，推动智能信包箱，打造无人机农村投递示范区。如中国邮政在浙江安吉等地用无人机替代邮车进行报纸、信件、小包的派送；顺丰在江西赣州、四川甘孜州等地开展无人机配送服务；京东在陕西西安、江苏宿迁等地开通多条无人机配送路线。农村物流配送体系日趋成熟，农村创收致富门路增加。

农村居民老龄化的程度明显高于城镇，养老金水平较低。城镇化导致农村人口外流，农村老年人口数量高于城镇；而出于历史原因，农民养老金实际发放水平过低。国家基本养老保险这项制度较晚，不少农村老年人在此项制度建立前未曾缴纳个人养老金。2021年城乡居民基本养老保险制度统一后，农民的养老金提高到93元/月。

乡村振兴战略的实施与战略总目标达成——共同富裕的实现，必须通过农业农村现代化，即智能化机械化自动化。产业发达是农村发展的基础和农民增收的关键环节；生态宜居是提高农村生活品质的内在要求；乡风文明是激发农民振兴乡村的内生驱动力；治理有效是基层组织带领村民振兴乡村的重要保障；让农民过上好日子、生活富裕是振兴乡村的主要目的。我们要坚持走中国特色的农业现代化和农村现代化道路，根据国情乡情，实施"产业振兴、人才振兴、文化振兴、生态振兴、组织振兴"工程，推动农业产业升级与现代化转型，打造宜居宜业乡村，使农民经过培训学习成为符合产业发展需要的"新农人"。

二 乡村产业振兴，走在阳光的共富路上

实现共同富裕是人类社会的难题，但我们中国共产党将把它变成追求与

可实现的目标。习近平总书记强调，实现共同富裕要把握好"鼓励勤劳守法致富"[①] 的原则，"幸福生活都是奋斗出来的，共同富裕要靠勤劳智慧来创造"[②]。马克思、恩格斯批判资本主义无法两极分化问题时指出共产主义社会的"社会生产力的发展将如此迅速……生产将以所有的人富裕为目的"[③]，乡村产业发展的关键是要突出资源禀赋，把乡村的各种资源优势转化为产业竞争优势。习近平总书记强调要做好"土特产"文章，我们推进中国特色农业农村现代化，调动农民的积极性，做强涉农企业，增加他们的收入，必须探索适合"土地国有""小农生产"的现代农业经营体系。既坚持家庭生产模式维护"小农户"利益，又培育新型农业经营主体走合作化道路，扶持壮大涉农的龙头企业，带动农民致富。[④] 2023 年中央"一号文件"指出，乡村产业高质量发展重点在打造乡村产业特色、加快推进一二三产业融合、优化农业产业布局形成特色，创新产业链联农带农机制共同增收。种植业是农业的核心产业，而粮食种植收入较低，国家要健全种粮农民利益保障机制。粮食是国家的战略物资，保障种粮大农户、新型农业经营主体收益，形成农产品稳定安全供给渠道，维护国家粮食安全。政策制定的出发点是健全种粮农民收入增长机制，具体措施是提高各种农产品的收购价格、增加农业补贴、管制进口农产品。

推进乡村振兴要提高农业全要素生产率。通过现代数字技术，缓解农村劳动力下降、人工短缺等问题。具体措施如下：一是农业数字化转型；二是加快推进农业机械装备智能化；三是加快智慧农业技术创新；四是统筹智慧农业与数字乡村发展。通过现代工业发展理念，改造传统农业生产模式，推动农业产业现代化与美丽乡村建设同步实施，农民就地就业，在家门口就能够挣到钱。我国地域辽阔，乡村振兴要基于国情体现中国特

---

① 《习近平谈治国理政》第 3 卷，外文出版社，2020，第 36 页。
② 《习近平谈治国理政》第 4 卷，外文出版社，2022，第 142 页。
③ 《马克思恩格斯文集》第 8 卷，人民出版社，2009，第 200 页。
④ 《做好"土特产"这篇大文章》，光明网，https://feiyi.gmw.cn/2023－04/07/content_ 36482388.htm。

色，必须依靠自己的力量端牢饭碗，努力走出一条中国特色农业现代化道路，扎实推进共同富裕。

（一）乡村产业融合

推进一、二、三产业融合，打通产业链上下游，即产加销，横向上跨行业或产业链融合农业文化旅游业，创造农村产业新业态，由销售原材料转向销售制成品，由提供有形商品转向提供无形的服务。农业资源禀赋因地制宜，优势互补，加速农业产业融合发展。农业的多元化特征不仅表现在农业资源禀赋多元，也表现在农业产品产业类型多元，要通过粮食等重要农产品生产，保障农业发展、农民富裕。产业融合发展打破链式或线式发展模式，集群或区域发展模式有利于整体推进，树立激发"三农"内生动力、"三产融合"带动农村发展的典型，如陕西省的袁家村。同时，通过产业融合壮大新型农村集体经济，带动农民增收。村集体经济组织通过资源发包、物业出租、居间服务、资产参股等多种模式，实现村村组团发展、村企村社联动发展，提高收入和服务带动能力。人工智能、大数据和5G技术等智能信息技术广泛应用于农业生产，打破产业之间在产品、技术等各方面的物理界限。产业融合形成新业态，与AI结合诞生了智慧农业，与数字技术结合诞生了数字农业，与消费者或生产者结合形成共享农业，满足不同农产品爱好者发展创意农业、都市农业体验者享受休闲观光农业等需求。"三农"与文旅、教育等行业的融合，传承农耕文明。互联网技术发展，农村电商借助直播、短视频等线上媒体精准营销乡村特色优势产品，提高知名度、美誉度，助力农民增收，为农业强国建设奠定了产业和市场基础。

（二）完善农业经营体系

农业生产不仅是自然再生产，也是经济再生产，其必须是以分工为基础的社会化生产，而农村家庭为单位的农业经营方式很难适应现代社会的需要。农民既是生产资料的采购者，生产过程的工人，又是农产品的销售者，且不具有规模效益。我们的国情是大国小农，在农户经营的基础上把他们组

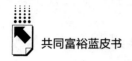

织起来，适应市场经济发展的需要，培育发展各种经营主体，如家庭农场、合作社等，形成土地承包农户兼业与新型农业经营主体的中国现代农业经营模式。改革开放之初，农村土地家庭联产承包经营，改变了生产队的分配模式，大大提高了农民的积极性和创造性，迅速缓解了我们的粮食问题，至今家庭经营依然是农业生产中的主要经营模式。完善农村基本经营制度，深入推进农村土地"三权分置"改革，积极推动农村产业符合条件的规模化集约化经营，提升农村土地利用效率，确保农民收入的增加。

（三）科技支持农业发展

科技是农业强国建设的基石和核心驱动力量，为加快建设农业强国提供坚实保障。我国农业科技创新体系、装备水平、整体实力跨入世界农业第一方阵。第一，自主研发农作物和畜产品原种。农业新品种引进与推广，提高农产品质量与数量，增加了农民和企业的收入。第二，农业机械化信息化耕作全面推开。开发与研制适应我国国情的农业机械，农作物作业综合机械化率超七成，主粮作业已达到九成左右，农业机械化智能化对粮食增产农民增收贡献率显著提高。第三，农业科技原始创新能力显著提升，突破了一批重大基础理论和方法瓶颈，如新品种培育，陕西的"瑞阳""瑞雪"等苹果新品种。

三 乡村人才振兴、共同富裕的财富创造者

习近平总书记提出："要坚持本土培养和外部引进相结合，重点加强村党组织书记和新型农业经营主体带头人培训，全面提升农民素质素养，育好用好乡土人才；要引进一批人才，有序引导大学毕业生到乡、能人回乡、农民工返乡、企业家入乡，帮助他们解决后顾之忧，让其留得下、能创业。"① 要使农民在家门口实现共同增收。

---

① 《习近平在中央农村工作会议上强调，锚定建设农业强国目标，切实抓好农业农村工作》，中国共产党新闻网，http://cpc.people.com.cn/n1/2022/1225/c64094-32593101.html。

（一）乡村振兴多元化人才缺乏

农村劳动力（人才）的缺乏，直接导致乡村振兴内生动力的缺乏。工业化信息化城镇化背景下，大量农村青壮年通过不同渠道流入一、二、三线城市工作，导致当前乡村发展劳动力不足。农村调研的结果显示，农村的老人居多，50多岁算是壮劳力。在这样的状况下，农村的劳动力不能完全支撑乡村振兴，需要引进或者回流年轻人，有经营能力的大学毕业生可以作为乡村振兴带头人。尤其是在全球农产品市场上，通过体制机制优化，有经营能力者带领农村实现一定程度的规模经营，抵御经营风险，保障农民千辛万苦付出获得收益。

（二）人才支撑乡村振兴，富裕乡村群众

人才振兴是乡村振兴使命的关键要素。2021年2月，中共中央办公厅、国务院办公厅印发了《关于加快推进乡村人才振兴的意见》（以下简称《意见》），《意见》中明确了乡村振兴人才培养的五个方向：农业生产经营人才、二三产业发展人才、乡村公共服务人才、乡村治理人才、农业农村科技人才。

人才是农业农村现代化建设的推动者、承担者、践行者。农业农村部颁布了《"十四五"农业农村人才队伍建设发展规划》重点行业规划，明确了人才发展等"三农"发展的关键领域，大力度推进补短板、强弱项。《"十四五"农业农村人才队伍建设发展规划》中提出乡村能人带动乡村发展。习近平总书记指出"功以才成，业由才广"[①]，乡村振兴工作责任重大，需要甘于奉献的"懂农业、爱农村、爱农民的'三农'工作队伍"[②]。懂经营会管理的人才是乡村振兴的基础，而返乡创业的农民工要合理引导，他们是乡村振兴提供人才的"蓄水池"。他们到城市务工，在获得工资收入的同

---

① 《习近平谈治国理政》第3卷，外文出版社，2020，第253页。
② 《习近平谈治国理政》第3卷，外文出版社，2020，第25~26页。

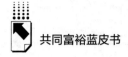
时，也受到城市思维方式的影响，学习到了相应的商业管理方法，积累了资金和创业所需的经验，可回乡就地创业就业，增加收入。

四　乡村文化振兴、传承中华文明的精神财富

共同富裕，既包括人民群众物质生活的富足，又包括精神生活丰富。我们促进共同富裕既要"富口袋"，也要"富脑袋"。习近平总书记指出："把人口高质量发展同人民高品质生活紧密结合起来，促进人的全面发展和全体人民共同富裕。"① 我们通过文化振兴，传承乡土文化，践行社会主义核心价值观，推动形成文明新风尚、建立良好家风、保留淳朴民风。乡村文化振兴，既把原生态乡土特点彰显出来，又把现代化生活元素融入进去，再现当代富裕乡村新风貌。乡村文化振兴是全方位的，包括乡风民俗、村规民约、民间信仰、民间曲艺、民间手工艺、乡土建筑等。乡村文化自信正在转型中重建，逐渐繁荣起来。乡村文化的发展呈现乡村思想文化阵地得到巩固、乡村文化产业蓬勃发展、乡村文化活动不断丰富等特点。

（一）乡村思想文化阵地得到巩固

乡村振兴需要发展地域特质的文化产业。农村发展缓慢，还保留着传统的乡土建筑与文化，朴实的村民，和谐的邻里关系，同时与农业生产相伴的农耕文化，田间休息时唱的山歌等，组合在一起，形成各个地方特有的风俗文化资源。非遗传承人展示的绝技、古村古镇特有建筑与民间故事，乡村旅游的民俗风情，宜人的自然景观，各种文化产业的要素都是致富的"金钥匙"。

树立乡村新风尚，通过制定规范村规民约、党员领导干部带头遵守等方式，移风易俗，成风化俗，营造和美乡村新气象。古人云："蓬生麻中，不

---

① 《习近平主持召开二十届中央财经委员会第一次会议强调　加快建设以实体经济为支撑的现代化产业体系　以人口高质量发展支撑中国式现代化》，新华网，http：//www.news.cn/politics/leaders/2023-05/05/c_ 1129592754.htm。

扶而直。"在良好文化的熏陶下，即使是落后分子也会在不知不觉中受到影响、发生改变。大力推进农村文化建设，倡导文明理念和现代生活方式，为乡村振兴营造良好的人文环境。在此基础上，不少地区通过举办座谈会、村里广播大喇叭等多种形式，宣讲党的方针政策，培养村民知法守法、勤劳善良、孝敬老人、文明出行、邻里互助，逐步形成和谐融洽的村民关系、绿化整洁的村容、安定有序的村貌、生态宜居的新农村，让广大农民有更多的归属感、获得感，加强了农村群众基本道德教育，营造出"风清气正"的氛围。

（二）乡村文化历久弥新，久久为功

乡村是我国农耕文明的发源地和重要载体，有乡村生产、生活方式的长期积淀。乡村文化生活是乡村共同体的基础。它不仅增强了乡村集体的凝聚力和向心力，还增强了乡村集体的认同感，让广大农民都能够参与具有乡土特色的文化娱乐活动，如利用传统节日、农闲季节开展政策宣传，进行扭秧歌、旗袍走秀、科技培训、读书交流等文娱活动。

乡村文化建设是文化振兴硬核。这个过程需要不同主体参与到乡村建设中，重塑乡村勤劳致富的劳动文化，长幼有序、尊老爱幼，促进农村农业时代的优秀文化繁荣，吸纳城市工业文化的溢出，培育社会主义乡村新文化。乡村文化是民族的、地域的、历史的区域特色文化。农村必须发挥好传承一个国家、一个民族优秀传统文化的功能。2013 年 12 月，在中央农村工作会议上，习近平总书记指出："农耕文化是我国农业的宝贵财富，是中华文化的重要组成部分，不仅不能丢，而且要不断发扬光大"[1]。2017 年在中央农村工作会议上，习近平总书记指出，走中国特色社会主义乡村振兴道路，必须"传承发展提升农耕文明，走乡村文化兴盛之路"[2]。

---

[1] 《十八大以来重要文献选编》（上），中央文献出版社，2014，第 678 页。
[2] 《十九大以来重要文献选编》（上），中央文献出版社，2019，第 150 页。

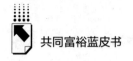

（三）文化旅游产业发展助力乡村振兴

旅游是文化的载体，文化是旅游的灵魂。乡村旅游产业的发展，为乡村振兴开发出新的致富之路，把乡村历史、风土人情、山水田园兜售给了游客。乡村旅游以农为源、以乡为头，融合乡土性、特色性、民俗性的文化元素，打造独具当地风味的菜品、于山与水的住宿、风行百年娱乐等。民俗文化与乡村旅游的有机融合，开发出新的旅游产品，丰富了人们的精神生活。乡村旅游从原生态的"吃农家饭、住农家院"，升级为参观现代农业、特色主题民宿、艺人的艺术空间、乡村房车营地、乡村博物馆、农耕生产生活体验中心等新的业态，使游客认识了解农村，体验不同的生活方式，纵情于山水，身心放松，贴近自然。同时，也有利于促进乡村的繁荣，村民就业与收入的增长、城乡互动，推动各地区均衡发展，和谐共生。乡村旅游既是乡村多年发展的成果体现，也是我们党社会建设的成就，更是乡村振兴的有效途径。

五　乡村生态振兴、人与自然和谐的共同富裕

生态是农村的底色，生态保护是乡村建设的基础。要想使农产品绿色无公害，首先必须有一个良好的无污染的生态环境，土壤、水、空气等均未有农药、化肥、重金属残留，或者在标准允许范围之内。生态振兴、宜居宜业，突出强调乡村建设融于乡村青山绿水之中。生态宜居的基本含义有两方面：一是居民生活环境既满足基本生活需要，又融入自然的生态系统；二是水电路等基础设施按照节约能源、清洁无污染、便利出行等建设。生态宜居是实施乡村振兴战略的关键环节，是提高广大农村居民生态福祉的重要基础和保障，因此在建设中需要遵循人与自然共生的发展规律。村民的生活环境建设与山水一体，以优美环境推动乡村全方位共同发展。我们提出的农业农村现代化也是人与自然和谐共生、发展与保护、传承与革新的现代化。

（一）农村人居环境持续改善

2018 年颁发的《农村人居环境整治三年行动方案》部署了 2018～2020 年三年内的农村环境整治目标。农业农村部数据显示，乡村振兴战略实施以来，我国农村厕所革命深入推进，取得有效成果。截至 2020 年底，全国农村卫生厕所普及率达 68% 以上，2018 年以来每年提高约 5 个百分点，累计改造农村户厕 4000 多万户。2020 年，我国农村污水处理工程持续推进，全国农村地区对污水进行处理的建制镇及乡数量不断增加。2023 年发布的中央"一号文件"对农村人居环境提出了新的要求，启动了农村人居环境整治提升的五年计划，涉及生活污水和生活垃圾处理等多个方面。

村容村貌的提升是农村人居环境整治的重点工作之一。2021 年全国要基本完成县级国土空间规划编制，坚持从实际出发，合理规划、全面布局、明确村庄分类。在规划编制的行动中，多地按照整村推进的要求，对农村建设的基本公共设施、工程项目进行统筹安排，尤其是挖掘乡村特色风貌，编制村庄规划要注重历史与客观条件，搞大规模的社区与高楼大厦不符合我们农业农村现代化的要求，要探索符合中国农村城镇化进程的乡村建设，要为村民的共同富裕创造条件。

农村生产生活方式转变，生产生活环境质量不断改善，城乡人居环境更加优美。因地制宜推进生产生活垃圾分类，以"百村示范、千村整治"工程为抓手，让农村人居环境净起来、靓起来、美起来。农村是重要生态屏障，是山清水秀美丽之地，人民群众幸福感获得感显著提升。

（二）落实"绿水青山就是金山银山"理念

生态建设为核心抓手，贯彻落实"绿水青山就是金山银山"的理念。农村人居环境治理的具体实践，不断迭代升级美丽乡村建设，实现了从脏乱差到美丽宜居的质变。第一阶段以"三大革命"为突破口，面对当年"垃圾靠风刮、污水靠蒸发"的村居环境，大力推进垃圾革命、污水革命、厕所革命，实现"垃圾扔进桶"、污水"变为宝"、农村公厕"有水有人管"。

第二阶段以"三大行动"为着力点，抓好村庄洁化行动、绿化行动、美化行动，实施庭院美化、杆线序化和标识配套等工作，推进乡村微改造、精提升。第三阶段以"万村景区化"为主工程，聚焦全域大美，推动村庄景区化、品牌化，实现"千村精品、万村美丽"。

树立科学系统治理的整体观念，坚持生态环境安全的底线思维。统筹推进山水林田湖草系统治理，如废水、废气、细颗粒物（PM2.5）、臭氧等大气污染物治理。加强对放射性物质、危险废物、医疗废物、重金属等的污染管控。比如，明确大宗工业固体废物资源化利用率、县乡医疗机构医疗废物集中无害化处置率达到100%，开展新污染物调查与治理。

（三）清洁能源

能源转型，充分利用乡村天高地广优势，开发利用清洁能源。在农村能源工作方面，利用国家"乡村清洁能源建设工程"项目，优化农村电网建设，提升农村电力保障水平，推进燃气进入农村生活，建设安全清洁的乡村储气罐站和微管网供气系统，以发展生物质能为基础，建设分散式新能源体系。农村能源体系的建设要以农民满意为准绳，符合农村实际需要。

六 组织振兴，强化共同富裕的领导力

党的二十大报告提出："健全共建共治共享的社会治理制度，提升社会治理效能。"[①] 构建镇（街办、乡）党委会与村党支部领导下"自治、法治、德治"的治理机制，建立符合本乡本土的治理体系与处理各种问题的方式，把社会主义发展成果让每个村民享受到，同时，镇村监管到位，约束他们的权力，保护村民财产，促进全体村民共同富裕，激发乡村创造财富的活力。

---

① 习近平：《高举中国特色社会主义伟大旗帜　为全面建设社会主义现代化国家而团结奋斗——在中国共产党第二十次全国代表大会上的报告》，人民出版社，2022，第54页。

（一）加强镇村党组织建设，健全乡村基层组织体系

乡村基层党组织的职能是带村民致富，保一方平安，保中央政策有效执行。同时也是责权利的关键枢纽，村民看到眼里记在心里，基层党组织在乡村治理体系中发挥核心引领作用。加强基层镇级党组织建设，村级党组织建设，乡村治理引入多方力量，不断完善基层组织建设机制。首先，县乡（镇）村党组织要总揽辖区全局工作、协调各方有利力量，切实发挥基层党组织带头致富的战斗堡垒作用，发挥基层党员创造财富的先锋模范作用，使其更具行动能力、组织能力与战斗能力。其次，加强农村党员干部教育管理，让其发挥治理中的骨干作用。党员在治理中作为自然人，参与治理工作，作为德治、法治、自治的带头人，带领群众营造较好的村社环境，为共同富裕创造有利的环境。最后，推进乡村基层组织治理方式创新。通过国家与社会、群众的合作共治，最终实现和美乡村，宜居宜业，快乐生活。

（二）提高村民素质，强化村民自治能力

村民自治在于乡村治理资源的整合，调动各利益相关者参加，组织宣传教育学习，完善乡规民约自治体系，提升农民群众的参与性，形成良好的自我管理氛围。村支部村委会在农村自治中起到领导核心作用，要推进村务公开，发挥各类乡村能人在乡村治理中的积极作用。针对乡村社区公共事务，在自上而下大力推动的同时，提供渠道让农民参与表达意见、决策和监督，充分尊重农民意愿，让村民感受到自己的主人翁地位。村民参与社区工作，也包括规范村民委员会等自治组织的选举、决策、议事、监督制度，村民参与制定自治章程、村规民约等基本规则制度建设。

（三）乡村依法治理，善治的基础与前提

法治是农村各种治理的依据与前提，是乡村治理体系协调有序运转的基础。现阶段，我们的乡村治理基本做到了有法可依，主要体现在以下三点。

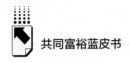
第一，提升基层政府依法行政水平。严格对相关干部进行依法行政能力培训，依托各类资源，系统学习相关理论。加强对乡村基层政府和基层干部的法律约束，让其感受行政中的法律力量、自觉维护法律尊严，依法依规行使职权、处理事务。第二，加大农村普法力度，引导农民自觉守法用法，积极营造良好的法治环境。针对农村群众的知识水平与学习能力，创新乡村法治教育工作方式，如制作微视频、线上线下开展法治专题培训等，鼓励村民旁听法院在乡村院坝调节与审判的法治实践活动，潜移默化地形成信法守法的好习惯。第三，不断完善乡村法律服务体系。组建相关的农村法律志愿者队伍，加强农村法律援助，大幅度降低农村群众用法成本，引导群众学法用法，用法律维护自身权益，解决民事商事活动中的矛盾纠纷。建全乡村基本公共法律服务体系，让法治建设为和谐邻里关系、避免恶性事件发生、乡村繁荣发展创造有利的社会环境。

（四）整合农村各种观念，建设德治乡村

德治是参与乡村社会治理的有效手段，在我国尤其注重社会伦理，道德教化总是有效的。我们的乡村是熟人社会，有一套自身的伦理道德。德治弥补法治与自治的不足，善加利用引导便可发挥其更大的价值。一方面，身体力行，把社会主义核心价值观融于工作生活，将其融入农村道德教育的全过程。乡村德治形成新的社会道德标准，把核心价值观写入村规民约，开展涵养社会主义核心价值观的实践活动，让农民用价值规范进行自我约束。另一方面，利用道德自律和舆论的激励约束，形成良好的自我约束激励机制。坚持开展道德模范、孝子、乡贤等评选活动，用群众身边的榜样带动他们奋发向上，移风易俗，良好的社会风尚蔚然成风。在乡村公共领域，如村委会广场、涝池、村卫生所、村口等村民汇集的地方，树立道德榜。在村民的口口相传中，通过典型重塑乡村伦理道德。建立道德风尚引领方式，树立社会主义核心价值观，形成正确的舆论导向，发扬好人榜样示范带动作用。善治或德治，就是用道德正义的力量感化村民，促使村民彼此和睦相处，形成见贤思齐的良好乡村氛围。在基层党组织领导

下，切实维护农村社会安全与发展。县乡两级政府要抓好基层党建，推动基层各项工作的发展，尤其是经济建设。持续推进农村一二三产业融合与特色发展，带动农民家门口就业致富。同时，加强对村干部政治素质、知识水平、管理方式等综合素质的培养，要让村干部认识到，除了自身素质的提升之外，更要贴近群众、心系群众，想群众所想、急群众所急，铭记治理为了群众、治理依靠群众，重点提拔培养政治思想觉悟高、有知识有能力的年轻干部。在村庄事务的管理方面，不断推动管理的制度化、民主化、规范化运行，建设高效透明的村级事务管理体系，提升村级事务服务水平，切实方便群众办事。

党的二十大将"实现全体人民共同富裕"作为中国式现代化的本质要求，并明确把"全体人民共同富裕取得更为明显的实质性进展"[①] 纳入2035 年我国发展总体目标。实现共同富裕的前提是把蛋糕做大，消除两极分化，建立第一、第二、第三次分配制度，保障全体人民共同富裕。我国农村通过三年脱贫攻坚，消除了贫困，取得了历史性成就，建立与完善了社保制度，维护了农民的基本权利，有力推动了农村地区共同富裕的实现。加快建设农业强国是"国之大者"，那么建设宜居宜业和美乡村，使农民富裕幸福，农村和谐秀美的"五大振兴"则是民之所盼。"五大振兴"中，人才、组织是主体，产业、文化、生态是客体，振兴主体是为了振兴客体。人才、组织振兴：不仅要提高乡村专业人才的比重，更要提高广大农民的文化科学素质；要发挥村支部村委会的领导作用，振兴集体经济组织如合作社等，发展农民需要的各种新型经济组织和社会组织，推进乡村振兴要重在发挥乡村的特有功能。乡村的价值主要体现在其具有城市不具备但是整个国家发展不可或缺的特有功能，即巩固农业基础、守护青山绿水、传承中华优秀传统文化。"我们要实现 14 亿人共同富裕，必须脚踏实地、久久为功，不是所有人都同时富裕，也不是所有地区同时达到一个富裕水准，不同人群不仅实现

---

① 习近平：《高举中国特色社会主义伟大旗帜　为全面建设社会主义现代化国家而团结奋斗——在中国共产党第二十次全国代表大会上的报告》，人民出版社，2022，第 24 页。

富裕的程度有高有低，时间上也会有先有后，不同地区富裕程度还会存在一定差异，不可能齐头并进。"① 财富都是双手辛勤劳动创造出来的，中国农民是最勤劳的人，他们用双手创造自己的未来，实现共同富裕，推动中华民族伟大复兴。

---

① 《习近平谈治国理政》第 4 卷，外文出版社，2022，第 146～147 页。

B.10
在区域协调发展中推动共同富裕

车文辉 徐慧芳*

摘 要: 实施区域协调发展战略是我国迈入新发展阶段的战略抉择,是贯彻新发展理念的必然要求,也是构建新发展格局的重要支撑。区域协调发展是实现共同富裕的内在要求与重要手段,二者都是实现中国式现代化的题中应有之义。本文厘清了当前共同富裕目标下区域协调发展的主要问题,包括区域经济内生增长动力不足、南北发展差距与城乡发展差距显著、区域开放格局有待优化,开放质量有待提升、生产要素跨区域自由流动存在障碍、区域产业结构和布局亟待优化、资源环境约束日益收紧,提出在区域协调发展中推动共同富裕的实现路径,即以创新驱动区域协调发展、加大区域协调发展的多层次统筹力度、推动区域全面绿色发展、优化区域开放布局、推动构建区域间共建共享体制机制,以期实现区域间有效分工、全方面协调发展,进而助推共同富裕。

关键词: 区域 协调发展 共同富裕

建设社会主义现代化强国、不断推进中华民族伟大复兴是中华民族的孜孜追求。党的二十大报告明确指出:"中国式现代化是全体人民共同富裕的

---

* 车文辉,中共中央党校(国家行政学院)经济学教研部教授,经济学博士,主要研究方向为区域经济、产业经济、碳达峰碳中和与全球治理创新;徐慧芳,中共中央党校(国家行政学院)经济学教研部博士研究生,主要研究方向为区域经济与产业经济。

现代化"①，既反映了社会主义的本质要求，更凸显了中国共产党以人民为中心的根本立场，既关乎经济领域，更关乎党的执政基础。因此，新时代如何推动共同富裕取得更为明显的实质性进展，就成了中国式现代化的一个重大课题。

区域是社会经济发展的空间基础，区域协调发展是实现国家战略目标、推动经济系统顺利运行的重要支撑。破解我国社会主要矛盾，即解决我国发展不平衡不充分的问题，是探索共同富裕之路的关键所在。发展不够充分、不够均衡，体现在空间上就是区域发展不协调。当前，区域间、区域内的不协调，已经阻碍了共同富裕不断向前推进。因此，促进区域协调发展，成为扎实推动共同富裕的重要手段。

一 新时代促进区域协调发展的重大意义

（一）迈入新发展阶段的战略抉择

促进区域协调发展是我国迈入新发展阶段后的战略抉择，也是实现"两个一百年"奋斗目标的重大举措。我国如期于 2021 年全面建成小康社会、实现了中国共产党成立一百年的目标后，站在了新的历史起点上，迈入了为实现新中国成立一百年的目标即全面建设社会主义现代化强国接续奋斗的新发展阶段。通过"精准扶贫"和"精准脱贫"战略的实施，我国整体消除了绝对贫困，为进一步实现全体人民共同富裕奠定了坚实的物质基础，提供了更为主动的精神力量源泉。但我国发展不平衡不充分的问题还十分突出，包括区域之间、产业之间、城乡之间、经济和社会之间、经济和生态之间不平衡等，这些不平衡与不充分对于推动共同富裕在新发展阶段取得实质性进展而言都是巨大的挑战。因此，新时代要以协调发展为重要指导原则，在区域协调发展中扎实推进共同富裕。

---

① 习近平：《高举中国特色社会主义伟大旗帜　为全面建设社会主义现代化国家而团结奋斗——在中国共产党第二十次全国代表大会上的报告》，人民出版社，2022，第 22 页。

（二）贯彻新发展理念的必然要求

促进区域协调发展、释放区域间的协调红利，是贯彻新发展理念的必然要求。发展是执政兴国的第一要务，党中央在不同时期依照不同发展要求所提出的发展理念即对实践的指导与要求。迈入新发展阶段后，如何正确处理经济发展速度、规模与质量之间的关系，不断激发各地区、各产业的发展潜力，增强经济发展内生动力与国际竞争力成为时代要求。以创新、协调、绿色、开放、共享为内涵的新发展理念由此成为我国经济由高速增长转向高质量发展的指导理念与实现手段。从宏观层面的国家总体战略来看，新时代"五位一体"总体布局、"四个全面"战略布局的提出不仅本身彰显了协调发展的重要性，也为一系列区域发展战略融通互补的顶层设计提供了科学依据，为其落地实施提供了结构严密的体系安排。因此，区域协调发展既被新发展理念的内涵所涵盖，又是新发展理念落实的载体，既是实现新发展理念的手段，又是评价发展的标准。

（三）构建新发展格局的重要支撑

促进区域协调发展，推动有效市场与有为政府跨区域协作，是构建新发展格局的重要支撑。构建新发展格局是新时代贯彻落实新发展理念的必然要求，其关键在于加快建设全国统一大市场与以实体经济为支撑的现代化产业体系。党的十九大提出将实施区域协调发展战略作为建设现代化经济体系这一目标的重要举措之一。党的二十大明确提出要"构建优势互补、高质量发展的区域经济布局和国土空间体系"[①]。区域经济于国家经济的根植性不言而喻。坚持以国内大循环为主，充分发挥市场对资源配置的决定性作用，不断提升区域间市场一体化程度，打破地方保护与行政分割，让所有生产要素自主有序地流动起来，推动形成工业体系完备、规模优势强大、分工合理

---

① 习近平：《高举中国特色社会主义伟大旗帜　为全面建设社会主义现代化国家而团结奋斗——在中国共产党第二十次全国代表大会上的报告》，人民出版社，2022，第31~32页。

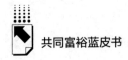

高效的现代化产业体系和产业链网络，畅通区域间生产运营体系，以科学高效的区域协作推动现代化经济体系的建设与新发展格局的构建。此外，通过区域协调发展调动国民经济各环节的积极性，推动各区域融入我国高水平、多层次的开放体系，以高质量的内生发展推动共建"一带一路"，以高水平国内大循环带动国际循环。因此，区域协调发展是建设现代化经济体系的重要抓手，进而是构建新发展格局的重要支撑。

二　在区域协调发展中推进共同富裕

（一）共同富裕与区域协调发展是实现中国式现代化的应有之义

不断推进中国式现代化进而实现中华民族伟大复兴，是中华民族的最高利益和根本利益。中国式现代化是中国共产党领导的立足于世界第一人口大国国情的现代化，不仅要实现全体人民共同富裕，还要确保物质与精神文明相协调、人与自然和谐共生，确保通过和平与发展来实现中国式现代化，这也使得坚持以人民为中心成为中国式现代化道路的根本特征。

从价值追求来看，中国式现代化追求的是全域、全体人民共同富裕的现代化，这一点是区分中国式现代化与西方资本主义国家现代化的根本所在。资本主义现代化发展的逻辑是"以资本为中心"的利益导向，中国式现代化发展的逻辑是超越资本与利益的"以人民为中心"的人民导向，而共同富裕则集中体现了中国式现代化"以人民为中心"的主线和价值追求，确保全部地区、全体人民有序实现物质与精神的共同富裕。因此，共同富裕既描述出中国式现代化最终实现的状态或结果，又阐明了实现中国式现代化的过程或路径。[1]

从内容来看，中国式现代化涉及经济、文化、思想、社会、生态等多个

---

① 高培勇、黄群慧：《共同富裕论纲》，广东人民出版社，2022，第13页。

领域，是一个层次丰富、系统完整的过程，是区域发展的新阶段。① 我国区域发展经历了低水平均衡、非协调均衡转向协调发展阶段，现在步入了要向区域之间的协调要红利的高水平协调发展阶段。促进区域高质量协调发展，才能实现全国人民基本生活保障水平大体相当、各区域基本公共服务均等化、各地基础设施通达程度相对均衡的基本目标。新时代区域协调发展目标的内容体现了我国以人民为中心的发展理念，最终目标是让各区域人民能获得可感、可知、可触的幸福。

因此，共同富裕与区域协调发展统一于中国式现代化的"以人民为中心"的价值追求之下，也是中国式现代化的题中应有之义。

（二）区域协调发展是共同富裕的内在要求

邓小平同志对社会主义本质的定义，既从生产力的角度阐明了社会主义的使命是解放和发展生产力，又从生产关系的角度阐释了社会主义要消灭剥削和消除两极分化的特质。因此，共同富裕作为社会主义的本质要求，它既关系生产力问题，又关系生产关系问题，高水平的社会生产力与共建共享的生产关系共同构成实现共同富裕的基础。解决社会主要矛盾是实现共同富裕的重要前提，而社会主要矛盾映射在区域空间中则主要表现为区域和城乡差距，映射在内容上则表现为收入差距与公共服务差距等，这两类映射叠加表现为区域间生产力发展不充分与生产关系不平衡。实现共同富裕既要着眼于发挥社会主义基本经济制度综合优势，继续解放和发展生产力，解决当前发展不充分的问题，实现"富裕"，也要着眼于能够体现社会主义先进生产关系、切好分好社会财富"蛋糕"的基础性制度安排，消除两极分化，解决当前发展不平衡的问题，实现发展成果"共同"享受。但共同富裕是有差别的非均等富裕，是有先后顺序的非同步富裕，要通过先富带动后富的方式，分阶段全过程推动共同富裕，体现了阶段性与全局

---

① 孙久文、史文杰：《以区域协调发展推进中国式现代化进程研究》，《区域经济评论》2023年第2期。

性的辩证统一。

新时代对共同富裕的追求必然服从于新发展理念的指导，并以新发展格局作支撑；而构建新发展格局必然要以区域间高水平协调来支撑现代化产业体系的建设，破除全国统一大市场的阻碍。促进区域协调发展旨在缩小区域发展差距，提升区域协调水平，进而挖掘区域间相互支撑下的高质量发展动力，最终实现生产力布局优化，成功构建起有效分工、优势互补、资源高效配置的区域经济布局与国土空间体系。我国南强北弱、东强西弱的经济格局未曾改善，城乡差距也仍然存在，各区域间生态文明建设也是不充分不平衡的，这些问题都阻碍了全体人民共同富裕的推进。但不平衡是普遍的，发展才是解决一切问题的关键，要通过发展来促进区域间与区域内的相对平衡，这是区域协调发展的辩证法。

区域协调发展要在发展中提升区域协调水平，共同富裕要通过阶段性目标的接续实现来推动最终全体人民共同富裕。要深刻认识并牢牢把握这两对辩证关系，在推进区域高质量协调发展中扎实推动共同富裕取得实质性成果。

三 共同富裕目标下我国区域协调发展面临的主要问题

2021年我国全面建成小康社会为推动共同富裕夯实了物质基础并提供了扎实的路径与制度保障，现在已经到了奋力推进共同富裕的历史阶段，既要从"富裕"中体现效率，又要在"共同"中体现公平。我国一系列区域发展战略的贯彻落实已有成效，人民生产生活条件得到极大改善，区域协调发展水平也得到提升，但要实现全部地区、全体人民共同富裕的目标，我国区域协调发展还亟须解决以下几方面问题。

（一）区域经济内生增长动力不足

新时代我国经济发展理念由以追求总量与速度为主线转向以质量与效益

为主线，经济发展动力随之由大规模要素投入与资源重新配置转向全要素生产率提升与创新驱动。但在传统要素弹性系数逆转与创新驱动能力缺失问题交织的情况下，区域经济陷入了传统动力失灵、新动力尚未形成的困境，区域间的地方保护、行政分割和区域分治的存在，也阻碍了我国区域间形成相互联结、合理分工、高效协作的内生性互惠的动力机制。从都市圈、城市群培育到经济带建设的动力系统打造尚未完全解决内生增长动力不足的问题，2023 年 4 月 28 日中央政治局会议指出：“当前，需求收缩、供给冲击、预期转弱三重压力得到缓解，经济增长好于预期，但我国经济运行好转主要是恢复性的，内生动力还不强。”[①] 区域发展内生动力不足妨碍了区域高质量发展的动力系统形成，阻碍了供给侧结构性改革与现代化产业体系的建立，降低了区域间资源配置效率。进入新时代以来，由于我国经济结构调整和动能转换，四大板块 GDP 总量虽然仍在上升，但增速开始从新时代之前的高速增长转向中低速增长（见图 1 和图 2），各区域经济增长的内生动力有待提升。

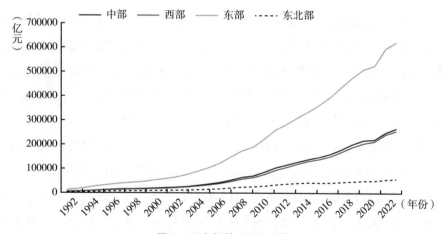

图 1　四大板块 GDP 总量

数据来源：国家统计局网站。

---

① 习近平：《中共中央政治局召开会议分析研究当前经济形势和经济工作》，《人民日报》2023 年 4 月 29 日，第 1 版。

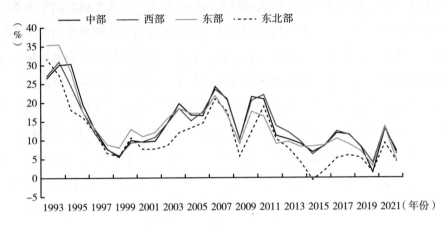

图 2 四大板块 GDP 增速

数据来源：国家统计局网站。

（二）南北发展差距与城乡发展差距显著

西部、中部地区与东部地区发展水平差距的显著缩小得益于西部大开发和中部崛起战略的有效实施，特别是在党的带领下全面建成小康社会让各地人民生活得到了显著改善。但我国东西发展差距问题并没有得到根本性解决，与此同时，南北差距问题日益凸显，其主要原因在于南北产业结构与制度惯性等多重因素影响。1978 ~ 2021 年，南方地区生产总值年均增长10.7%，比北方高 1.2 个百分点。[①] 2022 年，北方地区生产总值占全国的比重为 35.4%，相对南方地区占比低 29.2 个百分点。如图 5 所示，1992 ~ 2022 年，南方地区生产总值占全国比重逐年上升，南北发展水平差距呈现不断扩大的趋势。改革开放初期北方经济增长速度落后于南方，长期累积后转变为南北方的发展水平差距，目前南北差距实为发展增速与发展水平二者差距的混合体。[②] 如图 3 与图 4 所示，虽然南北方的经济增长速度差距在逐步减小，但南方经济总量远超北方。内蒙古、新疆、山西等以传统

---

① 王继源：《新发展格局下促进南北方区域协调发展》，《宏观经济管理》2022 年第 4 期。
② 魏后凯：《促进区域协调发展的战略抉择与政策重构》，《技术经济》2023 年第 1 期。

能源型产业为支柱的地区在绿色低碳发展的硬约束下，优势产业大面积衰退，新动能培育与新产业发展困难重重；东北三省对高层次人才的吸引力减弱，人才外流严重，所以东北近年经济增速放缓；作为我国南方重要经济增长极的长三角、粤港澳大湾区发展态势强劲，在支撑南方经济发展的同时也成为辐射全国的经济引擎。南升北降、南强北弱的态势日益明显并仍在不断加强。

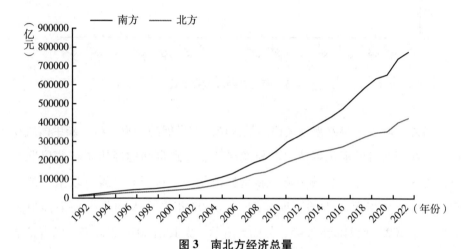

图3　南北方经济总量

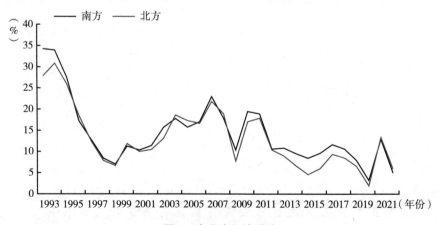

图4　南北方经济增速

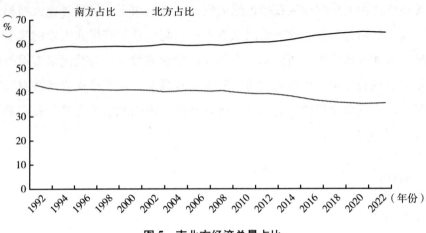

图 5　南北方经济总量占比

另外，城乡发展差距较大仍然是区域协调发展的一大短板。新中国成立以来，我国通过城镇化以解决农村发展和农民致富问题经历了"家庭联产承包责任制→工业化和城镇化→新型城镇化→乡村振兴→脱贫攻坚"的过程，我国城乡居民收入差距明显缩小，2007 年城乡人均收入比最高值为3.14，至 2022 年已降到 2.45，如图 6 所示。尤其是 2016 年以来，随着精准脱贫的深入落实，其作用效果逐步显现，农村低收入群体收入明显提升，但城乡收入差距仍然较大，如图 7 所示。城乡差距是全方位的，尤其是从共同

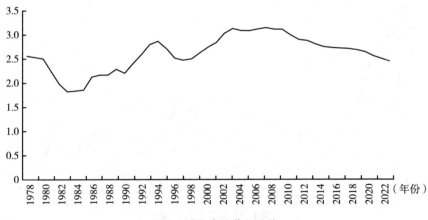

图 6　城乡人均收入比值

富裕视角看，在教育培训、劳动就业、社会保障、医疗养老等方面农村居民和城市居民享受的公共服务仍有较大差距，需持续发力推动城乡之间基本公共服务均衡。

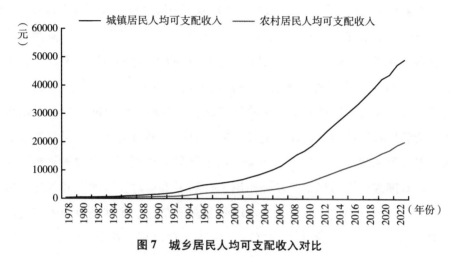

图7　城乡居民人均可支配收入对比

数据来源：国家统计局网站。

（三）区域开放格局有待优化，开放质量有待提升

对外开放是中国发展的关键一招。从整体审视我国对外开放的空间格局，可以看出以东部沿海地区为主导的对外开放分布格局使得我国东西部地区之间产生了经济落差与开放落差。东部地区处于区域对外开放的前沿，而中西部地区经济开放仍处于较低水平，我国区域开放呈现不平衡、不充分的特点。面对国内尚未根本消除的三重压力与国际逆全球化涌动的浪潮，我国需要加快构建以国内大循环为主的国内国际双循环，因此迫切需要构筑东西互济、由海向到陆向的全面开放新格局，不断优化区域开放格局，高质量融入全球经济体系。从对外贸易与投资质量来看，我国参与全球价值链的位置总体偏向低端，在服务贸易领域的国际竞争力不强，对外投资覆盖国家与地区虽广，但由于企业对外投资缺乏风险评估以及盲目投资等问题，整体投资效益水平并不高。

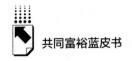
（四）生产要素跨区域自由流动存在障碍

现阶段我国国内以行政区划分为根本原因的各种显性隐性壁垒成为阻碍生产要素自由流动的顽疾，导致社会运转效率下降及社会发展成本提高。地方政府行政壁垒首先带来的是区域壁垒。行政权力下放与财税分权让地方政府获得一定程度的地方经济自决权①，本地利益最大化的行动指南让真正实现"跨域通办"或"跨域无感"的各区域协同发展存在诸多体制机制障碍。地方政府行政壁垒其次带来的是市场壁垒。地方政府的本位主义动机往往会驱使各地政府制定地方主导、指定交易、限制交易等妨碍市场融合和公平竞争的政策，进行"小而全"的区域局部小循环，导致价格机制无法通过全国统一大市场正常发挥作用，打乱了市场对要素的空间配置。区域壁垒与市场壁垒使得我国要素市场分割愈演愈烈，尤其是劳动力与资本要素市场甚至出现"翘尾"现象②，各地区在户籍、教育、医疗、养老、社会保险等公共服务方面的较大差距也使得劳动力实现自由跨区域流动更为艰难。

（五）区域产业结构与布局亟待优化

区域间产业结构趋同、盲目布局是影响区域协同分工、降低国民经济整体效益的一大痼疾。在政绩考核、区域竞争、财税分成等多重压力之下，各地区基于抢夺消费市场和中央政策的需要，并未完全消除市场中的重复投资和恶性竞争行为，在产业结构布局上呈现非理性状态，往往忽略产业是否契合地方特色、区域内产业布局是否合理等问题，造成整体性的资源浪费、生产力过剩和经济运行效率低下。地方政府在自身利益驱使下打造的"优惠政策洼地"本质上是其以行政力量改变市场原生生态与资源配置方向，不

---

① 陈婉玲、陈亦雨：《区域协调发展的利益调整与法治进路》，《上海财经大学学报》2021年第6期。

② 刘志彪、孔令池：《从分割走向整合：推进国内统一大市场建设的阻力与对策》，《中国工业经济》2021年第8期。

仅抑制了地区比较优势的发挥，而且阻碍了区域之间产业链的自由延伸和产业承接，因此限制了区域比较优势与整体性优势的充分发挥。此外，地方政府的限制销售、司法保护、隐形补贴等行政手段也将在一定程度上抑制区域内企业创新，使区域内企业产生政策依赖性，从而削弱区域经济增长的内生动力，妨碍区域产业结构布局优化。

（六）资源环境约束日益收紧

随着中国工业迅猛发展进入工业化后期阶段，资源与环境的承载力不足已成为进一步发展的瓶颈，主要表现为各区域间资源承载力呈现结构性失衡。我国当前面临着水体污染、大气污染等紧迫的环境压力，土地方面亦如此，城乡建设用地扩张的需求与农业和生态用地的红线要求、基础设施重复建设与单位面积 GDP 产出明显低于发达国家这些矛盾，反映出我国土地利用效率低下与国土开发的现实约束。

四　共同富裕目标下区域协调发展的推进路径

实现共同富裕归根到底是要实现生产力的发展与生产关系的协调，要在做大做好"蛋糕"的同时切好分好"蛋糕"，力求效率与公平的统一。新发展阶段共同富裕目标下的区域发展不仅要追求各区域经济总量的增长与效率，还要追求各区域人民对发展成果的高度共享，力求实现人民对美好生活的向往。推动区域协调发展进而实现共同富裕，就必然要求将新发展理念完整、准确、全面地贯彻于各区域、各产业、各领域，构建以现代化经济体系为支撑的新发展格局，不断推动生产力的高质量发展与生产关系的高水平协调。

（一）以创新驱动区域协调发展

区域协调发展的基础在于发展，而创新是发展的第一动力。要加快完成经济增长动力转化，就必须积极打造创新生态、厚植创新土壤，以产品创新促进内需扩大，以科技创新推动供给侧结构性改革，以产学研协同创新推动经济发展。[①] 首先，要推动形成跨区域的创新链与创新合作网。以深化改革为出发点，遵循市场规律和产业发展规律，推动创新要素的跨区域流动与高效聚集，不断完善创新链、整合创新资源，推动联建区域创新平台。各地要充分发挥自身比较优势，因发展阶段与区域特点而施策，形成区域创新新格局，东部注重通过原始创新提高国际竞争力，中西部则要着力实现创新驱动，以区域特色经济推动创新网络的国内大循环，长三角、粤港澳大湾区、京津冀、成渝双城经济圈等也要积极发挥各自在区域经济中的辐射带动作用。其次，创新需要市场竞争。要不断推进市场导向的科技创新，积极培育具有竞争力的创新环境与营商环境，推动"产学研"深度融合发展，完善区域科技创新体系，构建产业链、创新链、资金链、人才链"四位一体"的区域创新融合体[②]，注重以创新驱动的、以实体经济为基础的现代产业体系的建设，让创新孕育新的经济增长点。最后，区域政策的集成创新需要各地相关政策予以保障。各区域应以共享发展、共同富裕为导向，以产业政策、人才政策、科技政策等方面实现区域政策集成创新为目标，推动建立跨区域产业链供应链整合平台与区域间产业链合作机制，加快区域平台间科技信息交流与产业成果转化。

（二）多层次统筹区域协调发展

首先，在国家战略层面，要以区域发展总体战略为基础，以区域重大战略与主体功能区战略为双翼，发挥其引领带动与调整导向作用，以新型城镇化战略与乡村振兴战略作为驱动双轮，加强各个战略之间的统筹衔接，辅以全国统一大市场下的区域协调发展政策体系，不断增强各区域战略的协同联动性，充分发挥其叠加、协同和融合效应。其次，在地域空间层面，要利用各地区内生差异造成的发展不均衡充分调动各地因地制宜探

① 王一鸣：《中国经济新一轮动力转换与路径选择》，《管理世界》2017 年第 2 期。
② 刘秉镰、范馨：《以经济建设为中心的区域协调理论逻辑与路径选择》，《北京社会科学》2023 年第 3 期。

索经济发展模式的积极性，以差异化、特色化发展激发区域发展潜力，借力区域重大战略、区域协调发展战略，依照主体功能区战略规划，有序搭建城市群空间网络，使各区域充分融入"双循环"发展格局，形成经济产业有序合理、高效发展的区域空间结构体系，不断开拓作为高质量发展强劲动力源的中心城市、城市群和经济带等各类增长极与增长带。同时，大力支持资源枯竭地区、老工业地区、生态退化地区等特殊类型地区的发展，要根据其人口和经济承载能力，制定差别化城市群发展战略和发展目标，处理好各城市群之间、各区域之间、城乡发展之间的关系，有序推进区域间高质量协调互动发展。最后，在产业层面，要推动产业承接与产业转移，培育落后地区的"造血"功能。各区域应以共享发展、共同富裕为导向，建立跨区域产业链、供应链整合平台与区域间产业链合作机制，通过区域间产业大协作实现产业体制升级与产业承接转移，依照市场规律与产业发展规律，打造一批能够有效承接沿海地区产业的转移平台。将有为政府与有效市场跨区域结合作为推动落后地区产业多元化和高质量发展的重要手段，积极探索实施先富带后富、先富地区与后富地区对口合作的有效机制。

（三）推动区域全面绿色发展

首先，要根据不同区域主体功能定位优化顶层设计。为提升区域协调发展的可持续性，各地应综合考虑生态容量和资源承载力的双重约束，依循主体功能区战略框架统筹国土空间开发和保护，赋予不同主体功能区相适宜的空间规划体系，明确生活、生产、生态空间开发与管制的界限。其次，系统构筑涵盖绿色生活、绿色生产、绿色生态的全面绿色发展体系。建立健全各区域、全领域绿色发展的政策体系，明确考核标准，构建完善相配套的生态补偿体系，推动形成高质量的全面绿色发展新格局[1]，以全面绿色发展为指

---

[1] 胡鞍钢、周绍杰：《2035 中国：迈向共同富裕》，《北京工业大学学报》（社会科学版）2022 年第 1 期。

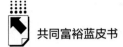

导理念积极探索区域现代化发展路径。再次，要以提升绿色全要素生产率为导向驱动产业调整升级。推动产业结构从高碳物质消耗型转向低碳节能型，加强产业绿色评价考核，在生产供给端和消费需求端协同发力，推动地区梯次有序减排达峰。同时，要警惕重点产业链、重点企业、重点地区在"双碳"政策与目标下可能出现的安全问题，确保我国产业链供应链安全稳定。最后，要统筹处理好降碳和满足人民美好生活需要的关系，通过文化宣传、政策完善、商品结构调整等手段，协同推进生活水平提升与碳减排，推动消费领域实现全面低碳化。

（四）优化区域开放格局

新发展阶段要以高质量开放促进区域协调发展，要利用好我国超大规模市场优势，以区域间互相开放、互融互通的国内大循环汇聚全球资源要素，发挥国内大循环对国际大循环的牵引作用，再以国际大循环促进国内大循环。从对外开放的角度来看，要着眼于以对外开放空间重塑区域协调发展，着力于政策沟通、设施联通、贸易畅通、资金融通和民心相通等方面，提升我国国内相关区域于"一带一路"的内嵌性，加强我国与"一带一路"沿线及共建国家的交流合作，借力"一带一路"共建范围更广、合作更深的"朋友圈"，提升新兴市场能级和活力。加大西部对外开放力度，提升西部地区参与全球价值链分工的能力，推动形成东西互济的全面开放新格局。积极加强西部地区造血能力，在市场经济的价格机制和竞争机制调节作用下，在利用好地区间比较优势和国际技术及产业变革的基础上，实现东部地区产业向中西部地区有序转移并完成东中西部地区之间产业的有效连接，推动国内产业链补链、延链、固链、强链，使中国制造与中国服务牢牢嵌入全球产业链价值链。从区域间对内开放的角度来看，实现国内大循环，构建全国统一大市场关键在于打通区域经济循环中的堵点和淤点，破除原有区域合作中的生产、分配、流通、消费环节中的难点，破除地方保护与行政分割导致的市场分割，推动形成供需互促、产销并进、低成本运行的国内大循环，多维度统筹规划，构筑连接东中西、贯通南北方的多中心、网络化、开放式的区域开发格局，构建各类生产要素自由流动、高效配置的全国统一大市场。[①]

（五）推动构建区域间共建共享体制机制

在促进区域协调发展中推动共同富裕，要坚持全国一盘棋，优势互补、共建共享。共建保证了社会生产力的发展，是共享的基础；共享保证了生产力高度发展下分配关系的和谐，是共建的结果。以各区域共建保证全民共享，以全民共享促进各区域共建，是区域协调发展与推进共同富裕的动态契合。从共建的角度来看，要科学辩证地对待区域间的协调关系，构建区域间一体化协同的共建体制机制。要加强探索城市群等空间组织形式，形成空间上临近区域合理分工、相互支持、优势互补的统筹协调机制，发挥增长极的辐射带动作用，提高产业、功能、创新协同程度和集聚效益与规模效益，加强各区域间要素集聚与扩散的协调。加强"一带一路"建设、京津冀协同发展、长江经济带发展、黄河流域高质量发展、粤港澳大湾区建设，鼓励发达地区扶持和帮助欠发达地区建立承接产业转移平台、合作园区等，统筹发达地区与欠发达地区共建产业平台。从共享的角度来看，要推进全民共享相关措施有效落地。要加强基础设施与公共服务对于城乡差距的调节作用，发挥欠发达地区基础设施补短板等的追赶效应。构建完善初次分配、再分配、第三次分配协调配套的制度体系，既要利用好三次分配对收入的调节作用，又要抑制过高的资本性回报，统筹推进调高、扩中、提低。大力营造勤劳创新创业致富的社会氛围，培植创业创新热土，形成劳动致富的有效激励机制，不断激发全社会为共同富裕持续奋斗的热情。

[①] 郝宪印、张念明：《新时代我国区域发展战略的演化脉络与推进路径》，《管理世界》2023年第1期。

B.11
以高水平对外开放扎实推进共同富裕

解　晋*

摘　要：　全体人民共同富裕是中国式现代化的本质特征。扎实推进共同富裕离不开对外开放，这既是理论逻辑使然，也是改革开放以来我国发展的基本经验。高质量发展为扎实推进共同富裕提供物质基础，是实现共同富裕的必由之路。新发展理念是高质量发展的灵魂，以对外开放为抓手推进共同富裕，关键是将新发展理念与对外开放有机结合，在推动高质量发展中逐步实现共同富裕。它们包括：创新对外开放体制机制，提高对外开放效率和容量；全面推进对外开放，推动区域协调发展；在对外开放中统筹"绿水青山"与"金山银山"，将生态环境价值有序转化为市场价值；等等。同时，在对外开放中扎实推进共同富裕离不开以行政手段为主体的再分配措施。

关键词：　共同富裕　对外开放　收入分配

一　共同富裕是中国共产党矢志不渝的追求

共同富裕是马克思主义根本的价值取向。人类社会中，自私有制产生以来，对生产资料等物质的占有差异和由此产生的剥削等不平等现象就从未消失。在《共产党宣言》中，马克思、恩格斯明确指出："无产阶级的运动是

---

*　解晋，中共中央党校（国家行政学院）经济学教研部讲师，经济学博士，主要研究方向为政治经济学。

绝大多数人的、为绝大多数人谋利益的独立的运动"①。在《政治经济学批判（1857~1858 年手稿）》中，马克思强调："社会生产力的发展将如此迅速……生产将以所有人的富裕为目的"②。在《资本论：政治经济学批判》（以下简称《政治经济学批判》）中，循着剩余价值这根红线，马克思详细阐明了为尽可能多地占有和实现剩余价值，资本家盲目发展生产的动机，深刻论证了随着资本家对工人的剥削和机器排斥工人的普遍发生，社会贫富差距愈加明显，导致相对生产过剩即无限扩大的社会生产和有限收缩的消费能力之间的矛盾，得出了资本主义无法避免周期性危机的结论。"这种分配关系，使社会上大多数人的消费缩小到只能在相当狭小的界限以内变动的最低限度。这个消费力还受到追求积累的欲望的限制，受到扩大资本和扩大剩余价值生产规模的欲望的限制。"③ 基于对经济系统运行的结构和动力的深刻分析，马克思从对立统一的辩证视角论证了过大的贫富差距必然导致经济系统崩溃和社会动荡的观点，最终得到人类社会演进进程中，资本主义社会制度具有阶段性历史性的结论。因此，共同富裕理念根植于马克思主义的诸多思想和学说之中，成为贯穿其经济理论的主要脉络，是马克思主义价值观的主要内容和最为根本的价值取向。

中国共产党人以马克思主义为行动指南，继承了马克思主义关于共同富裕的价值内涵，始终将"为中国人民谋幸福，为中华民族谋复兴"作为自己的初心使命，为扎实推进共同富裕作出不懈努力。毛泽东在党的七届六中全会上作的《关于农业合作化问题》的报告指出："要巩固工农联盟，我们就得领导农民走社会主义道路，使农民群众共同富裕起来。"④ 改革开放以后，邓小平将共同富裕上升到社会主义本质要求的高度，对如何认识和建设社会主义作出重要探索。在 1992 年南方谈话中，邓小平提出："社会主义的

---

① 《马克思恩格斯选集》第 1 卷，人民出版社，1995，第 283 页。
② 《马克思恩格斯文集》第 8 卷，人民出版社，2009，第 200 页。
③ 《马克思恩格斯全集》第 25 卷，人民出版社，1974，第 273 页。
④ 《毛泽东年谱（一九四九—一九七六）》第 3 卷，中央文献出版社，2013，第 449 页。

本质是解放生产力，发展生产力，消灭剥削，消除两极分化，最终达到共同富裕。"① 江泽民同志强调："实现共同富裕是社会主义的根本原则和本质特征，绝不能动摇。"② 党的十四届三中全会通过的《中共中央关于建立社会主义市场经济体制若干问题的决定》强调，"坚持按劳分配为主体、多种分配方式并存的制度，体现效率优先、兼顾公平的原则"③，并提出"逐步实现共同富裕"战略构想。胡锦涛同志反复强调，"必须坚持走共同富裕道路"④，"共同富裕是中国特色社会主义的根本原则"⑤，提出"使全体人民共享改革发展成果，使全体人民朝着共同富裕的方向稳步前进"⑥ 的要求。

党的十八大以来，我国发展进入新时代，这是我国新的历史方位。我国社会主要矛盾已经转化为人民日益增长的美好生活需要和不平衡不充分的发展之间的矛盾。以习近平同志为核心的党中央将共同富裕摆在更加突出的位置，在扎实推动共同富裕方面取得更大成就。2012 年 11 月 15 日，习近平总书记在十八届中央政治局常委同中外记者见面时就强调"坚定不移走共同富裕的道路"⑦。2021 年，在全国脱贫攻坚总结表彰大会上，习近平总书记庄严宣告，"我国脱贫攻坚战取得了全面胜利"⑧，并指出："共同富裕是社会主义的本质要求，是人民群众的共同期盼。我们推动经济社会发展，归根结底是要实现全体人民共同富裕。"⑨ 脱贫攻坚的全面胜利昭示着我国在共同富裕的道路上迈出坚实的步伐。2021 年 7 月 1 日，习近平总书记在"庆祝中国共产党成立 100 周年大会上的讲话"中指出："在这里，我代表党和人民庄严宣告，经过全党全国各族人民持续奋斗，我们实现了第一个百年奋斗目标，在中华大地上全面建成了小康社会，历史性地解决了绝对贫困

---

① 《邓小平文选》第 3 卷，人民出版社，1993，第 373 页。
② 《江泽民文选》第 1 卷，人民出版社，2006，第 466 页。
③ 《十四大以来重要文献选编》（中），人民出版社，1997，第 1503 页。
④ 《胡锦涛文选》第 3 卷，人民出版社，2016，第 624 页。
⑤ 《胡锦涛文选》第 3 卷，人民出版社，2016，第 624 页。
⑥ 《胡锦涛文选》第 2 卷，人民出版社，2016，第 291 页。
⑦ 《习近平谈治国理政》第 4 卷，外文出版社，2022，第 167 页。
⑧ 《习近平谈治国理政》第 4 卷，外文出版社，2022，第 125 页。
⑨ 《习近平谈治国理政》第 4 卷，外文出版社，2022，第 116 页。

问题，正在意气风发向着全面建成社会主义现代化强国的第二个百年奋斗目标迈进。"① 2022 年党的二十大报告指出："从现在起，中国共产党的中心任务就是团结带领全国各族人民全面建成社会主义现代化强国、实现第二个百年奋斗目标，以中国式现代化全面推进中华民族伟大复兴"；同时强调，"中国式现代化是全体人民共同富裕的现代化"②，将共同富裕作为中国式现代化的本质特征加以强调。在全面建成社会主义现代化强国的战略安排中，将"人的全面发展、全体人民共同富裕取得更为明显的实质性进展"作为重要要求和内容。可以说，中国共产党始终将共同富裕作为根本立场、根本价值、根本追求和奋斗目标。

二　改革开放是决定中国命运的关键一招

解放、发展生产力和推动、实现共同富裕，是社会主义的本质内容和要求。就内容来说，共同富裕是对分配结果的刻画，属于"分好蛋糕"的范畴。但"分好蛋糕"的前提是"有蛋糕可分"，即"做大蛋糕"。因此，客观上，共同富裕对发展水平提出了直接要求。社会主义本质内容中，解放和发展生产力既是实现共同富裕的基础和前提，也是实现共同富裕的主要路径。没有不断的解放和发展生产力，共同富裕就没有坚实的物质基础，最终只能沦为道德层面的空谈。因此，共同富裕首先是一个生产和发展的问题，其次才是一个分配问题。发展生产是第一位的，分配是第二位的，这是生产和分配之间的辩证关系所决定的。在《政治经济学批判导言》中，马克思对生产和分配之间的关系作出了阐释和论证，指出，"分配的结构完全决定于生产的结构。分配本身是生产的产物，不仅就对象说是如此，而且就形式说也是如此。就对象说，能分配的只是生产的成果，就形式说，参与生产的

---

① 习近平：《在庆祝中国共产党成立 100 周年大会上的讲话》，人民出版社，2021，第 2 页。
② 习近平：《高举中国特色社会主义伟大旗帜　为全面建设社会主义现代化国家而团结奋斗——在中国共产党第二十次全国代表大会上的报告》，人民出版社，2022，第 21~22 页。

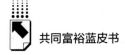

一定方式决定分配的特殊形式，决定参与分配的形式"①。2016 年 5 月 16 日，在中央财经领导小组第十三次会议上的讲话中，习近平总书记对生产与分配之间的关系进一步作出判断："社会上有一些人说，目前贫富差距是主要矛盾，因此分好蛋糕比做大蛋糕更重要，主张分配优先于发展。这种说法不符合党对社会主义初级阶段和我国社会主要矛盾的判断。党的十八大提出准备进行具有许多新的历史特点的伟大斗争，是为了毫不动摇坚持和发展中国特色社会主义，不是不要发展了，也不是要搞杀富济贫式的再分配。"② 习近平总书记的重要论述深刻阐释了当下准确把握发展和分配之间关系的主要内容和重要原则。

生产力的发展和演进是由物质生产方式变革所推动的客观历史过程，生产的改善和发展也因此是一个历史过程。从而，实现共同富裕也必然是一个历史过程。且由此决定了，实现共同富裕的路径必然是使一部分人先富起来，由先富带动后富，最终实现共同富裕的渐进过程。自新民主主义革命胜利以来，中国已经取得经济快速发展和社会长期稳定两大奇迹，并跻身全球主要经济体。同时共同富裕方面也已取得历史性进展。总结起来，重要的发展经验是顺应全球发展大势，深刻把握发展机遇，果断拉开改革开放的历史序幕。改革开放深刻改变了中国人民和中华民族的命运。习近平总书记在庆祝改革开放 40 周年大会上指出："40 年的实践充分证明，改革开放是党和人民大踏步赶上时代的重要法宝，是坚持和发展中国特色社会主义的必由之路，是决定当代中国命运的关键一招，也是决定实现'两个一百年'奋斗目标、实现中华民族伟大复兴的关键一招。"③

改革开放是推动发展的重要举措，是创造"中国奇迹"的内生战略，因此无论是从实践维度还是理论维度，改革开放都已经成为推动共同富裕的基本前提和内在因素。对外开放在推动发展从而实现共同富裕方面有深刻的理论逻辑。早在 1776 年，亚当·斯密就通过著名的"制针"的例子，提出分工

---

① 《马克思恩格斯选集》第 2 卷，人民出版社，2012，第 695 页。
② 《习近平关于社会主义经济建设论述摘编》，中央文献出版社，2017，第 12 页。
③ 习近平：《在庆祝改革开放 40 周年大会上的讲话》，人民出版社，2018，第 21 页。

促进生产效率提升的观点，成为对外开放和跨国贸易的学理支撑。在斯密的论述中，分工产生专业化从而提高生产率，使得在不额外增加劳动投入的前提下实现更高产出成为可能。分工的前提是市场的范围足够大。因此，如果希望不断提高劳动生产率，一要扩大市场范围，二要细化分工，强调合作。斯密的分工理论是国际贸易和全球产业分工的理论基础。一个已经为各国发展实践所证明的基本事实是，根据价格规律，经济体所拥有的某种资源禀赋越丰富，这种资源的使用成本就越低，该经济体发展这种资源相关的产业成本和门槛就越低，相关产业也就更容易发展起来。出于地理和历史等原因，各国拥有差异化的资源禀赋，这构成了各国在不同的产业发展中成本差异的基础。通过参与国际市场，依托国际贸易互通有无，相互合作，就可以扩大资源使用和配置的范围，实现优势互补，最终达到节约成本、提高产出的发展目的。因此，国际贸易理论认为，自由贸易是财富增长的源泉。简单地说，分工与合作是提高产出效率的途径，而分工的前提是市场范围足够大。当市场的范围超过国家时，便出现了对外开放即国际贸易。因此，对外开放是扩大市场范围，更大范围、更大力度利用市场效率的内在要求和重要渠道。

中国是对外贸易理论的受益者。出于历史和现实的原因，新民主主义革命胜利后到新中国成立初期，我国形成了劳动力相对丰富、资本和技术相对稀缺的禀赋结构。对应的，我国的产业结构以农业为主，重工业次之，高技术产业及轻工业发展较为孱弱。要通过发展高技术和高附加值产业推动经济社会发展和实现民富国强的社会目标，面临资本和技术稀缺的困难。借助改革开放，通过吸引外商以投资的形式在中国设厂招工，中国丰富的劳动力资源得以发掘，对中国发展产生巨大影响。其一，充分发掘和利用劳动力资源。生产的前提是劳动力与机器设备等生产资料的结合。各种形式外资的进入为我国充裕的劳动力资源同资本结合进行生产提供了资本基础，弥补了我国劳动力充裕而资本、技术等生产要素匮乏的短板。同时解决了中国大量劳动力面临的失业问题，为社会稳定奠定基础。其二，为经济社会发展提供动力。劳动力获得收入，产生有效需求，从而催生有效供给，拉动国内经济循环，驱动社会再生产，人民收入不断提高，物质生活不断丰富。其三，员工

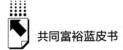
工资由人民币结算，在全球资本市场上产生外币兑换人民币的需求，为国内赚取大量外汇。通过这些外汇，我国企业购买国外先进技术设备和实现产业效率提升，进而推动结构升级和产业进步成为可能。其四，外资企业在国内招工客观上提高了员工技术水平，从而改善了我国人力资本质量。其五，高技术水平外资企业进驻中国后，与中国相关行业企业的互动与合作频率提高，经济和业务交往日益加深，产生技术溢出和技术扩散等正外部性。大量研究表明，外资企业在同我国相关企业的生产合作中，对相关产业链上下游的技术溢出在过去一段时间内成为我国技术进步的重要渠道。就这样，通过对外开放吸引外资，将我国的劳动力资源禀赋逐渐转化为外汇、先进技术和设备，以及相对高水平的人力资本，最终推动我国产业不断升级。这一过程中，发展不断取得新成就：产业结构不断完善，人民收入不断提高，国家实力不断增强。

改革开放深刻改变了中国的资源禀赋结构，改变了中国的产业结构和发展动力，从而改变了中国的发展面貌，为推动共同富裕提供了基本的物质前提。也正是在这样坚实的物质基础上，我们才有不断调节收入分配、扎实推进共同富裕的物质基础和可能。可以说，中国特色社会主义离不开对外开放，解放、发展生产力离不开对外开放，扎实推进共同富裕离不开对外开放，这是改革开放40余年我国发展的基本经验。经过40余年国内、国际经济循环的相互促进，中国已深度融入世界经济。新时代当下，分工与贸易对生产的促进规律依然存在，我国依然要通过参与国际分工和贸易推动发展。中国的发展依然离不开世界，世界的发展依然离不开中国。党的二十大报告强调："依托我国超大规模市场优势，以国内大循环吸引全球资源要素，增强国内国际两个市场两种资源联动效应，提升贸易投资合作质量和水平。"①相关论断深刻体现了党对分工、贸易等经济规律的深刻把握，表明对外开放是扎实推动共同富裕的必由之路。

---

① 习近平：《高举中国特色社会主义伟大旗帜　为全面建设社会主义现代化国家而团结奋斗——在中国共产党第二十次全国代表大会上的报告》，人民出版社，2022，第32页。

三 新时代高水平对外开放是助推
共同富裕的重要抓手

习近平总书记在党的十九大报告中指出："经过长期努力，中国特色社会主义进入了新时代。""我国社会主要矛盾已经转化为人民日益增长的美好生活需要和不平衡不充分的发展之间的矛盾。"[1] 从发展水平看，我们已经夺取脱贫攻坚伟大胜利，历史性地解决了绝对贫困问题，人民生活水平不断提高，美好生活需要日益广泛，对物质文化生活提出更高要求。从人民美好生活需要的角度提出基本矛盾，是马克思主义唯物史观所强调的生产力和生产关系对立统一视角下社会矛盾分析的具体化，体现了以人民为中心的发展观。要不断满足人民生活需要，推动解决人民日益增长的美好生活需要和不平衡不充分的发展之间的矛盾，关键靠发展。

新时代、新矛盾，指明了我国发展新的历史方位，为我们工作提供了遵循和方向。2023 年习近平总书记在参加十四届全国人大一次会议江苏代表团审议时强调："必须以满足人民日益增长的美好生活需要为出发点和落脚点，把发展成果不断转化为生活品质，不断增强人民群众的获得感、幸福感、安全感"，"人民幸福安康是推动高质量发展的最终目的。"[2] 实现人民对美好生活的向往，与共同富裕有一致的内在逻辑，根本目的是实现人的全面发展。考虑到物质保障是人的生存和发展的基本前提，因此，实现美好生活是共同富裕的表现，共同富裕是实现美好生活的基础。

高水平对外开放是新时代扎实推进共同富裕和逐步实现美好生活的重要路径。实现人民对美好生活的向往，关键靠发展。经济学理论表明，供给和需求是推动经济发展的两个基本方面。马克思主义政治经济学认为，供给和

---

① 习近平：《决胜全面建成小康社会 夺取新时代中国特色社会主义伟大胜利——在中国共产党第十九次全国代表大会上的报告》，人民出版社，2017，第 10~11 页。

② 《习近平在参加江苏代表团审议时强调 牢牢把握高质量发展这个首要任务》，中国人大网，http://www.npc.gov.cn/npc/kgfb/202303/5e8d87fd2f4b4e81a40024fea5c0e9b8.shtml。

需求之间既有矛盾对立，又有统一。其统一性，表现在通过供给满足需求，实现商品自身价值，为实现更高水平供给、推动社会再生产和经济循环提供条件。供给和需求的对立即矛盾性，表现在供求失衡和供给无法完全实现其价值。如果已有供给不能或不能完全满足需求，需求成为无效需求，而已有供给也无法实现其价值，导致再生产的困难，经济的进一步发展就会面临动能衰减的阻碍。这就是政治经济学视角下，供给和需求的辩证统一关系。一般来说，供给和需求间的对立即失衡是绝对的，二者的统一即平衡是相对的。当下，我国有 14 亿人的超大市场和巨大数量的中等收入群体，仅靠自身难以满足这样高层次、多样化的消费需求。因此，通过对外开放，吸引更多国外商品要素进入国内市场，实现对国内需求的更高水平覆盖，有利于实现人民美好生活向往，同时催生国内供给，形成需求牵引供给的发展格局。习近平总书记指出，要"推进高水平对外开放。依托我国超大规模市场优势，以国内大循环吸引全球资源要素，增强国内国际两个市场两种资源联动效应，提升贸易投资合作质量和水平"[1]。

另外，我国正处于供给侧结构性改革的攻坚期。在钢铁、农药、光伏等产业，目前仍然有大量相对过剩产能无法化解，需要寻找出路。通过"一带一路"建设等途径出口他国，促进过剩产能实现市场价值，为调整国内产业结构和推动高质量发展提供动力。上述发展过程中衍生出更多就业岗位，为更多居民提供收入，有利于形成两头小、中间大的橄榄型收入结构。同时，通过高质量发展作大蛋糕，进一步为二次、三次分配促进共同富裕提供能动空间和物质基础。

四　以对外开放推动高质量发展

宏观上看，实现共同富裕的主要路径是"在发展中逐步实现"。这就是

---

① 习近平：《高举中国特色社会主义伟大旗帜　为全面建设社会主义现代化国家而团结奋斗——在中国共产党第二十次全国代表大会上的报告》，人民出版社，2022，第 32 页。

说，第一，共同富裕首先是一个过程，同时也是一个结果；第二，实现共同富裕首要的前提是高质量发展。习近平总书记指出："高质量发展，就是能够很好满足人民日益增长的美好生活需要的发展，是体现新发展理念的发展，是创新成为第一动力、协调成为内生特点，绿色成为普遍形态、开放成为必由之路、共享成为根本目的的发展。"① 新发展理念即创新、协调、绿色、开放、共享的发展理念。其中，创新发展注重的是解决发展动力问题，协调发展注重的是解决发展不平衡问题，绿色发展注重的是解决人与自然和谐问题，开放发展注重的是解决发展内外联动问题，共享发展注重的是解决社会公平正义问题。因此，新发展理念是高质量发展的灵魂。推动高质量发展，就是要在发展实践中贯彻新发展理念，以高水平对外开放助推高质量发展，根本抓手是在对外开放实践中积极贯彻创新、协调、绿色、开放、共享的发展理念，促进高质量发展。需要指出的是，五大新发展理念内在关联密切。在实践中要全面贯彻，不可偏废。考虑到开放本身是新发展理念的一部分，共享是共同富裕的同义语表述，以对外开放促进共同富裕，关键是将创新、协调、绿色发展理念与对外开放有机结合起来，在全面贯彻新发展理念、推动高质量发展中逐步实现共同富裕。

在对外开放中贯彻创新理念推动共同富裕，要求创新对外开放的体制机制，消除更高水平对外开放面临的制度性交易成本，提高对外开放经济效率和经济容量。当下，对外开放的主要任务是将对外开放从商品和要素流动逐渐转向制度型开放，主要手段是改革。习近平总书记指出："实行高水平对外开放……既要持续深化商品、服务、资金、人才等要素流动型开放，又要稳步拓展规则、规制、管理、标准等制度型开放。"② 党的二十大报告提出："稳步扩大规则、规制、管理、标准等制度型开放。"③ 所谓制度型开放，就

① 习近平：《论把握新发展阶段、贯彻新发展理念、构建新发展格局》，中央文献出版社，2021，第215~216页。

② 《习近平谈治国理政》第4四卷，外文出版社，2022，第177~178页。

③ 习近平：《高举中国特色社会主义伟大旗帜 为全面建设社会主义现代化国家而团结奋斗——在中国共产党第二十次全国代表大会上的报告》，人民出版社，2022，第32页。

是将贸易标准、贸易规则与国际看齐，与国际融合，与国际统一。由此来降低跨境贸易中因规定、规则、标准等制度性因素所造成的交易成本，进一步扩大贸易范围、提升贸易质量，增强国际循环动能，以国际循环促进国内大循环。通过制度型开放促进资本、技术、人才等生产要素合理流动、高效配置，以境外需求拉动国内需求从而催生国内投资和供给，真正实现需求牵引供给，为国内居民提供更多高收入岗位，促进形成两头小、中间大的橄榄型收入结构，不断推进全体人民共同富裕。

在对外开放中贯彻协调发展理念推动共同富裕，要求全面推进对外开放。我国不平衡、不充分发展的主要矛盾中，区域发展的不平衡、不充分是主要原因。区域间的发展差距，是不同地区居民收入存在差距的重要原因。因此，推动共同富裕，首先要推动区域协调发展。通过对外开放，用好国内国际两个市场、两种资源，是推动经济社会快速发展的重要途径。当下，我国的对外开放格局主要表现为东部沿海省份相对领先，中、西部地区相对落后。通过全面对外开放推动协调发展实现共同富裕，要加强"一带一路"建设，通过更深层次更宽领域更大力度全方位高水平的开放，推动发展相对落后的中、西部内陆省份从开放的边缘地区逐渐变为开放的核心区，推动形成陆海内外联动、东西双向互济的全面开放格局，实现引进来与走出去的更好结合，在开放发展中促进协调发展，在协调发展中促进共同富裕。要实现上述目标，前提是构建国内统一大市场。

在对外开放中贯彻绿色发展理念推动共同富裕，要求在对外开放中平衡好绿水青山与金山银山，将生态环境价值有序转化为市场经济价值。生态环境与经济社会发展既对立又统一。只要经济发展不顾生态环境保护是竭泽而渔，只要生态环境保护不顾经济发展是缘木求鱼。只有统筹生态环境保护与经济发展，才能实现经济社会可持续发展。绿水青山就是金山银山，改善生态环境就是发展生产力。良好生态本身蕴含着无穷的经济价值，能够源源不断创造综合效益，实现经济社会可持续发展。可持续发展是共同富裕的物质基础。对外开放是可持续发展的重要路径。在对外开放中贯彻绿色发展理念推动共同富裕，关键是通过产业手段将绿水青山等生态价值转化为可进行贸易的绿色商品形态，不断提升绿色生态产品在贸易中的比重，通过对外开放的形式实现其经济价值。上述过程中，绿色贸易产业为区域发展提供新动能，促进区域协调发展。产业吸引当地居民就地就业，成为提高居民收入的重要来源。

五　全面开放与再分配结合推动共同富裕

生产法对宏观经济结构的分析认为，除政府部门外，社会总产品的价值来自资本和劳动。因此，从结构上看，总产品的价值可粗略分为资本和劳动的回报，它们占据社会总收入的绝大部分。通常，劳动收入来自劳动者报酬，表现为工资、补贴等相关收入；将总增价值中扣除分配给劳动要素的劳动者报酬和政府部门课收的生产税等相关部分，剩下的部分就作为资本收入，归资本所有者所有。当下我国存在三重分配制度：以市场为主要手段的初次分配、以政府为主要手段的再分配和以社会为主要手段的三次分配。现阶段，对收入分配格局起主要作用的是市场即初次分配，再分配和第三次分配是有益补充。从收入分配的结构上看，社会上的收入差距，也就主要表现为资本所有者和劳动力之间的收入差距。资本积累和再生产速度超过劳动，使得资本和劳动回报有不断扩大的趋势。换言之，在市场经济条件下，收入差距天然存在扩大倾向。另外，市场是最有效率的资源配置方式，是解放和发展生产力最为重要的手段。因此，就发展和分配而言，市场经济实际上是一把"双刃剑"。从个体角度看，要扎实推进共同富裕，就要求政府对收入分配的再调节。

对外开放意味着企业配置资源的范围超出了国家的界限，扩大了市场的范围，也就扩大了市场配置资源的范围。这使得对外开放对收入分配产生多重效应：一方面，对外开放促进经济增长，为共同富裕打下坚实的物质基础；另一方面，对外开放强化和扩大了市场在资源配置中的作用，也就存在收入差距不断拉大的逻辑机理。对外开放主要包括进出口贸易和外商投资等内容。因发展水平、基础设施建设水平和地理位置的差异，考虑成本因素，

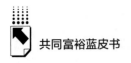

外资往往青睐浙江、江苏、上海、广东、福建等东部沿海地区。也就是说，对外开放在区域层面是非均衡的，不同地区在对外开放中存在收益差距。即便是同一地区内部，外资也更青睐基础设施完备、市场环境相对完善的城镇地区。这将从两个维度影响收入分配。一是对外开放直接导致区域发展差距，不同发展水平地区的居民面临不同的发展机遇、公共服务和劳动报酬，带来实际意义上的收入分配差距。二是对外开放导致同一地区的城乡发展差距，从而导致城市和农村居民的收入差距扩大。这就是说，出于发展水平和地理位置等客观原因，对外开放是非均衡的，其带来的经济增长和发展收益，在各地区间乃至同一地区的城乡间，也是非均衡的，这是对外开放导致收入差距、不利于共同富裕的内在机理。

上述规律在发展实践中客观存在，一定程度上是导致我国总体收入差距的重要因素。在特定阶段，甚至成为决定我国总体收入分配的主要因素。需要指出，应当全面辩证地看待对外开放与共同富裕之间的关系。其一，对外开放带来的收入差距，是在总体收入水平不断提高、物质基础不断夯实、人民物质生活水平不断提高、国家综合实力不断增强的基础上产生的。也就是说，对外开放有显著的生产力属性，是做大蛋糕的必由之路。这就为通过再分配推动共同富裕提供了物质前提。其二，在实践中，对外开放加剧了收入分配差距扩大。其根本原因不在于对外开放本身，而是出于地理位置等原因，部分地区对外开放面临一定困难。也就是说，是因为部分地区借助各种内、外部条件实现了对外开放，加入全球产业分工和全球大市场，从而实现了快速的经济增长，而另一部分地区，出于各种原因，在对外开放和深度融入全球经济方面相对落后，进而导致在发展方面落后于对外开放程度较高的地区。因此，收入差距产生的原因不是对外开放，而是部分地区在更加充分的对外开放方面面临困难，在发展方面处于相对落后地位，从而导致收入差距进一步扩大。

因此，通过对外开放推动共同富裕，要通过税收、转移支付等各种政策性手段调节收入分配，保障相对落后地区教育、健康等基本公共服务，确保社会公平，提升社会经济发展的可持续性。更为重要的是，就对外开放而言，不仅强调其总体水平和内容，更应关注其区域全面性。对于中、西部内陆地区，要着力加快通道和物流设施建设，大力提升运输能力和物流发展质量效率，落实《西部陆海新通道总体规划》《推动共建丝绸之路经济带和21世纪海上丝绸之路的愿景与行动》等重要国家开放战略，深化陆海双向开放，提升运输能力和物流发展质量及效率，深化国际经济贸易合作，促进交通、物流、商贸、产业深度融合，推动西部地区高质量发展。

B.12
以高质量金融服务促进共同富裕

王　博*

摘　要： 为实现共同富裕，需要转变传统金融服务为高质量金融服务。本文旨在探讨高质量金融服务在实现共同富裕方面的现代化要求，并分析了传统金融服务的逐利特征与共同富裕要求之间的矛盾。阐述了现代化高质量金融服务的具体功能要求，包括普惠性、公平性和可持续性。同时，提出了调整与引导高质量金融服务的策略，包括发展创新金融产品、推动数字普惠金融和金融科技、降低金融机构准入门槛、提供个性化金融产品和服务、加强监管和社会责任等方面的措施。通过采取这些措施，可以调整和引导高质量金融服务，为实现共同富裕目标提供有力支持。

关键词： 高质量金融服务　共同富裕　经济增长

一　引言

金融服务在现代社会扮演着重要的角色。作为经济发展的动力引擎，它推动着资金和资本的流动，为个人和企业提供融资和风险管理手段。同时，金融服务也是实现共同富裕的关键要素。

然而，在过去金融业迅速发展的过程中，我们也看到了部分金融创新野蛮生长对共同富裕目标实现带来的一系列问题和挑战。其中之一是贫富差距

---
* 王博，中共中央党校（国家行政学院）经济学教研部，博士研究生，研究方向为金融理论与政策和金融风险。

的扩大和逐利倾向的加剧。金融的资本属性意味着在没有限制的条件下，个体利益最大化的资本原则可能导致资源和财富的不平等分配。然而，共同富裕理念追求全体人民共享社会发展成果，将整体利益置于个体利益之上。因此，我们迫切需要思考如何打造高质量的金融服务，以促进共同富裕的实现。换言之，我们需要重新审视金融服务的本质，并引入以"人"为本而不是以"资本"为本的引导原则，以实现共同富裕的目标。

在这一背景下，我们注意到在西方国家，尽管经济迅速发展，但收入分配问题并没有得到改善，反而可能导致贫富差距的扩大。此外，库兹涅茨曲线的存在也意味着随着经济的增长，收入分配问题可能会出现恶化的趋势。因而，我们在借鉴西方制度时需要考虑其可能存在的弊端。正如马克思和恩格斯在《资本论》中阐述的，资本主义制度下随着劳动生产率的提高，财富的增值和工人自身的贬值成正相关关系。工人创造的商品越多，工人自己就越变成廉价的商品。因此，资本主义制度下财富的生产必然带来普遍的贫穷。从这个角度来看，以资本增值为目的的资本主义分配制度必然导致贫富差距的扩大。[①]

由此可见，金融服务作为资源分配中至关重要的角色，如果仅仅以资本增值为目标，必然会引发贫富差距扩大的问题。然而，如果我们能够妥善解决这一问题，金融就有可能成为促进经济增长和缩小贫富差距的关键工具。因此，在追求共同富裕的目标时，我们必须深入思考如何从传统金融转变为高质量金融，以更好地推动共同富裕的实现。

本文旨在探讨通过高质量金融服务促进共同富裕的实现。重点关注金融服务的目标与意义、传统金融向高质量金融的转变，以及通过高质量金融服务促进共同富裕时需要做出的调整和引导。通过深入分析和讨论传统金融服务的逐利特征与共同富裕要求之间的矛盾，引入马克思主义理论的核心思想，旨在向高质量金融服务转变以促进共同富裕目标的实现提供有益思路和建议，助力社会公平和繁荣。

[①] 高惺惟、崔笑李：《马克思恩格斯对实现共同富裕的理论贡献》，《科学社会主义》2022年第4期。

二 传统金融服务的逐利特征与共同富裕的要求的矛盾

（一）传统金融服务的逐利特征

金融服务不仅具有为个人和企业提供资金和资本流动的功能，还担任着风险管理和经济调节的角色。通过金融渠道，资金能够有效地流动，促进资源的优化配置和经济效率的提升。金融机构和市场的参与者追求高回报和利润增长的机会，推动资金流动和财富创造。金融服务的发展促进了经济的稳定和可持续发展，为社会创造了更多机会和福利。这与共同富裕要求的经济效率是一致的。

然而，传统金融活动中资本逐利的本能是不可忽视的。金融服务受到资本主义经济体系的本质属性驱使，其目标是追求利润最大化。金融机构和市场参与者追求高回报和利润增长的机会。根据资本市场的基本规律，传统金融具有逐利性和风险偏好性，促使资本追逐更高的利润。金融机构倾向于投资现金流稳定、经营周期长的大型企业，造成财富和资源分配的不平等现象。如果继续按照完全自由市场的逻辑发展，中小企业和农民将面临金融壁垒和不平等的增加。然而，共同富裕的目标是让中小企业和农民等群体富裕起来，缩小贫富差距。因此，继续沿着传统金融发展路径前进，必然与共同富裕所要求的社会公平存在内在矛盾。

为了实现高质量的金融发展，需要解决金融服务逐利特征所带来的矛盾问题。首先，金融业需要解决金融资源错配问题，特别是解决中小企业和农民等弱势群体在金融服务中的困境问题。其次，金融服务需要更加注重共同富裕理念，不仅追求资本强势群体的财富增长，还要关注弱势群体的财富增长，实现社会的公平与公正。为了引导金融服务朝着以人为本位的方向发展，可以借鉴马克思主义理论作为指导原则。此外，政府在监管和引导金融发展中起着重要作用，需要制定和实施政策措施，促进金融服务的平衡发展，确保共同富裕目标的实现。

由此可见，金融在资源分配中的作用不可忽视。它为个人和企业提供了资金和资本的流动，同时为经济体系提供了风险管理和经济调节的功能。然而，金融服务的逐利特征也带来了一系列问题，特别是在追求共同富裕的过程中。高质量金融发展需要解决金融服务逐利导致的不平等问题，以实现以人为本的共同富裕发展目标。政府的有效监管和引导是确保金融发展在服务全体人民、促进经济稳定和可持续发展方面的关键。

（二）共同富裕的内涵要求以及高质量金融服务的角色作用

如何实现共同富裕是一个重要问题。在解读新时代共同富裕的核心内涵时，2021 年 12 月的中央经济工作会议指出："首先要通过全国人民共同奋斗把'蛋糕'做大做好，然后通过合理的制度安排正确处理增长和分配关系，把'蛋糕'切好分好。"① 因此，共同富裕具有发展、共享和可持续的多维特征。发展是共同富裕的物质基础，通过提高生产效率扩大社会财富。共享是核心，建立在权利平等和机会均等的基础上，让每个人参与共享发展。可持续是重要保障，不能以牺牲未来发展为代价，需建立在社会稳定和环境可持续基础上。同时，中国人民银行发布的《金融科技发展规划（2022—2025 年）》强调，金融科技的发展应以公平为准则、以普惠为目标，使金融科技成果更加公平、广泛、深入地惠及广大人民群众，为实现共同富裕提供助力。

在党的二十大报告中，提出了未来五年的主要目标任务："居民收入增长和经济增长基本同步，劳动报酬提高与劳动生产率提高基本同步，基本公共服务均等化水平明显提升，多层次社会保障体系更加健全。"② 尽管这些目标中并未明确提及共同富裕，但实际上它们体现了与共同富裕直接相关的内涵，或者说是共同富裕的本质内涵，因为收入增长是财富增加和财富积累

---

① 《习近平谈治国理政》第 4 卷，外文出版社，2022，第 210 页。
② 习近平：《高举中国特色社会主义伟大旗帜　为全面建设社会主义现代化国家而团结奋斗——在中国共产党第二十次全国代表大会上的报告》，人民出版社，2022，第 25 页。

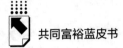
的基础。大部分居民依靠劳动来获得收入，因此劳动报酬的提高也是非常重要的。公共服务的提升和社会保障的普及能够使每个人都获得相同的公共服务和社会保障，这也是共同富裕的结果。

共同富裕追求的不仅是经济上的富裕，更重要的是在社会层面实现公平、公正和人的全面发展。这意味着在追求物质财富的同时要追求精神财富，而精神财富是以物质财富为基础的。精神财富需要以自由支配的时间作为基础，"财富〈现实的财富〉不是对剩余劳动时间的支配，而是除了耗费在直接生产上面的时间以外，每一个个人和整个社会可以自由支配的时间"①。为实现自由支配的时间的富裕，马克思认为会发生一种转变："劳动表现为不再像以前那样被包括在生产过程中，相反地，表现为人以生产过程的监督者和调节者的身份同生产过程本身发生关系……工人不再是生产过程的主要作用者，而是站在生产过程的旁边。"② 在这个时期，"群众的剩余劳动不再是发展一般财富的条件"，"把社会必要劳动缩减到最低限度，那时，与此相适应，由于给所有的人腾出了时间和创造了手段，个人会在艺术、科学等等方面得到发展。"③ 在这种情况下，高质量的金融服务将发挥资源调节的作用，充当生产过程中的调节者，以实现个体的自由发展和精神财富的最大化，进而真正实现共同富裕的目标。金融机构通过资源配置、资金流动和风险管理等方式，促进资源的合理分配和经济活动的有序进行。有效的金融服务和创新使个人能够在艺术、科学等领域发展，提升社会的精神财富水平，同时为实现共同富裕提供支持并促进社会经济的稳定和可持续发展。

由此可见，实现共同富裕需要对金融服务进行以人为本的改善和引导。"以人为本的引导"强调金融服务应以满足最广泛人民的需求、提高社会福祉为出发点。金融服务不应仅追求短期利润，而应关注社会公共利益、公平和可持续发展。从单纯追求经济效益转向实现更综合的社会目标是"以人

---

① 《马克思恩格斯全集》第 46 卷（下），人民出版社，1980，第 219 页。
② 《马克思恩格斯全集》第 46 卷（下），人民出版社，1980，第 218 页。
③ 《马克思恩格斯全集》第 46 卷（下），人民出版社，1980，第 218~219 页。

为本的引导"的要求。因此，金融机构在履行调节职能的同时，应注重对金融服务进行改善和引导，将社会责任和可持续发展融入经营策略，以实现共同富裕的目标。

三 现代化的高质量金融服务的功能和要求

现代金融体系具备三个重要功能。第一，促进资源的流动和优化配置，为实体经济的发展提供支持。第二，通过实现经济增长的财富效应，构建从小康到富裕的路径。第三，金融体系能够有效抵御风险，维护其稳定和安全。因此，现代金融体系在资源流动、财富积累与保障、风险抵御与稳定维护等方面具有重要作用和功能。

相对应的，共同富裕对金融能力提出了三个方面的要求：价值创造的能力、分享财富的能力和抵御冲击的能力。这些要求旨在形成更多的公共财富，并将其落实到人们的享受和能力提升。

（一）价值创造的能力

金融在实现共同富裕中扮演关键角色，包括激发价值创造力和优化资源配置，以最大限度地创造价值、扩大财富，并实现从现有富裕到更大范围的富裕，从而推动社会财富的更大增长。这被称为"做大蛋糕的能力"。尽管中国取得了巨大的经济发展成就，但仍存在不同地区、不同群体之间的发展差距和收入分配不平等的问题。为了实现共同富裕，需要通过推动经济增长、提高生产力和改善资源配置，以扩大整体社会财富的规模。

从扩大整体社会财富的角度来看，金融支持共同富裕的问题应发挥初次分配的调节作用，即如何通过市场供求关系和要素的边际收益率及成本改善居民收入分配。其中一个重要指标是资本产出率，它代表资本效率，即每增加一个单位的经济产出所需消耗的资本投入。近年来，中国的资本产出率呈上升趋势，这意味着资本效率的下降。2000 年，我国的资本产出率为 2，随后逐步攀升，到 2017 年达到了 3.5。这样的上升趋势可能会对未来以投资

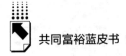

拉动经济增长的模式造成制约，进而阻碍经济的可持续增长，使共同富裕的实现面临更严峻的挑战。

资本效率的下降可能与多种因素有关。一方面，随着经济发展和工业化进程的推进，新的投资领域和项目变得越来越有限，导致资本投入的边际收益率下降。另一方面，资源配置不均衡、产业结构调整不到位等问题也可能影响资本的有效利用，进一步导致资本效率的下降。为了提升资本效率和实现共同富裕，进一步深化金融体制改革至关重要。金融体制的改革应着眼于提升金融机构的服务能力和效率，促进金融资源的优化配置。通过创新金融产品和服务，引导资金流向高效益、高附加值的领域和项目，提高资本的有效利用率。此外，还需要加强对金融市场的监管，防范金融风险，确保金融体系的稳定运行。

（二）分享财富的能力

共同富裕的内涵不仅仅意味着简单追求经济增长和财富积累，还包括提高民生福祉、改善公共服务，确保每个人都能分享经济增长的成果并实现基本公共服务的均等化。因此，要实现共同富裕，除了追求整体社会财富增长外，还需要关注收入分配的公平性、社会保障体系的健全性以及公共服务的提升，以确保人民群众生活水平的全面提高。这是真正让所有个体都能分享蛋糕的能力。

从分享蛋糕的角度来看，需要发挥高质量的金融服务对二次分配的调节作用。通过创新金融产品和服务，满足不同群体的需求，促进财富的再分配。具体而言，第一，金融机构和金融科技公司可以通过提供普惠金融等创新产品和服务，帮助农村地区、小微企业等薄弱环节获得贷款和金融支持，促进其发展壮大，缩小地区间的经济差距。第二，金融市场的运作为个人和机构提供了更多的投资机会，使他们能够参与经济发展并分享经济增长所带来的收益。多元化的投资渠道，如股票、债券等金融工具，有助于缩小收入和财富的差距，促进社会公平性和包容性的提升。第三，高质量金融服务通过风险管理手段可以降低个人和企业面临的风险和不确定性。金融机构提供保险和其他风险转移工具，帮助个人和企业保护财产和利益，维护社会的稳定和安全。

然而，金融发展中存在金融抑制和过度金融化对共同富裕的阻碍。金融抑制导致中小企业面临融资难题，限制了其发展和共同富裕的实现。金融机构的垄断和非正规金融市场的发展增加了中小企业的融资成本和融资限制，阻碍了它们的发展机会。另外，过度金融化使金融行业脱离实体经济，对共同富裕产生了消极影响。过度金融化削弱了对企业的资金投入，减少了实体经济的发展机会，同时增加了收入不平等和资本积累的不平衡。因此，在追求共同富裕的过程中，需要发挥高质量金融服务的作用，创新金融产品和服务，满足不同群体的需求，促进财富再分配。同时，要避免金融抑制和过度金融化对共同富裕的负面影响。最后，最重要的是发展中小金融机构，为中小企业提供更好的融资环境，推动共同富裕的实现。

（三）抵御冲击的能力

随着经济蛋糕不断扩大，金融行业面临着市场波动、内外部风险等各种挑战。在这种背景下，金融的使命是构建抵御风险的能力，保护经济发展的成果。党的二十大报告明确要求："加强和完善现代金融监管，强化金融稳定保障体系，依法将各类金融活动全部纳入监管，守住不发生系统性风险底线。"[1]

系统性金融风险是金融稳定的重要挑战，包含冲击、放大机制和负外部性三个要素。冲击是系统性风险的起因，可能来自金融部门的内外因素。而放大机制则能够将初始冲击放大数倍，主要通过杠杆机制和关联机制实现。最终，负外部性成为系统性风险事件的外在表现，例如大量机构破产等。为了防范系统性金融风险，控制负向冲击和放大机制至关重要。这意味着金融体系需要建立有效的监管措施，减少冲击的发生并阻止其传播。同时，要加

---

[1] 习近平：《高举中国特色社会主义伟大旗帜 为全面建设社会主义现代化国家而团结奋斗——在中国共产党第二十次全国代表大会上的报告》，人民出版社，2022，第29~30页。

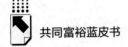

强对杠杆机制和关联机制的监管，避免对系统稳定性产生负面影响。这样的防范措施对于保护金融稳定和经济可持续发展至关重要。

此外，金融业本身是一个需要不断创新的行业，而创新往往伴随着高度的不确定性。创新需要大量的投入，无论是在基础研究还是应用领域创新方面，往往需要投入大量的现金流，在这个过程中，这些投入在短期内往往是不经济的，特别是考虑到创新失败的可能性。而在中国，由于现有以银行融资为主导的间接融资体系，创新主体往往无法满足银行授信要求，无法获得所需的资金支持。这就要求我们大力发展私募股权投资和风险投资，以促进创新的发展。

另外，中小企业是经济发展的重要组成部分，而它们往往面临较高的风险。为了实现共同富裕，我们需要将资源向中小企业倾斜，并为它们提供更多的支持。在这方面，发展私募股权投资和风险投资市场非常重要，因为这些市场可以解决中小企业融资难的问题，并支持实体经济的发展。通过采用符合创新本质的金融工具和手段，将资源注入到创新经济中，金融可以成为创新创业的重要支撑，提高整个社会的资源配置效率，为共同富裕奠定更为坚实的基础。

此外，近年来，我们也面临着金融乱象的问题，许多打着互联网旗号的非法金融活动给部分居民的财富带来了损害。维护金融秩序本身也是对中低收入群体的保护。综上所述，防范金融风险对于实现共同富裕具有重要作用。通过加强监管、控制系统性风险、支持创新和中小企业发展，我们可以保护经济发展的成果，促进共同富裕的实现。这样的综合措施将使金融在防范风险和支持共同富裕方面发挥更大的作用。

四 高质量金融服务促进共同富裕的调整与引导

金融服务在实现共同富裕的社会中扮演着关键角色。作为经济活动的重要组成部分，金融服务对资源配置、资金流动和财富创造具有重要影响力。然而，传统的逐利导向使得金融服务过于关注少数人的利益，导致资源和财富的不平等分配。这凸显了资本主义体系中存在的贫富差距问题。为弥补这种不平等，需要转变金融服务的导向，从个人利益最大化转向整体利益最大化。这意味着金融服务机构和市场参与者应更关注社会公共利益、人的全面发展和社会公正，而非仅追求短期利润。

（一）政府对金融服务的引导作用

共同富裕作为社会主义的本质要求，反映了马克思主义理论中人民群众的切身利益优先的价值观。马克思主义从生产力与生产关系、经济基础与上层建筑的辩证统一关系出发，深入剖析了生产社会化与资本主义生产资料私有制之间的矛盾，以及社会主义代替资本主义的必然性。在马克思主义的理论指导下，我们深刻认识到实现共同富裕是社会主义和共产主义社会发展的规律。

以此为基础，政府在引导高质量金融服务朝共同富裕目标发展方面发挥关键作用。首先，政府可以通过制定相关政策和法规，引导金融机构更关注社会公共利益，尤其是弱势群体的需求，推动资源和财富更平等分配。其次，政府在金融监管方面扮演重要角色，加强监管措施以防范不当行为和不公平竞争，保护消费者权益，促进金融市场的健康发展，确保金融服务的普惠性和公平性。此外，政府还应鼓励金融机构积极参与社会责任倡议，投资社会发展项目，为共同富裕目标的实现做出积极贡献。同时，需要解决政府角色与市场机制的平衡问题，政府应该根据具体国情和发展阶段，积极探索适合本国实际的经济制度安排。政府既要尊重市场机制和市场主体的决定性作用，也要在经济发展过程中发挥积极的调控和引导作用。政府应遵循市场规律，尊重企业家精神和市场竞争，同时积极引导市场发挥更好的资源配置功能，实现经济效益与社会效益的统一。

在推进共同富裕的过程中，政府应意识到这是一个长期目标，需要分阶段逐步实现。为促进共同富裕，政府应坚守一系列原则。首先，政府应鼓励勤奋创新致富，通过激发人们的努力和创新能力，实现个体和社会的共同富裕。其次，政府应坚持基本经济制度，保障人民的基本权益和利益，确保每

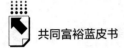

个人都有机会参与经济发展并分享发展成果。此外，政府还应量力而行，根据实际情况和资源条件，采取切实可行的措施，逐步推进共同富裕目标的实现。最后，政府应坚持循序渐进的原则，通过逐步改善社会经济条件、减少贫困和不平等现象，逐步实现共同富裕的目标。

此外，在推进共同富裕的过程中，政府可以利用政策性金融来筹集社会资金，特别是用于支持金融领域薄弱环节和弱势群体。这种做法旨在弥补市场失灵，通过建立有效的金融制度安排，实现政府与市场之间的有效衔接。政策性金融的目标是解决发展不平衡和不充分的问题，以提高发展的平衡性、协调性和包容性。此外，政府还可以通过推动金融创新和金融科技的发展，促进共同富裕的实现。通过引入新技术和创新金融产品，政府可以提高金融服务的效率和普惠性，使更多人能够受益于金融发展。例如，政府可以推动数字金融技术的应用，提供便捷的金融服务和金融包容，特别是在偏远地区和农村地区，为贫困人口和农民提供更便利的金融支持。

在推进共同富裕的过程中，政府还应加强对金融机构的监管和风险防控。政府应建立健全监管制度和监管机制，加强对金融机构的监督，防范金融风险和不当行为的发生。此外，政府还应加强对金融市场的监测和评估，及时发现和解决存在的问题，确保金融市场的健康稳定运行。这样可以保障金融服务的公平性、安全性和稳定性，为共同富裕目标的实现提供坚实保障。

综上所述，共同富裕作为社会主义的本质要求，在马克思主义的理论指导下，政府在引导高质量金融服务朝着共同富裕目标实现的过程中发挥着重要作用。政府可以通过制定政策、加强监管和鼓励金融机构承担社会责任等手段，推动金融服务更加关注社会公共利益，实现资源和财富更加平等的分配，从而促进社会的公平和公正。这样的努力为实现社会主义和共产主义社会的发展规律提供了良好的金融环境，使每个人都能够享受平等的金融机会，并共同分享社会的繁荣与进步。

（二）数字普惠金融与共同富裕

正如前文所提，我们应该发展创新金融产品，推动数字金融技术的发展，以实现金融服务的普惠性。数字普惠金融的发展与共同富裕的内涵相辅相成。数字普惠金融的核心目标是"普"和"惠"，即覆盖更广泛的受众群体，并实现金融服务的公平和普惠。在实现共同富裕的过程中，数字普惠金融发挥着重要的作用。

第一，数字普惠金融可以提供广泛的金融服务，包括支付、存款、贷款、保险等，使更多的人能够方便地获取和使用金融服务。通过数字技术的创新，例如移动支付、电子银行等，人们可以跨越时间和空间的限制，随时随地进行金融交易，提高金融服务的便利性和可及性。

第二，数字普惠金融有助于缩小金融服务的"数字鸿沟"，让更多的人能够享受到现代金融服务的红利。通过数字技术的应用，可以降低金融服务的成本，提高效率，使金融服务更加平价和可负担。特别是在农村地区和偏远地区，数字普惠金融可以克服传统金融机构的缺乏和高成本问题，为农民和小微企业提供更便捷、更实惠的金融服务。

第三，数字普惠金融的发展还能够改善收入分配的不平衡问题，推动共同富裕的实现。通过数字技术创新支付手段、贷款储蓄方式和投资产品，数字普惠金融提高了低收入群体的投资收入，促进了收入分配的合理化。它可以让更多人参与到经济活动中，创造更多的就业机会和收入来源，缓解了收入分配不公平的问题。数字普惠金融通过合理配置社会资源，为地区经济发展和共同富裕提供持续的动力保障。

第四，数字普惠金融有助于缓解传统金融与共同富裕之间的矛盾，维护社会公平。然而，数字普惠金融发展也面临一些挑战和问题。其中包括信息安全和隐私保护的风险的提升，金融不平等问题可能加剧，数字鸿沟的进一步拉大，等等。政府和金融机构需要积极应对这些问题，加强监管和风险管理，确保数字普惠金融的可持续发展和共同富裕目标的实现。

为推动数字普惠金融的发展和实现共同富裕目标，政府在政策制定和实

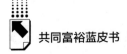

践中应充分发挥作用。政府可以通过制定支持数字普惠金融的政策和法规，提供财政支持和激励措施，鼓励金融机构加大对数字普惠金融的投入和创新。如《"十四五"国家信息化规划》提出了"数字普惠金融服务优先行动"，为提升共同富裕水平指明了方向。政府还应加强监管，确保数字普惠金融的安全性和稳定性，保护用户的权益和信息安全。此外，政府还可以推动数字教育和培训，提升公众对数字金融的认知和技能，促进数字普惠金融的普及和可持续发展。

因此，数字普惠金融在实现共同富裕中发挥着重要作用，它可以提供良好的金融环境，让每个人都能够享受平等的金融机会，共同分享社会的繁荣与进步。同时，也应密切关注数字普惠金融的问题和挑战，采取相应的措施加以解决，确保数字普惠金融发展的可持续性和共同富裕目标的实现。

（三）金融科技与共同富裕

金融科技与共同富裕之间存在紧密的联系，二者相互契合。首先，金融科技在经济增长中扮演着关键角色，强化了资本要素和数据要素，促进了全社会生产力的提升。通过金融科技的应用，金融机构可以更高效地配置资金和资源，促进经济的创新和发展，为社会创造更多的财富和就业机会。这有助于推动经济的包容性增长，确保更多人从经济发展中受益，实现益贫式增长。

其次，金融科技推动了金融深化发展，丰富了金融市场层次，提升了金融服务的可得性，扩大了辐射范围。通过数字技术的创新，金融机构可以突破传统的地理和时间限制，提供更便捷、高效的金融服务。特别是在偏远地区和农村地区，金融科技可以弥补传统金融机构的不足，为边缘客户提供平等和包容的金融服务，减少金融市场的歧视和不平等。

此外，金融科技还能够维护金融市场的可持续发展，提高金融机构的风险控制水平，保障业务的安全性。通过应用大数据分析、人工智能和区块链等技术，金融机构可以更准确地识别和评估风险，降低金融风险，增强金融系统的稳定性。特别是在绿色金融领域，金融科技可以加强对绿色信贷的识别和审核，引导金融资源向绿色低碳行业倾斜，助力生态环境的可持续发展，实现代际公平的共同富裕。

然而，金融科技在实现共同富裕的过程中也面临一些问题和挑战。其中包括数据安全和隐私保护的风险，技术创新带来的不平等现象以及数字鸿沟的进一步拉大等。政府和金融机构需要积极应对这些问题，加强监管和风险管理，确保金融科技的可持续发展与共同富裕目标的实现。同时，还需要注重金融科技的普惠性和包容性，确保所有人都能够平等地分享金融科技带来的机遇和福利。

在当前情况下，小微企业和低收入者在获得规范金融服务方面面临困难，这主要是由于金融机构的准入门槛过高。为解决这一问题，推动数字技术的发展变得至关重要。作为人们最常接触的金融机构，商业银行在存贷款业务方面发挥着重要作用。通过将金融科技应用于商业银行的存贷款业务，可以促进金融深化发展，突破传统银行网点的地理限制，提升和扩大金融服务的可获得性和覆盖范围。提供透明、公平的金融服务，有利于进一步提升传统金融弱势群体的金融可获得性。另外，银行贷款业务长期存在信息不对称问题，导致边缘客户难以公平获取信贷资源。为了解决这一问题，引入金融科技，运用大数据和人工智能技术收集客户的数字足迹并预测违约行为，将传统软信息转化为硬信息，缓解信息不对称的压力。这样，银行能够更有效地筛选出优质的边缘客户，使长期受到信贷歧视的小微企业和个体工商户能够通过金融科技获得信贷支持，实现信贷资源配置的效率和公平双重目标的兼顾。

从经济增长的角度来看，实现共同富裕要求中低收入者从增长中获得的收益高于高收入者，即实现益贫式增长。作为金融服务提供者，金融机构承担着重要的职责，应以人为本，致力于创新金融产品和服务，推动共同富裕的实现。金融机构可以通过开发普惠金融产品，提供低成本的贷款和保险服务，支持小微企业和农村经济的发展。同时，应满足教育、健康、住房等领域的金融需求。此外，金融机构还应关注社会责任和可持续发展，充分考虑社会和环境的影响，并积极参与社会公益活动，为实现共同富裕目标做出积

极贡献。

因此，通过发展高质量金融科技服务，提高金融服务的可得性和包容性，降低金融准入门槛，缓解信息不对称问题，创新普惠金融产品和服务，金融科技可以为更多人提供平等和包容的金融机会，推动经济的包容性增长，实现共同富裕的目标。然而，在推进金融科技发展的过程中，也需要关注数据安全、隐私保护和技术带来的不平等问题，加强监管和风险管理，确保金融科技的可持续发展与共同富裕目标的实现。

五　以高质量金融服务促进共同富裕的未来展望

展望未来，高质量金融服务的重要性和发展前景将变得更加明朗。为实现共同富裕目标，需要采取一系列政策来调整和引导金融服务。政府应加强金融监管，加大对金融机构的监管力度，加强风险管理和合规性监督，以防止金融机构的不当行为，保护消费者权益，维护金融市场的稳定和健康发展。同时，政府应积极支持金融科技的发展和应用，推动金融创新。通过引入新技术和创新模式，可以提高金融服务的效率和普惠性，满足人们多样化的金融需求。政府可以鼓励金融机构承担更多的社会责任，通过参与社会公益活动和投资社会发展项目，为共同富裕目标的实现做出积极贡献。通过这些政策，高质量金融服务将在未来发挥更为重要的作用，为社会的进步和人民福祉的提升做出更大的贡献。

届时，以人为本的高质量金融服务将成为实现共同富裕的关键所在。通过将人的需求和利益置于金融服务的核心，可以建立一个更加公平、包容和可持续的金融体系。随着科技的不断发展和金融创新的推进，高质量金融服务将得到更广泛的应用。通过利用大数据、人工智能和区块链等新技术，可以提供个性化、定制化的金融产品和服务，满足人们多样化的需求。同时，高质量金融服务也将促进社会的稳定和可持续发展，推动经济增长与社会公平的良性循环，减少贫富差距，实现共同富裕的目标。

然而，实现高质量金融服务仍面临一些挑战和难题，包括技术风险、信息安全、个人隐私保护等方面的问题。政府、金融机构和社会各界需要共同努力，制定相关政策和规范，保障金融服务的安全性和可靠性。因此，需要通过政策的调整与引导，以及对金融机构角色的重塑，实现高质量的金融服务，以促进共同富裕的实现。

区域篇

Regional Reports

B.13

吉林省推进共同富裕实践研究报告

任 婧[*]

摘 要： 扎实推进共同富裕，是社会主义制度优势的充分体现，也是全面建设社会主义现代化国家的本质要求。吉林省在习近平新时代中国特色社会主义思想的正确指引下，充分依托自身优势，牢牢把握以经济建设为中心，在推动区域协调发展、保障和改善民生、打赢脱贫攻坚战等方面做了大量的工作，为促进共同富裕创造了良好条件。同时，吉林省在营农环境建设上、产业和区域发展上、关键要素供给上、民营经济发展上还有很多不足。下一步，吉林省坚持以党的二十大精神为引领，积极打造高质量发展"动力源"，加快实现共同富裕。

关键词： 吉林 高质量发展 共同富裕

---

[*] 任婧，中共吉林省委党校（吉林省行政学院）经济管理教研部副教授，主要研究方向为政府经济学。

习近平总书记关于共同富裕的重要论述，是新时代下开辟马克思主义新境界的重要体现，是习近平新时代中国特色社会主义思想的重要内容。共同富裕作为中国式现代化的重要特征，是我国在全面建成小康社会之后，党中央决策的又一个具有开创性的重大事业。既无可借鉴的教材，也无可借鉴的成功经验。习近平总书记对中国式现代化、对共同富裕的重要论述就是我们走好共同富裕之路、实现共同富裕目标的基本遵循，就是我们回答新时代新征程"为什么要推进共同富裕、什么才是共同富裕、怎样推动共同富裕"等重大现实和理论问题的基本纲领。

近年来，吉林省深入贯彻落实习近平总书记视察吉林时的重要讲话重要指示批示精神，在习近平新时代中国特色社会主义思想的正确指引下，在共同富裕的实践道路上进行了有益尝试和探索，为推动吉林高质量发展取得新进步、推动吉林人民实现共同富裕取得新成效积累了宝贵经验。

一 吉林省推进共同富裕现状

吉林省地处东北亚地理几何中心，是全国 9 个边境省份之一，面积 18.74 万平方公里，约占全国的 2%。截至 2022 年末，全省总人口为 2347.69 万人。简要概括吉林省的特点，主要是"五大优势"。一是全国重要的商品粮基地。全省耕地 1.12 亿亩，其中黑土地 9811 万亩，永久基本农田 8202 万亩，盐碱地 1400 多万亩，开发利用潜力很大。单产、商品率长期位居全国前列，是远近闻名的"大粮仓"。农产品加工业加快发展，中粮、国投、华润等央企，嘉吉、正大等外企，梅花、伊利、农夫山泉等名企相继在吉林投资建厂。玉米加工转化能力居全国第 2 位，赖氨酸和燃料乙醇类产能居全国第 1 位，玉米加工转化能力和燃料乙醇类产能居全国第 1 位。绿色农产品品质更优，绿色无公害认证产品达到 1700 多个。东北农嫂鲜食玉米销量、电商销量、出口量均处于全国第一。"吉米"畅销全球，人参产量占全球 40%左右、全国 60%左右。二是老工业基地基础雄厚。作为国家重要的老工业基地，吉林省工业基础雄厚，产业体系健全。汽车工业是第一支柱

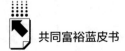

产业，被誉为中国汽车工业的"摇篮"。2022 年，汽车产业产值占全省工业总产值的 41.1%，一汽独占 35% 左右，整车产量 215.6 万辆，红旗品牌产销连续两年超过 30 万辆，解放卡车终端市场份额连续多年保持国内行业第一。作为我国"化工长子"的吉化股份，已形成乙烯、纯苯、醋酸等多门类千余种化工产品的完整生产体系，吉林市拥有国内最完整的石化产业链。装备制造业中的长客，是亚洲最大的轨道客车生产企业，生产了我国第一辆地铁、第一列高寒动车组。长客生产的高铁占国内市场份额的 33% 左右、城铁占 23% 左右。时速 600 千米的磁悬浮动车成功研制，时速 400 千米高铁全面下线。"吉林一号"卫星是我国自主研发的第一颗商业卫星，在轨运行达到 89 颗，预计 2023 年底，"吉林一号"将实现 138 颗卫星组网，建成我国目前最大的商业光学遥感卫星星座。① 医药产业发展势头良好，素有中国"北方药都"之称，有效的药品批准文号数量居全国首位。三是处于"一带一路"重要节点。吉林省一直是我国沿边开放的窗口，现有 12 个公路口岸和 3 个铁路口岸，是共建"一带一路"的重要节点，与全球 180 多个国家和地区建立了稳定的经贸关系。既有长吉图开发开放先导区，又有长春新区、中新吉林食品区等国家级平台。长春、珲春跨境电子商务综合试验区获得国务院批复，珲春—扎鲁比诺港—宁波舟山港运输航线经营范围不断扩大。四是生态资源丰富。吉林省是全国生态建设试点省份，全省的森林覆盖率达到 44% 以上，其中东部地区森林覆盖率超过 70%，长白山自然保护开发区森林覆盖率在 85% 以上。全省拥有各级各类自然保护区 50 多处。长白山保护区是吉林省的天然名片，被联合国确定为"人与生物圈"保护区网。素有丹顶鹤之乡的向海自然保护区被列入世界 A 级名录。吉林省已探明的矿藏达 110 余种，其中油页岩储量居全国第一，矿泉水储量居全国前列。五是人文科教资源突出。吉林省的科技基础条件非常优越，目前拥有长春光机所、应化所等科研机构超过 100 家，各

---

① 景俊海：《高举旗帜牢记嘱托　踔厉奋发勇毅前行　奋力谱写全面建设社会主义现代化新吉林精彩篇章》，《新长征》2022 年第 7 期。

类专业技能人才储备 300 余万人。有吉林大学、东北师范大学等高等院校 62 所，国家重点实验室 11 个，两院院士 22 人，培养高校毕业生 20 万人以上。全省充分发挥人文科教优势，下好创新先手棋，加大企业培育力度，促进企业快速成长。2022 年，认定科技型中小企业 1804 户、高新技术企业 3112 户①，金赛、凯莱英产值分别达到 103.2 亿元、91.1 亿元。

近年来，吉林省立足地域实际、放大优势、直面短板、深挖潜力，在推进共同富裕道路上做了探索尝试，实践成果主要体现在以下七个方面。

一是以脱贫攻坚促进共同富裕。消除贫困、脱贫攻坚是习近平总书记最关心、最牵挂、最用情的重要事业，这也是实现共同富裕的必然要求。近年来，吉林省坚持精准施策、精准脱贫，坚决打好打赢脱贫攻坚战，使脱贫攻坚工作赢得了新胜利。② 实践中，吉林省聚焦建档立卡贫困人口和扶贫项目，因地制宜、错位发展，选好选准扶贫产业，确保扶贫资金用足用好用在刀刃上。始终坚持重点攻坚不放松，紧盯深度贫困地区和特困群体，统筹资金、项目等，集中力量攻克深度贫困堡垒，加大对汪清、通榆两个深度贫困县和 150 个深度贫困村的支持力度。③ 全省 15 个国贫县全部摘帽，1489 个贫困村全部退出贫困序列，连续三年国家考核等次为"好"，全省 70 多万农村贫困人口在国家现行标准下全部实现脱贫。

二是以改善民生促进共同富裕。吉林省委省政府忠实践行以民为本的发展思想，情系百姓、扎实改善民生。据统计，城镇累计新增就业 200 多万人。其中，城镇新增就业 25.17 万人，实现转移就业农村劳动力 299.73 万人，实现了零就业家庭动态清零。④ 完成 5541 个城镇老旧小区和 28.9 万户棚户区的改造。2022 年度城乡居民人均可支配收入分别增长 6.1%、7.8%。

① 韩俊：《政府工作报告》，《吉林省人民政府公报》，2023 年 1 月 15 日在吉林省第十四届人民代表大会第一次会议上讲话。
② 景俊海：《高举旗帜牢记嘱托　踔厉奋发勇毅前行　奋力谱写全面建设社会主义现代化新吉林精彩篇章》，《新长征》2022 年第 7 期。
③ 李国虎：《打造创新发展攻坚年》，《农业发展与金融》2019 年第 3 期。
④ 韩俊：《政府工作报告》，《吉林省人民政府公报》，2023 年 1 月 15 日在吉林省第十四届人民代表大会第一次会议上讲话。

自来水在农村的普及率达到 95.3%，高于全国平均普及率 11.3 个百分点。养老、妇女、儿童、慈善、医疗、社会救助等事业全面发展。以《民声摘报》为重要载体，直接推动解决群众反映的民生典型问题①，通过"互联网+督查"、省长公开电话等方式，办理群众在线留言近 30 万条。全省先后开展的群众文化活动达 3000 多项，惠民人数达 1300 多万人（次）。②

三是以农业强省促进共同富裕。全省粮食生产大县达 32 个，7 个产粮大县进入全国前 10 名。在加快构建多点支撑、多业并举、多元发展的产业发展新格局中，吉林农业发挥了重要的担当作用，是实现富民强省、共同富裕的重要抓手。吉林坚持把稳定国家粮食安全放在首位，在全国率先启动"千亿斤粮食"建设工程，粮食生产能力迈上 800 亿斤新台阶，在实现农业现代化的第一方阵中地位更加牢固、更加突出。吉林还率先启动"黑土粮仓"会战，"梨树模式"等保护性耕作面积居全国第一，耕地面积 5 年来增长了 5 倍。完成 4330 万亩高标准农田建设，5 年内增长 60.4%。打造农产品加工业"十大产业集群"，加快实施"秸秆变肉"和千万头肉牛工程建设，农业大省已向农业强省迈进。③

四是以创新发展促进共同富裕。大力推动创新驱动发展战略在吉林落实，在东北地区率先获得创新型省份建设批复，吉林省综合科技创新水平位居全国第 19 位。④ 卫星年产能突破 100 颗，无人机年产能达到 200 架，配套企业 300 多家，为近 300 家行业单位提供遥感信息服务。长春捷翼汽车零部件公司、长光卫星跻身全国"独角兽"企业，中车长客等 5 家企业成为国家制造业领域单项冠军示范企业。长春国家农业高新技术产业示范区、自主

---

① 韩俊：《政府工作报告》，《吉林日报》，2023 年 1 月 15 日在吉林省第十四届人民代表大会第一次会议上讲话。
② 韩俊：《政府工作报告》，《吉林省人民政府公报》，2023 年 1 月 15 日在吉林省第十四届人民代表大会第一次会议上讲话。
③ 韩俊：《政府工作报告》，《吉林省人民政府公报》，2023 年 1 月 15 日在吉林省第十四届人民代表大会第一次会议上讲话。
④ 韩俊：《政府工作报告》，《吉林省人民政府公报》，2023 年 1 月 15 日在吉林省第十四届人民代表大会第一次会议上讲话。

创新示范区创建工作顺利获批并启动实施。长春生物制品所 P3 车间获得国家批准，成为东北唯一一家企业为主的 P3 实验室。[①]

五是以产业带动促进共同富裕。吉林省深入实施"三个五"发展战略，持续推进东中西部"三大板块"协调发展，深化"一主六双"产业空间布局，以质量求发展、以优势促支柱、以特色促特色，统筹推进经济发展的提质增效和动力转变。大力推进"百千万"产业培育工程，谋项目、建项目、引项目推动产业转型升级，一批有重大引领带动作用的项目在吉林省落地建设。举全省之力支持一汽建设国际一流的汽车企业，把长春建成全国汽车生产总量位居国内市场前三名的世界级汽车城，实现了红旗轿车销量同比增长 63 倍，赢得了习近平总书记的赞誉，被习近平总书记称为"风景这边独好"。全力打造夏季避暑、冬季冰雪双品牌，冰雪产业强势发展，市场份额稳居全国冰雪旅游首位；生态旅游发展势头强劲，如查干湖、长白山等。[②]

六是以改革开放促进共同富裕。吉林省坚定不移深化改革开放，不断增强发展活力动力，加快进入营商环境全国第一方阵，每千人拥有市场主体数量跃居全国第 6 位。[③] 坚持"两个毫不动摇"，坚持把握社会主义市场经济改革方向，开展企业服务月、企业服务大调研、持续优化营商环境踏查服务等活动，制定出台 50 项为企业办实事清单；全力落实组合式税费支持新政策，2022 年为市场主体减负 700 亿元左右，是上一年的 5 倍。政府政策的有效落实，使市场更好地发挥了资源配置作用。现阶段，市场主体总量已经达到 332 万户，其中企业户数增长 15.5%，增速列全国第 6 位。营商环境进一步得到优化，网上政务服务水平、服务能力稳步迈入全国一流行列，政务

① 韩俊：《政府工作报告》，《吉林省人民政府公报》，2023 年 1 月 15 日在吉林省第十四届人民代表大会第一次会议上讲话。

② 韩俊：《政府工作报告》，《吉林省人民政府公报》，2023 年 1 月 15 日在吉林省第十四届人民代表大会第一次会议上讲话。

③ 韩俊：《政府工作报告》，《吉林省人民政府公报》，2023 年 1 月 15 日在吉林省第十四届人民代表大会第一次会议上讲话。

服务事项的标准化规范化指标居全国领先水平。[①]

七是以绿水青山促进共同富裕。设立"吉林生态日",谨遵习近平总书记"绿水青山就是金山银山"的指示要求,全面推进生态强省,全力打好污染防治攻坚战,环境质量达到了吉林省有监测数据以来的最好水平。水环境的总体质量有了大幅提升和改善,优良水体的比例已经达到81.8%,同比上升了4.3个百分点。[②] 空气优良天数比例在全省地级以上城市达到93.4%,在全国排第9位。林草湿地生态连通扎实推进,河湖连通主体工程全面完成,绿色廊道累计完成1177.8公里,造林绿化221.4万亩。东北虎豹公园成为第一批国家级公园。

二 吉林省推进共同富裕亟待解决的问题

虽然吉林省近年来在推进共同富裕方面做了大量尝试探索,取得了十分可喜的成绩,但分析研究来看,还有一些亟待解决的问题,需要在今后共同富裕实践中给予关注。

营农环境尚需改善。在营农环境建设方面,一些亟待破解的难题仍摆在吉林这一农业大省的面前。一是惠农服务能力偏弱。省内农业服务总体上还是无法满足社会主义现代农业发展需求,主要表现是服务能力偏弱、规模较小,相对分散不够集中,服务质量偏低,特别是在生产资料供给、技术服务、政策服务等方面表现尤为突出。种子、化肥等农业生产资料价格高、质量低等损农坑农事件还时有发生,这些都直接导致农业生产成本的提高。农民获取政策的渠道,大多还是听别人说,以及通过微信、快手、抖音等媒体软件,无法保证政策的准确性。农业方面的专业人员比重低,技术推广体系相对薄弱,服务能力不强,无法满足农业发展的需求。农业产品的品牌建设

---

① 韩俊:《政府工作报告》,《吉林省人民政府公报》,2023年1月15日在吉林省第十四届人民代表大会第一次会议上讲话。
② 韩俊:《政府工作报告》,《吉林省人民政府公报》,2023年1月15日在吉林省第十四届人民代表大会第一次会议上讲话。

水平较低，很多农村企业和新农人以商标代替品牌，没有树立品牌意识，也没有培育品牌的过程和方法，无法打造出具有引领意义的农业品牌。二是农业人才仍然短缺。人才是农业农村振兴最关键的要素。吉林省乡村振兴人才相对缺乏，这是当前和今后一个时期制约乡村振兴发展的主要因素。据有关部门村级换届统计，45岁以下村党组织书记仅仅占到37.03%，大部分村不仅找不到年轻的村干部，即使是年轻的村民也都很少。就目前人才进村难的问题，从调查结果来看，44.7%的新农人认为农村创业环境比较差，19.5%的新农人认为农村生存环境还比较差，39.5%的新农人认为各方面待遇跟不上，52%的新农人认为农村创业资源难以获得。此外，78.1%的新农人认为农村土地流转难度较大。这些因素都导致了人才不愿意进村。三是农村金融产品单一。农村金融服务水平较低一直阻碍农业的发展。农村的金融产品比较单一，还是以短期贷款、常规贷款为主，缺少专项、低息和长期的贷款，创新产品匮乏。由于缺少有效的抵押物，许多农户很难得到有效贷款。承包耕地收益虽然可以抵押，但银行信贷无法处置耕地，导致耕地抵押贷款很难完成。此外，农业保险以政策性成本保险为主，对农业的保障程度相对较低，农业收益保险目前仍处于试点阶段，受益的范围仍然很小。四是政务服务水平较低。当前农村的政务服务问题仍然存在，尤其是县以下的农村政务服务呈现明显的减弱态势，在教育、管理、监督农村基层干部方面仍需加强。

发展不平衡问题突出。一是产业发展不平衡。吉林省当前主要得益于汽车业的逆势增长，其他行业发展亮点不多。产业发展"一业独大"格局仍较明显，汽车业占全省工业比重在一半以上，汽车零配件省内省外配比为0.4：1。战略新兴产业占比较低、发展慢。多数新兴产业在核心技术和上下游配套等环节上都比较欠缺，存在较大的技术和市场方面的短板。比如，智能网联车目前还处于技术积累的阶段，实现商品化还有很长的路要走；新能源汽车还没有形成全国性的市场，省属新能源整车占比仅为7.7%，远低于25%的目前国内平均市场占有率；卫星发射数量可观，但在后续数据服务等方面仍有较大提升空间。二是区域发展不平衡。吉林省各市州经济发展水平分化较大，省会长春经济总量一直处于绝对领先地位，占全省60%以上，

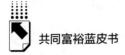

其余各州市经济总量都比较小，人均指标与全国水平差距较大，除长春外，其他城市均处于较低水平，经济增长乏力。中小城市和县域经济发展依然持续疲软，与大城市发展差距逐渐拉大。

关键要素供给仍有瓶颈。新发展格局在形成过程中，生产要素间会加速流动，并且会实现重新配置。未来一段时间内，地区间的要素吸引竞争会越来越激烈，谁在竞争中占据主动，谁就将在发展中形成新的竞争优势。受近年来经济增速下滑等综合因素的影响，吉林省在新一轮生产要素竞争中将面临较大压力。一是人才短缺问题加剧。从吉林省近几年的统计情况看，高层次人才外流严重，全省近5年流失人才近49万人，其中近两年流失35万人，省属高校毕业生平均省外就业率为62%，吉林大学、东北师范大学省外就业率分别为68%、71%。高技能人才缺乏。目前，吉林省从业人员1501万人，技能人才仅约200万人，其中高技能人才仅约56万人，仅占从业人员的4%，企业对技能人才紧缺反应非常强烈。二是创新要素短板明显。《2020年中国区域创新能力评价报告》显示，吉林省区域创新综合效用排名全国第28位，为19.20%，与上年相比退后一位，创新不足是制约吉林省产业升级和技术进步的重要短板。根据《中国统计年鉴2020》公布的数据，2019年吉林省规模以上工业企业新产品开发数和有效发明专利数分别为3511项和4853项，在全国均排倒数第7，占全国的比重分别为0.5%和0.4%，显示出吉林省的企业创新活力和区域创新能力均不突出。三是融资难题仍然突出。在融资贵方面，主要表现在"三高"，即贷款利率高，中介费用高，资金成本高。金融机构对中小企业的风险偏好并未发生大的变化，中小企业不敢贷、不愿贷、不能贷现象普遍存在。在融资难方面，主要表现为融资渠道受限，吉林省的直接融资低于全国平均水平。[①] 2016年以来，省内大部分民营企业难以满足债券、股票等直接融资模式的发行条件，因此更多依赖于银行贷款方式，目前，吉林省仅新增5家上市公司。金融机构对民营企业融资的审批期限过长，在不能很好

---

① 崔岩、迟月：《优化吉林省营商环境的对策建议分析》，《商场现代化》2020年第9期。

满足企业资金需求的情况下，出现了超过企业预期期限的情况。

民营经济发展空间较小。据统计，全国民营企业吸纳就业占比75%，是解决就业的主力军。吉林省民营经济发展缓慢。一是民营经济规模较小、质量不高。站在全国大市场的角度来看，吉林省民营企业普遍规模偏小，产业集中度也比较低，尤其缺乏行业龙头企业的带动，区域内民营经济尤其缺乏有市场竞争力的本土标杆企业、"独角兽"企业、隐形的细分行业冠军企业。二是营商环境改善不力、服务欠缺。吉林省在体制机制创新、营商环境改善、服务性措施出台、待遇保护等方面仍然存在较大改进空间。尤其是基层政府为民营企业提供优质服务的观念还不牢固，没有形成有效激发企业家进取精神、有效释放企业创新发展活力的宽松营商环境；企业在及时了解政策、与政府相关部门保持有效顺畅沟通等方面，仍然存在痛点堵点；民营企业在市场准入等方面仍存在审批流程长、"门槛"高等问题。

三　吉林省推进共同富裕的对策建议

习近平总书记强调："只有把马克思主义基本原理同中国具体实际相结合、同中华优秀传统文化相结合，才能正确回答时代和实践提出的重大问题，才能始终保持马克思主义的蓬勃生机和旺盛活力。"[1] 在党的执政道路上必须坚持人民至上，必须坚持自信自立，必须坚持守正创新，必须坚持问题导向，必须坚持系统理念，必须坚持胸怀天下。[2] 这"两个结合"和"六个坚持"，既是学习领会和把握习近平新时代中国特色社会主义思想的"金钥匙"[3]，也是实现高质量发展和实现共同富裕须牢牢把握的基本点。对于吉林省来讲，针对推进共同富裕实践中尚存的矛盾和问题，其对策应重点从

---

[1] 习近平：《高举中国特色社会主义伟大旗帜　为全面建设社会主义现代化国家而团结奋斗——在中国共产党第二十次全国代表大会上的报告》，人民出版社，2022，第17页。

[2] 周文彰、宋歌：《从党的百年奋斗历程中汲取前进的智慧和力量》，《理论视野》2021年第12期。

[3] 郭志云：《学贯新思想开创新辉煌——关于民营经济学习贯彻新思想的几点思考》，《福建省社会主义学院学报》2018年第5期。

以下几个方面入手加以研究解决。

一是坚持用党的二十大精神引领共同富裕。党的二十大对全面建成社会主义现代化强国作出了系统部署，把全体人民共同富裕作为中国式现代化五个特色方面之一，把实现共同富裕作为中国式现代化本质要求的九个方面之一，明确了推进共同富裕的战略目标，提出了科教兴国、人才强国、区域协调、创新驱动等一系列重大任务举措。在共同富裕的实践过程中，必须充分认识到，实现共同富裕是区别于西方现代化的重要特征，是开创人类文明新形态的集中体现，是中国式现代化的鲜明特征，充分展现了中国式现代化的根本目的和性质宗旨。吉林省要准确把握以习近平同志为核心的党中央的战略意图，按照党的二十大要求，在推进共同富裕的过程中，一定要把学习领会党的二十大精神的核心要义与党的十八大以来党中央推动共同富裕的实践探索结合起来，与吉林省履行推动共同富裕的使命责任结合起来。结合吉林实际创造性地抓好贯彻落实，坚持把吉林人民对美好生活的向往作为实现吉林高质量发展的出发点和落脚点，久久为功、踏踏实实书写吉林共同富裕的篇章，一步一个脚印探索吉林实现共同富裕的有效途径和政策措施。在习近平总书记指引的方向上坚定不移地奋勇前进，在吉林大地上不断促进共同富裕生根发芽。

二是通过乡村振兴与脱贫攻坚的有效衔接加快共同富裕。脱贫攻坚取得胜利后，"三农"工作的重心实现历史性转移，即乡村振兴的全面推进。[①]脱贫攻坚主要解决农村"两不愁三保障"问题，乡村振兴则是农村发展水平和发展能力的全方位提升，有利于守住不发生大面积返贫的底线、巩固拓展脱贫攻坚成果。从吉林来看，就是要树立稳定脱贫底线思维、确保帮扶政策连续稳定，为乡村振兴助力，为全面实现共同富裕奠定基础。要压实党委政府责任，确保监管落到实处，以落实兜底救助、普惠性政策为前提，强化其他相关政策供给。要立足市县乡村各自实际，提高脱贫治理的风险识别和

---

① 欣华：《举全党全社会之力全面推进乡村振兴——中央农村工作会议传递五大新信号》，《农村·农业·农民（A版）》2021年第1期。

处置能力，做到及时发现、提早化解。重点关注因病致贫返贫人口，树牢预防为主理念，增强农民疾病防范意识。要进一步提升基层广大干部对巩固拓展脱贫攻坚成果、实现乡村振兴的认识，提升促进共同富裕的意识水平。

三是聚焦农业大省实际带动共同富裕。习近平总书记始终把解决好人民群众吃饭问题作为治国理政的重中之重。"粮食生产年年要抓紧，面积、产量不能掉下来"①，深刻阐明了粮食安全的极端重要性。吉林省作为粮食大省，必须把农业发展作为实现共同富裕的核心内容。要全力抓好粮食安全生产，加强田间管理，强化各类指导服务，做好病虫害防治、防汛抗旱、防雹防风等准备。在农业科技、农业装备等方面加大对高标准农田建设的有效扶持力度。落实农业主产区的包保责任制，加大对规模养殖、生猪补贴等政策措施的扶持力度。要深化农业供给侧结构性改革，大力发展绿色农业，扶持园艺产业，围绕吉林人参、食用菌等高效农作物生产，确保群众"菜篮子"供应充足。促进农村经营主体发展，如农村合作社、家庭农场等，帮助其适度扩大规模经营。对农产品加工业要积极支持，推动"三产融合"，促进农村粮食产业链向精深加工方向延伸，助推农民增收和农业增效，让全省农民都能够享受到种粮带来的收获和喜悦。

四是依靠强有力的政策扶持保障共同富裕。制定有效的消费刺激政策，加大财政对消费券的资金支持，鼓励各地配套安排促进消费的相关资金，联合各大银行、各大平台，有力放大资金的政策效应。扩大消费券投放范围，重点选择家电、家具、建材、百货以及汽车、旅游、餐饮等领域。落实国家各项工资改革政策，制定科学合理的收入政策，加快推动全省行政事业单位改革，落实完善事业单位绩效等方面的待遇。进一步提高相关人群在医保、失业保障等方面的待遇，有利于扩大消费支出。通过积极调整劳动关系、劳动时间、工资支付等劳动基准，构建新型劳动关系的相关保障体系，制定更加宽松灵活的就业政策，加强数字经济与支持新就业形式有关政策的有效衔接。充分发挥平台经济在稳就业方面的积极作用，鼓励互联网平台等多元主

---

① 《习近平谈治国理政》第4卷，外文出版社，2022，第395页。

体共同参与，创新发展职业教育培训模式，积极组织协调举办线上线下多种形式的专场招聘，积极搭建用工企业与就业人员之间的对接桥梁。政府还可以采取财政手段，进一步拓展岗位供给，对提供岗位的相关企业给予一定资金和政策方面的支持，鼓励扩大就业。对吸纳高校毕业生的中小微企业，在安排就业人数达到一定数量，并且符合政府相关要求的情况下，适当安排纾困资金，在提供贴息贷款时给予一定的政策倾斜。

五是稳产业链保供应链促进共同富裕。提升产业链韧性，随着地缘冲突加剧，全球供应链将会发生重大变化，各国对于先进技术的出口转让，将会变得异常严格。建议围绕核心产业链，加强进行科技创新布局，主要是选择高端装备制造、航空航天、生物制药、汽车等领域进行核心技术攻关，努力在关键领域能够有所创造，从而实现自主可控，确保产业链供应链安全，提升应对风险挑战的能力。稳定供应链，尤其要加快汽车产业在一体化方面的进度，抓紧按照国际汽车城建设的相关规划，积极进行产业布局，通过国际合作、引进培育等多种方式，加快布局一批新的零部件企业，有效配合一汽配套体系的调整，提高其在省内的配套率。同时创新采购方式，在国际市场中实现稳定供应。加快培育新动能，关键是推动制造业无人化转型，敢于抛弃落后产能，对传统的利用人力手工提高产能效率的做法，大胆放弃，摆脱束缚，从而降低对人力资源的依赖，确保企业生产井然有序。着眼于产业链现代化和高端化，着力培育在装备制造、航天航空、信息技术、材料等领域具有引领带动作用的创新增长点，努力形成新兴战略性产业与传统制造业互为补充、相互促进、相得益彰的产业新格局。

六是优化营商环境助推共同富裕。加快转变政府职能，将各级政府的服务真正落到解决企业的急难愁盼等实际问题上，以更有温度和更加有效的方式为企业服务。特别是针对部分企业不掌握、不会使用的政策问题，建议加强政策相关部门对政策的宣传解读，进一步完善各类惠企政策落实情况通报制度，及时发现并解决各类政策落实不到位、执行不力等问题。进一步完善政府部门间的协同机制，强化部门间的沟通、协作和配合，避免出现政府内部不协调而影响为企业提供服务的问题。提高政府的公信力，积极借鉴其他省份的一些先进做法，比如，对机关、事业单位拖欠中小企业的账款，在没有太大分歧的情况下，原则上发现一起欠款就要清偿一起；对有分歧的欠款，尽快推动协商解决或通过法律途径加以解决。强化减税降费、减租降息相关政策措施的落实落地，确保政策能够直达基层、直接惠及市场主体，推动惠企各类政策应享尽享快享。进一步梳理餐饮、批发、文旅、物流等领域的重点困难企业，指导各大银行机构主动对接企业融资需求，鼓励其拓宽贷款抵押相关范围，充分依托纳税、银行流水等大数据，开发设计一些无须抵押、无须担保的纯信用贷款以服务企业。

七是公共服务提质增效推动共同富裕。把人民日益增长的物质文化需求作为推动吉林共同富裕的内生动力。在发展和改善民生的基础上，在实现人民对物质生活向往追求的基础上，更要着眼于满足广大人民群众对精神生活富裕的追求和向往。这就要求我们立足吉林社会发展实际，补齐民生短板。要千方百计稳定现有就业，加强对灵活就业、新就业形态的政策支持。完善零就业家庭、就业援助、社保补贴等政策。突出做好高校毕业生、农民工、退役军人、残疾人和城镇困难人员等重点群体的就业工作。[①] 调整支出结构，在基本教育、基本医疗领域，财政投入和政策支持上向县乡基层倾斜，建立覆盖全省中小学的新时代城市教育共同体，加快县域医共体和城市医联体建设。引导社会资本加大投资，把适合市场、社会提供的公共服务领域，交给各类市场主体，探索"养老服务+行业"融合等多渠道发展模式，丰富多层次公共产品供给体系。完善最低生活保障制度，完善城乡居民最低生活保障标准联动调整机制，健全分层分类社会救助体系。扩大住房保障范围，有效增加保障性租赁住房供应，加强公租房运营管理，解决农业转移人口"买不起房、租不好房"的问题。

---

① 仁民：《始终把人民安居乐业安危冷暖放在心上》，《中国人力资源社会保障》2020 年第 8 期。

B.14
河南省推进共同富裕实践研究报告

苗 领 孙晓曦*

摘 要： 党的十八大报告中再次强调，中国作为社会主义国家应坚定不移地走共同富裕道路，带领广大人民群众脱贫致富。共同富裕是中国特色社会主义原则的集中体现，其主要内容涉及以下两点：一方面是妥善解决收入分配差异过大等问题，另一方面将社会主义发展成果惠及所有国民，不遗余力地促进共同富裕发展目标实现。在党的十九大报告中，共计六次提到了"共同富裕"，结合相关规划内容可知，在 2020~2035 年，属于共同富裕初始发展阶段；从 2013 年至 21 世纪中叶，基本实现共同富裕目标。党的二十大立足于当下，将共同富裕放在首位，将其视为党中央和各级人民政府不容推卸的职责，逐步将国民共同富裕这一发展目标写入党章。这也为共产党和广大人民群众走向共同富裕指明了努力方向，广大人民群众的归属感、满意度、幸福感等能够得以提升，促进人的全面发展和社会全面进步有了理论之基、实践之依。而河南省作为一个拥有 9600 多万人口的大省，结合河南省共同富裕的发展现状，发现其中存在的具体问题，并找出路径与对策，对我国早日实现中国式现代化有着十分重要的意义。

关键词： 共同富裕 河南省 高质量发展

---

* 苗领，中共河南省委党校（河南行政学院）经济学教研部讲师，主要研究方向为创业管理、数字经济、产业经济；孙晓曦，中共河南省委党校（河南行政学院）经济学教研部讲师，主要研究方向为战略管理、数字经济。

自 1978 年改革开放政策全面实施以来，经过 40 多年的沉淀和发展，河南省的经济取得了相对理想的阶段性发展成果，其综合竞争力呈现逐年攀升之势。据相关统计数据，在 1978 年的全国经济总量中，河南省的比重仅为 4.5%，在 2020 年的全国经济总量中，河南省的比重提升至 5.4%，增幅明显。需要注意的是，自 2004 年以来，在国内各省份的 GDP 排名中，河南省位居第五；在我国中部地区的 GDP 排名中，河南省位居第一。从中能够发现，在提升中部地区经济发展水平的过程中，河南省发挥着难以替代的积极影响。据统计，2005 年、2010 年、2013 年、2016 年和 2019 年，河南省 GDP 陆续突破 1 万亿元、2 万亿元、3 万亿元、4 万亿元和 5 万亿元大关。如今，有希望突破 6 万亿元大关。需要注意的是，自 2011 年以来，河南省城乡居民收入的基尼系数持续走低。通过进一步分析发现，市场导向的效率优先发展模式结果导致财富分配中出现马太效应。在整体河南省居民中，发展红利并未得到公平分配，城乡之间的贫富差距逐渐扩大。由官方统计数据可知，2020 年河南省 12 周岁以上文盲与半文盲的占比大于 2%。结合全国居民人均可支配收入来看，河南省仅能够达到 79.3%，在全国 31 个省份中，位居第 28 位。从侧面能够反映出，河南省人均可支配收入较低。最为关键的是，河南省城乡居民收入差距超过两倍，结合全国城乡居民消费水平来看，河南省人均消费支出只能够达到 76.1%。河南省在岗职工的平均工资水平仅为全国平均水平的 71%，全国排名比较靠后。结合进出口数据进行分析，在全国进出口总额中，河南省比重仅有 2.1%。在科技研发等方面，河南省的专利授权数只有 9183 项，难以与浙江、山东、湖南等省相提并论，拥有较大的提升空间。2011~2020 年，河南省经济增长速度超过该省城乡居民消费支出年均增长速度，居民内在需求并未得到有效激发。在城镇化率方面，河南省滞后于全国平均水平 8 个百分点以上，城乡融合发展目标尚未实现。

以此为背景，河南省政府等相关部门想要通过推进共同富裕，让省内居民共享发展成果，则需要从实践角度出发，正视河南省内发展概况、城乡收入差距等现存问题。2021 年，在河南省第十一次党代会报告中河南省政府提出，到 2035 年，河南省的城镇化率、人均可支配收入、人均生产总值、

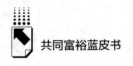
研发经费投入强度等应达到或超过中国平均水平。通过上述举措，共同富裕才有可能落实到位，继而取得实质性成果。

一 河南省共同富裕现状

（一）共同富裕的定义

从本质来看，共同富裕是社会主义的集中体现。经过研究发现，最终能否实现共同富裕也是邓小平理论中的一个重要思想。在马克思的相关论述中，共同富裕是能够让"所有人共同享受大家创造出来的福利"①。在邓小平理论中，进一步系统、明确地阐述了"共同富裕"思想；理论中给出的具体定义包括以下几点：首先，广大人民群众是财富的创造者；其次，在社会主义国家，所有财富皆隶属于人民群众；最后，实现全体人民共同富裕是社会主义始终不变的追求。社会主义原则有两个，一是积极发展生产，二是推崇共同致富。解放生产力，发展生产力，消灭剥削，消除两极分化是社会主义的本质，而其追求的则是最终能够实现共同富裕。从种种论述中能够看出，邓小平理论在解读"共同富裕"这一概念时，其实是基于"两极分化"的对立面进行阐述。

共产党从最高层面给出共同富裕的定义后，理论界也结合领导人的相关论述，对"共同富裕"这一概念进行了概念界定。学者们普遍认为"共同富裕"应当包含两层不同的含义：所有的劳动者与过去相比，收入均有显著提高，在实现共同富裕的前提下所有劳动者都能过上美好、幸福的生活；人均收入差距显著缩小，即便是遵循按劳分配的收入、靠诚实劳动和合法经营得到的收入，也不会在生活中出现差距过大的情况。

结合以上几点分析可以在本文给出"共同富裕"的定义，其至少包含以下两层不同含义，分别是：在分配水平上，不同分配主体的财富或收入都

---

① 《马克思恩格斯选集》第1卷，人民出版社，1995，第243页。

有所增加；在分配结构上，各分配主体之间财富或收入差距在不断缩小。考虑到数据的可获得性，本文在分析现状、寻找解决路径与对策上仅从河南省人均收入变化的视角切入分析。

（二）河南省推进共同富裕的现状

为了能够保证本文的客观性、权威性、科学性，参考的数据均来自中国统计出版社出版、国家统计局编的《中国统计年鉴》，以及河南省统计局、国家统计局河南调查总队编的《河南统计年鉴》。

1. 河南省居民人均收入增长情况

2022 年河南全省居民人均可支配收入为 2.82 万元，比上年增长 5.3%，结合居民分布地区进行划分：河南省城镇居民和农村居民的人均可支配收入分别为 3.85 万元、1.87 万元，其增幅分别为 3.7% 和 6.6%；河南全省居民人均可支配收入在全国范围内能排到第 23 位，略低于全国平均水平（3.69 万元），其中城镇和农村居民可支配收入平均水平也同样低于全国水平（4.92 万元、2.01 万元）。

2022 年河南全省居民人均可支配收入较 2018 年（2.2 万元）增加 6000 元，但年均增长速度 5.3% 超过了全国平均增长速度 4.7%。与全国平均水平的差距同 2018 年（6000 元）相比，拉大了 2700 元，城镇居民人均可支配收入较 2018 年（3.15 万元）增长了 6600 元，农村居民人均可支配收入较 2018 年增长了 3917 元，两项数据增长速率与幅度较之前几年均有回落，其增长速度也低于全国平均水平，与全国平均水平的绝对差距在不断拉大。可见，虽然河南省居民人均可支配收入近年来呈现大幅度上升趋势，可无论是城镇还是农村，其增长速度仍低于全国平均水平，与全国平均水平的绝对差距也在不断扩大。

结合数据还可以看出，河南省居民人均可支配收入的增长速度明显慢于人均 GDP 增长速度，2022 年河南省 GDP 总额为 6.13 万亿元，比 2018 年（5.37 万亿元）增长了 0.76 万亿元，位居全国第五位，2022 年年均增速为 3.1%，彻底扭转了从 2020 年开始连续两年低于全国平均值的局面。由此可

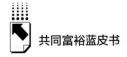

见，河南居民人均可支配收入的增长与其经济增长的同步性相对较弱。

2. 城乡居民收入差距与变动

2022 年河南省城镇居民人均可支配收入（38484 元）比农村居民人均可支配收入（18697 元）高出 19787 元，是农村居民的 2.06 倍，略低于全国平均水平（2.45 倍）。2018 年城镇居民人均可支配收入是农村居民的 2.09 倍，从相差倍数可以看出二者之间的差距在进一步缩小，河南省在上一阶段的发展中城乡居民共同富裕建设成绩较为显著，但人均可支配收入同全国平均水平相比还存在较为显著的差距。在推进巩固脱贫攻坚成果与乡村振兴有效衔接的工作中，要持续缩小二者与全国平均水平的差距，推动城镇居民回流返乡创业，通过在农村范围内设置示范区，起到引领作用，进一步提高农村居民的人均可支配收入，确保高质量实现乡村振兴。

城镇常住人口内部，在收入方面，2022 年河南城镇居民高收入户是低收入户的 5.47 倍，2019 年这一数据则为 5.61 倍，城镇居民的收入差距正在小幅度缩小；在支出方面，高收入户为低收入户的 3.21 倍，2019 年这一数据为 2.05 倍，城镇居民的低收入户与高收入户的支出差距进一步扩大。2019~2022 年，河南省城镇居民人均可支配收入差距在扩大，不平等程度不断提升，已经超过了全国城镇平均水平。

农村常住人口内部，2022 年河南农村常住人口中高收入户的收入是低收入户的 5.13 倍，2019 年该数据为 5.25 倍，说明农村常住人口的收入差距同样也在小幅度缩小，不平等程度也在降低。反观全国总体情况则呈现逐步增大趋势，证明河南农村居民共同富裕取得了较为显著的成效。

从政府管理层面看，河南省近年来不断推进城乡融合改革，通过积极拓展农业转移人口就业渠道、探索推进农村集体经济改革、促进农村劳动力就地就近就业、提升农民财产净收入等一系列举措，帮助农村居民有了多元、稳定的收入来源。2022 年 1~6 月，河南省城镇居民人均可支配收入的增幅达到 4.5%。与此同时，农村居民人均可支配收入达到 8091 元，同期增长幅度为 5.1%。显然，农村居民的人均可支配收入增幅较大，城乡居民之间的收入差距在进一步缩小。从社会层面看，近年来，河南省农村基础设施建设的步伐在不断加快，推动农村基础设施提档升级，不断提升基层医疗卫生服务能力，逐步改善农村养老保障制度，农村社会明显进步，这些成就为共同富裕奠定了初步基础。

3.城乡要素流动不断加快

近年来，随着我国经济进入新常态，经济增速放缓，河南省城乡要素流动并未放缓脚步，在推进郑州国家中心城市建设、扩容郑州都市圈、洛阳中原城市群副中心城市建设提速和支持南阳建设副中心城市的背景下，未来河南城乡之间要素流动将会更加频繁，对城乡均衡发展具有极大的促进作用。河南省政府不断出台完善支持农业转移人口市民化的政策。与此同时，不断推进城镇化建设的措施也进一步盘活了农村的土地。许昌国家城乡融合发展实验区改革的不断推进和经验积累，将进一步推进城乡要素流动。越来越多的城市工商业资本下乡，有助于打破传统农村的封闭性，对带动周围乡村的经济社会发展具有积极影响，农村发展面临前所未有的机遇。劳动力、土地等生产要素的城乡互动增多，农村的要素流入城市实现了要素的升级提质，城乡建设中农村不断累积原始资本，有利于进一步实现乡村全面振兴。

4.城乡产业不断融合发展

河南作为农业大省，一直致力于城乡产业融合发展。省内多数农村根据自身地理位置和资源禀赋形成了主导产业、优势产业，推动农业"产加销"一体化发展，大力发展休闲旅游业。延长了农业产业链，将农业与林业、休闲旅游、康养、教育、文化等产业融合发展，注重与自然环境相结合，依托现代产业园区，重视运用现代技术，河南城乡一二三产业整体融合程度提升到较高水平。如林州市发展乡村旅游，截至2021年，全市规模化开展乡村旅游的村庄已达70多个，各类农家乐有约800家，2/3以上的村受益于旅游业。通过发展特色农业，2015年以来共培育省市龙头企业30家，家庭农场99家，农民专业合作经济组织1000多个。城乡融合推动了河南省产业发展，在一二三产业交互发展中河南实现了对农业的深度开发，农村新产业新业态不断发展壮大，农业附加值不断提升。

2022年河南省居民人均可支配收入最高的地市为郑州（41049元）、济源（33902 元）和焦作（31474 元），最低的地市为商丘（23894 元）、驻马店（23850 元）和周口（21983 元），其中最高的郑州是最低的周口的 1.87 倍。而 2015 年居民人均可支配收入最高的是郑州（26501 元）、济源（21079.90 元）和焦作（19723.00 元），最低的是商丘（14025.41 元）、驻马店（13862.24 元）和周口（12906.00 元），最高的郑州是最低的周口的 2.05 倍。可见，2015~2022 年，河南各地市居民人均可支配收入均有大幅度提高，各地市间的差距也在进一步缩小。

5. 取得较为显著的成就

上一阶段的发展中，历史性地解决了中原大地的绝对贫困问题，坚持把打赢脱贫攻坚战作为头等大事，尽锐出战、攻坚克难，全省 718.6 万农村贫困人口成功摘帽，9536 个贫困村实现脱贫致富，53 个贫困县走上勤劳致富的发展道路，特别是 25.97 万易地扶贫搬迁群众迁入新居，河南易地扶贫搬迁工作连续 3 年获得国务院督查激励。政府部门每年扎实办好一批民生实事，坚持把尽力而为与量力而行相结合，以实施民生工程为抓手，着力加强基础性、普惠性、兜底性民生建设，十年间共办好 110 件民生实事，就业、教育、医疗、社保等事业有了长足发展，特别是聚焦"一老一小一青壮"，加快解决群众急难愁盼问题，使群众过上了更有品质的生活。

二　河南省发展共同富裕的基础优势

近年来，河南从国家粮食生产核心区、郑州航空港经济综合实验区、郑洛新国家自主创新示范区、中国（河南）自由贸易试验区到郑州获批建设国家中心城市、中原城市群成为国字号，在我国战略规划中，河南省成为被关注的焦点，各种平台密集落地，战略叠加效应初显。作为传统农业大省，河南省步入升级转型阶段，努力成为经济大省、文化大省、新兴工业大省，进一步强化其战略地位，提升其综合竞争优势。经过近年来的发展，河南省的产业结构更加合理，在市场规模、产业基础、交通区位等方面也取得了一定发展成果，能够为其融入新发展格局做良好铺垫。

（一）四通八达的区位交通优势

河南地处连接东西、贯通南北的战略枢纽，全国第一个"米"字形高铁网已经初步形成，根据官方统计数据可知，截止到 2021 年底，河南省铁路营业里程达到 6134.02 公里（高铁达到 1998.02 公里，其占比为 33%）。从整体视角来看，河南省以省会为中心，结合高铁延伸将全国主要经济区域进行串联。在全国范围内，中欧班列（郑州）综合指标处于领先水平。2021 年底，河南省高速公路通车里程达到 7216 公里，省内所有县（市）均能够在 20 分钟直接上高速。与此同时，河南省政府将铁海、河海联运扩容加密等工作视为重点，进一步压缩该省与我国重点港口之间的距离。就目前来看，在河南省境内，多层次开放平台体系得以确立，为沿海和内陆地区交流提供了诸多便利条件，发挥着难以被替代的"传送泵"作用，推动了国内外人流物流信息流等循环畅通。

（二）完备的产业供给体系

结合河南省发展历史可知，河南省属于典型的农业大省和人口大省。在全国粮食产量中，河南省所占比重达到 10%；在全国小麦产量中，河南省所占比重达到 25%。最为关键的是，河南省拥有健全的工业体系，其制造业总量稳居全国第五。在整个中西部地区，河南省的工业总产值位居第一。基于其健全的产业供给体系，河南省能够满足规模经济和集聚经济需求，可以有效提升以国内大循环为主的经济效率。河南省工业门类齐全、体系完整，产业配套能力强，自 2004 年以来经济总量连续 18 年居全国第五位，拥有 41 个工业行业大类中的 40 个，207 个种类中的 199 个，工业增加值稳居全国前列，制造业占规模以上工业比重超过 85%，具有明显的产业基础优势。河南已经拥有装备制造业、食品加工业 2 个万亿级产业集群和电子信息、生物医药、现代轻纺、现代化工等 19 个千亿级特色优势产业集群，战略性新兴产业占全部工业增加值比重已达 22.4%，人工智能、数字经济等蓬勃发展，产业结构开始向"三二一"转变。在上述过程中，河南必须充

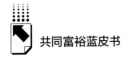

分认清产业和技术发展趋势，不断提升高端产业和新兴产业的引领性、成长性和坚韧性，着力壮大新增长点、形成发展新动能，为河南实现"两个确保"提供强大的实力保障。

（三）厚重的文化历史为现代化建设聚集新活力

"一部河南史，半部中国史。"厚重的文化是推进现代化河南建设的重要资源和独特优势，将文化资源优势加快转变为发展优势，是锚定"两个确保"的内在要求，有利于以中原文化凝聚建设现代化河南的磅礴伟力，以文化创意创新支撑国家创新高地建设，以文旅文创融合发展引领经济社会高质量发展，是建设现代化河南、谱写中原出彩新篇章的战略选择。近年来，河南以中原文化、黄河文化、古都文化为依托，将传统厚重的历史文化与现代化元素相结合，不断探索文化产业转型发展新模式，文旅产业逐步释能复苏、激发新动能。随着"一带一核三山五区"文旅融合发展格局的加快构建，人民群众高品质生活的加快形成，文化需求更会成为内需的增长点，文化资源能够带动经济发展，赋予河南省更多竞争优势和动力源泉。

三　河南省推进共同富裕中存在的问题

（一）农村人口的"空心化"问题较为严重

从宏观视角来看，改革开放、城市化发展等均会导致农村空心化问题产生。2022年，河南省常住人口达到9872万。在我国各省份人口排名中，河南省位居第三。由官方提供的相关统计数据可知，早在"十三五"期间，伴随着城市化进程推进，河南省内农村人口被城镇吸引，从农村流出的人口规模在68.72万人左右。相较于农村地区，在医疗、教育、就业机会等方面城镇优势凸显，伴随着年轻劳动力不断涌向城镇，农村空心化问题难以避免。如今，在河南省农村地区留守人群以老弱病残为主，乡村发展缺少推动力量。自 1999 年我国步入老龄化社会以来，国内老年人口持续增加。河南省老龄化情况愈加严重，在外出务工人员中，选择在外经商或在外安居乐业的青壮年有较大占比。长此以往，河南省农村地区又会因人口流失而引发一系列问题，如耕地荒废、农村经济持续衰退等。如果上述问题得不到妥善解决，不仅会影响乡村振兴战略全面落实，而且会让乡村地区陷入被动的发展状态中，给社会稳健发展埋下隐患。

（二）乡村收入分配不均、收入差距较大

经过了解发现，在推进乡村共同富裕环节中，纵观河南省各地存在乡村收入分配不均等客观问题。近年来，在疫情的影响下，河南省乡村产业受到重创，农民收入锐减，就业难度却持续提升。从本质来看，收入分配差距是城乡差距形成的关键，这一情况与城乡二元结构有着密切关联。在河南省内上述情况并不罕见，对于当地政府而言，想要促进乡村共同富裕目标实现，其首要任务是不断缩小城乡差距。通过分析河南省居民收入结构可知，工资收入占比较高，财产性收入占比有限，不过近年来增幅明显。进一步分析可知，河南省很多城市原住户拥有单位分配的住房，或在商品房未热之际早早购置了住房，生活压力相对较小。伴随着商品房市场改革活动持续推进，逐渐流向城市的农村学生或务工青年，想要解决住房问题，往往需要掏空"六个钱包"才有机会在城市买房落户，农村家庭消费能力被透支。一定程度上也使城乡收入差距进一步被拉大，导致一些农村居民的积极性降低。

（三）乡村基础设施不完善

在持续推进河南省共同富裕的过程中，还需要加强对乡村基础设施的关注。就现阶段来看，河南省部分地区的水电、燃气等供应缺少稳定性，道路硬化和通信问题难以满足客观需求。在公共服务供给方面，河南农民所拥有的社会保障、教育资源、卫生条件、就业环境、生产劳动条件等难以与城镇居民相提并论，二者存在较大差距。河南省在推进共同富裕的实践环节中，

应正视以上问题，持续探究问题成因，持续健全乡村基础设施，促进其质量提升，为落实乡村振兴战略做好铺垫。

（四）农民收入不富足

据最新统计数据可知，2022 年我国居民人均可支配收入金额为 20133 元，河南省仅为 18697 元，难以与沿海发达地区相提并论，同时还面临着严重的城乡收入差距问题。身处复杂多变的国内外环境中，想要推进共同富裕并非易事，持续提高河南省居民人均可支配收入直接成为河南省推进共同富裕进程中的第一大阻力以及迫切需要解决的现实问题。结合河南省城市居民财产性收入结构来看，主要依赖金融财产性收入。反观农民群体的金融财产性收入有限，这一情况与农村金融市场发展滞后有关。2010 年以来，我国商业银行为压缩运营成本、降低风险出现概率，习惯性地将主要精力放在大中城市上，农村地区并未得到应有关注。长此以往，农村金融将会陷入到被动发展状态中。同时，扎根于农村地区的农村信用社虽然能够将服务农户或农企视为己任，但是存在较大的人才缺口，目前的主营业务以保险和国债为重，理财类产品数量过少，再加上农民缺少理财意识，面对有限的选择空间，河南省农民只能将储蓄作为首选，部分农民甚至会参与民间放贷等活动，希望获取更多投资收益，其行为存在一定的盲从性和投机性。有些农民在土地被征用后，面对大额土地赔偿收入，有时会肆意挥霍。以上几点原因造成河南省农村居民收入不富足的现实问题在短时间之内难以得到有效解决。

结合以上四个不同的问题，在新发展阶段中，要想更好、更高质量地确保经济发展，就必须找出一条适合河南省现实情况的路径，因地制宜、因材施教，才能更好地促进地方经济建设朝着更好、更快、质量更高的方向发展，帮助河南省在推进共同富裕道路上取得更多瞩目成就。

四 解决对策

党的二十大报告首次提出："构建初次分配、再分配、第三次分配协调配套的制度体系。"① 在国民收入分配中，适当提升居民收入实际占比；在初次分配环节，加大对劳动报酬的关注。实现"共同富裕"的核心在于以创新驱动产业升级来实现经济高质量发展、通过三次分配调节机制缩小城乡收入差距、以高税收和全面的保障体系为依托实现全社会公共服务均等化。当前，推动农业农村共同富裕面临许多难题，突出表现为长期以来的城乡二元结构导致城乡区域发展不平衡、社会财富分配失衡、农村居民增收难等。缩小地区差距、城乡差距和收入差距就成为实现共同富裕的三大抓手。

河南省在解决城乡收入差距、财富分配两极化等问题时，可以参考浙江成功的实践经验，结合河南省概况制定相关举措，一方面积极推进乡村振兴战略实施，另一方面注重城乡统筹发展，通过更改户籍或住房制度等，赋予乡村地区更多内在驱动力量。此外，通过改革财税制度，鼓励社会资本涌入农村地区，结合政策引导和金融制度改革，盘活农村生产要素。上述举措的制定和执行，有助于河南省共同富裕目标的达成。

（一）推进农业高质量发展

推进农业高质量发展，增加农民从事农业生产的经营性收入，吸引农村居民回流缓解农村"空心化"问题。当前，在农民的经营性收入中，从事农业生产的收入占比达到 35.5%，农业农村现代化重在"延链、拓能、绿色、创新、美丽、改革"六位一体，延伸乡村产业链、提升价值链、完善利益链、畅通信息链，将更多产业链增加值留在乡村，以此增加农民的家庭收入，这是实现乡村振兴和共同富裕的重要举措。推进现代农业高质量发展，需要甄别粮食主产区和非粮食主产区的不同情况，切实可行地拓宽农民增收渠道。

1. 提升粮食和重要农产品供给保障能力

一是推进农业产业结构调整，完善种粮农民补贴政策，完善重要农作物

---

① 习近平：《高举中国特色社会主义伟大旗帜　为全面建设社会主义现代化国家而团结奋斗——在中国共产党第二十次全国代表大会上的报告》，人民出版社，2022，第 47 页。

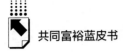

最低收购价政策，切实保证粮食主产区农民家庭经营性收入持续增加。二是大力实施科技强农、机械强农"双强行动"，做强新型农业经营主体，以农村电子商务为抓手加大农产品市场开拓力度，深入推进优质粮食工程。三是要提升河南省农产品的国际竞争力。在提升资源密集型产品进口稳定性的同时，需要充分发挥河南省在劳动密集型产品和部分产能、技术标准方面的出口优势，实现结构性大进大出，服务于国内大循环提质增效。对接国际标准规则，完善国际营销网络，提高出口深加工能力，延伸产业链；借鉴国际经验，建立对农产品出口促进的支持政策体系，稳定果菜茶鱼等优势特色产品出口；鼓励省内农企对外投资，参与全球价值链中高端；积极发展农业服务贸易，带动产业走出去。以上措施可切实保证粮食主产区农民家庭经营性收入持续增加。

2. 加快支持种业发展

种子是农业现代化的基础，是农业生产的起点，对于作物产量、质量和抗性等方面都具有重要的决定意义，是农业生产的芯片。2022年的中央"一号文件"提出，要对育种基础性研究以及重点育种项目给予长期稳定支持；丰富的种质资源是避免品种单一风险、促进新品种创新的基础，要加强种质资源保护和利用，加强种质库建设；发挥河南省在小麦、玉米、花生等领域的育种优势，加快构建具有国际竞争力的河南现代种业体系；本着循序渐进的原则，促使生物育种实现产业化发展；立足于当下，鼓励省内大型农企参与到商业化育种体系的创建和推广过程中。

3. 强化现代农业科技和人才支撑

注重以下工作落实：一是针对大中型灌区进行现代化改造，不断完善其配套设施；二是不遗余力地推进现代农业高质量发展，夯实城乡共同富裕基础；三是通过相关支持政策，为农户或农企购买农机或研发专业设备提供相关补助；四是布局建设一批创新基地平台；五是支持高校为乡村振兴提供智力服务；六是深入推行科技特派员制度；等等。

4. 健全农村土地、宅基地流转制度

盘清集体拥有的资源性资产、非经营性资产和经营性资产，盘活闲置宅基地和闲置房屋，有效利用集体的这些资源、资产发展壮大集体经济，增加农民的财产性收入。在粮食主产区要大力扶持农业合作社发展，解决耕地碎片化问题，促进土地规模化经营，维护进城落户农民土地承包权、宅基地使用权、集体收益分配权等土地权益是破除土地要素流通障碍的关键，有助于提高土地使用效率。

（二）完善利益分配机制

完善利益分配机制，增加农民非农就业的工资性收入，解决乡村收入不均衡的问题、提升劳动力要素在要素分配中的占比是处理好资本利益分配问题、推进共同富裕建设的重要举措。在农民收入构成中，非农产业的工资性收入要占到40.7%以上，充分显示出在初次要素分配中仍然存在的劳动力要素分配占比偏低、资本要素分配占比相对较高的问题。完善利益分配机制，增加农民非农就业的工资性收入，具体措施就是打破劳动力流动的制度约束，除特大城市外全面取消户籍限制，推动进城农民工市民化进程将会显著缩小城乡收入差距。截至2021年底，我国农民工数量仍有2.92亿人，其中拥有大专及以上学历的仅占12.6%，由于学历不高，大部分农民工只能从事劳动密集型工作，2022年上半年，全省农村居民人均可支配收入为1348元/月，同比增长5.1%，高于同期城镇居民4.6%的增速，但绝对数量仍大幅低于城镇就业人员，数量庞大的农民工群体成为影响城乡收入差距的重要因素。特别是2018年以后，新生代农民工逐步成为农民工的主体，但由于农地制度和户籍制度的限制、自身技术等因素的影响，农民工陷入了离不开又难以融入城市的困境中，收入增长也受到影响。在此背景下，推进以人为核心的新型城镇化就成为缩小城乡收入差距的重点。其一，要通过以人为中心的城镇化建设解决农民工进城问题，增加就地就近从事非农产业人员的工资性收入。其二，开展农业转移人口的职业技能培训，支持返乡农民工通过接受技能培训，拥有更强的岗位胜任能力和更多的就业机会，提升技能素质和市场议价能力。其三，对于有创业意愿但资金不足的返乡农民工，应采取降低贷款门槛、税收减免、场地优惠等方式，大力支持他们创业，利用

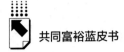

新技术新模式带动家乡产业快速发展。鼓励返乡农民工、大学生和退役士兵等返乡创业，以创业带动就业是解决相对贫困问题的重要举措，是城市资源流向农村、城市支持乡村、带动农民共同致富的重要方式。其四，规范收入分配秩序，增加劳动者特别是一线产业工人的劳动报酬，鼓励他们凭借自身努力获取理想收益。其五，持续健全覆盖农民工群体的社会保障制度。

（三）加快推进基本公共服务普惠共享

加快推进基本公共服务普惠共享，增加农民的转移性收入，改善农村基础设施建设现状。基础设施、公共服务、社会治理，是除去产业之外城乡之间存在的其他差距。完善的基础设施是新时代实现乡村振兴、开启城乡融合发展和农业农村现代化建设新局面的必要条件。公共服务共享是省级政策最具看点的细分领域，对地方政府的考核要更加侧重均等化，在基本公共服务普惠共享背景下，兼顾乡村振兴战略实施和城乡融合发展，通过财政、国资和社保联动改革，在确保粮食安全、不影响社会稳定、加强环境保护的基础上，鼓励资本、人才等在城乡之间合理流动。政策体系应覆盖深化户籍制度改革，建立激励机制吸引人才入乡；健全土地流转制度，盘活利用闲置宅基地和闲置房屋；加大财政支持力度，完善乡村金融服务体系；以数字技术赋能乡村公共服务，推动"互联网+政务"向乡村延伸覆盖。首先，在基本公共服务共享方面，加快农村教育基础设施建设，健全乡村医疗卫生服务体系，统一城乡社保制度，统筹城乡社会救助体系。其次，在促进城乡要素流通和平等交换的背景下，需要加快农村普惠金融服务体系确立，基于客观需求，打造更具包容性特点的普惠金融体系，为中小金融机构稳健发展创造更多利好条件，为中低收入人群获取更多普惠金融服务等提供可行路径。此外，丰富中低收入人群的投资渠道，促进其金融性投资收入增加，进一步缩小贫富差距，旨在实现共同富裕。

（四）推进多种形态资本共存发展

推进多种形态资本共存发展，增加农民的财产性收入。政策引领推动工商资本下乡，赋予农村产业更多发展力量。在当地政府、金融机构等参与主体的共同努力下，持续优化农村投资环境，通过财政补贴、税收优惠等相关政策，促进农村风险补偿机制确立，健全农村项目退出机制，通过上述操作，为资本下乡扶贫提供支持，进一步提升工商资本参与乡村振兴的积极性，注重其引导和推动作用的体现。推进多种形态资本共存发展、引导有序竞争，更好地推进共同富裕建设，其中要处理好三大关系：一是资本集中化趋势与共同富裕强调机会均等之间的关系；二是社会资本聚集与财富来源变化的关系；三是资本流动与资本价值创造的关系。共同富裕强调的机会均等和公平竞争，一方面表现为在生产资本上强调各类资本的平等准入和公平竞争，要消除垄断壁垒、区域壁垒及各类不公平竞争，为中小企业创造平等的竞争环境；另一方面表现为要推进生活资本的分散均衡，实现城乡居民生活的均等化。

B.15
甘肃省推进共同富裕实践研究报告

王 璠*

摘 要： 党的十八大以来，甘肃省坚持以经济建设为中心，加快发展经
济，城乡居民收入不断提高，人民生活水平显著提升；粮食产
量不断增加，农业的基础地位不断巩固；扶贫开发成就显著，
彻底解决了绝对贫困问题；公共财政持续加大对民生福祉的投
入，人民的生活质量不断提升；生态环境建设取得显著成就；
群众的幸福指数不断提升；黄土高原生态环境治理成效显著。
总体而言，甘肃省在共同富裕方面取得了显著成绩，但与发达
地区相比仍然存在一些突出的问题。人民生活水平与全国平均
水平的差距仍然较大；省内发展差距问题未能得到很大改善；
省内城乡居民收入差距也较大。要进一步推进甘肃省共同富裕，
需要在以下几个方面着力：一是甘肃省自身要加快经济发展，
不断夯实实现共同富裕的基础；二是国家层面要加大对西部地
区的转移支付力度；三是各级政府要不断完善收入分配制度；
四是要不断完善社会保障制度。

关键词： 甘肃 共同富裕 资源环境约束

习近平总书记指出："消除贫困、改善民生、逐步实现共同富裕，是社

---

* 王璠，中共甘肃省委党校（甘肃行政学院）甘肃发展研究院教授，主要研究方向为宏观经济
政策、区域经济。

会主义的本质要求，是我们党的重要使命。"① 党的二十大报告提出："中国
式现代化是全体人民共同富裕的现代化"②，到 2035 年"人的全面发展、全
体人民共同富裕取得更为明显的实质性进展"③；到 2050 年"全体人民共同
富裕基本实现，我国人民将享有更加幸福安康的生活"④。因此，实现共同
富裕是未来各地实现中国式现代化进程中必须要破解的难题。

一 甘肃省推进共同富裕取得的成绩

甘肃省是我国重要的生态安全屏障，在维护民族团结、社会稳定方面具
有不可替代的作用。改革开放以来，特别是党的十八大以来甘肃省经济社会
快速发展，在实现共同富裕方面取得了显著成就。

（一）甘肃省经济总量不断增加为实现共同富裕奠定坚实基础

新中国成立以来特别是改革开放以来，甘肃经济总量不断增加为实现共
同富裕奠定了坚实基础。1952 年甘肃地区生产总值为 13.3 亿元；在改革开
放初的 1984 年为 103.2 亿元；2000 年为 1052.9 亿元；2021 年为 10243 亿
元，迈上了万亿元的台阶。2021 年是 1952 年的 770 倍（见图 1）。

人均地区生产总值不断提高。1952 年甘肃省人均 GDP 为 125 元；1989
年增加到 1007 元；2007 年增加到 10628 元；2012 年增加到 21501 元；2021
年增加到 41046 元。2021 年是 1952 年的 328 倍。

1952 年甘肃财政收入为 0.5 亿元；在改革开放初的 1978 年为 20.5 亿
元；2000 年为 61.28 亿元；2021 年为 1001.8 亿元，迈上了千亿元的台阶。

---

① 《全面建成小康社会重要文献选编》（下），人民出版社、新华出版社，2022，第 887 页。
② 习近平：《高举中国特色社会主义伟大旗帜　为全面建设社会主义现代化国家而团结奋
　　斗——在中国共产党第二十次全国代表大会上的报告》，人民出版社，2022，第 22 页。
③ 习近平：《高举中国特色社会主义伟大旗帜　为全面建设社会主义现代化国家而团结奋
　　斗——在中国共产党第二十次全国代表大会上的报告》，人民出版社，2022，第 24 页。
④ 习近平：《高举中国特色社会主义伟大旗帜　为全面建设社会主义现代化国家而团结奋
　　斗——在中国共产党第二十次全国代表大会上的报告》，人民出版社，2022，第 29 页。

2021 年是 1952 年的 2003.6 倍。经济实力的不断提升为甘肃省实现共同富裕奠定了坚实的物质基础（见图 2）。

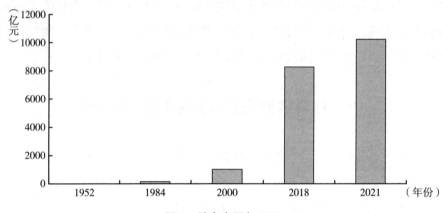

图 1　甘肃省历年 GDP

资料来源：根据甘肃发展年鉴数据整理。

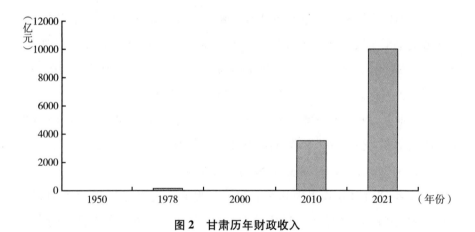

图 2　甘肃历年财政收入

资料来源：根据甘肃发展年鉴数据整理。

（二）城乡居民收入不断增加，人民生活水平显著提升

改革开放以来，特别是党的十八大以来，甘肃省坚持以经济建设为中心，加快发展经济，城乡居民收入不断提高，人民生活水平显著提升。

1. 居民收入大幅提高

甘肃省城乡居民生活水平取得了明显的提升。城镇居民人均可支配收入从 1980 年的 403 元增长到了 2021 年的 36187 元。城镇居民人均消费支出从 1980 年的 399 元增长到了 2021 年的 25757 元。甘肃省农村居民人均可支配收入从 1980 年的 153 元增长到 2021 年的 11433 元。农村居民人均消费支出从 1980 年的 126 元增长到 2021 年的 11206 元。

2. 居民生活质量显著改善

城镇居民恩格尔系数由 1980 年的 53.1% 下降到 2021 年的 29.3%；农村居民恩格尔系数由 1978 年的 74.82% 下降到 2021 年的 30.9%。

（三）粮食产量不断增加，农业的基础地位不断巩固

甘肃省历史上灾荒年较多，曾经发生过大面积的饥荒。由于农业基础条件较差，水资源匮乏，粮食生产受自然条件影响较大，口粮自给率不足，粮食供应长期处于紧张状态，粮食安全保障体系薄弱等问题长期存在。改革开放以来甘肃省一直高度重视农业生产，粮食产量不断增加，农业的基础地位不断巩固。2004 年以来，粮食生产实现"十八连丰"，2011～2021 年连续 11 年稳定在 1000 万吨以上，2020 年首次超过 1200 万吨。近年来，粮食总消费量年均 1166 万吨，与总产量基本持平，粮食供需总量基本平衡（见图 3）。甘肃人民解决了基本的吃饭问题。

（四）扶贫开发成就显著，彻底解决绝对贫困

甘肃省大多数地区十年九旱、自然条件严酷，曾被称为"苦瘠甲于天下"，也被联合国专家认为"不适合人类居住"。1982 年国家实施"三西"扶贫计划，开启了中国政府大规模扶贫开发活动，其中就包括甘肃省的定西和河西地区，因此，甘肃是中国政府大规模扶贫开发的发源地。甘肃省贫困面广，全省 86 个县（区）中，有 58 个集中连片贫困县，17 个插花型贫困县；贫困人口多，甘肃省共有建档立卡贫困人口 692 万人，贫困面为 33.2%；贫困程度深，甘肃省大多数贫困人口分布在高寒、干旱等自然条件

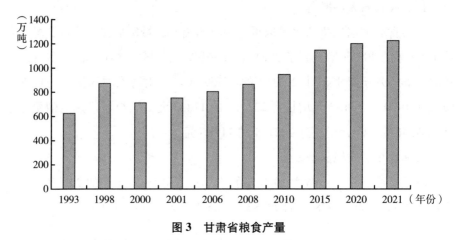

图3　甘肃省粮食产量

资料来源：根据甘肃发展年鉴数据整理。

十分严酷的地方。改革开放以来，特别是党的十八大以来，甘肃省坚持实施精准扶贫、精准脱贫。到2020年底，75个贫困县、7262个贫困村按期摘帽，所有的贫困户按期脱贫，彻底解决了绝对贫困的问题。

（五）公共财政持续加大对民生福祉的投入，人民的生活质量不断提升

改革开放以来，特别是党的十八大以来，甘肃省加大对民生领域的投入，人民的生活质量不断提升。医疗服务技术水平得到有效提升，人民健康水平得到显著提高。不断加强对基础教育的支持力度，优化教育资源配置，基础教育事业得到了有力推进。县域义务教育实现基本均衡，现代职业教育体系基本建立，高等教育"双一流"建设稳步推进。特别是党的十八大以来，更加注重加强基础性、普惠性、兜底性民生建设，民生支出占财政总支出的比例连年保持在80%左右。

（六）生态环境建设取得显著成就，群众的幸福指数不断提升

改革开放以来，特别是党的十八大以来甘肃省不断加大生态环境建设与保护的力度，生态环境不断改善，人民群众的幸福指数不断提升。

1. 甘南高原生态环境治理成效显著

甘南高原是我国生态环境保护和建设的战略要地之一。2007 年 12 月，国家发展和改革委员会以发改农经〔2007〕3300 号文件批复了《甘肃甘南黄河重要水源补给生态功能区生态保护与建设规划（2013—2020 年）》。全面推行禁牧休牧轮牧、以草定畜等制度，加强草地综合治理和重点区段沙化草地治理；继续实施天然林保护、退耕还林、湿地恢复和高原野生动植物保护，提高森林质量，扩大湿地面积，增强水源涵养能力。加快传统畜牧业发展方式转变，加快发展高原花卉、特色经济林、林下经济、生态旅游等特色产业，帮助农牧民脱贫致富。加强基础设施和公共服务设施建设，实施生态移民和游牧民定居，引导超载人口逐步有序转移。按资源条件分类设立禁止开发区域。"累计完成游牧民定居工程 14524 户 73708 人；建设牛羊育肥和奶牛养殖小区 59 个，建设暖棚 14836 座；综合治理草原鼠害 104.9 万公顷，综合治理沙化草原 116 万亩，治理流动沙丘 3.55 万亩，治理重度沙化草地 10.69 万亩，小流域综合治理 125 平方公里，累计完成投资 38.34 亿元，占规划总投资的 86.14%，其中完成国家投资 26.7 亿元。"①

2. 甘肃黄土高原生态环境治理成效显著

从 20 世纪 80 年代开始，"甘肃黄土高原区累计治理水土流失面积 42029.43 平方千米，占水土流失总面积的 53.8%，其中：建设基本农田 19777.95 平方千米，营造水土保持林 13180.53 平方千米，发展经济林 1712.69 平方千米，种草 5026.88 平方千米，实施封禁治理 2299.91 平方千米，其他措施 31.46 平方千米，建设淤地坝 1579 座，实施小型蓄水保土点状工程 811010 个、线状工程 1151.8 千米。"通过治理，基本实现了生态环境由"整体恶化、局部好转"向"总体好转、局部良性循环"的根本转变。②

3. 祁连山环境治理实现由"大乱"到"大治"

祁连山环境破坏引起党中央和国务院的高度重视。"2017 年以来，甘

---

① 该数据资料由甘南州发改委 2020 年提供。

② 苏建军：《陇中陇东黄土高原水土治理保护研究》，《水利规划与设计》2020 年第 9 期。

肃省政府多渠道筹措资金，共落实祁连山地区中央和省级各类生态保护资金 195 亿元，支持祁连山生态环境治理。祁连山生态保护与建设综合治理规划累计下达投资 38.56 亿元，全面实施林地、草地、湿地、水土、冰川、生态等保护的支撑和科技支撑等 7 大类建设任务。祁连山保护区生态环境问题整改共涉及 8 大类 31 项整改任务，有明确整改时限的 21 项已于 2020 年底全部完成，需长期推进的 10 项整改任务已纳入日常工作持续推进。"①

二　甘肃省推进共同富裕过程中的问题及原因

改革开放以来，特别是党的十八大以来甘肃省经济社会快速发展，人民生活水平不断提升，在共同富裕方面取得了显著成绩，但与发达地区相比仍然存在一些突出的问题。

（一）甘肃省人民生活水平与全国平均水平的差距仍然较大

2021 年甘肃省居民人均可支配收入为 22066 元，全国居民人均可支配收入为 35128 元，甘肃居民人均可支配收入仅占全国居民人均可支配收入的 62.8%。2021 年甘肃省城乡居民人均可支配收入比值为 3.17。

2021 年甘肃城镇居民人均可支配收入为 36187 元，2021 年全国城镇居民人均可支配收入为 47412 元，甘肃城镇居民人均可支配收入仅为全国城镇居民人均可支配收入的 76.32%。2021 年甘肃省城镇居民人均消费支出为 25757 元，全国城镇居民人均消费支出为 30307 元，甘肃城镇居民人均消费支出仅为全国城镇居民人均消费支出的 85%。

2021 年甘肃农村居民人均可支配收入为 11433 元，2021 年全国农村人均可支配收入为 18931 元，甘肃省农村居民人均可支配收入仅为全国农村居

---

① 2021 年 8 月 31 日上午甘肃省政府新闻办举行甘肃祁连山保护区生态环境问题整改成效新闻发布会发布。

民人均可支配收入的 60.4%。2021 年甘肃省农村居民人均消费支出为 11206 元，全国农村居民人均消费支出为 15916 元，甘肃农村居民人均消费支出仅为全国农村居民人均消费支出的 70.4%。总之，甘肃省城乡居民收入与支出与全国的平均水平差距明显，说明甘肃省在实现共同富裕的过程中需要做出更大的努力。

（二）省内发展差距问题未能得到明显改善

从 GDP 总量来看，"一强多弱"的问题没有得到明显改善。全省 14 市州 GDP 总量只有兰州市突破了千亿元关口，其他市州近年内突破千亿元关口的可能性并不大；2009 年兰州市 GDP 总量占全省 GDP 总量的近 1/4，到 2019 年兰州市 GDP 总量占全省 GDP 总量的近 1/3，兰州市对全省的经济"热岛效应"进一步强化和扩大。值得注意的是，2021 年的统计口径中还去除了兰州新区的经济发展数据，兰州市的经济地位得到进一步强化（见图 4）。

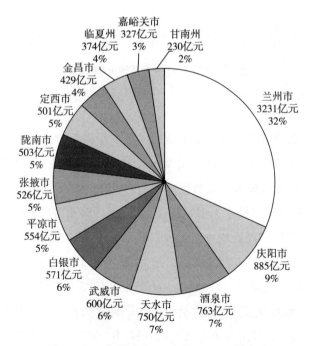

图 4 2021 年甘肃省 14 市州 GDP 总量占比

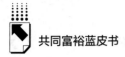
从甘肃省各市州 GDP 总量排名和人均排名来看，自 2000 年以来，甘肃省这两项排名只有微小变动，并没有发生大的变动。2000 年以来，甘肃省各市州 GDP 总量排名中，兰州市以绝对优势占据第一的位置，庆阳、天水、酒泉、白银等市州 GDP 总量长期排在全省前列，而甘南、临夏、嘉峪关等市州 GDP 总量一直排在全省末位。全省各市州人均 GDP 排名中，嘉峪关市一直排名第一，兰州、金昌和酒泉三市一直动态占据第二、三、四位次（见图 5）。

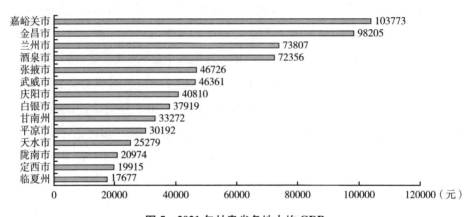

图 5　2021 年甘肃省各地人均 GDP

数据来源：国家统计年鉴。

从改革开放以来甘肃省在城乡居民生活水平提升方面取得了较为显著的成绩。其中，城镇居民人均可支配收入从 1980 年的 403 元增长到了 2021 年的 36187 元。城镇居民人均消费支出从 1980 年的 399 元增长到了 2021 年的 25757 元。城镇居民恩格尔系数从历史最高点 1984 年的 57% 下降到了 2021 年的 29.3%。农村居民人均可支配收入从 1980 年的 153 元增长到了 2021 年的 11433 元。农村居民人均消费支出从 1980 年的 126 元增长到了 2021 年的 11206 元。农村居民恩格尔系数从历史最高点 1995 年的 71% 下降到了 2021 年的 30.9%。城乡居民收入差距由 1980 年的 2.6：1 扩大到 2021 年的 3.16：1；城乡居民消费支出差距由 1980 年的 3.16：1 缩小到 2021 年的 2.3：1。

三 原因分析

甘肃要不断缩小地区、群体之间的收入差距，实现共同富裕，需要深入研究造成收入差距的原因，准确施策。甘肃省收入差距不断扩大的原因是多方面的，既有经济原因，也有体制政策的原因，更有环境资源的原因。甘肃省地处内陆，气候干旱、降水少，是中国荒漠化面积较大、分布较广、危害最严重的省份之一，荒漠化土地面积占甘肃省面积的45.8%。河西走廊气候干旱，地貌以戈壁沙漠为主，水资源短缺，制约经济发展；甘南高原高寒阴湿，不利于农作物生长；陇中陇东黄土高原沟壑纵横、十年九旱、水土流失严重；陇南山地山大沟深，水土流失严重。总之，甘肃省环境严酷、环境问题突出，严重制约经济社会的发展和人民生活水平的提高。

甘肃省80%以上的地区属干旱、半干旱和严重干旱区。人均水资源不到全国平均水平的1/2。水资源短缺是制约经济发展的重要因素。经济发展消耗了大量水资源，导致河流断流、湖泊干涸、地下水位持续下降，环境问题更加突出。

总的来说，甘肃经济发展滞后是多种因素相互交织、共同影响的结果。首先，资源与环境的瓶颈制约农业的发展，制约了农村经济的发展。其次，所有制结构、产业结构不合理，主要是第二产业不发达，一方面，使农村大量剩余劳动力不能转移到二三产业，就业结构不合理，大量农村劳动力创造的产值少，收入低，农村人地矛盾尖锐；另一方面，第二产业不发达使得生产性服务业不发达，农村人口转移慢，城市人口规模小，制约了生活性服务业的发展，最终导致经济发展缓慢，城乡结构不合理。

四 甘肃省加快推进共同富裕的对策探讨

（一）加快经济发展，不断夯实实现共同富裕的基础

甘肃省人均GDP长期排在全国的末尾，与全国平均水平的差距较大。

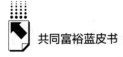

甘肃省加快推进共同富裕，首先必须要加快经济发展，把"蛋糕"做大。

1. 深入贯彻新发展理念，破解制约经济高质量发展的环境问题

甘肃省的经济发展落后首先是受到自然环境制约，因此必须要坚持走绿色发展的道路，实现经济高质量发展与改善环境的双赢。一要持续做好甘南高原的水源涵养；二要持续搞好黄土高原的生态环境治理；三要重点做好祁连山生态保护与河西走廊的节水工作。

2. 不断优化水资源利用模式，促进经济高质量发展

水资源短缺是制约甘肃经济发展的重要原因之一。新中国成立以来，甘肃省破解水资源问题最成功的经验就是跨流域引水，如靖会电灌工程、引大入秦、引洮工程。正是这些工程的胜利建成，彻底解决了甘肃中东部黄土高原地区的缺水问题，促进了当地经济社会的发展。当前需要充分论证破解水资源短缺问题的新途径。一要加快重大跨流域调水工程建设，加快建设引洮二期、中部生态移民扶贫开发供水、白龙江引水工程等项目；二要积极争取实施打造陇中河套平原项目，实现黄河水资源的高效利用；三要积极论证南水北调西线工程，从根本上解决甘肃乃至西部的水资源短缺问题。

3. 构建现代化产业体系，不断推进产业结构优化升级

产业结构不合理是制约甘肃经济高质量发展的重要因素之一。甘肃省工业增加值在1978年曾占全国的2.2%，2021年下降到0.76%，反映出工业对甘肃经济发展的贡献不足。实现甘肃经济高质量发展，必须加快"强工业"行动，促进甘肃省经济结构的不断优化，实现高经济质量发展。一要大力推进传统产业的"三化"改造。长期以来，甘肃省形成了石化、冶金、电力、机械制造等传统产业，需要积极抓住新一轮技术革命的机遇，大力推进对传统产业的改造，实现转型升级。二要做大做强优势产业。集中土地、人才、资本等要素资源，综合运用财政、金融、税收、产业等政策，在优化石油化工、有色冶金产业集群的基础上，着力培育特色农产品、数字智能、生物医药、新能源新材料、文旅康养、路衍经济等千亿级产业集群。三要积极培育未来产业。抢抓新一轮科技革命和产业变革机遇，大力发展半导体材料、氢能、电池、储能和分布式能源等未来产业。

（二）国家要加大对西部地区的转移支付力度

甘肃是国家重要的生态环境战略屏障，在生态环境保护方面做出了巨大的贡献，同时甘肃省的资源通过"西气东输""西电东送"大力支持东部发达地区经济发展。因此，国家要加大转移支付的力度，促进地区间公平发展。

1. 要不断完善生态补偿机制

一要建立健全生态补偿法律法规和政策，对补偿的原则、范围、方式、主体、权利、义务、财政、监管等内容做出明确的界定。二要将生态补偿实施与民生治理工程相结合，将生态补偿与当地经济社会发展结合起来，将生态工程的治理变为一项民生工程，促进当地居民脱贫致富。三要建立多元化的补偿机制，在国家加大投资的基础上，充分调动社会资本参与到生态建设和补偿中来。采用"公司型""民营型""联营型""支部型""合伙型""自营型""国营型""入股型""招商引资型"等多种投资模式，解决生态补偿资金单一的问题。四要探索建立市场化的生态补偿机制，应引入市场竞争机制，探索建立上下游生态补偿的市场机制。

2. 加大对西部欠发达地区经济社会发展的转移支付力度

西部地区经济发展缓慢、财政收入低，制约了当地政府对基础设施和公共服务投资的力度，导致西部地区公共产品供给短缺，影响当地群众生活水平的提升。国家要加大对西部欠发达地区公共产品投资的力度，提高为当地群众提供公共服务的水平。

3. 国家要加大对西部重大项目的支持力度

西部欠发达地区由于地方政府财力有限，制约了对一些重大项目的投资，影响到当地经济发展和人民生活水平的提高。国家应通过对西部欠发达地区一些重大项目的投资，拉动当地经济发展，提高当地人民的生活水平。

（三）不断完善收入分配制度

1. 要严格执行个人所得税征收制度

目前在对高收入阶层征收个人所得税的过程中仍然存在一些问题，个人

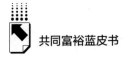

所得税在一些地方演变成"工薪税"。因此，要严格执行《个人所得税法》的规定，首先要大力宣传《个人所得税法》，增强全民的纳税意识。其次要严格执法，对应该纳税的群体进行调查。最后要加大对恶意逃税人的处罚力度。

2.要不断完善低收入群体收入监测预警机制

各级政府要建立完善的低收入群体收入监测预警机制，对低收入群体的收入要时时进行动态监测，及时掌握其收入情况。出现收入降低的情况就要启动必要机制进行救助与干预。

3.要大力实施低收入群体劳动技能培训

当前工资性收入在城乡居民收入中占很大的比例。要对有致富意愿的低收入群体进行专门的培训，使他们掌握一项致富的技能，在外出务工时能够获得更稳定的收入。

4.要大力实施低收入群体就业帮扶

就业是民生之基，各级政府要出台低收入群体就业帮扶专项政策。要出台专门的财政金融政策，对积极增加就业岗位的企业进行奖励。中央政府要加大对地方政府就业帮扶的支持力度。

（四）不断完善社会保障制度

1.不断完善城乡低保制度

要不断提高城乡低保的救助额度，使低收入群体在失去正常的收入以后，通过最低生活救助，能够维持基本的生活。要不断完善城乡低保申请程序，使低收入者生活发生困难时能够及时获得必要的救助。要及时查处城乡在申请生活最低保障过程中出现的各种乱象，使党和国家的政策能够及时惠及贫困群体。

2.加大对低收入家庭孩子上学的救助力度

教育是从根本上阻断贫困代际传播的最有效措施。在义务教育阶段，各级政府要制定相关政策，必须保障一些低收入家庭的孩子完整完成义务教育。对高中阶段的孩子要减免学杂费，并发放一定的生活补贴，保障其生活和学习的需要，经费由各级政府专项财政资金解决。大学阶段学校要制定专门针对低收入家庭孩子的奖学金。国家要继续完善大学生助学贷款制度。

3. 加大对低收入家庭成员重大疾病的救助力度

当前治疗一些特大疾病的费用一般家庭无力承担，对于低收入群体而言更是雪上加霜，必然导致其因病致穷、因病返贫。因此需要建立相应的低收入家庭成员重大疾病的救助制度，对一些人均收入低于规定标准的家庭，发生重大疾病时在享受农村合作医疗的基础上，通过社会救助的方式进行援助。

4. 加大对低收入家庭用水用电取暖的救助力度

对于一些低收入家庭，日常的水电费特别是北方家庭的取暖费也是一笔不小的支出，支付这些费用是有一定困难的，各级政府必须要制定相关的政策，进行必要的补贴。

案 例 篇
Cases

B.16
内蒙古鄂尔多斯：探索实践农牧民致富新路径，写好共同富裕典范大文章

乔建江*

摘　要： 党的二十大报告对扎实推进共同富裕作出了战略部署。鄂尔多斯率先提出打造共同富裕典范城市，针对城乡差距、地区差距、收入差距现状，鄂尔多斯市坚持农业农村优先发展，坚持城乡融合发展，重点围绕如何提高农牧民收入，在农牧业领域中开展了一系列的实践，使城乡居民收入差距进一步缩小，全市农村牧区居民收入状况进一步均衡，广大农牧民获得感、幸福感进一步增强。同时，不断在产业发展、创业就业、深化改革、强化扶持等领域展开探索，千方百计、下大功夫推动农牧民"四项"收入增加，促进农牧民增收致富，推进农牧民实现共同富裕。

关键词： 鄂尔多斯　农牧民　增收致富　共同富裕

---

* 乔建江，鄂尔多斯市委农牧办主任、市农牧局局长，主要研究方向为农业经济。

党的二十大报告指出："中国式现代化是全体人民共同富裕的现代化，是中国特色社会主义的本质要求。"[①] 推动共同富裕最艰巨最繁重的任务在农村，关键是增加农民收入，核心在于保证农村居民自身收入水平有效提升。习近平总书记指出："农民的钱袋子鼓起来了没有，是检验农业供给侧结构性改革成效的重要尺度。"[②] 习近平总书记还指出："农业农村工作，说一千、道一万，增加农民收入是关键。要加快构建促进农民持续较快增收的长效政策机制，让广大农民都尽快富裕起来。"[③] 2022 年 12 月，习近平总书记在中央农村工作会议上指出："要坚持把增加农民收入作为'三农'工作的中心任务，千方百计拓宽农民增收致富渠道。"[④] 鄂尔多斯作为内蒙古自治区经济发展的顶梁柱、排头兵，承担着作为先进典范加压奋进、探路先行，作为示范推进共同富裕的历史使命和政治责任。当前鄂尔多斯市推进共同富裕，重点和难点在于解决农村牧区居民收入差距问题。为此，鄂尔多斯提出打造共同富裕典范城市发展目标，以缩小地区差距、城乡差距、收入差距问题为主攻方向，更加注重向农村牧区倾斜，通过实施农牧民收入倍增计划，加强农牧户内生"造血"能力，在增加工资性、经营性、财产性、转移性等有效收入领域开展共同富裕实践与探索。在未来，鄂尔多斯将以新型城镇化带动农牧民共富，以乡村振兴促进农牧民共富，基本形成以中等收入为主体的橄榄型社会结构。

一 基本情况

鄂尔多斯市，蒙古语意为"众多的宫殿"，是内蒙古自治区下辖地级

---

① 《习近平谈治国理政》第 4 卷，外文出版社，2022，第 123 页。

② 习近平：《论把握新发展阶段、贯彻新发展理念、构建新发展格局》，中央文献出版社，2021，第 142 页。

③ 《增强风险抵御能力 夯实收入增长基础 构建农民增收长效机制》，国家发改委网站，https：//www.ndrc.gov.cn/fggz/jyysr/jysrsbxf/202006/t20200609_1231018_ext.html。

④ 《习近平出席中央农村工作会议并发表重要讲话》，中国政府网，https：//www.gov.cn/xinwen/2022-12-24/content_5733398.htm。

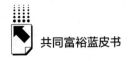
市，位于内蒙古自治区西南部，地处鄂尔多斯高原腹地，总面积8.7万平方公里，辖7旗2区，全市人口216.8万人，其中城镇人口169.3万人，农村牧区人口47.5万人，是国家规划的呼包鄂榆城市群和黄河"几"字弯都市圈的重要组成部分。鄂尔多斯文化底蕴深厚，是著名的河套文化和北方青铜文化发源地之一。成吉思汗祭祀、鄂尔多斯婚礼等被列为国家非物质文化遗产。鄂尔多斯资源富集，煤炭、天然气储量丰富。鄂尔多斯气候宜人，是比较理想的避暑休闲度假基地。

面对打造共同富裕典范城市的发展目标，鄂尔多斯具备开展共同富裕建设的现实基础和发展优势，具有广阔的优化空间和拓展潜力。一是资源禀赋丰富。鄂尔多斯资源富集，是世界优质山羊绒原料基地，全市羊绒制品产量约占全国的1/3、世界的1/4。煤炭、天然气、稀土高岭土探明储量分别占全国的1/6、1/3和1/2，风能、太阳能开发潜力均在1.2亿千瓦以上，天然气年处理能力近320亿立方米，年产销煤炭均超7亿吨，是国家14个大型煤炭基地、9个大型煤电基地、4个现代煤化工示范基地之一和西气东输重要气源地，素有"羊煤土气、风光无限"的美誉。二是富裕程度较高。鄂尔多斯经济总量连续13年保持内蒙古第一，2021年位列全国地级城市第53位，全市9个旗区有3个上榜全国综合实力百强县区，准格尔旗是全区首个千亿GDP旗县，鄂托克经济开发区是全区首个千亿产值工业园区。2022年，鄂尔多斯市地区生产总值为5613亿元，同比增长5.4%。经济总量继2021年一举跨过4000亿元后，跃上5000亿元台阶，位居中国内地GDP百强城市榜单第49位。2022年，鄂尔多斯市一般公共预算收入累计完成842.8亿元，按自然口径计算增长52.7%，在全国名列前茅。人均GDP更是高达25.69万元，位居全国第一。三是改革创新活力较强。鄂尔多斯是国家重点支持的内蒙古西部产业转型升级示范区，连续两年在内蒙古营商环境评估中位列第一，获批建设国家可持续发展议程创新示范区，人才吸引力全国地级城市排名第37位，是创新创业的首选地、优选地。四是农牧民较为富足。从城乡来看，2022年全市城镇居民人均可支配收入55984元，农村牧区居民人均可支配收入25234元，高于全区平均水平，收入倍差为2.22，低于全区0.13；从收入结构来看，农村牧区居民人均可支配收入中工资性收入为5108元，经营性收入为13818元，财产净收入为3537元，转移净收入为2770元，分别占比20.2%、54.8%、14%、11%，与全区相似。基于此，鄂尔多斯不断在农牧民实现共同富裕方面开展实践与探索。

二 鄂尔多斯市农牧民实现共同富裕实践模式

近年来，鄂尔多斯市围绕建设共同富裕美好社会，坚持高质量发展导向、问题导向、为民导向，加快破解发展不平衡不充分问题，在农牧民共同富裕领域扎实探索新路径，初步形成了"二产拉动一产、工业反哺农业""社会化服务促进一产接二连三""三变改革推动一二三产融合"的格局。在全市上下建设共同富裕典范城市的生动实践中，从开展共同富裕机制性的探索，到推动政策制度落地见效，再到加快创新步伐，实践成果持续显现，涌现出了一批具有示范性、引领性和普遍意义的实践案例，在农牧民增收、增加就业、改善民生等方面发挥积极作用，为鄂尔多斯市迈向共同富裕提供了更多助力。

（一）大力发展社会化服务

面对"大国小农"的基本国情农情，如何把小农牧户服务好是重点也是难点，发展农牧业社会化服务也是实现质量兴农、绿色兴农的有效路径。为此，鄂尔多斯市加快培育发展农牧业生产社会化服务组织、构建社会化服务新机制，搭建起"覆盖农牧业全产业、贯穿农业生产全链条"社会化服务体系，有效破解"谁来种地养畜、如何科学种养"等难题，推进小农牧户和现代农牧业有机衔接，更好地服务小农牧户，助力共同富裕。

1.达拉特旗白泥井镇官牛犋南社奏响"统种共富"新乐章

官牛犋南社是达拉特旗白泥井镇侯家营子村的一个自然村，2019年，该社通过党支部成立种植合作社，开始对全社3000多亩耕地进行合作经营，被称为"统种共富"模式，以"成本均摊、利益均沾、风险共担、收益共享"的原则，发展大田玉米、有机青贮等种植业，实行统一品种布局、统一农资采购、统一机械播种、统一田间管理、统一机械收获、统一产品销售，走出一条农牧民增收、村集体致富的共同富裕新路子。

一是释放土地资源活力，田地"小变大"，效益"少变多"。基层党组织充分发挥战斗堡垒作用，成为合作经营的核心和群众坚实的依靠，按照"三打破、五统一、一重新"大破大立治理模式，实施土地综合整治项目，将土地进行集中整合，实现自然地块"小并大"、确股确权不确地。通过4年的调整，土地增加到3161.1亩，全社土地按照社员大会议定的户籍人口均分到人，人均土地12.8亩，人均年纯收入4105元。

二是提质壮大集体经济，跑出"加速度"，实现"满堂红"。官牛犋南社主要种植的农作物为大田玉米、苜蓿、有机青贮，社里不断转型升级土地联合经营模式，引进当地的一家大型社会化服务公司，为3000多亩土地提供全程托管服务，实现全面机械化种植。同时与涉农龙头企业签订订单，按照保底价高于市场价，且实际收购价不低于保底价的合作协议，随行就市，实现经济效益和社会效益多方共赢。2019年实施"统种共富"模式以来，土地亩产量增加10%，亩纯收入增加200元，每亩地保底1400元，再加上二次分红和各类政策补贴，2022年人均土地分红1.8万元。

三是强化引领多元发展，擂响"奋进鼓"，跑赢"下半程"。在经过4年的土地合作经营后，官牛犋南社"统种共富"合作经营模式取得了丰硕的成果，每年合作社收入下来，都会截留10%的款项发展壮大村集体经济，累积集体发展资金120万元，用于基础设施完善、产业发展以及人居环境整治等，村庄面貌得到极大的改善，集体经济不断壮大，村民团结进取、创新合作的集体意识日益增强。

官牛犋南社"统种共富"的土地合作经营模式，彻底将农民从土地里解放出来，通过从事养殖、就地参与土地合作经营管理、外出打工、发展庭院经济等进一步增加了收入，社集体也探索出了一条群众增收、集体致富的共同富裕新路子。

2. 鄂托克旗全面构建兽医社会化服务体系，打造 AI 诊疗"一张网"

兽医社会化服务是农牧业社会化服务的重要组成部分，是兽医服务的重要实现形式。近年来，鄂托克旗深入践行"生态优先、绿色发展"理念，以创新兽医社会化服务机制和政府购买服务方式为重点，持续推进兽医供给侧结构性改革，着力破解基层兽医人员短缺、动物防疫诊疗水平低等问题，初步形成"政府+企业+兽医院+合作社"的兽医社会化服务体系，实现兽医社会化服务覆盖全旗苏木镇、嘎查村及养殖场（户），极大地满足了广大养殖户对专业、便捷的兽医服务的需求。

一是探索科学运营体系，打造新型诊疗品牌。新型兽医社会化服务体系，将动物强制免疫、兽医技术推广、动物诊疗等公益性服务工作交给市场和兽医服务性组织，发挥市场资源配置作用，以"双轮驱动+市场化+平台化"为原则，坚持保障性业务和拓展性业务双管齐下，在全旗 75 个嘎查村实行"1 个总部+7 个分中心+20 个嘎查服务站"的"三级叠加式"服务模式，三级分工不同、相互依存、共创共享，建立起"强制免疫+化验诊疗+供应培训"一体化服务平台，切实把兽医服务队的服务半径缩短到 30 公里以内，缩短养殖户和兽医专家的距离，有效解决农牧民给病畜看病难、请医难的问题，农牧民群众的获得感得到提升。

二是实行高效管理模式，加强兽医队伍建设。为进一步推进鄂托克旗兽医社会化服务，规划建设一处综合性社会化服务中心，包括数字化展示厅、实验室、诊疗区等功能区。目前，全旗已形成"政府+企业+兽医院+合作社"的兽医社会化服务体系，将 6 个原动物疫病预防控制中心苏木镇分中心改造成为兽医院，优先聘用接受过专业技术培训且取得资质证书的嘎查村级防疫员，组建技术服务团队，服务覆盖率将达到 100% 的苏木镇、嘎查村、养殖场（户）。积极引导和整合全旗 75 个嘎查村 180 多名防疫技术人员，组建防疫、检疫、诊疗、繁育"四支团队"，坚持能者多劳、多劳多得、技术立身的市场化运营机制，深入开展采样、疫苗注射、中西医诊疗等具体服务。同时，全旗共建立服务队 20 支，服务人员 90 余名，采取"以奖代补""先服务后补助"等方式，开展选种选配、良种繁育、疫病防治、羊

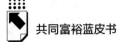
绒收储销售、饲料供应等 20 项服务项目，为农牧企业、农牧户提供专业化有偿服务，实现帮助小农牧户对接大市场，促进农牧户和现代农牧业有机衔接，助推农牧业高质量发展。

三是全力延伸服务范围，提升服务感知体验。坚持线上线下同步发力，设立动物疫病防控中心、动物疫病诊断与治疗中心、动物营养和农畜产品检测中心、动物繁育服务中心、技术推广与培训服务中心、疫病防控大数据服务平台"一个平台五个服务中心"，并积极与相关科研院所合作，提供动物疫病检测等服务。利用合作企业自有的技术服务力量，面向签约养殖场户、产品用户提供"一条龙式"或"菜单式"服务。"一条龙式"服务即对一些自有劳动力不足、繁养殖技术欠缺的养殖户提供"一对一"的全程签约服务；"菜单式"服务即根据养殖户的不同需求提供有针对性的服务，实现农牧民"点菜"、兽医社会化服务"配菜"。同时，本着资源共享、互利共赢的原则，积极与兽药、饲草料等企业签订合作协议，建立长期合作关系，极大降低养殖户的成本。全力帮助养殖场户及时治愈疾病，降低牲畜死亡率，减少病死畜对黄河流域生态环境的影响。

鄂托克旗兽医社会化服务为养殖户提供产前、产中、产后一条龙服务，搭建一个专业、可靠的社会化服务平台，处理一家一户干不了、干不好、干起来不划算的事，引领牧户进入现代牧业的发展轨道，为畜牧业发展提供健康、安全保障。2022 年，按治愈率折算收入，为当地农牧民增收 2580 万元，人均增收 800 元。

（二）推动"二产拉动一产、工业反哺农业"发展模式

解决"三农三牧"问题，要具有产业化思路、市场化思维、工业化举措推动农牧业现代化发展。当前鄂尔多斯市工业水平已经发展到一定程度，具备工业反哺农牧业、实现工业与农牧业协调发展的基础条件，因此提出了"二产保一产、一产供二产、双产互动"，即"以工促农、以农助工、工农互助"助推乡村振兴，通过"三来一保"（指来料加工、来件装配、来样加工、保证收购）、"三集一供"（指集中土地、集体管理、集约利用、供应对

口企业农产品）等形式，推动工业经济与"三农三牧"同频共振，以工业高质量发展带动农牧业增效、农牧区增质、农牧民增收。

1. 准格尔旗纳日松镇"二产拉着一产跑、蹚出企民共建幸福路"

准格尔旗纳日松镇地处煤炭资源富集区，全镇有 17 个行政村位于工矿企业井田范围内，是名副其实的工矿大镇。境内矿产资源丰富的村子"靠矿吃矿"，产业发展缺乏动力，境内没有矿产资源且立地条件差的村子，经济发展相对落后。为让更多群众享受经济发展的成果、充分发挥工矿企业社会责任效益，该镇坚持以党建引领带动产业振兴，以实现全镇各村集体经济转型发展、一二三产融合发展、农民增收致富为目标，强化组织领导，创新产业发展模式，推动以工哺农、以工促农、以工助农，促进集体经济发展壮大，农牧民增收致富。

一是施行"公司运营"模式强筋骨。整合 19 个村 2 个社区联合组建成立准格尔旗聚合实业有限公司，通过"政府搭建平台、镇属公司运营、工矿企业买单、农户享受红利"的方式实现利益联结，对资源、资产、资金再整合、再利用，改变过去"单打独斗""单一作战"模式，以企业经营模式实体化运行，实现了抱团取暖、抱团发展。同时，与辖区 80 家工矿企业签订了框架性协议，订单总金额达 1.23 亿元，总营业额达 4200 多万元。

二是施行"订单销售"模式注活力。与各企业达成"菜单式"协议后，以"保护价格"向各集体经济组织分派订单，各集体经济组织因地制宜，提供农副产品，以"平移化"的方式转移订单，实现各集体经济组织农牧业产业壮大发展，带动农户和困难群体增收致富。目前，已向企业销售农副产品约 200 万元。预计规模养殖户年收入可增加约 10 万元，一般散养户年收入可增加约 2 万元，实现辖区农户农畜产品"应销尽销"。

三是施行"务工服务"模式保就业。在对各工矿企业提供工程项目实施、广告制作安装、物业清洁等服务时，优先吸收当地农户和有劳动能力的贫困人口务工，带动本地劳动力就业 600 人，人均增收 4.5 万元，保证了农牧民稳定增收。

四是施行"兜底分红"模式稳增收。公司每年提取净利润的 10% 作为救助脱贫户、低收入家庭和突发性疾病、意外事故、自然灾害等造成的特殊困难家庭的兜底保障资金；同时，剩余 90% 的利润直接或间接链接到全镇 6300 名常住人口，人均约 9600 元，让所有集体经济的"股东"享受到红利。

准格尔旗纳日松镇依托工矿企业多的独特优势，进一步盘活村集体资产，实现"村企联营"，打造企地企民共建新矿区的一次探索。通过企地企民的充分合作，形成工农互促、共同繁荣的新型城乡关系，最终实现群众致富、村集体增收的目的，推动乡村振兴、地区发展再上新台阶。2022 年，19 个村集体经济经营性收入全部突破 70 万元，累计达到 2778.3 万元，农牧民人均可支配收入达 23725 元，同比增长 1800 元。

2. 鄂托克前旗上海庙镇谱写"二产拉动一产，惠泽一方乡土"

鄂托克前旗上海庙镇依托现有资源禀赋和驻地企业优势，整合土地资源、资金和人才力量，积极探索通过"二产拉动一产"发展壮大集体经济、高质量推进村集体经济的新路子，促进嘎查村集体经济产业由"单打独斗"转向"飞地抱团"、由"产业单一"转向"多元成链"，助推"和美乡村"建设。

一是以试点为机遇，明确产业发展新方位。上海庙镇以"工业反哺农业、二产拉动一产"试点镇建设为契机，组织全镇 15 个嘎查村（社区）集体经济股份合作社共同出资 50 万元组建成立鄂托克前旗海禾乡村产业发展有限公司。海禾公司按照"镇搭台、村组建、公司运营"发展思路，整合吸纳嘎查村（社区）资金、资产、资源，以"飞地抱团"形式联合发展，打破"牧区只会放牧、农区只会种地、矿区只会拉煤"的发展方式，积极探索"镇乡村产业发展公司+驻镇企业+党支部+农牧户"的集体经济发展新模式，大力发展三产服务业和生产加工业，通过推行"全员、全时、全力"招商引资工作机制、聘请职业经理人和以精准服务供给同驻地工矿企业建立紧密利益链接机制等举措，持续扩大公司经营范围，提升发展后劲。

二是以项目为载体，打造产业发展新支撑。海禾公司依托驻镇工矿企业，以市场为导向，全面统筹全镇集体经济发展，着力优化产业布局，加快产业结构调整，推动产业化转型升级，打造劳务运输、劳保用品、生态环保、路边经济四大产业，并围绕净肉、净菜等农牧业基础产业，着力打造绒山羊养殖基地、肉牛产业联盟、蔬菜供应基地，结合"以工补农、以工促农、以工助农、工农互助、工农联动、企地合力"的总体思路，与嘎查村、农牧民建立利益联结机制，全面构建生态产业链、绒山羊产业链、优质肉牛产业链、工矿企业服务链、光伏运维产业链、休闲康养产业链，扎实推进"二产拉动一产"工作，持续推动农牧民增收致富、农牧业提质增效、农牧区美丽宜居。目前，已与驻地工矿企业达成蔬菜、牛羊肉供应协议 25 吨、劳保工装订单 5000 余套、手套订单 10 万余双。和驻地煤电企业签订 103 公里、790 万元道路清洁劳务服务协议，2022 年上海庙镇 15 个嘎查村（社区）共完成集体经济收入 576.8 万元，农牧民人均增收 720 元，2023 年，预计集体经济收入突破 1100 万元。

三是以融合为引擎，增强产业发展新动能。为进一步服务园区、服务工矿企业、解决转移农牧民创业就业问题，海禾公司整合土地资源，在敖银线沿线工矿企业密集区规划建设上海庙镇转移农牧民创业就业服务中心，通过镇领导班子成员、嘎查村社区全员招商引资，目前已和工矿服务、新能源汽车、仓储物流以及再生资源利用等多个领域共计 20 余家企业达成合作意向，项目总投资约 2.6 亿元，预计年可增加土地入股分红收益 300 余万元，解决农牧民就业 500 人左右，人均增收 2.5 万元。

鄂托克前旗上海庙镇开展"二产拉动一产"以来，一个又一个农牧产业形成了现实生产力，正在将产业链延伸到农牧民的家门口，将农牧民紧紧吸附到工业链上，让农牧民吃上"工业饭"。一条二产拉动一产、实现共同富裕的高质量发展之路越走越远、越走越优。

（三）全面推进"三变"改革

推进资源变资产、资金变股金、农民变股东"三变"改革，是持续激发农业牧区发展的内生动力，更是促进乡村振兴的原动力。鄂尔多斯市在农村集体产权制度改革基础上，选择部分村庄积极探索农村牧区"三变"改

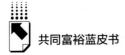
革，有效盘活了农村资源资产，助推了农牧民增收，发展壮大了新型农村集体经济。

1. 达拉特旗树林召镇用好农村产权交易平台、激活村集体经济"一池春水"

达拉特旗在推进乡村振兴的实践中，针对目前农村存在的集体产权不明晰、成员身份不确定、集体经济组织不完善、集体经济发展实力不强等问题，创新思路、大胆变革，以活化农村沉默资源资产为着力点，在树林召镇建设农村产权交易体系，全面深化农村产权交易制度改革，推动农村闲置资源资产入市流转交易，实现生产要素自由流动和市场化配置，激活了农村集体经济发展动力，走出了一条城郊型农村集体产权制度改革的崭新路径。

一是搭建产权交易平台，赋能农村资产。成立达拉特旗农禾原产权咨询有限公司，围绕撬动、盘活农村资产资源，增加农民财产性收益和壮大村集体经济实力这个核心，以农民和农村集体经济组织为主要服务对象，通过线上和线下交易互动开展农村集体经营性建设用地使用权、房屋和宅基地使用权、土地承包经营权、林地草地承包经营权等 14 个品种的流转交易。2021年 4 月 12 日，树林召镇农村产权服务中心与内蒙古产权交易中心合作，挂牌成立农村产权交易服务工作站，成为内蒙古自治区首家镇一级农村产权流转交易工作站。同时产权服务中心积极与中国乡建院旗下的"乡村壹家"平台合作，在闲置农宅方面形成线上线下同步推广模式。截至 2022 年，树林召镇产权服务中心已经交易房宅 15 套，承包地 2570 亩，集体资产 3 宗；已上线平台 80 多套房宅信息，集体经营性建设用地 2 宗 245 亩，产权服务中心已经实现房宅使用权、土地经营权、集体资产三个品种的实际交易，交易总额 1200 多万元。

二是唤醒农村沉睡资产，激发内生动力。树林召镇对村集体"家底"进行了一次彻底盘点，有了一笔"明白账"，集体产权归属不清晰、保护不严格、流转不顺畅的问题得到了根本化解。全镇清产核资核定集体资产1.56 亿元，其中经营性资产 3745 万元，农民个人手中的闲置资产估值超过1 亿元，23 个村共设置集体产权 88899 股，其中集体 17782 股，个人 71117股，长期沉睡的资产被全面唤醒，成为激活集体经济的"强心剂"。通过对农村闲置资源资产开发打包成不同的产品进行交易，能够有效引导人才、项目、资本向农村流动，不同程度地形成集聚效应，进而达到带动农村经济发展的目的，23 个行政村经营性收入达 551.37 万元。

三是发展新型集体经济，增强富民底气。成立镇政府主导的、各村集体经济组织为主体的乡村振兴投资公司（简称"村投公司"）。由村投公司出"种子资金"引导，在各村党支部的主导下，在既有村集体经济股份合作社内开展信用合作、土地合作、房宅合作、购销合作（简称"一社四部"）等，再在乡镇层面把各村"一社四部"联合起来，即把农民再组织起来，把三资再集约经营起来，把农户承包地、房宅等能"死钱"变"活钱"活化，把农民的生产生活需求服务起来，推动村社逐步走向"四权统一"村民共同体。目前，全镇共赢土地合作社达到 75 个，集中土地 5.95 多万亩，约占全镇土地的 20%；23 个资金互助合作社资金总数达到 4100.7 万元，累计发放贷款 5527.65 万元，利息收益达 218.98 多万元，惠及农户 1149 户；房宅合作社可交易房源 80 多套，远期储备房源 500 多套；消费合作社累计采购化肥 518 吨，采购金额 207 万元，老百姓节约资金 5.2 万元，饲料累计采购 800 吨，318 万元，节约资金 2.1 万元。

四是优化资源要素配置，助推多元发展。树林召镇集体经济组织按照市场规则开展经营活动，积极发展高质量农业和乡村旅游，推出了"树林召"小麦面粉、长粒香大米，赋予本土产品更多品牌价值。整合各种旅游资源和要素，在沿河一带形成了乡村休闲旅游带，扩大了树林召镇的旅游影响力。规划了"五股地采摘园、鲜农现代高效农业产业园、产权交易中心、栋房花烛院、海心岛研学基地、赵大剪剪纸大院、乐筑度假村"一条完整的旅游路。景旭文化旅游和禾原农业开发两家公司全面参与全镇农业和旅游产业发展，对全镇农、林、渔业，闲置房屋和品牌商标等各类资源资产进行整合和二次开发，独立或与外部投资合作，实现农民资源资产最大限度地保值增值，为下一步田园综合体和农业产业化项目的顺利实施奠定了基础。

作为内蒙古首家乡镇级农村产权交易工作站，为农村产权提供便捷高效的专业交易服务的同时，创新土地流转方式，增加村级集体经济收入，实现集体资产保值增值，更为增加农民财产性收入、实现农牧业产业化提供了很好的范例，让土地这个相对沉默的要素在流转交易中得到盘活，给乡村振兴带来蓬勃生机，"在农村谋出路、向土地要效益"逐渐成为现实。

2. 乌审旗乌审召镇巴嘎淖尔村积极探索"三变"改革变出强村富农"新天地"、助写乡村振兴"大文章"

2021 年，巴嘎淖尔村在上级党委、政府的引导下，与中国乡建院"陪伴式"协作，通过村两委主导、乡贤倡导、村民入股参与，依托股份经济合作社"一社"，以信用合作部为"突破口"，先后成立购销合作部、耕地入股合作部、农机合作部、羊产业合作部、草原入股合作部、湖区产业联合部等"N"多个服务职能部门，形成以资产为纽带、成员权制的"一社N 部"综合性集体股经济合作社，以三活（农牧民组织活起来、资源资产资金集约经营活起来、产权交易活起来）促三变（资源变资产、资金变股金、农民变股东），不断提升村民自我管理、自我服务、自我教育、自我监督的能力，实现了组织增效、金融高效，走深走实产权制度改革"后半篇"文章，推动村集体经济不断发展壮大，最终实现乡村振兴和共同富裕。

一是激活沉睡资源，实现资源变资产。巴嘎淖尔村全村 68.3% 的村民外出务工，剩余 31.7% 的常住村民大多年老体弱，田间地头耕种劳作已是力不从心，一些耕地被闲置或撂荒。为有效解决村里土地碎片化和人口老龄化的问题，巴嘎淖尔村采取"党支部+村股份经济合作社+企业+农户"的模式，创新开展"按户整合、重新分配"的零散土地整合试点工作，按照"整合办法村民自己提，土地分配村民自己调"的原则，组织召开小队分组会议 17 次、村民代表大会 2 次，广泛征求意见建议，充分遵从村民意愿，有序有效盘活碎片存量土地，划界线、埋水道、填旧井、拆围栏、重丈量，对 18 个片区 3060 亩零碎化土地进行集约整合，直接受益农牧户 268 户，实现耕地由"零散式"向"一体式"转变。巴嘎淖尔村股份经济合作社在全村开展土地社会化服务，村民"按需点单"如农资供应、机耕机种、病虫害防治等单一环节服务；村民自愿以土地承包经营权折资入股"全程托管"，市旗两级供销社属企业提供耕、种、防、收等全部生产环节作业服务，村民享受"保底收益+效益分红"。其中，耕地入股合作部经营3000亩，实行"550元/亩/年保底分红+50%二次分红"，土地承包价格也由原来的每亩50~100元提升到现在的350~550元，实现土地价值的最大化，也为建设高标准农田集中连片、规模化、机械化耕种夯实了基础。

巴嘎淖尔村因湖得名，立足境内天然碱水湖生态资源禀赋，争取乌审旗巴嘎淖水生态治理工程项目，以矿井疏干水为水源向湖区进行生态补水，挖填平整、铺设管道、拆除围栏、清理垃圾等，修复湖区3.2万亩，恢复湖区原有生态风貌；调配水源缓解供水矛盾的同时实现水资源循环利用、水系连通流动，构成湖区水系微循环；配套建设环湖公路、瞭望台、湖区生态监控设备等实时掌握水体动态，规模栽种红柳等耐碱植物构建环湖生态带，全面提升流域环境承载力。这也为村集体加快推进"渔光互补"光伏发电综合利用示范项目落地实施，以点带线促面，连接石窑湾风景区、王爷府、垂钓园、鲤鱼养殖基地、天然甲鱼养殖基地、盐碱水稻种植区、优质牧草基地等，将光伏与渔业、农业高效有机结合，谋划打造集光伏发电、农业种植、渔业养殖、旅游观光于一体的生态旅游农业光伏示范村提供了现实路径。目前，巴嘎淖尔一期水生态综合治理工程已经通水，生态小流域项目已经开工建设。为将生态红利覆盖全村，让"生态水"变为"富民湖"，巴嘎淖尔村股份经济合作社下设草原入股合作部，全村2100名村民土地入股集体经营模式，对每名社员进行保底分红，并且按照环湖区26683.9亩水域覆盖情况对社员进行二次分红，再由村集体缴纳保险，如水覆盖范围内影响正常生产经营则进行认定、赔付，第三次分红。

二是激发动力源，促进资金变股金。为凝聚合力激发集体经济发展"乘数效应"，巴嘎淖尔村在村集体内合理设置内置金融机构——信用合作部。2021年12月16日，乌审召镇巴嘎淖尔村举行股份经济合作社暨信用合作部开业仪式，由旗政府注入种子资金100万元，中国乡建院种子资金20万元，村集体配置种子资金50万元，首批入社社员更是达到242人，入股金额292.4万元，将各级财政投入农村的发展类、扶持类资金"投改股"

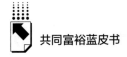

与个人资金，量化为村集体持有的股金，以配置资源、管理风险为抓手，切实解决产业发展"起步难"的问题，实现产业发展"多点开花"。

信用有价值，守信有力量，让无形的"信用"成为融资发展的"硬通货"，巴嘎淖尔村集中力量培育壮大产业链，采取"合作社+村集体经济入股+养殖企业+村民入股"运行方式，全力以赴推进3万只肉羊标准化养殖项目落地生效，实行统一管理、育肥、饲料、防疫、品牌、销售"六统一"模式，通过建设集体中心养殖场和200余户养殖小户分散圈养，分步骤分阶段达到肉羊存栏3万只，提高养殖水平和抗风险能力，以"羊"产业联合体联农带农惠农，大力发展"一村一品"，助推全产业链增质增效。

三是唤醒内生动力，助力农民变股东。农为邦本，本固邦宁。在推进改革的过程中，巴嘎淖尔村突出农民主体，在"一社N部"综合体系建设中，通过个人将土地、林地、水域等资源要素和闲置房屋、资金投入到耕地入股合作部、信用合作部、羊产业合作部等多个职能部门，成为股东，自下而上，让村民更多参与到本村资产运行中，土地流转的租金、产业发展的现金、就业务工的薪金、扩大种植的税金，"四金"叠加，得到长期财产性收入。如耕地入股合作部，在"耕者有其田"的基础上，进行土地整合、土地托管，转变传统观念、传统习惯和身份，实现"耕者有其股"，不但可获得土地入股分红、收益分红，还可在自家土地上打工，将全村260户从旁观者变为参与者，与村集体同发展"双增收"，这不仅有外在、有形的联系，更有内在、无形的联结，逐步形成"无物不股、无事不股、无资不股、无人不股"格局，探索出村集体经济新的实现形式和运行机制。

乌审旗乌审召镇巴嘎淖尔村过去农村资源散、资金散、农民散，制约了乡村振兴战略实施，通过开展"三变"改革，依托"一社N部"综合性集体股经济合作社，实现联产联业、联股联心，促进农户与现代农业发展有机衔接，保证了农民"失地不失利、失地不失权、失地不失业"，激活了人、地、钱等资源要素，让企业、村集体、农民利益共赢。

三　进一步推进鄂尔多斯市农牧民共同富裕的探索

鄂尔多斯市在共同富裕建设实践探索中，形成了一批可复制推广的共富典型，推出了一批社会认可的共富理念，取得了较好的开局成效，但也要清醒地看到探索中面临的问题和挑战，农村牧区仍是鄂尔多斯市现代化建设的突出短板，同新型工业化、信息化、城镇化相比，农村牧区现代化发展水平明显滞后，农牧业发展与经济体量不相称、与城市发展不相称。鄂尔多斯市发展要在坚持共富发展导向的基础上，以缩小城乡差距、居民收入差距为着力点，深入实施农牧民五年倍增计划，以推进乡村振兴和乡村建设为重点，强化以工带农、以城带乡，加快构建农牧民收入持续增长长效机制，有力有效促进农牧民生活更加富裕富足。

（一）提效挖潜，巩固拓展经营净收入，挖掘农牧民有效增收潜力

习近平总书记强调："现代高效农业是农民致富的好路子。"[1]"加快推进农业农村现代化……构建现代农业产业体系、生产体系、经营体系"[2]，"要坚持因地制宜、因村施策，宜种则种、宜养则养、宜林则林，把产业发展落到促进农民增收上来。"[3] 鄂尔多斯市立足实际，持续提高粮油单产水平，发展优势特色产业，提升精深加工能力，降低农业生产成本，推进产业融合，打开增值增效新空间，为农牧民增收致富注入强劲动能。

一是大力发展高效农牧业。实施稳产保供强基工程，抓好耕地和种子"两个要害"，加强良种繁育体系建设，逐步把永久基本农田全部建成高标准农田。因地制宜发展瓜果蔬菜等经济作物，大力发展现代设施农业，加快发展设施农牧业，持续提高单产水平和综合效益。调优养殖结构，发展生态

---

① 《农业农村现代化阔步前行》，《人民日报》2021年9月26日。

② 《全面建成小康社会重要文献选编》（下），人民出版社、新华出版社，2022，第983页。

③ 《促进乡村特色产业高质量发展》，中国共产党新闻网，http：//theory. people. com. cn/n1/2019/0801/c40531-31268364. html。

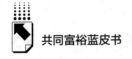
高效畜牧业，开展规模化养殖、标准化生产、产业化经营，加快构建现代畜牧业产业体系，促进畜牧业提质增效。

二是支持发展适度规模经营。大力培育壮大农牧民合作社、家庭农牧场、种植养殖大户等新型经营主体，鼓励引导组建产业联合体，发展农牧业适度规模经营，实现全环节提升、全链条增值。

三是助力提升农牧民合作社能力。引导农牧民合作社内强素质、外强能力，完善章程制度、健全组织机构、规范财务管理、合理分配收益，提升生产经营和管理规范化水平，充分发挥其组织农牧民、服务农牧民、带动农牧民的功能作用。

四是持续推动社会化服务组织发展。支持发展农资供应、托管代养、定制生产、配送代销等社会化服务组织，开展动物防疫、农作物病虫害统防统治、农业生产委托管理、代耕代种、农村牧区公共设施建设维护、机械化作业等服务，培育一批专业化服务队伍，推动农户节本增效促增收，实现社农利益互惠共赢。

五是推进优势特色产业链发展。以"农头工尾""粮头食尾""畜头肉尾""羊头绒尾"为抓手，发掘各旗区特色产业优势，明确各地产业特色和发展方向，扬长避短、错位发展，采取"政府+企业+合作社+农户"的运营模式，通过种养加工、研发销售，带动一二三产业联动发展，实现产业融合、产农结合，吸纳农户在产业基地、企业车间务工就业，成为群众家门口的增收基地、致富工厂。

六是做强做大农牧业产业化龙头企业。加快农业龙头企业高质量发展，用市场化思维谋划农业产业化，紧紧围绕优质粮油、高效果蔬、特种水产、规模畜禽等优势产业，引导农业龙头企业走"专精特新"、数字化发展道路。支持农业龙头企业整合资源资本要素，推广"龙头企业+合作社+农牧户+基地"等产业化发展模式，建设和完善一批产品优质、保供能力强的优势农产品生产基地，带动种养殖大户、家庭农牧场、农牧民合作社抱团发展。

七是深化产业融合发展。推进农业与文旅、科教、康养等深度融合，促进休闲农业与乡村旅游、创意农业与文化产业融合，探索共享农庄、共享农场等新模式，加强非物质文化遗产和重要农耕文化遗产保护利用。促进农业农村数字化转型发展，实施"互联网+"农产品出村进城工程，鼓励发展"生鲜电商+冷链宅配""中央厨房+食材配送"等新业态，推广直播带货、社交营销等新模式，把产业链增值环节更多地留在农村牧区村、留给农牧民，持续增加农牧民经营性收入。

（二）量质并重，全力扩大工资性收入，促进农牧民实现高质量就业

习近平总书记强调："要通过发展现代农业、提升农村经济、增强农民工务工技能、强化农业支持政策、拓展基本公共服务、提高农民进入市场的组织化程度，多途径增加农民收入。"① 鄂尔多斯市加强对劳动力特别是农村牧区劳动力的职业技能培训，鼓励用工企业招收本地劳动力，通过设立公益性岗位、推广以工代赈、落实返乡创业优惠政策等措施，深入挖掘岗位供给，广开就业门路，让农民工就业工作岗位充足，工资水平提高。

一是充分吸纳农牧民工就业。大力发展县域经济，积极支持符合产业政策的中小企业加快发展，重点扶持劳动密集型企业和服务业加快发展，千方百计寻找就业岗位。拓展就业空间，在实施"工业反哺农业、二产拉动一产""万企兴万村"的同时，积极对接央企、国企以及地方企业搭建就业供需平台，组织本地农牧民劳动力就近就地就业。

二是开展农牧民就业服务。动员社会各种培训资源，采取多种运行方式，开展农牧业职业技能、新型农牧业经营主体带头人和高素质农牧民等培训。对接企业用工要求，结合地方优势产业、特色经济，建立有利于农民灵活就业和适应新就业形态特点的用工制度。

三是实施"以工代赈"项目。在高标准农田建设、交通、水利、乡村旅游和林业等农村牧区基础设施及基本公共服务设施建设等领域大力推广以

---

① 《贯彻落实习近平总书记重要指示 各地各部门深入扎实推进"三农"工作》，中国纪委国家监委网站，https://www.ccdi.gov.cn/toutiaon/202210/t20221004_222363.html。

工代赈，优先吸纳当地农牧民，将农村劳动力劳务报酬占项目投资的比例提高到30%以上。

四是增加农牧区就业岗位。针对通过市场渠道难以就业的农村牧区劳动力，开发更多乡村基层服务公益岗位，优先安排无法离乡、无业可扶的低收入劳动力和残疾人。

五是鼓励返乡创业。积极培育农村双创人才，鼓励返乡入乡创业创新，突出农民工、大学生、退役军人、农村妇女、残疾人等，培育"田秀才""土专家"。对返乡创业人员，在税费减免、金融信贷、创业服务等方面予以支持，按规定给予一定贴息政策支持。

（三）深化改革，积极增加财产净收入，让农牧民更多分享改革红利

习近平总书记强调："统筹协调推进农村土地征收、集体经营性建设用地入市、宅基地制度改革试点。"[①] "深化农村土地制度改革，赋予农民更加充分的财产权益。"[②] 鄂尔多斯市遵循"政府搭台、企村共建、壮大集体"原则，融合推进农村集体产权制度改革和"三变"改革，充分激活各种沉睡资源要素，聚集土地、资金、劳动力等生产要素，推动农牧民获得更多财产性收入。

一是提升耕地利用效益。鼓励农民将承包地依法自愿地流转土地经营权，增加流转收益，推广返租倒包、改租转股，发挥集体经营制度的优势，充分激活利用有限土地资源的要素价值。

二是盘活农村闲置房产。探索宅基地自愿有偿退出、抵押担保等有效实现形式，农户的闲置宅基地或农房可进入农村产权交易市场进行使用权流转，也可委托村集体集中流转。鼓励社会资本参与乡村旅游发展，将农民闲置农房整体盘活，发展乡村旅游、民宿、农牧家乐等新型休闲农业。

三是深化农村"三变"改革。引导和鼓励农民将耕地、林地、荒地等

① 《十八大以来重要文献选编》（下），中央文献出版社，2018，第543页。
② 习近平：《高举中国特色社会主义伟大旗帜　为全面建设社会主义现代化国家而团结奋斗——在中国共产党第二十次全国代表大会上的报告》，人民出版社，2022，第31页。

资源性资产和房屋、建设用地、基础设施等经营性资产入股。建立完善农村产权流转交易机制，盘活农村各类资源要素。优化完善利益联结机制，鼓励采取租改股、保底分红、二次返利等方式带动益农，实现农牧民稳定增收，让农牧民更多分享资产增值收益。

（四）落实政策，合理提高转移净收入，夯实农牧民增收基础

习近平总书记强调："要稳定和加强种粮农民补贴，提升收储调控能力，坚持完善最低收购价政策，扩大完全成本保险和收入保险范围。"① 鄂尔多斯市加大涉农补贴力度，扩大农牧业有效投资，加大农村社保力度，聚焦脱贫人口增收，激发农牧民自我发展产业的积极性，确保农牧业经济持续向好发展。

一是落实好惠农惠牧补贴政策。健全农牧业支持保护制度，稳定和提升种粮农民一次性补贴、完成发放耕地地力保护补贴、玉米大豆和马铃薯生产者补贴、农机购置补贴，落实草原补奖资金、公益林补贴，按时足额把资金发放到农牧民手中。全力推动政策性奶牛、能繁母猪、育肥猪保险，落实政策性农作物保险和温室大棚保险等。

二是加大财政直接补贴。继续把农业农村作为一般公共预算优先保障领域，调整完善土地出让收入使用范围，优先支持乡村振兴，确保强农惠农富农的财政投入逐年稳中有升。深入推进农业重大项目建设，引导社会资本进入农业农村领域。加强各类涉农资金优化整合，全面实施绩效管理，提升资金使用效率。

三是加强农村牧区社会保障。持续开展防返贫动态监测和帮扶，建好用好市防返贫监测预警平台，打通民政、医保、交通、残联等行业数据融合比对壁垒，将存在致贫风险的农牧户及时纳入监测帮扶范围。深入实施"雨露计划+"就业促进行动。常态化开展易地搬迁后续扶持，持续巩固易地搬迁脱贫成果。

---

① 《习近平谈治国理政》第4卷，外文出版社，2022，第397页。

B.17
打造"城乡融合共富新社区"的实践探索

——以浙江省嘉兴市秀洲区新塍镇火炬村为例

杜建新*

摘　要： 为重塑新型城乡关系、推动城乡资源要素双向流动、加快城乡融合发展，嘉兴市秀洲区积极探索宅基地改革，解决农户居住零散、土地利用率低的问题；探索承包地改革，推动土地全域流转，为实现农业现代化创造条件；探索市民化改革，实行进城农民居住地登记备案制度，户口保留在农村，可享受居住地社区所有的公共服务；探索微治理改革，解决农民、城镇居民、新居民"多元群体"带来的矛盾隐患，打造发展高质量、生活高品质、治理智慧化的城乡融合共富现代化基本单元，从而形成兼具城市和乡村社区的功能与优点的城乡融合现代化新社区。

关键词： 共同富裕　城乡融合　社区　嘉兴市秀洲区

2019年4月，中共中央、国务院发布《关于建立健全城乡融合发展体制机制和政策体系的意见》，为重塑新型城乡关系、加快城乡融合发展、促进乡村振兴和农业农村现代化提供了政策依据。习近平总书记在党的二十大报告中，深刻阐述了中国式现代化的主要特征和鲜明特色，明确指出实现全体人民共同富裕是中国式现代化的本质要求，要扎实推进共同富裕。聚焦

---

* 杜建新，中共浙江省嘉兴市秀洲区委党校常务副校长，主要研究方向为共同富裕理论和实践。

"城乡融合发展"、聚力"百姓共同富裕",成为新时代城乡协调发展、推动乡村振兴的重要课题。

一 背景情况

党的十九届五中全会明确提出了"全体人民共同富裕取得更为明显的实质性进展"[①] 的 2035 年愿景目标,2021 年 5 月,中共中央、国务院发布《关于支持浙江高质量发展建设共同富裕示范区的意见》,要求浙江先行先试,为全国扎实推动共同富裕探索路径、积累经验、作出示范、提供浙江方案。秀洲区地处"国家城乡融合发展试验区"浙江嘉湖片区,近年来坚持以"八八战略"为引领,聚焦建设城乡融合共富新社区主题,在新塍镇火炬村打造"城乡融合共富新社区"样板,积极为城乡融合发展和共同富裕示范探路。

(一)火炬村概况

秀洲区新塍镇火炬村位于嘉兴市区西侧,总面积 4.58 平方公里,户籍人口 576 户、1962 人。因土地征用和土地综合整治,火炬村农户先后安置集聚到火炬花苑、高桥花园、泾港花苑、陡门花苑等小区,其中火炬花苑集聚 338 户,常住人口 3340 人。2022 年,火炬社区批复成立,社区居民主要为保留农村户籍的转移农民和新居民,大多数具有农民和居民双重身份属性。火炬村级组织、社区组织"并轨运行",具有城乡二元管理特征。根据《国家城乡融合发展试验区改革方案》《浙江高质量发展建设共同富裕示范区实施方案(2021~2025 年)》的要求,秀洲区以城乡融合社区产业发展"可持续"、农业转移人口城市公共服务"可享受"、城乡融合社区治理模式"可复制"为目标,在新塍镇火炬村打造"城乡融合共富新社区"样板,推动火炬村实现从传统农业村向融合共富新社区的华丽蝶变。2022 年,火炬

---

① 《习近平谈治国理政》第 4 卷,外文出版社,2022,第 343 页。

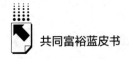
村集体经济收入 1157 万元，经营性收入 502 万元，居民人均收入 6.6 万元，超过嘉兴市居民人均可支配收入，火炬村的共富实践案例入选浙江省强村富民集成改革典型案例。

（二）打造样板的背景

秀洲区坚决响应习近平总书记"走在前列"号召，全面落实国家、省、市关于共同富裕和城乡融合发展的决策部署，探索融合共富集成改革，以火炬村（社区）为样板，推动城乡资源要素双向流动，为打造均衡富庶发展、共同富裕典范探路。

1. 打造"城乡融合共富新社区"，是基于落实习近平总书记殷殷嘱托的要求

2004 年 3 月 23 至 26 日，时任浙江省委书记习近平在嘉兴蹲点调研。调研期间，习近平深入秀洲区实地考察，并召开村民代表座谈会面对面交流，就进城落户农民与城市居民享受同等的就业、养老、医疗等社会保障权利问题进行了探讨。习近平在调研座谈时要求秀洲"继续坚持以城带乡、以工促农，扎实开展城乡新社区建设，推进城乡居民合作医疗工作，努力在城乡一体发展方面走在前列"①。19 年来，秀洲区牢记殷殷嘱托，一任接着一任干，奋力打造均衡富庶发展、共同富裕典范。秀洲区以火炬村为试点，探索城乡融合社区建设管理模式改革，改变居民公共服务供给模式，从户籍地保障转为居住地保障，让进城农民更方便地享有城市服务、融入城市生活。

2. 打造"城乡融合共富新社区"，是基于"国家城乡融合发展试验区"的要求

2019 年 12 月，国家发展改革委会同中央农村工作领导小组办公室等十八部门联合印发《国家城乡融合发展试验区改革方案》，浙江嘉湖片区被列入 11 个国家城乡融合发展试验区名单，嘉兴市全域 7 个县市区和湖州市全域 5 个县区同步列入试验区。秀洲区根据试验区工作要求以及关于建

---

① 《统筹城乡看秀洲⑤｜创新基层社会治理提升群众幸福感》，搜狐网，https://www.sohu.com/a/271141356_ 167893。

立健全城乡融合发展体制机制和政策体系的意见精神，结合本地实际，以缩小城乡发展差距和居民生活水平差距为目标，坚持问题导向，聚焦农村权益保障、公共服务优质共享和强村富民等重点难点问题，加大体制机制创新改革力度，推动城乡资源要素双向流动和公共资源合理配置，加快推进新型城镇化和乡村振兴。同时，将火炬村作为"试验田"，试点先行，做出样板。

3. 打造"城乡融合共富新社区"，是基于"建设共同富裕示范区"的要求

2021 年 5 月，中共中央、国务院发布《关于支持浙江高质量发展建设共同富裕示范区的意见》，赋予浙江先行先试为全国实现共同富裕探路的使命。如何打造标志性成果、创造可复制经验，实现理论创新、实践创新、制度创新，以浙江方案为全国扎实推动共同富裕探路，成为浙江各地的自觉行动。秀洲区坚定沿着习近平总书记指引的路子走下去，坚持以"八八战略"为引领，聚焦城乡融合共富新社区主题，抓住产业高质量发展、城乡融合高水平发展两大关键，引导居民共同参与，打造发展高质量、生活高品质、治理智慧化的城乡融合共富现代化基本单元的展示窗口，建设物质富裕、精神富有的美好家园，打造现代社区幸福共同体。

二　主要做法

秀洲区以城乡融合发展试验区创建为抓手，系统谋划推动城乡规划设计、资源要素、产业发展、基础设施、公共服务、增收致富、社区建设、生态环境、城乡居民等十方面大融合，并在火炬村开展集成改革试点，重点是在宅基地改革、承包地改革、股份化改革、市民化改革、微治理改革上有明显突破，取得了阶段性成效。

（一）实施宅基地改革，解决农户居住零散、土地利用低效等问题

随着经济社会发展和城镇化进程的加快，一些农民长期在城市或集镇工作，很少在农村的农房里居住，导致农村宅基地和房屋利用率不高或闲置。

为建立宅基地自愿有偿退出机制，秀洲区积极探索宅基地"三权分置"改革，出台《秀洲区农村宅基地自愿有偿退出转让管理办法（试行）》，尊重农户意愿，以公寓房安置、货币补偿等方式，分类引导宅基地有偿退出。火炬村以宅基地改革为突破口，结合土地综合整治，567 户村民自愿退出宅基地，占农户总数的 98.4%，构建农户集中居住、农田连片耕作格局，实现土地集约化、居住集聚化；户均宅基地从 1.1 亩变为占地 0.35 亩的公寓房，全村节余建设用地面积 425 亩，节地率高达 68% 以上；火炬村土地面积从零散的 1.98 万亩增至连片的 2.37 万亩，增长了 19.7%；人均耕地面积从 1.87 亩增加至 2.65 亩，增长了 41.7%。该项目以浙江省第一名的成绩入选全国土地综合整治试点。

（二）实施承包地改革，解决农业规模经营小、经济效益低等问题

1983 年 1 月，中共中央印发《当前农村经济政策的若干问题》，标志着家庭联产承包责任制作为农村改革的一项战略决策正式确立。家庭联产承包责任制以农户为承包单位，扩大了农民的自主权，发挥了小规模经营的长处，极大地解放了农村生产力，但随着经济社会发展，以家庭为单位经营的弊病日益显现，其规模小、集约化程度低，导致效率低下，农业产出不高。在不改变家庭承包经营基本制度的基础上，秀洲区确保所有权、稳定承包权、搞活使用权，创新农户承包经营权股份制改革，组建火炬村土地股份合作社，按"定量不定位"方式重新确定承包面积，将整治后的新增耕地量化到户、明确股权，将承包经营权证换成股权证。实行承包地改革后，推动连片土地全域流转，高标准建设、长期性投入，为实现农业现代化创造了条件，推进了农业规模化生产、集约化经营，全村先后引育7 家新型农业主体，组建省级稻米产业化联合体，实现稻米种业、种植、加工、销售全产业链社会化服务，种、管、收、烘全程机械化，工作效率提升 5 倍，亩产增加 100 公斤，亩均效益提升 380 元，明显提高了农业的产出和效益水平。

（三）实施股份化改革，解决农村集体资产收益不高、农户增收途径不广等问题

《中共中央 国务院关于稳步推进农村集体产权制度改革的意见》指出，要"健全集体收益分配制度"，"把农民集体资产股份收益分配权落到实处"。秀洲区积极探索农村集体所有制有效实现形式，坚持农民集体所有不动摇，尊重农民群众意愿，以股份化改革为动力，创新农村集体经济运行机制，优化资源配置、强化活权赋能、重构分配制度，保护农民集体资产权益，实现村级集体经济和农民增收同频共振。通过组建"强村公司"，推进"飞地抱团"，建设总投资 6.5 亿元的村级抱团产业园；村以集体资金形式入股 1000 万元，保底收益回报率 10%。深化集体资产股权活化机制，开展村集体经济组织成员身份确认试点，实行农村集体资产股权有偿转让或退出，完善村集体收益分配制度，启动集体经济收益股份分红，2021 年、2022 年分别分红 58 万元、117 万元，农民收入明显增长。

（四）实施市民化改革，解决身份与权益不匹配的难题

2022 年 6 月，国家发改委印发《"十四五"新型城镇化实施方案》，明确提出"坚持把推进农业转移人口市民化作为新型城镇化的首要任务。"秀洲区以市民化改革为主攻方向，以进城农民登记备案制为突破口，让农民共享城市高质量发展红利，探索加快农业转移人口市民化之路。首创进城农民登记备案制度，出台《秀洲区本地农民进城安置居住地登记备案实施办法》，对土地整治搬迁进城的农民实行居住地登记备案，户口保留在原农村户籍地、原有权益不受影响，并享受居住地社区全生命周期公共服务，实现"无感进城"。与此同时，秀洲区健全公共服务优质共享机制，建设城乡义务教育共同体，打破跨行政区域就学壁垒，实现农民子女就近共享城市优质教育资源；基本医疗保险实现全覆盖，优质医疗资源精准下沉、全面共享；首创"家院互融·养医护"智慧照料模式，集成康养、医疗、护理等资源，形成居家、社区、机构联动的养老服务体系。实现转移农民、新居民与当地

居民在子女融入学校、家庭融入社区、群体融入社会等方面享有同等的基本公共服务，构建起"舒心、省心、暖心、安心、放心"的现代社区。

（五）实施微治理改革，解决农民、居民和新居民的急难愁盼问题

按照自治、法治、德治、智治"四治融合"工作要求，具有创新性地解决城乡融合社区农民、城镇居民和新居民"多元群体"带来的特殊矛盾隐患，高水平建设平安和谐治理示范社区。一是创新党建引领的治理架构，建强火炬社区党支部，下设流动人口党小组，延伸党建工作到网格、微网络、楼道。辖区共划分网格4个、微网格67个，落实"一格一员"或"一格多员"，配备专职网格员4名、微网格长135名。二是创新村社并存的组织架构，成立社区管理委员会，健全社区管理服务组织，理顺村社组织关系，形成以社区为主的管理服务格局，社区班子全面负责社区日常管理和服务工作，村班子负责经济合作社运作、承包地流转等事务。三是创新社会参与的治理模式，引入"孝慈"等社会组织力量，设立火炬慈善工作站，组建社区治理服务队10支，培育草根社会工作者50余名，解决困难帮扶、纠纷化解、隐患排查等治理难题200多个。用好"居民议事""乡音说事"等载体，完善以积分制为核心的志愿服务体系，推动社会多元共治。四是创新信息支撑的治理体系。深入推进"智安小区"建设，建立人、车、房、门等智能管理系统，有效防范、精准解决社会治安问题。

三　经验启示

秀洲区通过打造火炬村这一"城乡融合共富新社区"，使农民、城镇居民、新居民在同一社区和谐共处，让居民在城市文明与乡村风情的融合中得到了满满的获得感和幸福感，取得了一些可以推广的经验与启示。

（一）工作启示

秀洲区以"城乡融合共富新社区"火炬样板为示范，实施融合共富集

成改革，打造产业平台支撑有力、生态宜居环境优美、基础设施便利完善、公共服务优质均衡、文明治理和谐高效的发展格局，城乡融合社区管理模式改革成功入选浙江省高质量发展建设共同富裕示范区试点。主要启示如下。

1. 富民为先，夯实"城乡融合共富新社区"经济基础

"治国之道，富民为始。"富民思想，深刻地影响着中国政治价值取向。共同富裕是社会主义的本质要求，也是我们党矢志不渝的奋斗目标。从新中国成立之初，毛泽东在主持起草《中共中央关于发展农业生产合作社的决议》时指出，"这个富，是共同的富，这个强，是共同的强，大家都有份"①。改革开放时期，邓小平明确指出："社会主义最大的优越性就是共同富裕，这是体现社会主义本质的一个东西"②。进入新时代，以习近平同志为核心的党中央带领全党全国各族人民共同奋斗，我国如期实现全面建成小康社会目标任务，为促进共同富裕创造了良好条件。秀洲区积极打造城乡融合社区多群体共富平台，破解转移农民、新居民等人群收入普遍低于城镇居民，就业创业能力不高、增收渠道不广等难题，实现不同人群融合共富。一是打造现代农业平台。实施农业"标准地"改革，科学配置建设用地、设施用地、农业用地，推进农业集约化经营、社会化服务。实施科技强农，推动育种等"卡脖子"关键核心技术攻关，支持农作物育种、特色农产品加工制品研发，开展集育、繁、推于一体的稻米种业科技创新转化改革试点，打造农业科技创新高地。实施机械强农，聚焦粮食生产各环节，深入实施农业领域"机器换人"，扩大农业机械化覆盖面，主导产业重点环节机械化实现全覆盖。完善农业社会化服务机制，联结龙头企业、专业合作社、种植大户，实现稻米种业、种植、加工、销售全产业链社会化服务。二是拓展就业创业服务平台。就业是民生之基、财富资源。秀洲依托嘉兴市唯一的国家级高新区，及时将企业用工需求通过数字化平台推送至求职人员。设立嘉兴（秀洲）人力资源服务业产业园就业服务点，定期举办用

---

① 《毛泽东文集》第6卷，人民出版社，1999，第495页。
② 《邓小平文选》第3卷，人民出版社，1993，第364页。

人单位与社区居民线上线下"就业对接会",全力帮助社区居民就业。聘请农业、餐饮、电商等方面的创业导师,指导返乡大学生、农二代等群体开展创业。开发完善创业孵化、金融扶持、导师辅导、农超对接等一揽子服务,为青年创业创新提供点对点、面对面的服务。结合农民需求、产业特点、地方实际、市场需求等因素确定培训内容,与嘉兴职业技术学院、南洋职业技术学院合作,开设家政服务、机械加工、电子商务等培训班,促进居民就业。

2. 利民为本,夯实"城乡融合共富新社区"服务基础

"治国有常,利民为本。"以民为本的思想,在中国的文化传统中有着极其深远、悠久的历史渊源,《尚书》提出"民惟邦本,本固邦宁";梁启超认为:"民本思想为吾国政治哲学之一大特色"。党的十八大以来,党中央聚焦人民群众的操心事、烦心事、揪心事,从收入到就业、从教育到医疗、从养老到社会保障提出了一系列改革创新举措,目的是进一步做好就业、教育、医疗、社保、住房、养老等工作,让老百姓有更多获得感、幸福感、安全感。秀洲区坚持"发展为了人民,发展依靠人民,发展成果应由人民共享",建立区级统筹、居住地镇(街)负责的公共服务设施统一规划、统一建设、统一管理、统一服务、统一保障机制,切实补齐城乡融合社区的公共服务短板。出台《秀洲区公共服务优质共享先行示范专项行动方案》,加强教育和医疗卫生服务。按常住人口规模配置教育资源,全面保障城乡融合社区搬迁农民子女就近进入城市公办学校就读、居住证持有人的随迁子女进入公办学校就读。鼓励符合条件的搬迁转移农民参加职工基本养老保险和职工医疗保险,引导灵活就业人员就地办理职工基本养老保险和职工基本医疗保险,为转移农民困难群体的基本生活提供兜底保障。加快城乡融合社区"15分钟公共服务圈"建设,切实加强居家养老服务中心、邻里中心、文化礼堂建设和党群服务中心的改造提升,使社区居民就近便捷享受基本公共服务。

3. 安民为要,夯实"城乡融合共富新社区"社会基础

"为政之要,在于安民"。治理是共富的基础,念平安、盼平安是老百

姓的朴素向往。习近平总书记明确指出："平安是老百姓解决温饱后的第一需求，是极重要的民生，也是最基本的发展环境。"① 火炬社区居民由转移村民、城镇居民和新居民构成，其中外来新居民超过本地居民，由于城乡二元管理体制并存、人户分离、农居混杂、新居民密集等，对社区管理和基层社会治理提出多重挑战。区、镇各有关单位聚焦"安全""和睦""法治"，与社区一起联手，共同打造"立方智治"，提升基层管理质效。一是聚焦安全，打造平安有序居住环境。完善全科网格信息化管理运行体系，依托大网格、微网格，定期与不定期地组织开展群防群治行动；推进"智安小区"建设，建立人、车、房、门等智能管理系统，摸清实有人口底数，建设人员池库，做到房屋和人口信息相匹配。人口数据在社会治理"一张图"上落地，对独居、空巢、失能、半失能老人住所安装一键报警设备，形成社区人口精准把控局面。二是聚焦和睦，高效推动矛盾纠纷化解。构建由"专业调解员—村社干部和网格员—社会人士"组成的三方调节力量，通过纵横治理主体间的"上下联动、部门联合和干群联手"，实现社区问题在"网格—村—镇"三级空间调解，确保问题不出镇、矛盾不上交；创建"以新管新"机制，积极吸纳流动人口参与社区治理，建立了由 1 名专职调解员，以及 10 名村干部、网格员、志愿者组成的调解员队伍，孵化了"乡音"调解队、"五湖四海"服务队等社区社会组织，打造"火炬和姐"调解工作室品牌，及时化解矛盾纠纷，有效防止矛盾纠纷激化升级、外溢、上行。数字赋能，建设"智慧火炬云平台"基层治理系统，实现数据"一屏展示"、指令"一键直达"，2022 年处理居民报事 1053 件，好评率 94.5%。三是聚焦法治，树立知法学法守法观念。设立驻社区律师矛盾调解工作点，建立"共享法庭"，发挥警官、法官、检察官、律师等治理主体在法治宣传教育、法律咨询服务、矛盾排查调处等基层治理事务中的作用，提高政府依法治理能力。结合国际禁毒日、国家宪法日等，开展送法上门、到户、到田间等普法活动，增强村民的尊法学法守法用法意识。深入推进共享法庭建设，培育

---

① 《习近平关于社会主义社会建设论述摘编》，中央文献出版社，2017，第 148 页。

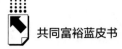
"乡音"调解室等服务品牌，2021年调解纠纷240余件，成功创建区级"息事罢讼"村社。

（二）秀洲经验

秀洲区打造火炬样板顺应农民新期盼，以经济富裕、精神富足、生活富有为目标，着力在农业全面升级、农村全面进步、农民全面发展上下功夫，为提升全区城乡社区现代化建设整体水平提供了可复制可借鉴经验。

1.加快城乡规划设计融合，积极构建生产生活生态新空间

习近平总书记明确指出："要完善规划体制，通盘考虑城乡发展规划编制，一体设计，多规合一，切实解决规划上城乡脱节、重城市轻农村的问题。"[1] 打造"城乡融合共富新社区"要坚持全区"一盘棋"，强化顶层设计，以城乡多规融合为引领，统筹编制城乡融合发展总体规划，国土空间规划，镇控制性详细规划，重点区域城市设计、城镇社区和村庄布点规划，形成完整的城、镇、村规划体系。要以规划引领和推动城乡社区的转型升级，聚焦一二三产业融合发展，根据资源禀赋、产业基础，找准自身发展定位，打造出"最特色"的集镇、"最乡愁"的村落、"最宜居"的社区，"最江南"的水乡、"最美丽"的公路，全面提升城乡发展能级。

2.做好城乡资源要素融合，积极构建创业创新发展新环境

习近平总书记指出："必须走城乡融合发展之路，"[2] "吸引资本、技术、人才等要素向乡村流动"[3]。推动城乡资源要素的融合就是要消除体制机制障碍，打通城乡土地、人才、资金等要素流动渠道，达到配置最优、流动最畅、机制最活的创业创新发展新环境。一是做好城乡土地资源的优化配置。以土地综合整治为抓手，着力破解农村耕地碎片化、住宅布局无序化、土地利用低效化的问题，促进城乡土地资源优化配置，实现村庄布点由分散转向集中，农民安置由宅基地转向"上楼"，加快农村宅基地复垦，打造空间集

---

① 《习近平关于社会主义经济建设论述摘编》，中央文献出版社，2017，第189页。
② 《习近平谈治国理政》第3卷，外文出版社，2020，第260页。
③ 《十九大以来重要文献选编》（上），中央文献出版社，2019，第407页。

聚、要素汇聚的乡村新篇章。二是加快营造人才集聚优势。打造政府公共服务和市场服务一体化的人才创新创业综合服务平台，全方位做好人才引进培养和服务等工作，制定金融、财税等优惠政策，吸引从事现代农业、数字农业人才参与乡村振兴，吸引外出人员回乡创业发展。三是多渠道增加资金投入。着力形成财政优先保障、金融和社会资本参与的多元化投入良好格局，实现金融反哺农业，推动普惠金融提档升级，围绕城乡融合，扩大金融供给，重点投向公共服务和基础设施建设等领域。

3. 强化城乡增收致富融合，积极构建共创共富共享新路径

习近平总书记指出，"鼓励各地因地制宜探索有效路径，总结经验，逐步推开"[①]，扎实推进共同富裕示范区建设；"壮大农村集体经济，是引领农民实现共同富裕的重要途径"[②]。推进城乡增收致富是城乡融合发展的根本目标之一，是实现城乡共同富裕的重要路径。要从城乡融合发展的新时代实际出发，探索以工促农、以城带乡，多渠道增加农民收入，多路径促进农民创业就业，全面增加农民家庭经营收入、工资收入、财产性收入、转移性收入。一是多渠道促进农民增收致富。鼓励农民进城就业，让农民有稳定的工资性收入；鼓励农民发展农村旅游经济、生态经济、电商经济、文创经济、养生休闲经济等美丽经济新业态，通过创业促增收；盘活农民闲置宅基地、房屋等资产资源，提高财产性收入增长水平。二是创新低收入农户增收机制。实施"飞地抱团"项目助力低收入家庭增收计划，开展保底分红。建立"一户一策一干部"结对帮扶低收入农户工作机制。三是拓宽集体经济壮大新路子。通过"飞地抱团"、集体经营性建设用地入市、开发乡村旅游和发展现代设施农业、商业物业经济、公共配套建设等多种形式，壮大发展集体经济。

4. 推进城乡公共服务融合，积极构建均等普惠高效新服务

习近平总书记强调："要建立健全城乡基本公共服务均等化的体制机

---

① 《习近平谈治国理政》第 4 卷，外文出版社，2022，第 143 页。
② 《十九大以来重要文献选编》（上），中央文献出版社，2019，第 145 页。

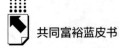
制，推动公共服务向农村延伸、社会事业向农村覆盖。"① 城乡融合就是推进城乡基本公共服务均等化、普惠化、便捷化，以实现"高质量服务、高水平保障、高品质生活"为目标，优化配置教育、医疗、文体等基本公共服务资源，补齐民生短板，健全公共服务提供标准，提高公共服务质量，提升人民群众在城乡融合发展中的获得感、满意度。一是要大力发展城乡均衡优质的"美好教育"。加强统一管理、统一师资、统一教学的城乡教育共同体建设。全面推进"互联网+义务教育"，提升乡镇学校课堂教学质量；确保城乡居民子女就近享受优质教育。二是要加快实现城乡统一高效的"美好医疗"。按照"城乡一体化、保障全覆盖、服务无差别"的理念建立城乡统一的医疗保障体系。加大医疗卫生装备投入，保障全区村卫生室（社区卫生服务站）常见病基本诊疗，实施医疗机构托管、医联体建设，推进优质医疗资源梯度下沉，让百姓享受同质化的医疗服务。三是要提高普惠均等的"美好服务"水平。聚焦人本化、生态化、数字化目标，加快构建以教育培训、医疗保健、救济救助、养老服务为重点的城乡融合新社区建设，满足社区居民美好生活的向往；完善城乡融合的公共文化服务体系，促进文化要素在城乡间双向流动，不断提升城乡文体事业水平。

---

① 《习近平谈治国理政》第 3 卷，外文出版社，2020，第 260 页。

B.18
赣南苏区推进共同富裕的实践探索

于 真*

摘 要： 共同富裕是中国特色社会主义的本质要求。2012 年 6 月《国务院关于支持赣南等原中央苏区振兴发展的若干意见》出台，系统绘制了赣州经济社会发展的"路线图"，十多年以来，赣南苏区进入了经济社会发展最快、城乡面貌变化最大、老百姓受益最多的时期。2019 年 5 月 20 日，习近平总书记在赣州视察期间指出，赣南苏区发展取得重大进展，经济发展迈入快车道，特色产业快速发展，科技创新能力明显增强，对外开放水平持续提高，民生问题得到较好解决，脱贫攻坚取得决定性胜利，乡村振兴城乡面貌大变样。赣南的巨大变化是我国推进共同富裕的实践探索的一个生动缩影。

关键词： 赣南苏区 共同富裕 乡村振兴

一 赣南苏区推进共同富裕的意义

2012 年 6 月 28 日《国务院关于支持赣南等原中央苏区振兴发展的若干意见》（以下简称《若干意见》）出台，全面且系统地描绘了赣州经济社会发展的"路径图"，是赣南苏区发展史上的重要里程碑，开启了赣南苏区发展的新纪元。如何进一步帮助和支持赣南苏区振兴发展，使这里与全国同步

---

* 于真，中国井冈山干部学院教学科研部国情中心副教授，主要研究方向为国民经济学。

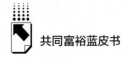

进入全面小康，使苏区人民过上富裕、幸福的生活，应当高度重视和深入研究。

《若干意见》出台并实施后，赣南苏区振兴发展上升为国家区域发展战略，开启了赣南苏区振兴发展的历史新纪元。2021年，国务院为了给予赣南苏区特殊照顾，专门出台了《关于新时代支持革命老区振兴发展的意见》（以下简称《新时代意见》），对赣南苏区给予了特殊和重点支持，2022年3月，经国务院批复同意，国家发改委印发了《赣州革命老区高质量发展示范区建设方案》（以下简称《建设方案》），这是国家为新时代赣南苏区振兴发展送来的政策大礼包，是推进苏区振兴发展战略的2.0版，新时代赣南苏区振兴发展迈入新征程。

赣南苏区振兴发展战略实施以来，习近平总书记始终将赣南老区人民记挂在心，党中央、国务院为赣南苏区的振兴发展构筑起了顶层政策支持。国家部委支援苏区建设，特别是国家发改委、中央组织部牵头，选派五批201名挂职干部奔赴赣南，把赣南苏区作为"第二故乡"，"调动一切力量"支援老区建设。在支持赣南苏区振兴发展上，江西省委、省政府"只做加法不做减法"。为了更大力度地给予支持，专门成立了省赣南等原中央苏区振兴发展工作领导小组，省委主要领导任组长，亲自谋划、亲自部署、亲自推进苏区振兴工作，省直各厅局也是尽最大可能、用最大力度给予支持。正因为有中央和省的上下联动、合力支持，赣南苏区见证了经济发展量质提升、老百姓获得感更强的时期。

二 赣南苏区推进共同富裕的具体实践

（一）经济实现质的有效提升和量的合理增长

在党中央、国务院的亲切关怀和国家部委的大力支持下，赣南苏区坚持以习近平新时代中国特色社会主义思想为指导，全面贯彻习近平总书记视察江西和赣州重要讲话精神，深入实施新时代赣南苏区振兴发展战略，推动

《新时代意见》和《建设方案》加快落实，革命老区高质量发展示范区建设迈出坚实步伐。

在《若干意见》推动下，赣州经济发展迈入快车道，综合实力显著增强，GDP 总量跃升全国百强城市，2022 年，赣州市地区生产总值达 4523.6 亿元，2012～2022 年 GDP 年均增长 9.1%，跃居全国百强城市第 62 位，10 年前进 46 位，主要经济指标增幅稳居全省第一方阵，连续 10 年获评全省高质量发展综合考核先进，全市 GDP、固定资产投资、实际利用外资、城乡居民人均可支配收入等 9 项指标增幅居全省前列。

2022 年赣州市人均地区生产总值、人均财政总收入、人均社会消费品零售总额、城镇居民人均可支配收入、农村居民人均可支配收入等指标与 2011 年相比，实现翻番；主要指标人均水平与全国的差距明显缩小，2011 年赣州主要指标人均水平只有全国平均水平的三到四成，到 2022 年大部分人均指标达到四到八成。2022 年，赣州城镇居民人均可支配收入、农村居民人均可支配收入较 2011 年实现翻番。基本公共服务水平各项指标呈增长态势。基础教育、卫生医疗等基本公共服务水平提高较快。

（二）构建新发展格局，推进高水平对外开放

2019 年 5 月，习近平总书记视察赣南苏区时强调，要充分利用毗邻长珠闽的区位优势，主动融入共建"一带一路"，积极参与长江经济带发展，对接长三角、粤港澳大湾区，以大开放促进大发展。[1]

近年来，赣南苏区通过推进"北上"战略，争取重大政策、重大资金、重大项目，切实做好"对接、融入"文章。"内陆洼地"变"开放高地"。赣南苏区 4 个经济技术开发区和 6 个高新技术产业开发区先后升格为国家级开发区，开放发展主阵地越建越强。[2] 赣南苏区还是全国内陆第八个对外开放口岸和首个国检监管试验区，也同时是第一个集铁路、公路、航空口岸于

---

[1] 《大开放力促高质量发展》，赣州市人民政府网站，https://www.ganzhou.gov.cn/gzszf/c100022/202205/cd067a6cdd81413c94c0bbbc298c7c05.shtml。

[2] 易炼红：《沿着赣南苏区振兴发展康庄大道奋勇前进》，《江西日报》2022 年 6 月 16 日。

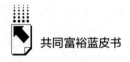

一体的革命老区。十年来，赣南苏区对接融入粤港澳大湾区已经迈出坚实步伐，深赣港产城特别合作区建设也得到顺利推进。

通过部署激发改革动力活力、完善对外开放基础支撑、打造对接融入粤港澳大湾区桥头堡三大重点任务，推动赣南苏区全面扩大高水平开放，深度融入粤港澳大湾区。

通过加快建设国际陆港，推进构建新发展格局及高水平对外开放。2020年6月，江西省政府为促进赣南苏区加快融入粤港澳大湾区，正式出台了《关于支持赣州打造对接融入粤港澳大湾区桥头堡若干政策措施》。此后，赣州与深圳、广州、东莞等地签订战略合作协议。赣州国际陆港建设进一步加快：赣州综保区调整至赣州国际陆港获国务院正式批复，赣州国际陆港获批平行车进口试点，赣州国际陆港多式联运示范工程通过国家交通运输部验收；开通运营赣深组合港，新开通运营赣州-布达佩斯中欧班列、赣州至上海铁海联运班列。赣州获批国家跨境电子商务综合试验区、普惠金融改革试验区、基金监管信用体系建设国家试点。赣州跨境电商生态进一步健全：首先是实现1210、9610、9710、9810跨境电商全业态开通；其次是在全省率先开展跨境电商+中欧班列B2B业务试点。

（三）努力构建现代化产业体系助力共同富裕

赣南苏区振兴发展与近十年来工业倍增升级行动密切相关。赣南苏区聚焦"1+5+N"产业，注重产业链、创新链、资源链协同，努力构建现代化产业体系。

经过两轮主攻工业翻番行动的实施，赣州市2018~2021年连续四年被评为江西省"工业高质量发展先进设区市"。赣南苏区工业高质量发展为共同富裕奠定了坚实的物质技术基础。

1. 工业综合实力明显增强

赣南苏区工业综合实力的增强首先体现在规上企业数量的增加：2011~2022年规上企业数量由781家增长到2680家。全市规上企业增加值年均增长高达9.8%。其次，体现在工业税收额上。自2011年以来，工业税收年均增长 10%。2017 年，全市工业税收额突破百亿元。2021 年，全市工业税收达 182.7 亿元。

2.产业集群集聚效应显现

赣南苏区十年来坚持"1+5+N"的产业集群发展格局。全市下辖各县（市、区）在确立并优先发展首位产业的基础上，全市产业布局得到优化，逐渐形成了以现代家居、有色金属、电子信息、纺织服装、新能源及新能源汽车、医药食品等一系列特色产业集群。

赣南苏区坚持走规模化、智能化、品牌化发展的道路。推进家居产业转型升级；依托赣州国际陆港实现了"木材买全球、家具卖全球"。引进重点龙头企业美克美家、大自然家居等提升赣州家居产业链。格力电器赣州智能制造基地项目也即将投产，南康家具开启了"家具+家电+家装"融合发展的新时代。

致力于打造在全球有一定影响力的稀土稀有金属新材料产业集群。2020 年，中科院赣江创新研究院在赣州成立，聚焦高端材料开发和资源绿色高效分离等。国家稀土功能材料创新中心也在同年成立，重点致力于攻克与高端稀土功能材料相关的一系列核心关键技术。2021 年，中国稀土集团总部落户赣州，这是江西首家央企总部；金力永磁、江钨新材、开源科技等经过多年培育，成长为龙头企业；稀土钨新型功能材料产业集群获批全国首批战略性新兴产业集群。全市现有规上企业 332 家，2022 年规上营收 2159.7 亿元，占全市规上工业的 40.1%。

赣南苏区通过承接大湾区电子信息产业转移，深入参与大湾区产业分工协作。通过引进行业巨头等方式，培育了同兴达、深联、联茂、骏亚、志浩、一诺新材等本土龙头企业。2022 年投资 101 亿元，引进富士康（赣州）工业互联智能制造项目。

赣南苏区积极承接粤港澳大湾区、长三角地区、海西经济区纺织服装业产业转移。通过产业链的横向延伸和纵向拓展，推动纺织服务产业倍增升级，形成了本土化品牌于都女装、宁都童装、兴国牛仔等。引进宝姿等国际知名服装企业，建设了服装学院、FDC 时尚产业综合体等公

共服务平台。

赣南苏区通过提高产业基础技术攻关打造从零部件生产到整车投产的完整新能源汽车产业链。引进吉利科技年产能42GWh的动力电池项目和道氏技术钴盐前驱体正极材料项目。孚能科技（赣州）生产的软包电池产量位居国内前列。腾远钴业、寒锐钴业等在国内钴行业领先。国机智骏和凯马新能源汽车的整车下线及量产，标志着赣南苏区实现了自己的造车梦，实现了赣州人民的造车梦，并高标准建设永磁电机产业园，吸引了中国中车、中科三环等国内知名企业相继落户。

赣南苏区依托工业百强企业青峰药业和威高集团，建设"药品+医疗器械"产业集群。海尔医疗、赣南创新转化医学院、金域检测、凯信生物等一批重大项目落地。

3. 企业核心竞争力不断攀升

实施中小企业成长工程，2012~2022年，年均新增规上企业172家，优质中小企业队伍不断壮大，已培育省级"专精特新"中小企业562家，位居全省第1位；拥有国家制造业单项冠军企业1家、国家专精特新"小巨人"企业26家，省专业化"小巨人"企业20家、省制造业"单项冠军"企业4家，省级企业技术中心80家。

4. 在融合创新上持续发力

赣南苏区不断在融合创新上持续发力。战略性新兴产业增加值占比为32.2%。其中，装备制造业占比达到30.06%。全市国家高新技术企业数量由2011年的26家增加至1067家，总数列全省第二位。"两化"融合度位居全省前列。申请并获批建设智能制造、绿色制造及服务型制造国家级试点示范平台26个。14家国家"两化"融合管理体系贯标试点企业、24家国家"两化"融合管理体系贯标达标企业、39家省级"两化"深度融合示范企业、33个省级智能制造项目和2个省级智能制造基地获得认证。

（四）全面推进乡村振兴助推共同富裕

"赣州是农业大市，农村地域广、农民人口多，必须把推进乡村全面振兴摆在突出位置，充分发挥比较优势。"① 深入贯彻落实习近平总书记关于"三农"工作的重要论述和视察江西赣州重要讲话精神，聚焦"作示范、勇争先"目标定位和"五个推进"重要要求，赣南苏区牢牢把握"三农"工作重心历史性转移形势，大力实施乡村全面振兴行动，着力打造革命老区乡村振兴示范区，全力推动农业高质高效、乡村宜居宜业、农民富裕富足。2022 年全市农林牧渔业总产值 736.85 亿元，增加值 440.87 亿元，分别增长9%、7.2%；农村居民人均可支配收入 15900 元，增长 12.6%，增幅连续 9年全省第一。

1. 聚力对标上级部署要求，各方协同高位推进

一是落实部署坚定坚决。市委、市政府坚决贯彻落实党中央、国务院和省委、省政府关于乡村振兴的决策部署，把乡村振兴列入全市经济社会发展"六大主攻方向"和"八大行动"，高站位谋划、高标准统筹、高质量推进。市委常委会会议、市政府常务会议高频度研究部署乡村振兴工作，召开市委农村工作会议、市委农村工作领导小组会议对乡村振兴工作进行全面部署。市委、市政府主要领导带头以"四不两直"方式，常态化督导乡村振兴工作，以上率下推动各地落实落细乡村振兴各项工作。牢记习近平总书记"一定要把富硒这个品牌打好"② 的殷殷嘱托，全省首个富硒产业标准化技术委员会获批筹建，出台富硒示范基地认定管理办法和创建工作方案，大力培育富硒农业品牌，建成富硒示范基地 118 个。深入贯彻习近平总书记关于粮食安全的重要论述，全面落实粮食安全党政同责，2022 年粮食播种面积755.77 万亩，增长 0.2%；粮食总产量 257.48 万吨，比 2021 年下降 4.34 万吨，下降 1.7%。

二是政策体系加快完善。科学制定"十四五"期间推进农业农村现代化规划等涉农领域重点规划，及时制定出台了关于全面推进乡村振兴加快农

① 吴忠琼：《沿着习近平总书记指引的方向阔步前行　奋力建设革命老区高质量发展示范区》，《光明日报》2022 年 6 月 28 日，第 7 版。
② 《于都县：紧扣"长征源头　生态硒都"发展定位，不负嘱托打好"富硒牌"》，江西省人民政府网站，http://www.jiangxi.gov.cn/art/2022/5/25/art_15845_3971656.html。

业农村现代化、实现巩固拓展脱贫攻坚成果同乡村振兴有效衔接的政策文件。在全省率先出台年度乡村产业振兴工作方案，对统筹推进"五个振兴"作出系统部署。委托江西师范大学在全国率先开展乡村振兴评价指标体系研究，使全面推进乡村振兴有抓手、有方向、好评价，得到省政府分管领导的充分肯定。

三是推进机制不断健全。全面加强党对"三农"工作的领导，坚决落实五级书记抓乡村振兴工作要求，成立了由市委主要领导任组长，市政府主要领导任第一副组长的市主攻乡村振兴领导小组，市巩固拓展脱贫攻坚成果同乡村振兴有效衔接工作领导小组。设立了由党委和政府相关负责同志牵头的乡村振兴五个专项小组，重组挂牌成立了市县两级乡村振兴局。

四是项目驱动有力实施。坚持项目化形式推进乡村振兴，紧盯农产品加工、冷链物流等短板弱项，充分利用第三届世界赣商大会等平台，瞄准大湾区等重点区域，推介和引进落地生猪屠宰及肉类加工等一批农业大项目。按照"一个项目、一名领导、一套班子、一抓到底"的要求，采取项目大会战、百日攻坚、政企圆桌会等形式，加快推进项目建设。2021 年，全市安排主攻乡村振兴项目 326 个，总投资 594.09 亿元，年度计划投资 336.93 亿元，竣工项目 316 个，完成年度计划投资的 158.09%。

2. 聚力巩固拓展脱贫成果，衔接工作扎实推进

一是防贫监测帮扶持续强化。建立常态化监测排查机制，实行每月一排查、每季一报告，及时排查识别监测对象，确保"应纳尽纳、应扶尽扶"。2022 年，全市共识别出"三类人群"7072 户、29789 人，通过分类帮扶已消除风险 2517 户、10099 人。新选派 1816 支工作队、5503 名优秀干部接续驻村帮扶，实现干部结对帮扶监测对象和脱贫户全覆盖。

二是"两不愁三保障"持续巩固。主要帮扶政策保持总体稳定。实施农村饮水安全巩固提升"百日攻坚行动"，建设农村饮水工程 495 处。深入开展农村住房安全排查整治，完成 58 户存在风险住房的整治改造和 159 户"六类对象"的危旧房改造。继续抓好教育资助、控辍保学，资助家庭经济困难学生 90.52 万人次，解决 9671 名适龄残疾少年儿童义务教育就读问题。

延续健康保障各项政策，2022 年确保城乡困难人口住院费用报销比例达到 65% 适度水平。织密织牢兜底保障网络，全市 13 万户农村低保对象实现应保尽保。

三是"两业"帮扶持续加力。培育创业致富带头人 9945 人，带动 4.12 万户脱贫户稳定增收。积极开展销售帮扶，销售产品总金额达 13.32 亿元。全市 1089 个帮扶车间吸纳脱贫劳动力 1.07 万人，公益性岗位安置脱贫劳动力 5.1 万人，雨露计划培养 56361 人、87379 人次，55.44 万脱贫劳动力实现就业。

四是易地搬迁后扶力度持续加大。实行领导干部挂点联系易地搬迁安置点制度，334 个安置点实现挂点联系全覆盖。加大易地搬迁户产业就业帮扶力度，提升完善安置区配套设施和公共服务，落实定期回访制度，确保搬迁群众稳得住、有就业、逐步能致富，该做法在全国推广。

3. 聚力加快乡村建设步伐，风貌提升稳中有进

一是环境整治深入推进。2022 年，全市 705 个重点村庄先行启动"多规合一"实用性村庄规划编制，2649 个新农村建设点全面完成"六清二改一管护"村庄清洁行动。安装农村路灯 6.2 万盏。深入开展农村户厕摸排和整改，卫生厕所普及率稳定在 94.79% 以上。14 个县（市、区）实现城乡环卫第三方治理，2022 年，1611 个行政村建有污水处理设施或实行纳管处理，建成的污水处理设施及覆盖村庄数量均居全省第一。"万村码上通" 5G+长效管护平台得到有效推广。打造 34 个美丽乡镇、398 个美丽宜居村庄、6.12 万个美丽宜居庭院。

二是基础设施提档升级。全面推进城乡供水一体化，各县（市、区）均已完成县级城乡供水一体化规划批复，2012～2022 年，已完成 1718 个项目，受益人口 315 万人。改造升级农村电网，农村用电保障能力进一步增强。大力推进"四好农村路"建设，2012～2022 年累计完成新改建农村公路 2.8 万公里。持续扩大乡村光纤宽带覆盖范围，新增有线电视光纤宽带覆盖行政村 115 个。提升农村物流快递服务保障能力，安远县探索建立了"智慧园区+智运快线+数字平台"三位一体的城乡智慧物流发展新模式，为

农村地区农产品上行、消费品下行提供了创新性方案。

三是公共服务提标增效。加快推进义务教育薄弱环节改善与能力提升，2012~2022 年，累计新增学位 29.6 万个。实施学前教育质量提升计划，2022 年，新（改、扩）建公办幼儿园 37 所。推行乡村医疗卫生机构一体化管理，全市 2612 名乡村医生实行竞争上岗。健全"1+1+N"三级农村养老服务体系，建成具备助餐等功能的农村互助养老服务设施 2833 个，超额完成全省三年行动计划目标任务。基本实现公益性殡葬设施城乡全覆盖。

4. 聚力统筹推进"五个振兴"，"五美"乡村齐头并进

一是乡村产业蓬勃发展。新建设施蔬菜基地 8.36 万亩，建成粤港澳大湾区"菜篮子"产品赣州配送分中心，新增大湾区"菜篮子"生产基地 36 个、总数达 48 个，增量、总量均为全省最多。新开发脐橙基地 8.87 万亩，赣南脐橙品牌价值蝉联全国水果类第一。改造提升低产油茶林 20 万亩，建成国家油茶产品质检中心。完成新（改、扩）建生猪养殖场 591 个，2022 年，全市生猪出栏 700.01 万头、存栏 386.02 万头，分别增长 13.7%、13.3%。成功注册"赣南高山茶"集体商标。有序推进绿色食品产业链建设，建成信丰温氏等一批大型畜禽屠宰加工项目。休闲农业和乡村旅游持续升温，省级田园综合体、休闲农业品牌、3A 级以上乡村旅游点创评亮点纷呈。扎实推进农业基础设施建设，圆满完成 2020 年度 31.154 万亩建设任务，2021 年度 62.8 万亩建设任务正在稳步推进，开工建设兴国长冈灌区等 4 个中型灌区续建配套与节水改造项目。现代农业装备水平进一步提升，主要农作物综合机械化率达 76.295%。在全省率先开展农业种质资源普查，完成农作物种质资源品种收集。

二是乡村人才加快培养。一大批在乡村振兴一线表现突出的干部受到提拔重用，换届后县级班子成员近八成具有涉农工作经历，乡镇领导班子成员近九成有两年以上乡镇工作经历。"一村一名大学生工程"本科招生 348 人，招录"三支一扶"大学生 341 人、乡镇蔬菜技术人员 30 人、基层农技人员 22 人，高职扩招高素质农民 916 人，首次评审确定职业农民中级职称 579 人、初级职称 1054 人。全省 30 多个科研院所和高等院校的 22 个科技特派团、62 名科技特派员在赣州市挂点开展科技服务。

三是乡村文化繁荣兴盛。稳步推进图书馆、文化馆总分馆制建设，着力开展文化惠民活动，累计开展送戏下乡 1132 场。深化拓展新时代文明实践中心（所、站）建设，建成乡镇（街道）实践所 287 个、村（社区）实践站 2563 个。深入开展乡风文明行动，定期发布道德"红黑榜"，大力推进文明村镇创评，高价彩礼等不良风气得到有效遏制。倡导移风易俗、丧葬简办，央视新闻联播对赣州市清明节祭扫和服务保障工作进行专门报道。

四是乡村生态日益改善。加快乡村绿化美化，深入实施林长制，改造低质低效林 115.19 万亩，创建省级森林乡村 103 个、省级乡村森林公园 10 处。实施水土流失综合治理工程，治理水土流失面积 513.59 平方公里。打造河湖长制升级版，全市重要水功能区和赣江、东江出境断面水质达标率达 100%。大力开展农业面源污染防治，全市农作物秸秆综合利用率继续保持在 93% 以上，畜禽粪污综合利用率达 97.67%。持续推广化肥农药减量增效技术，建立健全了农业投入品废弃物回收处置体系。"三沿六区"乱埋乱葬专项整治扎实推进。

五是乡村组织提能强基。实施新时代基层干部"凝心·强基·赋能"主题培训行动，干部抓乡村振兴履职能力得到全面提升。高质量完成村"两委"换届工作，支部书记、主任"一肩挑"比例达 99.88%，大专以上学历比例达 52.37%，交叉任职比例达 64.04%。大力选优配强红色带头人的做法在中组部《全国基层组织建设工作情况通报》刊发。常态化摸排整顿软弱涣散党组织，重点打造了 105 个红色名村、100 个乡村振兴模范党组织。推行"1+N+1"强村带弱村模式，大力发展壮大村集体经济。全市村集体经济总收入达 15.68 亿元，经营性总收入达 11.98 亿元，所有行政村年经营性收入均超过 10 万元。加快构建党组织领导的"三治融合"治理体系，"小微权力"清单制度有效推行。建成市县乡村四级综治中心 4190 个，配备网格员 14142 人，成功化解各类矛盾纠纷 9.7 万件。"联村共治、法润乡风"的"寻乌经验"获最高人民法院充分肯定。全市建成农村"雪亮工程"视频监控点 38537 个，累计培养"法律明白人"149.6 万余人。

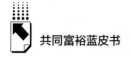

5. 聚力强化要素投入保障，优先发展有序推进

一是资金投入优先保障。2022年，完成一般公共预算农林水支出134.03亿元，增长2%。坚决落实《江西省人民政府办公厅关于调整完善土地出让收入使用范围优先支持乡村振兴的实施意见》，逐步提高土地出让收入用于农业农村的比例，按4.5%比例计提用于农业农村，市本级投入土地出让收入2.36亿元（占比4.9%）用于支持示范乡镇建设等农业农村项目。积极引导债券资金、撬动金融资金投入乡村振兴。

二是发展用地倾斜支持。县乡两级国土空间规划安排不少于10%的建设用地指标，重点保障乡村振兴产业发展用地。严格落实"增存挂钩"，存量建设用地指标安排不少于5%用于农村一二三产融合发展。用好用足脱贫县每县600亩新增建设用地计划，专项用于巩固拓展脱贫攻坚成果和乡村振兴用地需要。积极探索开展农村集体经营性建设用地入市，盘活低效闲置集体土地资源。

三是农村改革不断深化。稳步推进农村宅基地制度改革和规范管理，全力打造大余全国宅基地制度改革试点，大余县"智慧宅改"做法得到中央部委和省级部门充分肯定。探索将农村产权制度、土地制度、经营制度三项改革融在一个平台综合发力，农业农村"三改合一"综合性改革取得初步成效。创新管理体制机制，推进乡镇经济发展路径进一步明晰。全市农业综合行政执法机构改革基本完成。农业水价综合改革稳步推进。持续深化集体林权制度改革，不断拓展绿水青山向金山银山的转换通道。

赣州市全面推进乡村振兴工作取得了一定的成效，但仍然存在一些短板弱项，比如，农村发展基础仍然薄弱，巩固拓展脱贫攻坚成果任务还很艰巨；农业大而不强，现代农业发展水平不高，农产品优而不特；农民收入水平整体还比较低，乡村空心化、农民老龄化等问题日益凸显；等等。下一步，赣州市将深入贯彻习近平总书记关于"三农"工作的重要论述，认真落实中央、省委农村工作会议精神，重点围绕"1+1+5"工作任务，即守住不发生规模性返贫底线，补齐乡村建设短板，统筹推进乡村"五个振兴"，大力实施乡村全面振兴行动。在守住不发生规模性返贫底线方面，严格落实

"四个不摘"要求，强化"三类人员"动态监测帮扶，进一步提升"两不愁三保障"水平，加大产业就业帮扶力度，促进脱贫人口持续增收。在补齐乡村建设短板方面，在加强乡村建设规划的基础上，启动实施村庄环境整治提升"扫一遍"行动，聚焦农村垃圾、污水治理、厕所革命和村容村貌提升，坚持控污与治污并重，坚持农村改厕与新型社区建设、易地搬迁等工作统筹考虑、一并推进，带动农民群众移风易俗、改进生活方式、提高生活质量，不断提升农村群众的获得感和幸福感。在统筹推进乡村"五个振兴"方面，重点在高铁、高速和国省道沿线遴选 928 个行政村先行推进，强化资源要素支持和制度供给，在项目布局等方面予以重点支持，加快建设革命老区乡村振兴示范区，为全省奋力打造新时代乡村振兴样板之地做出赣州贡献。

（五）收入分配制度改革进一步深化

赣南苏区坚持效率和公平相统一，提高生产效率和共享发展成果并重，让发展成果更多更公平惠及全体人民。一是完善初次分配机制。通过加快构建高标准市场体系，不断提升资本、技术、市场、信息、生产力等要素市场化配置效率。比如，实施优化营商环境"一号工程"，将 118 个市级审批权限下沉至县（市、区），推进"一网通办"数字化改革等攻坚行动，营商环境评价居全省前列。强化发展内生动力，加速推进中科院赣江创新研究院、国家稀土功能材料创新中心等重大科技创新平台建设，截至 2022 年，全市 242 家高新技术企业获认定公示，科技型中小企业净增 564 家，总量全省第二。落细落实就业优先政策，着力保障高校毕业生等重点群体就业，2022 年城乡居民人均可支配收入分别是 2012 年的 2.25 倍和 3.16 倍，其中农村居民人均可支配收入增幅连续 10 年居江西省第一。在全省率先出台社会救助对象认定办法，完善分层分类社会救助体系和低收入人口监测预警机制，有效保障 36.6 万名城乡低保对象、2.66 万名城乡特困供养对象、3866 名特殊儿童的基本生活；等等。二是落实再分配调节制度。积极推动各项减税降费政策措施落地生根，连续两年为全市企业减免税费近百亿元，惠及企业超 50 万户（次），激发市场主体活力。深入实施全民参保计划，全市城乡基本

养老保险参保覆盖率由 2012 年 70.28% 提升到 2022 年底 95.3%。实行医保市级统筹，在全国率先实现市县医保部门行政和经办同步垂直管理，在全省率先实施补充工伤保险试点。落实财政转移支付和城镇新增建设用地规模与农业转移人口市民化挂钩政策，加速农业转移人口市民化；等等。三是发挥第三次分配作用。规范发展互联网捐赠平台，上线运行"赣州慈善"网络平台，实现慈善信息共享。加强福利彩票和公益金管理，从项目支持方向、储备、遴选、实施、资金监管、绩效管理、信息公开等方面提升规范化水平。在全市范围内常态化开展"慈善一日捐"等活动，鼓励高收入人群和企业更多回报社会；等等。

（六）城乡区域协调发展得到有效推进

赣州市实施城市能级提升和乡村全面振兴行动，健全城乡融合发展体制机制，着力构建优势互补、高质量发展的区域经济布局。一是加快建设省域副中心城市。中心城区由"小马拉大车"扩展为"五区一体化"，建成区面积突破 200 平方公里、人口突破 200 万人，建成 7 条 57.4 公里高架快速路，赣州市城镇化率达 57%，10 年提高了 16.05 个百分点。扎实推进教育、医疗养老、科研创新、金融、商贸物流、文化旅游"六个区域中心"建设，城市辐射带动力不断提升。二是增强县城综合承载能力。推进以县城为重要载体的城镇化建设，推动县城公共服务设施提档升级，国内一流医院对口帮扶县级人民医院，公办养老机构、职业教育实现县域全覆盖，实现县县通高速公路、通管道天然气。实施县域经济倍增计划，18 个县（市、区）国内生产总值均超百亿元。三是完善重大基础设施。从现代化建设的长远角度，谋划推进一批重大项目，赣深高铁建成通车，赣州纳入深圳 2 小时经济圈，长赣高铁、瑞梅铁路开工建设，瑞金机场将于 2023 年建成，赣州将进入"双机场"时代。梅江灌区全面开工建设，现代化赣南水网体系加快构建。

（七）坚持以人民为中心，促进公共服务优质共享

赣州坚持以人民为中心的发展思想，把近八成新增财力用于改善民生，

每年实施一批民生工程，215.6 万贫困人口如期脱贫。常态化开展"我为群众办实事"活动，积极解决群众教育、医疗、住房等"急难愁盼"问题，近 10 年新增卫生机构床位 3.4 万张、增长 125.24%，新增学位 46.2 万个、增长 31.2%，开办赣南科技学院、和君职业学院，结束了赣州没有市属本科和民办高职院校的历史。着力突破优质医疗资源瓶颈，成功争取 2 个国家区域医疗中心落地建设。加强养老服务体系建设，制定出台"一老一小"整体解决方案，成功获批国家积极应对人口老龄化重点联系城市。积极推进构建主城区和中心镇 15 分钟、一般镇 20 分钟的"公共文化服务圈"，基本建成市、县、乡、村四级公共文化设施网络全覆盖。积极创建全国足球改革试验区、全国全民运动健身模范市，建设村级全民健身体育设施 3461 个，覆盖率达 100%。深入开展市域社会治理现代化试点，探索基层社会治理"寻乌经验"，连续 7 届获评"平安中国建设示范市"，连续 5 届夺得"长安杯"。

三　赣南苏区共同富裕的启示

赣南苏区振兴发展之所以能够取得如此之大的成绩，我们深切地感到是以习近平同志为核心的党中央关心老区、情系老区的结果，是中央国家机关及有关单位鼎力相助的结果，是江西省委、省政府关心帮助的结果，也是赣州市委、市政府团结带领 986 万赣南儿女奋力拼搏的结果。

深入贯彻习近平总书记视察江西和赣州重要讲话精神是推动赣州发展的第一要求。2019 年 5 月 20 日，习近平总书记再次亲临赣州视察指导，为新时代赣南苏区振兴发展指明了前进方向、提供了根本遵循。近年来，市委、市政府始终坚持把深入贯彻落实习近平总书记视察江西和赣州重要讲话精神，作为统领一切工作的总纲领总遵循，聚焦"作示范、勇争先"的目标定位和"五个推进"的重要要求，牢牢把握欠发达、后发展的基本市情，紧紧抓住高质量发展这一首要任务，科学提出了"解放思想、改革攻坚、开放创新、担当实干"的工作思路，明确把深入推进新时代赣南苏区振兴发展、打造对接融入粤港澳大湾区桥头堡、建设省域副中心城市"三大战

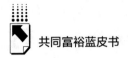

略"和大力实施工业倍增升级、科技创新赋能、深化改革开放、乡村全面振兴、城市能级提升、美丽赣州建设、提高民生品质、党建质量过硬"八大行动"作为统筹推进经济社会发展各项工作的总抓手，着力建设工业强市、开放高地、创业之州、区域中心、文化名城。

坚持项目支撑和引领是推动赣南苏区发展的第一动力。项目是构筑发展平台的"细胞"，是发展的希望所在。抓住了项目就抓住了机遇，抓住了大项目就抓住了大机遇。近年来，市委、市政府始终坚持敢抓项目是胆识、善抓项目是能力、抓好项目是本事的导向，千方百计争项目、抢项目、上项目。全力引进产业项目，相继引进了格力电器、耀能新能源等一批百亿项目，不断增强高质量发展的内生动力；大力推进城建项目，三江口片区基础设施建设全面启动，高铁新区综合交通路网加速成形，蓉江新区建成区面积约20平方公里，章贡区上榜全国综合实力百强区；能源建设不断加强，信丰电厂双机投运，新能源装机和年发电量全省第一，实现县县通管道天然气。

实现好、维护好、发展好广大人民群众的根本利益是推动赣州发展的第一追求。在我们党的历史上，"执政"与"为民"从来就不分离，执政必须为民，为民执政的根本目的是实现好、维护好、发展好最广大人民群众的根本利益。在新的历史条件下，党群之间的关系随着社会利益关系大调整出现了许多新情况，但市委、市政府始终把一切工作的出发点和落脚点放在让全市人民群众过上好日子上，始终把人民群众的利益摆在第一位，尽心尽责地为群众服务，努力实现好、维护好、发展好人民群众的利益。在坚持发展为先的同时，紧紧围绕基本公共服务均等化和让广大群众生活得更有尊严的目标，大力推进各项民生工程和社会事业发展，既做大"蛋糕"，又尽力做好"蛋糕"。每年开展百项民生实事工程建设，切实解决涉及群众切身利益的出行、就业、住房、教育、卫生、健身、食品安全等各种问题。广大群众的幸福感日渐提升。

深化各领域改革创新是推动赣州发展的第一选择。改革创新是发展的不竭动力。近年来，我们以极大的决心和勇气推进改革，提高改革决策的科学性，提升改革措施的协调性，全面推进经济、政治、文化、社会等各方面改革创新，从根本上破除体制机制障碍，最大限度地解放和发展生产力。特别是抓住深赣对口合作上升为国家战略的重大历史机遇，发挥区域优势，全力打造对接融入粤港澳大湾区桥头堡，深入推进营商环境优化升级"一号改革工程"，提出了"大湾区能做的，我们也要能做到"的目标要求，创新开展"市县同权"、工程建设项目"一站式集成"审批、惠企政策"免申即享、即申即享"等改革，建立产业链链长制、政企圆桌会议、安静生产期等制度，持续推进"一网通办"数字化改革，"干就赣好"营商环境品牌加快打响，对标大湾区打造新时代"第一等"营商环境入选全省十佳案例。

强化全市各级党组织的执政能力建设是推动赣州发展的第一保障。推动赣南苏区经济社会发展不断取得新的成绩，关键在各级党组织，关键在广大党员干部。近年来，市委总揽全局、协调各方，团结带领全市干部群众，科学决策、大胆探索，牢牢抓住一系列重大机遇，妥善应对了一次次重大考验，实现了跨越式发展。这得益于市委始终坚持以改革创新精神抓好党的思想、组织、作风、制度和反腐倡廉建设，全市各级党组织的执政能力建设水平得到有效提升。我们深刻地认识到，抓好党的执政能力才抓住了全市经济社会发展的根本。这些年，我们坚持把传承红色基因作为推动高质量发展的不竭动能，用好赣南丰富的红色文化资源，深入实施党建质量过硬行动，常态长效开展党史学习教育，深入推进"五型"政府建设，都是围绕提升各级党组织的执政能力建设这个根本目标。

附　录
新时代中国经济高质量发展大事记

涂　强 整理[*]

2012年

11月8日，党的十八大报告，《坚定不移沿着中国特色社会主义道路前进，为全面建成小康社会而奋斗》

在当代中国，坚持发展是硬道理的本质要求就是坚持科学发展。以科学发展为主题，以加快转变经济发展方式为主线，是关系我国发展全局的战略抉择。要适应国内外经济形势新变化，加快形成新的经济发展方式，把推动发展的立足点转到提高质量和效益上来，着力激发各类市场主体发展新活力，着力增强创新驱动发展新动力，着力构建现代产业发展新体系，着力培育开放型经济发展新优势，使经济发展更多依靠内需特别是消费需求拉动，更多依靠现代服务业和战略性新兴产业带动，更多依靠科技进步、劳动者素质提高、管理创新驱动，更多依靠节约资源和循环经济推动，更多依靠城乡区域发展协调互动，不断增强长期发展后劲。

12月31日，《中共中央　国务院关于加快发展现代农业进一步增强农村发展活力的若干意见》

全面贯彻落实党的十八大精神，坚定不移沿着中国特色社会主义道路前

---

[*] 涂强，中共中央党校（国家行政学院）经济学教研部博士研究生，主要研究方向为政治经济学。

进，为全面建成小康社会而奋斗，必须固本强基，始终把解决好农业农村农民问题作为全党工作重中之重，把城乡发展一体化作为解决"三农"问题的根本途径；必须统筹协调，促进工业化、信息化、城镇化、农业现代化同步发展，着力强化现代农业基础支撑，深入推进社会主义新农村建设。

2013年

3 月 5 日，温家宝同志在第十二届全国人民代表大会第一次会议上，
《政府工作报告》

今年工作的总体要求是：深入学习和全面贯彻落实党的十八大精神，高举中国特色社会主义伟大旗帜，以邓小平理论、"三个代表"重要思想、科学发展观为指导，紧紧围绕主题主线，以提高经济增长质量和效益为中心，深化改革开放，实施创新驱动战略，稳中求进，开拓创新，扎实开局，全面推进社会主义经济建设、政治建设、文化建设、社会建设、生态文明建设，实现经济持续健康发展和社会和谐稳定。

10 月 6 日，《国务院关于化解产能严重过剩矛盾的指导意见》

全面贯彻落实党的十八大精神，以邓小平理论、"三个代表"重要思想、科学发展观为指导，坚持以转变发展方式为主线，把化解产能严重过剩矛盾作为产业结构调整的重点，按照尊重规律、分业施策、多管齐下、标本兼治的总原则，立足当前，着眼长远，着力加强宏观调控和市场监管，坚决遏制产能盲目扩张；着力发挥市场机制作用，完善配套政策，"消化一批、转移一批、整合一批、淘汰一批"过剩产能；着力创新体制机制，加快政府职能转变，建立化解产能严重过剩矛盾长效机制，推进产业转型升级。

11 月 12 日，中国共产党第十八届中央委员会第三次全体会议通过，
《中共中央关于全面深化改革若干重大问题的决定》

紧紧围绕使市场在资源配置中起决定性作用深化经济体制改革，坚持和完善基本经济制度，加快完善现代市场体系、宏观调控体系、开放型经济体

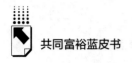

系，加快转变经济发展方式，加快建设创新型国家，推动经济更有效率、更加公平、更可持续发展。

2014年

6月9日，习近平同志在中国科学院第十七次院士大会、中国工程院第十二次院士大会上讲话的一部分，《加快从要素驱动、投资规模驱动发展为主向以创新驱动发展为主的转变》

实施创新驱动发展战略，最根本的是要增强自主创新能力，最紧迫的是要破除体制机制障碍，最大限度解放和激发科技作为第一生产力所蕴藏的巨大潜能。面向未来，增强自主创新能力，最重要的就是要坚定不移走中国特色自主创新道路，坚持自主创新、重点跨越、支撑发展、引领未来的方针，加快创新型国家建设步伐。

12月9日，习近平同志在中央经济工作会议上讲话的一部分，《经济工作要适应经济发展新常态》

对我国经济发展新常态，要坚持发展、主动作为。我多次强调，以经济建设为中心是兴国之要，发展是党执政兴国的第一要务，是解决我国一切问题的基础和关键。同时，我也反复强调，我们要的是有质量、有效益、可持续的发展，要的是以比较充分就业和提高劳动生产率、投资回报率、资源配置效率为支撑的发展。

2015年

3月5日，李克强同志在第十二届全国人大三次会议上所作的《政府工作报告》

保持稳增长与调结构的平衡。我国发展面临"三期叠加"矛盾，资源环境约束加大，劳动力等要素成本上升，高投入、高消耗、偏重数量扩张的发展方式已经难以为继，必须推动经济在稳定增长中优化结构。既要稳住速度，确保经济平稳运行，确保居民就业和收入持续增加，为调结构转方式创造有利条件；又要调整结构，夯实稳增长的基础。要增加研发投入，提高全要素生产率，加强质量、标准和品牌建设，促进服务业和战略性新兴产业比重提高、水平提升，优化经济发展空间格局，加快培育新的增长点和增长极，实现在发展中升级、在升级中发展。

3月13日，《中共中央、国务院关于深化体制机制改革加快实施创新驱动发展战略的若干意见》

加快实施创新驱动发展战略，就是要使市场在资源配置中起决定性作用和更好发挥政府作用，破除一切制约创新的思想障碍和制度藩篱，激发全社会创新活力和创造潜能，提升劳动、信息、知识、技术、管理、资本的效率和效益，强化科技同经济对接、创新成果同产业对接、创新项目同现实生产力对接、研发人员创新劳动同其利益收入对接，增强科技进步对经济发展的贡献度，营造大众创业、万众创新的政策环境和制度环境。

3月22日，张高丽同志在第十六届中国发展高层论坛上的讲话，《引领新常态，开创新局面》

新常态下的中国，传统发展方式不可持续，我们必须推动经济发展提高质量效益。中国的劳动力等要素成本逐步上升，资源环境承载能力已经达到或接近上限，传统比较优势正在弱化，靠拼投入、高消耗、过度依赖外需的经济发展方式难以为继。我们将更加注重科技创新，更加注重质量效益，更加注重生态文明，更加注重公平竞争，更加注重提升人力资本素质，致力于加快转变经济发展方式、调整优化经济结构、提高发展质量效益，以提高科技进步贡献率、劳动生产率、资源配置效率来支撑发展，促进经济在发展中升级，在升级中发展，实现更高质量、更好效益、更加包容、更可持续的发展。

5月5日，《中共中央、国务院关于构建开放型经济新体制的若干意见》

我国改革开放正站在新的起点上，经济结构深度调整，各项改革全面推进，经济发展进入新常态。面对新形势新挑战新任务，要统筹开放型经济顶层设计，加快构建开放型经济新体制，进一步破除体制机制障碍，使对内对

外开放相互促进，引进来与走出去更好结合，以对外开放的主动赢得经济发展和国际竞争的主动，以开放促改革、促发展、促创新，建设开放型经济强国，为实现"两个一百年"奋斗目标和中华民族伟大复兴的中国梦打下坚实基础。

6月11日，《国务院关于大力推进大众创业万众创新若干政策措施的意见》

推进大众创业、万众创新，是发展的动力之源，也是富民之道、公平之计、强国之策，对于推动经济结构调整、打造发展新引擎、增强发展新动力、走创新驱动发展道路具有重要意义，是稳增长、扩就业、激发亿万群众智慧和创造力，促进社会纵向流动、公平正义的重大举措。

8月24日，《中共中央、国务院关于深化国有企业改革的指导意见》

高举中国特色社会主义伟大旗帜，认真贯彻落实党的十八大和十八届三中、四中全会精神，深入学习贯彻习近平总书记系列重要讲话精神，坚持和完善基本经济制度，坚持社会主义市场经济改革方向，适应市场化、现代化、国际化新形势，以解放和发展社会生产力为标准，以提高国有资本效率、增强国有企业活力为中心，完善产权清晰、权责明确、政企分开、管理科学的现代企业制度，完善国有资产监管体制，防止国有资产流失，全面推进依法治企，加强和改进党对国有企业的领导，做强做优做大国有企业，不断增强国有经济活力、控制力、影响力、抗风险能力，主动适应和引领经济发展新常态，为促进经济社会持续健康发展、实现中华民族伟大复兴中国梦作出积极贡献。

10月29日，习近平同志在党的十八届五中全会第二次全体会议上讲话的主要部分，《以新的发展理念引领发展，夺取全面建成小康社会决胜阶段的伟大胜利》

转方式，着力解决好发展质量和效益问题。发展是基础，经济不发展，一切都无从谈起。改革开放以来，我们靠聚精会神搞建设、一心一意谋发展，取得了骄人的成就。实现全面建成小康社会奋斗目标，仍然要把发展作为第一要务，努力使发展达到一个新水平。发展是硬道理的战略思想要坚定不移坚持，同时必须坚持科学发展，加大结构性改革力度，坚持以提高发展质量和效益为中心，实现更高质量、更有效率、更加公平、更可持续的发展。

12 月 18 日，习近平同志在中央经济工作会议上讲话的节录，《对新常态怎么看，新常态怎么干》

推动经济发展，要更加注重提高发展质量和效益。衡量发展质量和效益，就是投资有回报、产品有市场、企业有利润、员工有收入、政府有税收、环境有改善，这才是我们要的发展。合理的经济增长速度是要的，但抓经济工作、检验经济工作成效，要从过去主要看增长速度有多快转变为主要看质量和效益有多好。

2016年

1 月 18 日，习近平同志在省部级主要领导干部学习贯彻党的十八届五中全会精神专题研讨班上讲话的一部分，《推动供给侧结构性改革》

供给侧结构性改革，重点是解放和发展社会生产力，用改革的办法推进结构调整，减少无效和低端供给，扩大有效和中高端供给，增强供给结构对需求变化的适应性和灵活性，提高全要素生产率。

10 月 10 日，习近平同志在全国国有企业党的建设工作会议上讲话的一部分，《坚定不移把国有企业做强做优做大》

所以，国有企业不仅要，而且一定要办好。各地区各有关部门和广大国有企业要按照党中央关于推进国有企业改革发展的决策部署，适应国内外经济形势发展变化，坚持有利于国有资产保值增值、有利于提高国有经济竞争力、有利于放大国有资本功能的方针，推动国有企业深化改革、提高经营管理水平，加强国有资产监管，坚定不移把国有企业做强做优做大。

12 月 31 日，《中共中央、国务院关于深入推进农业供给侧结构性改革加快培育农业农村发展新动能的若干意见》

推进农业供给侧结构性改革，要在确保国家粮食安全的基础上，紧紧围绕市场需求变化，以增加农民收入、保障有效供给为主要目标，以提高农业供给质量为主攻方向，以体制改革和机制创新为根本途径，优化农业产业体系、生产体系、经营体系，提高土地产出率、资源利用率、劳动生产率，促进农业农村发展由过度依赖资源消耗、主要满足量的需求，向追求绿色生态可持续、更加注重满足质的需求转变。

2017年

4月18日，李克强，《在贯彻新发展理念培育发展新动能座谈会上的讲话》

当前和今后一个时期，我们要以体制改革为动力，以技术创新为引领，以新技术、新产业、新业态、新模式为核心，以知识、技术、信息、数据等新生产要素为支撑，坚持"增量崛起"与"存量变革"并举、培育壮大新兴产业与改造提升传统产业并重，推动新动能加速成长。

7月14日，李克强同志在全国金融工作会议上讲话的一部分，《加强和改善对实体经济的金融服务》

创新是金融业的天然属性，也是服务实体经济的必然要求。金融创新要以服务实体经济为出发点和落脚点，凡有利于加强实体经济薄弱环节金融服务、降低成本、提高效率、保护消费者权益的金融创新，都要鼓励和支持；凡严重脱离实体经济需要、过度追逐短期利益和放大风险、逃避监管的金融创新，则要严加限制甚至禁止。

10月18日，党的十九大报告，《决胜全面建成小康社会，夺取新时代中国特色社会主义伟大胜利》

我国经济已由高速增长阶段转向高质量发展阶段，正处在转变发展方式、优化经济结构、转换增长动力的攻关期，建设现代化经济体系是跨越关口的迫切要求和我国发展的战略目标。必须坚持质量第一、效益优先，以供给侧结构性改革为主线，推动经济发展质量变革、效率变革、动力变革，提高全要素生产率，着力加快建设实体经济、科技创新、现代金融、人力资源协同发展的产业体系，着力构建市场机制有效、微观主体有活力、宏观调控有度的经济体制，不断增强我国经济创新力和竞争力。

12 月 11 日，李克强，《在全国自贸试验区工作座谈会上的讲话》

我国经济已由高速增长阶段转向高质量发展阶段，正处在转变发展方式、优化经济结构、转换增长动力的攻关期，需要加快培育壮大新动能。现有十一个自贸试验区，有的传统产业占比大，有的新兴产业发展势头好，在培育发展新动能上大有可为。希望各地着力发展新兴产业，使之持续健康发展，锲而不舍改造提升传统产业，有力有序淘汰落后产能，合力推动中国经济增量崛起与存量激活，打造各具特色的创新高地和增长引擎。

12 月 18 日，习近平同志在中央经济工作会议上讲话的一部分，《我国经济已由高速增长阶段转向高质量发展阶段》

高质量发展，就是能够很好满足人民日益增长的美好生活需要的发展，是体现新发展理念的发展，是创新成为第一动力、协调成为内生特点、绿色成为普遍形态、开放成为必由之路、共享成为根本目的的发展。

2018年

4 月 14 日，《中共中央、国务院关于对〈河北雄安新区规划纲要〉的批复》

《雄安规划纲要》深入贯彻习近平新时代中国特色社会主义思想，深入贯彻党的十九大和十九届二中、三中全会精神，坚决落实党中央、国务院决策部署，牢固树立和贯彻落实新发展理念，紧扣新时代我国社会主要矛盾变化，按照高质量发展要求，紧紧围绕统筹推进"五位一体"总体布局和协调推进"四个全面"战略布局，着眼建设北京非首都功能疏解集中承载地，创造"雄安质量"和成为推动高质量发展的全国样板，建设现代化经济体系的新引擎，坚持世界眼光、国际标准、中国特色、高点定位，坚持生态优先、绿色发展，坚持以人民为中心、注重保障和改善民生，坚持保护弘扬中华优秀传统文化、延续历史文脉，符合党中央、国务院对雄安新区的战略定

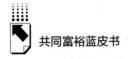

位和发展要求，对于高起点规划、高标准建设雄安新区具有重要意义。

4月26日，习近平同志在深入推动长江经济带发展座谈会上讲话的一部分，《推动长江经济带发展需要正确把握的几个关系》

现在，我国经济已由高速增长阶段转向高质量发展阶段。新形势下，推动长江经济带发展，关键是要正确把握整体推进和重点突破、生态环境保护和经济发展、总体谋划和久久为功、破除旧动能和培育新动能、自身发展和协同发展等关系，坚持新发展理念，坚持稳中求进工作总基调，加强改革创新、战略统筹、规划引导，使长江经济带成为引领我国经济高质量发展的生力军。

7月12日，《粤港澳大湾区发展规划纲要（节选）》

深入贯彻习近平新时代中国特色社会主义思想和党的十九大精神，统筹推进"五位一体"总体布局和协调推进"四个全面"战略布局，全面准确贯彻"一国两制"、"港人治港"、"澳人治澳"、高度自治的方针，严格依照宪法和基本法办事，坚持新发展理念，充分认识和利用"一国两制"制度优势、港澳独特优势和广东改革开放先行先试优势，解放思想、大胆探索，不断深化粤港澳互利合作，进一步建立互利共赢的区域合作关系，推动区域经济协同发展，为港澳发展注入新动能，为全国推进供给侧结构性改革、实施创新驱动发展战略、构建开放型经济新体制提供支撑，建设富有活力和国际竞争力的一流湾区和世界级城市群，打造高质量发展的典范。

11月1日，习近平，《在民营企业座谈会上的讲话》

民营经济是我国经济制度的内在要素，民营企业和民营企业家是我们自己人。民营经济是社会主义市场经济发展的重要成果，是推动社会主义市场经济发展的重要力量，是推进供给侧结构性改革、推动高质量发展、建设现代化经济体系的重要主体，也是我们党长期执政、团结带领全国人民实现"两个一百年"奋斗目标和中华民族伟大复兴中国梦的重要力量。

11月18日，《中共中央、国务院关于建立更加有效的区域协调发展新机制的意见》

以习近平新时代中国特色社会主义思想为指导，全面贯彻党的十九大和十九届二中、三中全会精神，认真落实党中央、国务院决策部署，坚持新发展理念，紧扣我国社会主要矛盾变化，按照高质量发展要求，紧紧围绕统筹推进"五位一体"总体布局和协调推进"四个全面"战略布局，立足发挥各地区比较优势和缩小区域发展差距，围绕努力实现基本公共服务均等化、基础设施通达程度比较均衡、人民基本生活保障水平大体相当的目标，深化改革开放，坚决破除地区之间利益藩篱和政策壁垒，加快形成统筹有力、竞争有序、绿色协调、共享共赢的区域协调发展新机制，促进区域协调发展。

2019年

3月5日，李克强同志在十三届全国人大二次会议上所作的《政府工作报告》

要继续坚持以供给侧结构性改革为主线，在"巩固、增强、提升、畅通"八个字上下功夫。更多采取改革的办法，更多运用市场化、法治化手段，巩固"三去一降一补"成果，增强微观主体活力，提升产业链水平，畅通国民经济循环，推动经济高质量发展。

5月30日，《长江三角洲区域一体化发展规划纲要（节选）》

长江三角洲（以下简称长三角）地区是我国经济发展最活跃、开放程度最高、创新能力最强的区域之一，在国家现代化建设大局和全方位开放格局中具有举足轻重的战略地位。推动长三角一体化发展，增强长三角地区创新能力和竞争能力，提高经济集聚度、区域连接性和政策协同效率，对引领全国高质量发展、建设现代化经济体系意义重大。

8月26日，习近平同志在中央财经委员会第五次会议上讲话的一部分，《推动形成优势互补高质量发展的区域经济布局》

新形势下促进区域协调发展，总的思路是：按照客观经济规律调整完善区域政策体系，发挥各地区比较优势，促进各类要素合理流动和高效集聚，增强创新发展动力，加快构建高质量发展的动力系统，增强中心城市和城市群等经济发展优势区域的经济和人口承载能力，增强其他地区在保障粮食安

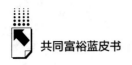

全、生态安全、边疆安全等方面的功能，形成优势互补、高质量发展的区域经济布局。

2020年

3月30日，《中共中央、国务院关于构建更加完善的要素市场化配置体制机制的意见》

以习近平新时代中国特色社会主义思想为指导，全面贯彻党的十九大和十九届二中、三中、四中全会精神，坚持稳中求进工作总基调，坚持以供给侧结构性改革为主线，坚持新发展理念，坚持深化市场化改革、扩大高水平开放，破除阻碍要素自由流动的体制机制障碍，扩大要素市场化配置范围，健全要素市场体系，推进要素市场制度建设，实现要素价格市场决定、流动自主有序、配置高效公平，为建设高标准市场体系、推动高质量发展、建设现代化经济体系打下坚实制度基础。

5月11日，《中共中央、国务院关于新时代加快完善社会主义市场经济体制的意见》

坚持和完善社会主义基本经济制度。坚持和完善公有制为主体、多种所有制经济共同发展，按劳分配为主体、多种分配方式并存，社会主义市场经济体制等社会主义基本经济制度，把中国特色社会主义制度与市场经济有机结合起来，为推动高质量发展、建设现代化经济体系提供重要制度保障。

5月22日，李克强同志在十三届全国人大三次会议上所作的《政府工作报告》

推动制造业升级和新兴产业发展。支持制造业高质量发展。大幅增加制造业中长期贷款。发展工业互联网，推进智能制造，培育新兴产业集群。发展研发设计、现代物流、检验检测认证等生产性服务业。电商网购、在线服务等新业态在抗疫中发挥了重要作用，要继续出台支持政策，全面推进"互联网+"，打造数字经济新优势。

10 月 26 日，习近平同志在党的十九届五中全会上所作的说明，《关于〈中共中央关于制定国民经济和社会发展第十四个五年规划和二〇三五年远景目标的建议〉的说明》

建议稿提出，"十四五"时期经济社会发展要以推动高质量发展为主题，这是根据我国发展阶段、发展环境、发展条件变化作出的科学判断。我国仍处于并将长期处于社会主义初级阶段，我国仍然是世界上最大的发展中国家，发展仍然是我们党执政兴国的第一要务。必须强调的是，新时代新阶段的发展必须贯彻新发展理念，必须是高质量发展。当前，我国社会主要矛盾已经转化为人民日益增长的美好生活需要和不平衡不充分的发展之间的矛盾，发展中的矛盾和问题集中体现在发展质量上。这就要求我们必须把发展质量问题摆在更为突出的位置，着力提升发展质量和效益。

10 月 29 日，习近平同志在党的十九届五中全会第二次全体会议上的讲话，《新发展阶段贯彻新发展理念必然要求构建新发展格局》

面对当前复杂严峻的国内外环境和全面建设社会主义现代化国家的繁重任务，必须确保党中央决策部署有效落实，做到令行禁止。要把党中央集中统一领导落实到统筹推进"五位一体"总体布局、协调推进"四个全面"战略布局各方面，坚持和完善党领导经济社会发展的体制机制，为实现高质量发展提供根本保证。

2021年

3 月 5 日，李克强在第十三届全国人民代表大会第四次会议上所作的《政府工作报告》

"十四五"时期是开启全面建设社会主义现代化国家新征程的第一个五年。我国发展仍然处于重要战略机遇期，但机遇和挑战都有新的发展变化。要准确把握新发展阶段，深入贯彻新发展理念，加快构建新发展格局，推动高质量发展，为全面建设社会主义现代化国家开好局起好步。

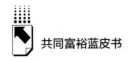

5 月 20 日，《中共中央国务院关于支持浙江高质量发展建设共同富裕示范区的意见》

高质量发展高品质生活先行区。率先探索实现高质量发展的有效路径，促进城乡居民收入增长与经济增长更加协调，构建产业升级与消费升级协调共进、经济结构与社会结构优化互促的良性循环，更好满足人民群众品质化多样化的生活需求，富民惠民安民走在全国前列。

6 月 25 日，国务院印发《全民科学素质行动规划纲要（2021—2035年）》

面向世界科技强国和社会主义现代化强国建设，需要科学素质建设担当更加重要的使命。一是围绕在更高水平上满足人民对美好生活的新需求，需要科学素质建设彰显价值引领作用，提高公众终身学习能力，不断丰富人民精神家园，服务人的全面发展。二是围绕构建新发展格局，需要科学素质建设在服务经济社会发展中发挥重要作用，以高素质创新大军支撑高质量发展。

9 月 22 日，《中共中央、国务院关于完整准确全面贯彻新发展理念做好碳达峰碳中和工作的意见》

以习近平新时代中国特色社会主义思想为指导，全面贯彻党的十九大和十九届二中、三中、四中、五中全会精神，深入贯彻习近平生态文明思想，立足新发展阶段，贯彻新发展理念，构建新发展格局，坚持系统观念，处理好发展和减排、整体和局部、短期和中长期的关系，把碳达峰、碳中和纳入经济社会发展全局，以经济社会发展全面绿色转型为引领，以能源绿色低碳发展为关键，加快形成节约资源和保护环境的产业结构、生产方式、生活方式、空间格局，坚定不移走生态优先、绿色低碳的高质量发展道路，确保如期实现碳达峰、碳中和。

11 月 11 日，中国共产党第十九届中央委员会第六次全体会议通过，《中共中央关于党的百年奋斗重大成就和历史经验的决议》

党中央提出，我国经济发展进入新常态，已由高速增长阶段转向高质量发展阶段，面临增长速度换挡期、结构调整阵痛期、前期刺激政策消化期

"三期叠加"的复杂局面，传统发展模式难以为继。党中央强调，贯彻新发展理念是关系我国发展全局的一场深刻变革，不能简单以生产总值增长率论英雄，必须实现创新成为第一动力、协调成为内生特点、绿色成为普遍形态、开放成为必由之路、共享成为根本目的的高质量发展，推动经济发展质量变革、效率变革、动力变革。

2022年

1月4日，《中共中央国务院书关于做好二〇二二年全面推进乡村振兴重点工作的意见》

做好 2022 年"三农"工作，要以习近平新时代中国特色社会主义思想为指导，全面贯彻党的十九大和十九届历次全会精神，深入贯彻中央经济工作会议精神，坚持稳中求进工作总基调，立足新发展阶段、贯彻新发展理念、构建新发展格局、推动高质量发展，促进共同富裕，坚持和加强党对"三农"工作的全面领导，牢牢守住保障国家粮食安全和不发生规模性返贫两条底线，突出年度性任务、针对性举措、实效性导向，充分发挥农村基层党组织领导作用，扎实有序做好乡村发展、乡村建设、乡村治理重点工作，推动乡村振兴取得新进展、农业农村现代化迈出新步伐。

3月25日，《中共中央　国务院关于加快建设书全国统一大市场的意见》

以习近平新时代中国特色社会主义思想为指导，全面贯彻党的十九大和十九届历次全会精神，弘扬伟大建党精神，坚持稳中求进工作总基调，完整、准确、全面贯彻新发展理念，加快构建新发展格局，全面深化改革开放，坚持创新驱动发展，推动高质量发展，坚持以供给侧结构性改革为主线，以满足人民日益增长的美好生活需要为根本目的，统筹发展和安全，充分发挥法治的引领、规范、保障作用，加快建立全国统一的市场制度规则，打破地方保护和市场分割，打通制约经济循环的关键堵点，促进商品要素资源在更大范围内畅通流动，加快建设高效规范、公平竞争、充分开放的全国统一大市场，全面推动我国市场由大到强转变，为建设高标准市场体系、构

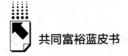

建高水平社会主义市场经济体制提供坚强支撑。

10 月 16 日，党的二十大报告，《高举中国特色社会主义伟大旗帜　为全面建设社会主义现代化国家而团结奋斗》

我们要坚持以推动高质量发展为主题，把实施扩大内需战略同深化供给侧结构性改革有机结合起来，增强国内大循环内生动力和可靠性，提升国际循环质量和水平，加快建设现代化经济体系，着力提高全要素生产率，着力提升产业链供应链韧性和安全水平，着力推进城乡融合和区域协调发展，推动经济实现质的有效提升和量的合理增长。

Abstract

Common prosperity means that all people can enjoy the prosperity of economic, political, cultural, social, ecological civilization and other construction achievements and development benefits in a fair and just manner. Therefore, to achieve such a "comprehensive prosperity" for all people, we must fully and accurately implement the new development concept of innovation, coordination, green, openness and sharing, achieve Common prosperity for all people through high-quality development, and then rely on the Common prosperity of all people to constantly enhance the high-quality development potential. This report analyzes the level of China's Common prosperity and studies the theoretical and practical problems encountered in the process of promoting Common prosperity. The general report of this report compiles the Common prosperity index of all Chinese people and the Common prosperity index of Zhejiang Province, which dynamically reflects the Common prosperity of Zhejiang Province and even the whole country. The Common prosperity index designed in the general report is composed of 7 secondary indicators of economic development, social structure, residents' income and property, accessibility of public goods, people's quality of life, fairness of income distribution and life health, and 31 tertiary indicators. As a demonstration area of Common prosperity, Zhejiang has significantly improved the quality and efficiency of economic development, continued to narrow the gap between urban and rural regional development, achieved new results in the construction of beautiful Zhejiang, made people's lives better, and improved the institutional system to promote Common prosperity. The general report calculates the Common prosperity index of China and Zhejiang Province from 2013 to 2021. From the measurement results of the Common prosperity index, China's Common

prosperity has significantly improved in recent years. From 2013 to 2021, the national Common prosperity index will increase from 19. 41 points to 46. 35 points, and the Common prosperity index of Zhejiang Province will increase from 46. 35 points to 76. 61 points. From the perspective of Common prosperity index of Zhejiang Province, Zhejiang Province focuses on the breakthrough of "small cuts, big traction", gradually establishes the goal system, work system and policy system of "first rich, then rich", and solidly promotes Common prosperity, provides a provincial example for the country to solidly promote Common prosperity, and forms an experience program that is "replicable and easy to promote".

The thematic part of this report also studies some thematic issues involved in the process of promoting Common prosperity and draws the following conclusions: First, Market economy is the most effective way to achieve Common prosperity, to build a high-level Socialist market economy system, we should give full play to the decisive role of the market in resource allocation and better play to the role of the government. Second, state-owned enterprises should take the construction of a new pattern of party building work for state-owned enterprises in the new era as the basic guarantee, further deepen reform in accordance with the essential requirements of Chinese path to modernization, speed up the optimization of the layout and structural adjustment of the state-owned economy, and lay an important material and political foundation for Common prosperity. Third, the private economy is the endogenous driving force of economic growth. We should encourage the private economy to participate more widely and deeply in the cause of Common prosperity, so as to better realize the policy goal of promoting Common prosperity with high-quality development of the private economy. Fourth, Adhering to the strategic basis of expanding domestic demand, taking the supply side structural reform as the main line, and promoting the coordinated development of both, will not only help to make the "cake" bigger by promoting high-quality development, but also help to divide the "cake" well by narrowing the development gap, thus promoting Common prosperity. Fifth, Building a Dual circulation is an important prerequisite for achieving Common prosperity. It can not only promote the development of productivity from three aspects, namely, enhancing the driving force of economic development, improving the efficiency of economic development, and optimizing the structure of economic development, but also help to narrow various development gaps, such as regional gap, urban-rural gap, and income gap. Sixth, building a modern industrial system, supported by the real economy, effectively maintaining industrial security, developing strategic emerging industries, and promoting high-quality economic development, is an important driving force for achieving Common prosperity. Seventh, build a talent cultivation system, promote industrial structure upgrading, create a technological innovation environment, and improve the talent and social security system to better implement the strategy of strengthening the country through talent. Eighth, improve the basic rural management system, enhance the level of socialized agricultural production services, cultivate diversified socialized agricultural production service entities, and increase agricultural profits. The strategy of strengthening the country with talents promotes the process of Common prosperity by providing economic foundation, talent security and strategic support. Ninth, we should drive regional coordinated development with innovation, increase the multi-level coordination of regional coordinated development, promote regional comprehensive green development, optimize regional opening layout, and promote the construction of inter regional joint construction and sharing system and mechanism. Tenth, innovate the system and mechanism of opening up, eliminate the institutional Prostitution costs faced by higher levels of opening up, improve the Economic efficiency and economic capacity of opening up, and implement innovative ideas in opening up to promote Common prosperity. Eleventh, adjust and guide the strategies of high-quality financial services, including developing innovative financial products, promoting digital Financial inclusion and financial technology, lowering the threshold of access for financial institutions, providing personalized financial products and services, strengthening supervision and social responsibility, and promoting Common prosperity with high-quality financial services.

The regional part of this report introduces the practice of promoting Common prosperity in Jilin Province, Henan Province and Gansu Province. These provinces, on the basis of their achievements, put forward specific measures to

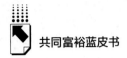
promote Common prosperity in the next step against their shortcomings and problems. The case part of this report introduces the specific practices of Ordos City City, Jiaxing, Zhejiang Province, and South Jiangxi Soviet Area in promoting Common prosperity: Ordos City, Inner Mongolia, focuses on rural and pastoral areas, focusing on how to improve the income of farmers and herdsmen, and promote farmers and herdsmen to achieve Common prosperity; The reform of urban and rural integrated community management mode in Xiuzhou District, Jiaxing City, reshapes the new urban and rural relationship, promotes the two-way flow of urban and rural resource elements, speeds up urban and rural integrated development, and provides new ideas for urban and rural issues of Common prosperity; The Gannan Soviet Area adheres to project support and leadership, deepens reform and innovation in various fields, strengthens the governance capacity construction of party organizations at all levels in the city, and achieves effective improvement in quality and reasonable growth in quantity in the economy.

Keywords: Common Prosperity; High-quality Development; All People

Contents

I General Report

Abstract: The Common prosperity index designed in the general report is composed of 7 secondary indicators, including economic development, social structure, residents' income and property, accessibility of public goods, people's quality of life, income distribution fairness and life health, and 32 tertiary indicators. As a demonstration area of Common prosperity, Zhejiang has significantly improved the quality and efficiency of economic development, continued to narrow the gap between urban and rural regional development, achieved new results in the construction of beautiful Zhejiang, made people's lives better, and improved the institutional system to promote Common prosperity. The general report calculates the Common prosperity index of China and Zhejiang Province from 2013 to 2021. From the measurement results of the Common prosperity index, China's Common prosperity has improved significantly in recent years. From 2013 to 2021, the national Common prosperity index increased from 19. 41 points to 46. 35 points, an increase of 138. 8%. In 2021, the seven secondary indicators in China increased by 138. 4%, 138. 1%, 138. 8%, 138. 9%, 139. 1%, 139. 2%, and 139. 1% respectively compared to 2013. In

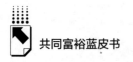
recent years, the overall trend has maintained a continuous upward trend. During this period, the Common prosperity index of Zhejiang Province increased from 46. 35 points to 76. 61 points. In 2021, the seven secondary indicators of Zhejiang Province increased by 65. 3%, 65. 3%, 65. 4%, 65. 3%, 65. 3%, 65. 4%, 65. 4% and 65. 4% respectively from 2013. From the perspective of Common prosperity index of Zhejiang Province, Zhejiang Province focuses on the breakthrough of "small cuts, big traction", gradually establishes the goal system, work system and policy system of "first rich, then rich", and solidly promotes Common prosperity, provides a provincial example for the country to solidly promote Common prosperity, and forms an experience program that is "replicable and easy to promote".

Keywords: Common Prosperity; Common Prosperity Index; Economic Development

Ⅱ　Special Reports

B . 2　Building a High-Level Socialist Market Economy System is

the Most Effective Way to Achieve Common Prosperity

Gao Xingwei / 048

Abstract: Only by constantly improving the Socialist market economy system can we fully mobilize the enthusiasm, initiative and creativity of the people, give every striver a fair opportunity, greatly promote the development of productivity, and enable more ordinary workers to enter the middle-income group through their own efforts. By making every effort to increase residents' income through the market mechanism, we will certainly build a solid foundation for Common prosperity. From the perspective of Common prosperity, the core meaning of the high-level Socialist market economy system is to combine the market economy with the leadership of the Party, integrate with socialism, and be compatible with Common ownership, at the same time, let the government and the market cooperate with each other, and promote the dialectical unity of economy and politics. Therefore, in order to build a high-level Socialist market economy system and promote Common prosperity, we need to adhere to and improve the basic socialist economic system, deepen the reforms to streamline the government, delegate power, and improve government services, enhance the basic role of consumption in economic development, and establish a modern financial system.

Keywords: High-level Socialist Market Economy System; Common Prosperity; Basic Economic System

B.3 The High-quality Development of State-owned Enterprises Is the Important Basis for Achieving Common Prosperity

Yan Rongzhou / 065

Abstract: Chinese modernization is the modernization of common prosperity of all the people, and realizing common prosperity of all the people is the essential requirement of promoting Chinese modernization. State-owned enterprises are an important material and political foundation for socialism with Chinese characteristics, and an important subject for balanced development, security, and common prosperity. On the new journey of the new era, state-owned enterprises should proceed from the realistic requirements of the great changes in the world unseen in a century and the strategic overall situation of the great rejuvenation of the Chinese nation, focus on the central tasks of the Party under the overall leadership of the Party, take the establishment of a new pattern of Party building in state-owned enterprises in the new era as the basic guarantee, and further deepen reform in accordance with the essential requirements of Chinese-style modernization. We will accelerate the optimization of the layout and structural adjustment of the state-owned economy, improve the system of modern enterprises with Chinese characteristics, promote entrepreneurship, continue to enhance the core competitiveness of enterprises and enhance their core functions, accelerate the

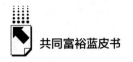
building of world-class enterprises, and strive to promote high-quality development. It will lay an important material and political foundation for comprehensively building a modern socialist country and realizing the Chinese dream of the great rejuvenation of the Chinese nation.

Keywords: State-Owned Enterprises; Common Prosperity; Core Competitiveness

B.4 High Quality Development of Private Economy Is An Important Factor To Achieve Common Prosperity *Cui Lin* / 079

Abstract: The high-quality development of private economy is an important factor to achieve common prosperity. In theoretical logic, adhering to the basic economic system is the basic principle of promoting common prosperity, and the private economy is the internal element of China's economic system, which has played an important role in consolidating the material foundation of common prosperity and improving the distribution principle for common prosperity. For specific ways, the private economy is the endogenous power of economic growth, the supporting force of expanding employment, the economic entity that promotes innovation, the positive factor that enlivens the market, and the main body that fulfills social responsibility. In practical logic, in the face of the dilemma of high-quality development of private economy and the potential risk of platform monopoly in new business model, we should adhere to the basic economic system and the two unswervingly, accelerate the construction of a high-level socialist market economic system, encourage the private economy to participate more widely and deeply in the process of common prosperity, so as to better realize the goal of promoting common prosperity with high-quality development of private economy.

Keywords: Private Economy; High Quality Development; Common Prosperity

B. 5 Overall Plan to Expand Domestic Demand and Supply

Side Structural Reform to Boost Common Prosperity

Chen Jiangying / 094

Abstract: Common prosperity is the essential requirement of Socialism with Chinese characteristics, and the key is to make the "cake" bigger and divide it well. Adhering to the strategic basis of expanding domestic demand, taking the supply side structural reform as the main line, and promoting the coordinated development of both, will not only help to make the "cake" bigger by promoting high-quality development, but also help to divide the "cake" well by narrowing the development gap, thus promoting Common prosperity. Since the reform and opening up, the development model of market and resources being "dual external" has driven rapid economic growth in China. However, it has also caused problems such as low end lock in the value chain and widening income gap, imbalance between the real economy and the virtual economy, large regional and urban-rural development gap, and mismatch between domestic demand upgrading and supply and demand, which has widened the income gap between groups, industries, regions, and urban-rural areas, It is not conducive to promoting the expansion of domestic demand and supply side structural reform and their coordinated development, and it is an obstacle to Common prosperity. In this regard, we need to strengthen macroeconomic regulation, expand consumption and investment demand, focus on developing the real economy, promote financial supply side reform, eliminate the urban-rural dual structure, promote regional coordinated development, improve the market economy system, build a unified national market, and become a higher level of Dynamic equilibrium where demand leads supply and supply creates demand.

Keywords: Common Prosperity; Expand Domestic Demand; Supply Side Structural Reform

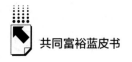
共同富裕蓝皮书

B.6   Constructing the New Development Pattern Is the Inevitable
Requirement for the Realization of Common Prosperity

Li Chen / 109

Abstract: Common prosperity is not only the essential requirement of socialism, but also the fundamental goal of building a new development pattern with the domestic cycle as the main body and the domestic and international cycles promoting each other. The construction of a new development pattern is an important prerequisite for achieving common prosperity, which can not only promote the development of productive forces from strengthening the driving force of economic development, improving the efficiency of economic development, and optimizing the structure of economic development, but can also help to narrow the regional gap, urban-rural gap, income gap and other development gaps. At present, there are some problems in the construction of the new development pattern, such as the structural imbalance between supply and demand, the level of scientific and technological innovation to be improved, the lack of resilience of the industrial chain supply chain, and the obstacles to the efficient flow of factors. In order to better meet challenges and seize opportunities, build a new development pattern, promote high-quality development, and promote common prosperity, we must better coordinate the expansion of domestic demand and deepen supply-side structural reform, further implement the strategy of innovation-driven development, speed up the construction of a modern industrial system, and promote coordinated regional development in an all-round way.

Keywords: New Development Pattern; Common Prosperity; High-quality Development; Balance of Supply and Demand

B.7　Build Modern Industrial System to Promote

Common Prosperity　　　　　　　*Wang Song*, *Zhu Huifang* / 124

Abstract: Chinese-style modernization is the modernization of common prosperity of all people, and building a modern industrial system is an important driving force for achieving common prosperity. In the process of promoting industrial upgrading, promoting higher quality employment for all people and raising income levels can consolidate the material foundation for common prosperity. Rationalize the industrial structure, increase the income of employees in low-value-added industries, narrow the income gap on the basis of improving the income level of the labor force as a whole, and gradually achieve common prosperity. The orderly linkage of industries and efficient circulation can ensure the stability and sustainability of labor income. Through the construction of a modern industrial system, with the real economy as the support, effectively maintain industrial security, develop strategic emerging industries, promote high-quality economic development, continuously improve the overall income level, narrow the income gap, and promote common prosperity.

Keywords: Modern Industrial System; Industrial Upgrading; Industrial Security; Common Prosperity

B.8　The Inner Logic and Practical Path of Talent Power Strategy

to Promote Common Wealth　　　*Li Lei*, *Gu Chenguang* / 139

Abstract: In the process of promoting common prosperity, the role of talents is becoming more and more important. As an important strategy for national development, the cultivation of talents is crucial for the country to achieve industrial upgrading and high-quality economic development. This paper analyzes the implementation of China's talent-strengthening strategy in three dimensions: talent scale, talent investment and talent efficiency by reviewing the development

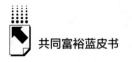
history of the talent-strengthening strategy. The Talent Power Strategy promotes the process of common prosperity by providing three layers of internal logic: economic foundation, talent guarantee and strategic support. In order to better implement the talent power strategy, we need to start from four aspects: building a talent cultivation system, promoting industrial structure upgrading, creating an environment for scientific and technological innovation, and improving the talent and social security system.

Keywords: Talent Power; Industrial Upgrading; Common Wealth

B.9 Comprehensively Promote Rural Revitalization and Boost
Common Prosperity *Chen Xinyu, Zhang Yang* / 156

Abstract: To comprehensively promote rural revitalization and achieve common prosperity is the meaning of the essence of socialism. Building a strong agricultural country, promoting the modernization of agriculture and rural areas, and increasing farmers' income are the paths to achieve common prosperity. Rural revitalization will not only drive more than 200 million small farmers to achieve common prosperity, but also promote the construction of the agricultural management system and the optimization and upgrading of agricultural management methods. We will improve the basic rural operation system, raise the level of social services for agricultural production, foster a diversified number of social services for agricultural production, and increase the comparative benefits of agriculture so that farmers can enjoy the fruits of agricultural modernization. We will comprehensively promote rural revitalization, focus on returning rural entrepreneurs as an important starting point, pool resources to make the agricultural industry chain longer, stronger and bigger, formulate practical and effective support policies, encourage new agricultural business entities to improve their management capabilities, and encourage small farmers to carry out cooperative operations and jointly achieve higher incomes. We will promote social services to promote agricultural production, reduce the cost of mechanized farming and harvesting for small farmers, and increase farmers' incomes. To promote the all-round revitalization of agriculture and rural areas and achieve common prosperity, we must achieve industrial revitalization, human resources revitalization, cultural revitalization, ecological revitalization and organizational revitalization.

Keywords: Agricultural Modernization; Rural Revitalization; Common Prosperity

B.10 Promoting Common Prosperity in the Coordinated
Development of the Region　　*Che Wenhui, Xu Huifang* / 173

Abstract: The implementation of regional coordinated development strategy is a strategic choice for our country to enter a new development stage, an inevitable requirement for implementing the new development concept, and an important support for the construction of a new development pattern. Regional coordinated development is the inherent requirement and important means to achieve common prosperity, and both of them are the due meaning of realizing Chinese-style modernization. This paper clarifies the main problems of regional coordinated development under the current goal of common prosperity, including insufficient endogenous growth power of regional economy, significant development gap between the north and south and between urban and rural areas, and the pattern of regional opening needs to be optimized. the quality of opening needs to be improved, there are obstacles to the free flow of production factors across regions, the regional industrial structure and layout need to be optimized urgently, and the constraints of resources and environment are tightening day by day. This paper puts forward the realization path of promoting common prosperity in regional coordinated development, that is, driving regional coordinated development with innovation, strengthening the multi-level overall planning of regional coordinated development, promoting regional all-round green development, optimizing regional opening layout, and promoting the construction of inter-regional co-construction and sharing system and mechanism, in order to

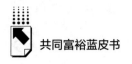
achieve effective inter-regional division of labor and coordinated development in all aspects, and then promote common prosperity.

Keywords: Region; Coordinated Development; Common Prosperity

B.11 To Promote Common Prosperity with a High Level
of Opening Up *Xie Jin* / 190

Abstract: Promoting Common prosperity is the essential feature of chinese-style modernization. The solid promotion of Common prosperity cannot be separated from opening up, which is not only the theoretical logic, but also the basic experience of China's development. High quality development provides the material basis for the solid promotion of Common prosperity, and is the only way to achieve Common prosperity. The new development concept is the soul of high-quality development. To firmly promote Common prosperity by opening up, the key is to organically combine the innovative, coordinated, green and shared development concept with opening up, and gradually realize Common prosperity in promoting high-quality development. They include: innovating the opening up system and mechanism, improving the efficiency and capacity of opening up, comprehensively promoting opening up, promoting regional coordinated development, coordinating "green water and green mountains" and "golden mountains and silver mountains" in opening up, and orderly transforming ecological Environmental Values into market economic value, etc. At the same time, the solid promotion of Common prosperity in the opening up can not be separated from the redistribution with administrative means as the main body.

Keywords: Common Prosperity; Opening Up; Income Distribution

Abstract: To achieve common prosperity, it is necessary to transform traditional financial services into high-quality financial services. This article aims to explore the modern requirements of high-quality financial services in achieving common prosperity and analyze the contradictions between the profit-driven nature of traditional financial services and the requirements of common prosperity. We elaborate on the specific functional requirements of modernized high-quality financial services, including inclusiveness, fairness, and sustainability. Furthermore, strategies for adjusting and guiding high-quality financial services are proposed to advance the goal of common prosperity. These strategies encompass the development of innovative financial products, promotion of digital inclusive finance and financial technology, reduction of entry barriers for financial institutions, provision of personalized financial products and services, and strengthening of regulation and social responsibility. By implementing these measures, we can adjust and guide high-quality financial services to provide robust support for achieving the goal of common prosperity.

Keywords: High-Quality Financial Services; Common Prosperity; Economic Growth

Ⅲ   Regional Reports

Abstract: Making solid advances toward common prosperity is the essential requirement for building a modern socialist country in all respects and also the incomparable superiority of the socialist system. Under the guidance of Xijinping's

343

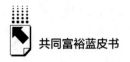
Thought on Socialism with Chinese Characteristics, Jilin Provincial Committee takes the advantages of its own to promote regional co-ordinated development to guarantee the improvement of welfare of the people with the economy-centered strategy, which paved the way for the full victory of anti-poverty campaign and ante-Common Prosperity. At the same time, it is admitted that Jilin still has many urgent issues, such as the pro-environment for agriculture, industrial and regional development, crucial factor supply and the development of the private sector economy. Jilin Provincial Committee is committed into the Common Prosperity via holding up the right path lit up in the 20th Party Congress in order to find the driven force for the high quality development, accelerate achievement of common prosperity.

Keywords: Jilin; High-Quality Development; Common Prosperity

B. 14 Research Report on the Practice of Promoting Common Prosperity in Henan Province　　　　*Miao Ling*, *Sun Xiaoxi* / 234

Abstract: In the report to the 18th National Congress of the Communist Party of China (CPC), the CPC Central Committee once again stressed that China, as a socialist country, should unswervingly follow the path of common prosperity and lead the masses of the people out of poverty to become rich. Common prosperity is a concentrated embodiment of the principle of socialism with Chinese characteristics, and its main content involves the following two points: first, properly solve the problems such as excessive differences in income distribution, on the other hand, benefit all citizens from the achievements of socialist development, and spare no effort to promote the realization of the development goal of common prosperity. In the report of the 19th National Congress of the Communist Party of China, "common prosperity" was mentioned six times in total. It can be seen from the relevant planning content that the period from 2020 to 2035 is the initial development stage of common prosperity; From 2013 to the middle of this century, the goal of common prosperity will be basically achieved. The 20th National Congress of the Communist Party of China (CPC) is based on the current situation, puts common prosperity in the first place, regards it as the unshirkable responsibility of the CPC Central Committee and people's governments at all levels, and gradually writes the development goal of common prosperity into the Party Constitution. This also points out the direction for our Party and the masses of the people to move towards common prosperity. The sense of belonging, satisfaction and happiness of the masses of the people can be improved, which provides a theoretical basis and practical basis for promoting the overall development of people and the overall progress of society. As the first big province with a population of more than 96 million among the six provinces in central China, Henan Province, combined with the development status of common prosperity in Henan Province, finds out the specific problems, and finds out the path and countermeasures, which is of great significance for China to realize Chinese path to modernization as soon as possible.

Keywords: Common Prosperity; Henan Province; High Quality Development

B. 15 Research Report on the Practice of Promoting Common Prosperity in Gansu Province *Wang Pan* / 250

Abstract: Since the 18th National Congress of the Communist Party of China, Gansu Province has adhered to economic construction as the center, accelerated economic development, continuously improved the income of urban and rural residents, and significantly improved the living standards of the people; The grain production is constantly increasing, and the basic position of agriculture is constantly consolidating; Significant achievements have been made in poverty alleviation and development, completely solving the problem of absolute poverty; Public finance continues to increase investment in people's livelihood and well-being, and the quality of life of the people continues to improve; Significant achievements have been made in ecological environment construction; The

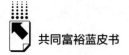
happiness index of the masses is constantly improving; Significant achievements have been made in the ecological environment management of the Loess Plateau. Overall, Gansu Province has achieved significant results in achieving common prosperity, but there are still some prominent problems compared to developed regions. The gap between people's living standards and the national average is still significant; The development gap within the province has not been greatly improved; The income gap between urban and rural residents in the province is also significant. To further promote common prosperity in Gansu Province, efforts need to be made in the following aspects: firstly, Gansu Province should accelerate its economic development and continuously consolidate the foundation for achieving common prosperity; Secondly, at the national level, efforts should be made to increase transfer payments to the western region; Thirdly, governments at all levels should continuously improve the income distribution system; The fifth is to continuously improve the social security system.

Keywords: Gansu; Common Prosperity; Resource and Environmental Constraints

Ⅳ Cases

B.16 Ordos, Inner Mongolia: Explore New Ways for Farmers and Herdsmen to Get Rich, and Set a Good Model for Realizing Common Prosperity *Qiao Jianjiang* / 264

Abstract: The report of the 20th National Congress of the Communist Party of China made strategic arrangements for solidly promoting common prosperity. In view of the current situation of urban-rural gap, regional and income gap, Ordos adheres to the priority and integrated development of agriculture and rural areas, focuses on how to improve the income of farmers and herdsmen, and carries out a series of practices in the field of agriculture and animal husbandry, so that the income ratio between the urban and rural pastoral residents in the city can be further reduced, and the income status further balanced, the sense of gain and happiness further enhanced. At the same time, we will continue to explore in the fields of industrial development, entrepreneurship and employment, deepening reform, and strengthening support, and make every effort to promote the increase of the income of farmers and herdsmen and ultimately achievie common prosperity.

Keywords: Ordos; Farmers and Herdsmen; Increasing Income and Getting Rich; Common Prosperity

B.17 Zhejiang Province to Build a "New Community of Urban-and-Rural Integration and Common Prosperity"

Du Jianxin / 284

Abstract: In order to reshape the new-type urban-and-rural relationship, promote the two-way flow of urban-and-rural resource elements, and accelerate the integration of urban-and-rural development, Xiuzhou District of Jiaxing City actively explores the reform of homesteading, solving the problems of scattered residences and low land-utilization rate of farmers. It explores the reform of land contracting, promoting the land to be able to circulate all over the area and creating conditions to realize agricultural modernization. It explores the reform of citizenizing, implementing the registration system of residence intended for farmers who come to cities, with their registered permanent residence kept in their original rural areas meanwhile still enabled to enjoy all the public services from their current resident communities. It explores the reform of micro-governing, addressing the potential problems and contradictions brought about by "the pluralist group" formed of transferring farmers, urban residents and new-coming residents, and creating modernized basic units of urban-and-rural integration and common prosperity, along with high-quality development, high-quality living standard and intelligent governance, so as to build up modern urban-and-rural communities that possess characters of both the city and the village community in functions and advantages.

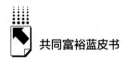
Keywords: Common Prosperity; Urban-and-Rural Integration; Community; Jiaxing Xiuzhou District

B.18　Practical Exploration of Promoting Common Prosperity
　　in Gannan Soviet Area　　　　　　　　　*Yu Zhen* / 297

Abstract: Common prosperity is the essential requirement of socialism with Chinese characteristics. In June 2012, the "Several Opinions of the State Council on Supporting the Revitalization and Development of Former Central Soviet Areas such as Gannan" was issued, and a "roadmap" for the economic and social development of Ganzhou was systematically drawn. Over the past decade, the Gannan Soviet Area has entered a period of fastest economic and social development, the greatest changes in urban and rural areas, and the most benefits for the people. On May 20, 2019, Our General Secretary Xi jinping, during the Ganzhou inspection, pointed out that, the Gannan Soviet Area has made significant progress in development, entered a fast lane of economic development, rapidly developed industries, significantly enhanced scientific and technological innovation capabilities, continuously improved the level of opening up to the outside world, better solved people's livelihood issues, achieved decisive victories in poverty alleviation, and greatly transformed the rural revitalization of urban and rural areas. The great changes in southern Jiangxi are a vivid epitome of China's practical exploration of promoting Common prosperity.

Keywords: Common Prosperity; Gannan Soviet Area; Practical Exploration

Appendix　Memorabilia of High Quality Economic Development in
　　　　　　China in the New Era　　　　　　　　　　　/ 314

皮 书

智库成果出版与传播平台

❖ 皮书定义 ❖

皮书是对中国与世界发展状况和热点问题进行年度监测，以专业的角度、专家的视野和实证研究方法，针对某一领域或区域现状与发展态势展开分析和预测，具备前沿性、原创性、实证性、连续性、时效性等特点的公开出版物，由一系列权威研究报告组成。

❖ 皮书作者 ❖

皮书系列报告作者以国内外一流研究机构、知名高校等重点智库的研究人员为主，多为相关领域一流专家学者，他们的观点代表了当下学界对中国与世界的现实和未来最高水平的解读与分析。截至 2022 年底，皮书研创机构逾千家，报告作者累计超过 10 万人。

❖ 皮书荣誉 ❖

皮书作为中国社会科学院基础理论研究与应用对策研究融合发展的代表性成果，不仅是哲学社会科学工作者服务中国特色社会主义现代化建设的重要成果，更是助力中国特色新型智库建设、构建中国特色哲学社会科学"三大体系"的重要平台。皮书系列先后被列入"十二五""十三五""十四五"时期国家重点出版物出版专项规划项目；2013~2023 年，重点皮书列入中国社会科学院国家哲学社会科学创新工程项目。

皮书网

（网址：www.pishu.cn）

发布皮书研创资讯，传播皮书精彩内容
引领皮书出版潮流，打造皮书服务平台

栏目设置

◆关于皮书
何谓皮书、皮书分类、皮书大事记、
皮书荣誉、皮书出版第一人、皮书编辑部

◆最新资讯
通知公告、新闻动态、媒体聚焦、
网站专题、视频直播、下载专区

◆皮书研创
皮书规范、皮书选题、皮书出版、
皮书研究、研创团队

◆皮书评奖评价
指标体系、皮书评价、皮书评奖

◆皮书研究院理事会
理事会章程、理事单位、个人理事、高级
研究员、理事会秘书处、入会指南

所获荣誉

◆2008 年、2011 年、2014 年，皮书网均
在全国新闻出版业网站荣誉评选中获得
"最具商业价值网站"称号；
◆2012 年，获得"出版业网站百强"称号。

网库合一

2014年，皮书网与皮书数据库端口合
一，实现资源共享，搭建智库成果融合创
新平台。

皮书网

"皮书说"
微信公众号

皮书微博

权威报告·连续出版·独家资源

皮书数据库
ANNUAL REPORT(YEARBOOK)
DATABASE

分析解读当下中国发展变迁的高端智库平台

所获荣誉

- 2020年，入选全国新闻出版深度融合发展创新案例
- 2019年，入选国家新闻出版署数字出版精品遴选推荐计划
- 2016年，入选"十三五"国家重点电子出版物出版规划骨干工程
- 2013年，荣获"中国出版政府奖·网络出版物奖"提名奖
- 连续多年荣获中国数字出版博览会"数字出版·优秀品牌"奖

皮书数据库　　"社科数托邦"
微信公众号

成为用户

　　登录网址www.pishu.com.cn访问皮书数据库网站或下载皮书数据库APP，通过手机号码验证或邮箱验证即可成为皮书数据库用户。

用户福利

- 已注册用户购书后可免费获赠100元皮书数据库充值卡。刮开充值卡涂层获取充值密码，登录并进入"会员中心"—"在线充值"—"充值卡充值"，充值成功即可购买和查看数据库内容。
- 用户福利最终解释权归社会科学文献出版社所有。

数据库服务热线：400-008-6695
数据库服务QQ：2475522410
数据库服务邮箱：database@ssap.cn
图书销售热线：010-59367070/7028
图书服务QQ：1265056568
图书服务邮箱：duzhe@ssap.cn

社会科学文献出版社　皮书系列
SOCIAL SCIENCES ACADEMIC PRESS (CHINA)

卡号：483547613375
密码：

基本子库 SUB DATABASE

中国社会发展数据库（下设12个专题子库）

紧扣人口、政治、外交、法律、教育、医疗卫生、资源环境等12个社会发展领域的前沿和热点，全面整合专业著作、智库报告、学术资讯、调研数据等类型资源，帮助用户追踪中国社会发展动态、研究社会发展战略与政策、了解社会热点问题、分析社会发展趋势。

中国经济发展数据库（下设12专题子库）

内容涵盖宏观经济、产业经济、工业经济、农业经济、财政金融、房地产经济、城市经济、商业贸易等12个重点经济领域，为把握经济运行态势、洞察经济发展规律、研判经济发展趋势、进行经济调控决策提供参考和依据。

中国行业发展数据库（下设17个专题子库）

以中国国民经济行业分类为依据，覆盖金融业、旅游业、交通运输业、能源矿产业、制造业等100多个行业，跟踪分析国民经济相关行业市场运行状况和政策导向，汇集行业发展前沿资讯，为投资、从业及各种经济决策提供理论支撑和实践指导。

中国区域发展数据库（下设4个专题子库）

对中国特定区域内的经济、社会、文化等领域现状与发展情况进行深度分析和预测，涉及省级行政区、城市群、城市、农村等不同维度，研究层级至县及县以下行政区，为学者研究地方经济社会宏观态势、经验模式、发展案例提供支撑，为地方政府决策提供参考。

中国文化传媒数据库（下设18个专题子库）

内容覆盖文化产业、新闻传播、电影娱乐、文学艺术、群众文化、图书情报等18个重点研究领域，聚焦文化传媒领域发展前沿、热点话题、行业实践，服务用户的教学科研、文化投资、企业规划等需要。

世界经济与国际关系数据库（下设6个专题子库）

整合世界经济、国际政治、世界文化与科技、全球性问题、国际组织与国际法、区域研究6大领域研究成果，对世界经济形势、国际形势进行连续性深度分析，对年度热点问题进行专题解读，为研判全球发展趋势提供事实和数据支持。

法律声明